长安金融法学研究

Chang'an Financial Law Review

第9卷

主　编　强　力

副主编　杨为乔　傅　瑜

西北政法大学经济法学院
陕西省法学会金融法学研究会　主办

法律出版社
LAW PRESS·CHINA

编审委员会

前　言

近年来，我国地方性债务风险日渐积聚，个别地方绕过监管违规举债，形成隐性债务。地方性债务极易传导风险，进而引发更大的危机。为此，早在2010年，中央便发文抑制当时迅猛增长的地方性债务规模，规范地方融资平台运行。2014年更通过修改我国《预算法》，以图从顶层设计上规范地方债的发行，并取得了一定的成果。但随着国内经济结构的结构性调整，以及“中美贸易战”等外部经济环境的日趋严峻，地方性债务风险问题依然是影响未来中国经济发展的“灰犀牛”之一。

具体来看，我国地方性债务存在透明度低、违规融资、融资成本高、捆绑金融机构等问题。根据《预算法》的规定，地方政府应当公开具体负债信息，但公开的数据显示也仅限于新增债务、置换债券以及债务余额限额等总量数据。获取真实、客观、可信的地方性债务数据难度依然很大；同时，在强监管政策下，为获得资金支持，部分地方政府通过各种方式违规获得金融机构的贷款，将风险置于监管之外，加大了地方债务风险的不确定性。此外，地方政府系融资平台的负面效应日渐凸显。这类融资平台多由政府直接或者间接出资设立，内部治理架构与高级管理人员的确定，也主要由地方政府指派，体现政府意志，未能有效建立权利制衡与授权管理机制，游离于现代公司治理体系和监管之外。

为此，强化我国《宪法》对地方性债务的约束，制定公共债务法和财政责任法,明晰举借债务的责任主体,对地方政府债务的限额、用途、期限、偿债机制及预警机制进行规范,构建完整的"事前审核—事中监管—事后问责"监管链条,并辅之以信用评级、信息披露、风险预警和应急处置等地方债务风险处理机制,才是有效预防和化解地方债务的可行之路。

2018年恰好是2007~2008年美国次贷危机爆发10周年。反思危机,人们慢慢意识到,"黑天鹅"绝对不会只有一只,"灰犀牛"也会结伴而来。除了心底聚结的隐忧与畏惧,其实我们对它们所知甚少。金融海啸造成了巨大物质毁损,人们豁然发现自己原来始终处于金融危机的虎视眈眈之下。编者期望通过本卷对地方债务问题理论与实务两方面的探索,能够从后金融危机时代金融法制重构与法治完善的高度来回应历史的诘问。

编者　谨识

2018年10月于长安

目　录

中国地方政府性债务管理法律制度的完善 ………… 强　力　张　豪(1)
中国台湾地区促进民间参与公共建设重要问题研析 ………… 林盟翔(22)
地方政府债的合法性分析 …………………………………… 朱时敏(46)
中国台湾地区金融机构参与地方经济建设实务简析 ………… 林千智(53)
我国地方债务置换的法律分析:本质、原因、风险与规制路径
…………………………………………………… 黄　辉　李安安(61)
美国公私合作关系(PPP)的法治状况 ……………………… 刘承韪(75)
债券违约了怎么办?
——论债券持有人在中国法下的司法救济 ………… 陈　胜　沈　迪(89)
基础设施公私合作(PPP)项目债权人的介入权:经济实质 vs.
法律 vs. 合同 …………………………………………… 楼建波(99)
论我国信用违约互换(CDS)风险的法律防范
——基于信息披露规则完善的视角 ………………… 常　健　罗伟恒(118)
地方政府融资平台转型问题研究 ……………………… 王延川　陈琪升(136)
地方债务风险规制的法治化进路 …………………………… 何剑锋(147)
PPP 模式下项目公司企业所得税问题研究 ……………… 王一鹤(159)
债券市场"逃废债"的金融法规制 ………………………… 席晓运(169)
城投债债项评级的法经济学分析 ……………………… 魏彦学　王俊锋(183)
政府与社会资本合作(PPP)相关研究 ………………… 王鸿羽　王利军(194)
地方债务置换问题研究及路径创新 ………………………… 宋劝劝(205)

我国电影产业融资法律问题研究
——以《电影产业促进法》第40条为视角 …………………… 刘 毅(216)
互联网金融犯罪的性质、特点与罪名分析 …………………… 傅 瑜(237)
我国纳税人税务信息保护存在问题与完善思考 …………… 魏明英(246)
跨国集团企业人民币资金池法益设计 ………………………… 杨为乔(254)
有效金融监管框架内网络银行多层次信息披露法律机制
…………………………………………………………………… 杜 坤(263)
特色小镇资产证券化基础资产法律问题探析 ……………… 吴睿赟(277)
PPP 产业基金的法律问题研究与风险防控 ………………… 姜 超(289)
地方政府或有债务的法律性质 ………………………………… 王永红(299)
地方政府融资平台的转型与发展
——以西安城投集团为例 ………………………………………… 侯姝玥(308)
高频交易法律问题的思考 ……………………………………… 陈美宽(321)

中国地方政府性债务管理法律制度的完善

强　力[*]　张　豪[**]

2017年召开的第五次全国金融工作会议指出，要坚决守住不发生系统性金融风险的底线。房地产金融泡沫、银行不良贷款、影子银行、国有企业高杠杆、地方政府性债务、违法违规集资等被认为是影响中国经济发展的"灰犀牛"事件。其中，地方政府性债务的风险具有隐蔽性，地方政府性债务多与金融机构捆绑，一旦资金链断裂，风险迅速传导至金融系统，进而引发更大的风险甚至危机。国外主要评级机构频频下调我国的主权债务信用，给我国造成了很大的舆情压力。早在2010年中央政府已经意识到地方政府性债务风险的严重性，发文抑制当时迅猛增长的债务规模，规范融资平台的融资行为。我国2014年修改《预算法》，允许地方政府发行地方债，从顶层设计上逐步完善我国地方政府性债务的管理体系。经过3年多时间的努力，地方政府性债务的化解取得了阶段性的治理成果。但实践中，一些地方政府绕开中央监管，通过PPP、政府采购服务等方式违法违规举债的，形成了较多的隐性债务，成为债务风险管理的核心。考察隐性债务的形成，是各种因素共同作用的结果，有经济增长理念的推动，也

---

* 西北政法大学经济法学院教授、博士研究生导师。

** 西北政法大学法律硕士，五矿国际信托有限公司信托经理。

有制度缺失的原因,同时也有我国地方政府融资体制历史演进的逻辑。审视我国现有债务管理架构及其缺陷,引入五大发展理念,坚守防控系统性风险的底线,有助于理性地构建科学的债务管理制度框架,以化解债务风险,促进经济社会良性发展。

一、我国地方政府融资体制发展的历史沿革

自新中国成立以来,地方政府的融资体制大体上经历了孕育期、恢复期、发展期和规范期 4 个阶段。

(一)我国地方政府融资体制的孕育期(1949~1978 年)

这一时期地方政府融资大体上经过了 3 个阶段,初步积累了债务管理的经验。第一阶段,东北生产建设折实公债的尝试(1949~1957 年),新中国成立初期国家经济面临各方面的困难,为恢复东北地区重工业基础,发展东北经济,1949 年 3 月 6 日东北行政委员会发布《发行生产建设事物有奖公债的命令》,向社会公开融资。第二年,东北人民政府为了促进生产又向社会举借债务,前后分两次发行。当时计划发行 3054 万元,实际完成 4204.6 万元,超额完成计划的 18.69%,公债分 5 年 5 次偿还,年息 5 厘,每年付息一次。① 这种发债的尝试是基于当时现实的需求,为后续管理积累了经验。第二阶段,地方经济建设公债(1958~1960 年),在第二个五年计划时期,为促进经济发展,中央政府出台了《地方经济建设公债条例》规范地方政府举借债务行为,扩大其财政管理权限,允许各省级层面的政府在有必要时可以发行地方经济建设公债。② 根据现有资料,至少包括四川、黑龙江、安徽、福建、辽宁、吉林、江西等省份相继发行了地方经济建设公债,这是在中央充分授权地方的基础上,使地方政府普遍可以通过发债的形式筹措资金,是我国发债史上的重要尝试。③ 第三阶段,地方政府债务空白期(1961~1978 年),为应对严重的经济困难,中央政府加强对经济发展走向的管理,地方政府举借债务的行为被严格限制。财政部建议国家财权应当基本集中在中央、大区和省、市、自治区三级,从中央到地方实行上下一本账,坚持全国一盘棋。合理安排支出,一律不准打赤字预算,未纳入国家计

---

① 宋燕、叶青:《从地方公债的"断与续"看其必然性》,载中央财经大学财政史研究所编:《财政史研究》(第 2 辑),中国财政经济出版社 2009 年版,第 173 页。

② 1958 年 6 月 5 日全国人民代表大会常务委员会第九十七次会议通过,全文共 8 条,确定了由各该省、自治区、直辖市人民委员会统一办理;年利率一般不宜超过 2%;地方经济建设公债债券不得当作货币流通,不得自由买卖;经本级人民代表大会通过后执行,并且报国务院备案等原则。

③ 万立明:《地方经济建设公债发行初探(1959—1961)》,载《中共党史研究》2017 年第 4 期。

划的,不得增加基本建设投资。① 这一阶段,无论是中央政府还是地方政府经济工作的重点是应对经济困难的局面,在融资举债方面坚持自给自足的发展理念。

(二)我国地方政府融资体制的恢复期(1978~1992年)

自改革开放以来,中央提出以经济建设为中心,改革僵化的经济财政体制。第一,财政包干制的推出。为了放活财政体制对经济发展的限制,从20世纪80年代开始,在财政体制改革的原则是确定中央政府与地方政府的收支划分,在保证中央政府的各项支出安排上,其余归地方。明确财政收支的包干基数以1979年财政收支预计执行数为基础,进而明确划分中央财政和地方财政的收支范围,直至1988年中央政府明确地方实行财政包干制。② 第二,"拨改贷"的试点。"拨改贷"旨在改变在基础设施建设方面以往由中央政府提供无偿拨款的局面,推动基础建设资金的有偿使用。其始于1979年8月国务院批转国家计委、国家建委、财政部《关于基本建设投资试行贷款办法报告》及《基本建设贷款试行条例》的通知,要求基本建设项目资金有偿使用,由中国人民建设银行负责办理。到1985年基本建设投资项目全面实行拨改贷。"拨改贷"实现了观念的突破和转变,与无偿拨款不同,获得贷款的同时需要还本付息,采用有偿的方式加强对财政投资的管理。第三,禁止发行地方政府债券。为适应改革开放的发展,筹措经济建设资金,国务院于1981年1月出台了《国库券条例》,放开了中央政府发行债券的限制,但仅限于中央政府,与地方政府无关。经过几年时间的改革,经济发展取得了一定的成效,地方的融资需求越来越高,部分地方政府向中央政府申请发行地方政府债券进行融资以发展经济。1985年经中央慎重考虑,国务院办公厅下发了《关于暂不发行地方政府债券的通知》(国办发〔1985〕63号),认为发行地方政府债券会过度刺激经济发展进而冲击市场,因而禁止各地方政府发行地方政府债券。

(三)地方政府融资体制的发展期(1992~2010年)

1992年党的十四大召开之后,我国经济整体向市场经济转型,财政包干制的缺点逐渐显现,已经不能不适应我国经济改革需要。首先,根据党的十四届三中全会的决定,在财政体制上进行分税制改革。明确中央与地方在国家日常

---

① 姜长青:《我国三次发行地方债券的历史考察——以财政体制变迁为视角》,载《金融理论与实践》2010年第4期。

② 刘尚希、邢丽:《中国财政改革30年:历史与逻辑的勾画》,载《中央财经大学学报》2008年第3期。

运行中的应承担的义务。中央政府以维护国家安全、外交为主,地方政府主要发展地方经济。[①] 确定中央与地方财政收入权力的配置,按税种划分中央与地方的收入,分为中央固定收入、地方固定收入包括和中央与地方共享收入。分税制改革对中央和地方的财政收入分配重新进行了调整,中央政府占据主导地位,地方政府在财政收入中所占的比例减少,同时承担起了更多的事权。中央政府通过财政转移支付的方式加强了对地方政府的控制,同时也加强了对国家经济发展的宏观调控。其次,1994 年我国《预算法》的颁行。分税制改革的举措在法律层面同步伴随着《预算法》的制定实施,明确了"地方各级预算按照量入为出、收支平衡的原则编制,不列赤字,除法律和国务院另有规定外,地方政府不得发行地方政府债券"。[②] 堵住地方政府通过债券融资的可能性,有利于提升中央的宏观调控能力。最后,地方政府融资平台的兴起。分税制改革之后,地方财政收入不足以应对日益增长的事权支出,而且还要承担发展地方经济的重任,可是法律限制其举债融资,所以各种融资平台公司应运而生。地方政府为了能在市场上融到资金,主动将其各项资产注入以符合金融机构贷款标准。[③] 在4 万亿元投资的刺激下,仅 2009 年年底,地方政府建立了 8000 多家各种形式的融资平台,较上一年新增 2000 多家,[④]地方政府融资平台成为地方政府发展地方经济的重要融资工具。

(四)我国地方政府融资体制的规范期(2010 年至今)

在经过了 4 万亿元投资的刺激下,地方政府为发展经济盲目扩大债务规模,甚至出现了野蛮增长的现象,引起了中央政府的重视。首先,对地方政务性债务进行规范管理。2010 年 6 月 13 日国务院下发《关于加强地方政府融资平台公司管理有关问题的通知》(国发〔2010〕19 号)成为中央政府治理地方政府债务的起点,对地方政府融资平台进行分类管理。此后中央政府在摸清具体情况后又出台了各种管理措施,以《关于加强地方政府性债务管理的意见》(国发〔2014〕43 号)为基础,初步建立起了地方政府债务管理的法律制度框架。其次,修订我国《预算法》。2014 年 8 月 31 日全国人大常委会对《预算法》进行了修改。为治理地方政府性债务敞开了"正门",放开地方政府不得作为发放地方政府债券主体的限制,在此之前,根据国务院部署财政部在 2009 年就曾以

① 参见国务院《关于实行分税制财政管理体制的决定》。

② 参见 1994 年《预算法》第 28 条。

③ 李侠:《地方政府投融资平台的风险成因与规范建设》,载《经济问题探索》2010 年第 2 期。

④ 李勇:《我国地方政府融资平台的规范与思考》,载《行政管理改革》2010 年第 11 期。

"代发代还"的形式为地方政府进行发债。2011年经国务院批准开展个别地方政府自行发债的试点,地方政府通过发行债券的形式进行举债融资得到了初步认可,并在此后的2012年和2013年均以此进行发债,但"自发代还"的发债形式在法律上存在发债主体和偿债主体不一致的问题。2014年"自发自还"发行债券的形式得到了财政部的认可,解决了主体不一致的问题。[①] 结合出台的各类法规,中央政府从三大层面对地方政府性债务进行规制:一是放开地方政府举债的限制,允许其发行债券,并在全国范围内鼓励引入社会资本共同建设基础设施;二是限制地方政府的债务规模,保证其在适当范围内进行举债,并建立债务统计口径;三是针对存量地方政府性债务从防控风险的角度构建预警体系,并要求提前准备应急处置预案。

二、我国地方政府性债务的现状与风险

地方政府性债务是当前我国经济发展面临的"灰犀牛"之一。地方政府负债的规模有多大,这是研究地方政府性债务治理的逻辑起点。国家审计署根据政府对债务的偿还责任和法律责任不同,将地方政府性债务的范围进行了分类。[②] 以此分类作为管理的依据,能更好地锁定债务风险并予以专项治理。

(一)我国地方政府性债务的整体情况

通过对地方政府性债务的三次审计工作摸清存量债务后,中央政府决定从2014年开始以发行地方政府债券的形式置换地方政府形成的存量债务。从目前统计情况来看,自我国《预算法》出台后划定为地方政府债务的数据每年财政部都会予以公布,然而其他债务则不再监管的范围内,成为当前最大的风险。

1. 地方政府性债务的审计。地方政府通过各种渠道进行举债且透明度不高,产生了大量隐性债务,为全面摸清全国地方政府性债务的具体信息,根据国务院部署,2011~2013年国家审计署共开展了三次全面的地方政府性债务审计工作。从审计的结果来看,截至2012年年底,资金来源主要是银行贷款和发行债券;从债务余额来看,三类不同的债务均有大幅度的上升,情况不容乐观,也证明了地方政府的野蛮举债程度。从债务率来看,审计的有16个地区的债务率已经超过了100%;从债务的举借主体来看,以融资平台公司为主;投资方

---

① 白晓峰:《预算法视角下的中央与地方关系——以事权与支出责任分配为中心》,载《法商研究》2015年第1期。

② 国家审计署根据政府对债务的偿还责任和法律责任不同,将地方政府性债务的范围界定为政府负有偿还责任的债务、政府负有担保责任的债务和政府可能承担一定救助责任的债务。参见审计署:《全国政府性债务审计结果》(2013年第32号公告)。

向主要是基础设施的建设和其他社会福利性支出。① 审计署的审计结果从债务余额、债务率、资金来源和资金投向较为详细地向社会予以公开,既为中央政府决策提供依据,也为研究我国当前债务的具体情况提供素材,公告一出就引起了社会各界的反思。

2. 我国地方政府性债务的规模。经我国《预算法》授权,目前国家有关债务的决策审批机关在全国人大及其常委会,当然也同样适用地方政府。经批准2017年的全国地方政府债务限额为188,174.3亿元,其中,一般债务限额115,489.22亿元,专项债务限额72,685.08亿元。截至2017年12月末,全国地方政府债务余额164,706亿元,其中一般债务103,322亿元,专项债务61,384亿元;政府债券147,448亿元,非政府债券形式存量政府债务17,258亿元,控制在全国人大批准的限额之内。② 依此分析,地方债务的压力并不是很大,但问题在于地方政府存在大量的隐性债务未在统计口径中显现,2017年12月向全国人大汇报的财政部《关于坚决制止地方政府违法违规举债遏制隐性债务增量情况的报告》中明确指出个别地方政府继续通过各种方式违法违规或变相举债。这些渠道产生的隐性债务到底有多大规模,目前并没有准确的统计数据,成为当前债务管理关注的重点。

(二)我国地方政府性债务存在的风险

在经济发展过程中适度举债能平衡财政收入的不足,但当前我国地方政府性债务存在透明度低、违规融资、融资成本高、捆绑金融机构等问题,且近年来地方政府融资平台的负面效应逐渐显现。

1. 地方政府性债务的透明度低。清华大学金融与治理研究中心联合中国经济周刊发布的《2017年中国市级政府财政透明度研究报告》根据公开债务限额及总额、债务类别、具体债务项目、各辖区债务情况进行评分。结果显示,地方政府债务公开情况差,平均分仅为20分,最低分为0分。③ 有学者指出,地方政府的债务数据不愿向外界公布,中央政府也未能全面掌握,研究机构也只

---

① 参见《36个地方政府本级政府性债务审计结果》,载审计署官网:www.audit.gov.cn/n5/n25/c40823/part/6858.htm,最后访问日期:2018年3月20日。

② 参见《2017年12月地方政府债券发行和债务余额情况》,载财政部官网:http://yss.mof.gov.cn/zhuantilanmu/dfzgl/sjtj/201801/t20180117_2797514.html,最后访问日期:2018年3月20日。

③ 参见《2017市级政府财政透明度排行,债务公开得分低》,来源:中国经济周刊,载新浪网:http://news.sina.com.cn/gov/2017-08-29/doc-ifykiqfe2457067.shtml,最后访问日期:2018年3月20日。

能靠模型测算得出相对的一个数据,地方政府在这一方面的积极性严重不足。① 目前,根据《预算法》的规定,地方政府应当公开具体负债信息,从公开的数据显示也仅限于新增债务、置换债券以及债务余额限额等总量数据。中央政府和社会研究机构想要掌握真实、客观、可信的地方政府性债务数据难度依然很大,不利于决策机关的准确决策。

2. 部分地方政府违规举债。在强监管政策下,地方政府为获得资金支持,违规向金融机构出具承诺担保函,为了使融资平台公司能达到金融机构的贷款标准,将公益性资产、储备土地注入融资平台公司进行融资,而且歪曲初衷,利用 PPP 的形式设立回购义务变相融资等。地方政府通过各种方式违规获得金融机构的贷款,将风险置于监管之外,游离现有的监管框架之外成为隐性债务。自 2010 年开始,中央政府就高度重视对地方政府性债务的管理,在部署审计署进行审计后掌握具体信息的基础上多次发文规制地方政府融资,但仍是有一些地方政府认为中央政府会兜底地方政府性债务,进而违规举债。根据国家审计署 2017 年 12 月 18 日发布的 32 号审计结果显示,江西、陕西、甘肃、湖南、海南 5 个省的 5 个市县通过出具承诺函等违规举借政府性债务 64.32 亿元。②

3. 融资成本高,期限错配严重。地方政府在金融市场举借债务的成本远高于地方债的融资成本,据学者统计,地方政府通过商业银行的融资成本一般在 7.2% ~7.8%,通过政策性银行贷款的融资成本为 6.3% 左右,通过信托公司融资的成本在 12.38% 左右,通过融资租赁公司的融资成本在 12.3% 左右,地方政府利用平台公司融资的成本在 11.3% 左右,通过企业垫资的成本在 15% 左右。③ 从审计署发布的公告来看,地方政府性债务大多依靠各类平台公司投向基础设施的建设,短期很难产生正的现金流,所以通过平台公司不断融资举债,统一进行调配。一端偿还到期的债务,一端通过市场向金融机构不断举债,项目与资金投向完全不匹配,高额的融资成本使偿还压力加大。这种工具的运用以形式上具有独立资格的法律主体举债程序简单、方便,能在较快时间内获

---

① 李红霞:《新形势下地方政府性债务风险与防范》,载《地方财政研究》2017 年第 6 期。

② 参见《2017 年第三季度国家重大政策措施贯彻落实情况跟踪审计结果》(审计署 2017 年第 32 号公告),载 www.audit.gov.cn/n4/n19/c117878/content.html,最后访问日期:2018 年 3 月 20 日。

③ 蔡书凯、倪鹏飞:《地方政府债务融资成本:现状与对策》,载《中央财经大学学报》2014 年第 11 期。

得资金支持相比发行地方债容易得多。[①] 这在本质上形成一个“资金池”,将风险扩大。

4. 地方政府融资平台的负面效应。在经济发展过程中为了融资创设出的融资平台成为债务存在的表现形式之一,并构成了地方政府性债务的隐性部分,其融资行为存在明显的风险。第一,融资行为和信息的不透明,金融机构在与地方政府的互动中相对处于弱势,使金融机构的风险管理手段难以真正落实,而增信措施是依靠并没有真正法律效力的政府担保函,其实已被法律认作无效,实质是透支信用。第二,融资平台总体上负债率都相当高,不能产生正的现金流,或者现金流无法覆盖索要偿还的债务,平台公司成为地方政府融资的工具,平台责任和政府责任模糊不清。第三,地方政府融资平台资本金不足,部分地方政府融资平台通过将各种公益性资产变相补充资本金,使金融机构的风险加大。[②] 第四,地方政府融资平台公司治理不健全。因为大多融资平台由政府出资设立,所以其各类管理人员主要由地方政府指派,融资行为体现政府意志,而不是根据平台公司的具体经营情况和资产情况及其发展确定融资数额。[③] 这类为了融资设立的平台公司在推动我国城市化进程中起到了积极作用,但近年来因其融资规模和融资频率越来越高,且游离于监管之外。

5. 地方政府性债务捆绑金融机构。近年来形成了庞大的债务规模、金融机构和地方政府、国企之间的深度捆绑,一荣俱荣、一损俱损的境况。在这些金融机构当中尤其是国家开发银行为主,在有媒体报道了国家开发银行深入介入地方政府性债务后,其公开回应风险可控。[④] 国家开发银行是最早与地方政府融资平台开展业务合作的金融机构,多年来向其发放了大量贷款,揭开了国家开发银行深度参与地方城镇化的建设,因此有人称国家开发银行为“财政二部”。地方政府性债务主要来自金融机构,抗风险能力薄弱,而从银行获得资金的政府融资平台依靠经营性收入偿还债务的比例不高,因这些平台融资获得了地方政府信用的背书,从而加大了其财政负担,寄希望于中央政府来“兜底”。一旦出现资金衔接不畅,容易引发财政风险和信用风险,且造成金融机

---

① 卫志民:《中国地方政府性债务:风险、成因与防范》,载《河南大学学报》(社会科学版)2014年第5期。

② 巴曙松:《地方政府投融资平台的发展及其风险评估》,载《西南金融》2009年第9期。

③ 常友玲、仲旭、郑改玲:《我国地方政府投融资平台存在的问题及对策》,载《经济纵横》2010年第5期。

④ 参见《国开行回应重庆千亿信贷危机传言:风险可控》,载搜狐网:http://business.sohu.com/20120507/n342528255.shtml,最后访问日期:2018年3月20日。

构不良率的上升,提高了金融机构的经营风险。[①] 地方政府性债务捆绑金融机构,容易将这种债务风险引入金融市场,进而产生连锁反应,危害国家金融安全。

(三)我国地方政府性债务风险形成的原因

地方政府性债务形成的原因是多方面的,主要有投资驱动的经济增长理念、事权与财权的不匹配、区域发展之间的竞争、有效的债务管理体系缺位及地方政府干预金融资源分配。

1. 投资驱动型的经济增长理念。长期以来我国形成了依靠三驾马车(投资、出口、内需)拉动经济增长的理念,过度倚重投资在经济发展中的占比。伴随着我国城市化的发展,地方政府投入资金大力建设城市基础设施,形成良好的营商环境。在此背景下催生了地方政府的融资需求,形成了大量债务,甚至有人认为中国经济在短短几十年间的高速增长就是因为坚持投资驱动的发展理念。[②] 在此种逻辑背景下,为对冲金融危机的负面影响,防止市场失灵对经济造成的冲击,我国采取了积极的财政政策。特别是2009年实施的"四万亿"经济刺激计划,最终只有1万亿元来自中央政府预算,其他3万亿元由地方政府负担,地方政府不得不大量地利用融资平台举债融资,进而催生了影子银行的发展。有学者估算了2008~2016年地方政府的债务存量和结构发现地方政府债务存量由5万亿元上升至近27万亿元。[③] 由此也证明了在投资驱动型的经济增长理念下,催生了大量地方政府性债务。

2. 地方政府事权与财权的不匹配。分税制改革之后,财政集中度大幅提高,同时将大量事权下沉,一端要发展好地方经济,另一端更多的事项需要其完成,财力又跟不上,只能通过负债支撑公共服务。[④] 前财政部部长楼继伟认为,1994年的分税制改革在推动基本服务均等化、减少贫困人口、抑制通货膨胀、平抑经济波动发挥了重要作用。但是,随着市场经济向纵深推进和政府职能的巨大转变,我国事权与支出责任划分、收入安排、转移支付等领域存在一些不容

---

① 刘忠、汪仁洁:《当前地方政府债务所蕴藏的金融风险及其防范》,载《云南社会科学》2014年第2期。

② 詹姆斯·里德尔(James Riedel)、金菁、高坚:《投资规模和效率 维持中国经济增长的关键》,载《中国证券报》2005年1月7日,第17版。

③ 何治国、陈卓、刘淳、刘津宇:《"四万亿"政策背后的地方政府融资困局》,载《清华金融评论》2017年第9期。

④ 杨志勇:《分税制改革中的中央和地方事权划分研究》,载《经济社会体制比较》2015年第2期。

忽视的问题,政府间事权与支出责任划分上的矛盾更为突出。[①] 分税制改革后地方政府的财权被削弱,为促进经济发展,推动城市化建设,一方面,地方政府依靠土地出让获得资金;另一方面,通过地方政府融资平台在金融市场上进行举债,重庆的“八大投”就是在地方政府财政极其拮据的情况下诞生的,发展经济所需的资金通过各种渠道最终形成了地方政府性债务。

3. 地方政府之间的竞争。有学者指出,把地方政府债务迅猛增长的成因完全归咎于中央与地方财权的比例失衡是不全面的,还在于地方政府有融资的动力,其背后的逻辑是地方政府之间的竞争。分税制改革后,经济发展仍依靠投资来带动,伴随着城镇化的发展,各地方政府在发展经济的过程中成为竞争主体,在基础设施的投资方面地方政府的热情不断高涨,且以 GDP 为主要指标的考核机制强化了官员发展经济的动力,作为晋升的筹码,这些因素共同导致地方政府有融资的积极性。[②] 特别是在官员的考核机制上,以经济增长作为晋升的基础,在我国的政治体制中,地方政府官员手中拥有巨大的行政权力,在此背景下地方政府之间为了追求 GDP 高速增长展开了激烈竞争,形成了一种具有中国特色的激励地方官员推动地方经济发展的治理方式。[③] 另外,融资风险的周期与官员的任期呈不完全匹配关系使部分官员忽视债务风险扩大债务规模,本届政府形成的债务就需要下届政府来偿还。

4. 缺少有效的债务管理体系。地方政府性债务的大量产生还在于我国在较长一段时间内缺少有效的债务管理体系。第一,缺少有效的债务管理机构。为了解决地方政府性债务而在财政部预算司下设置的“地方政府债务管理处”和各部委联合成立的“加强地方政府融资平台公司管理部际协调小组”都不是专门管理地方政府性债务的专门机关。第二,缺少有效控制地方债务风险的预算制度。虽然人民代表大会的审查与监督预算,但对地方政府财政支出的具体决策、执行等过程很难进行监督。另外,因我国预算编制时间的规划不合理,每年有一段约 3 个月的预算空档期在预算管控之外。第三,缺少科学的债务规划机制。目前地方政府债务的运作缺少科学合理的规划,加之对债务的分散管理,缺少规划,往往忽视债务风险。[④] 第四,缺少有效的债务监管机制,对存量债务和新增债务的管理较弱,缺少有效的风险预警和应急处置化解机制。目前

① 楼继伟:《中国政府间财政关系再思考》,中国财政经济出版社 2013 年版,第 2 页。

② 陈骁:《分税制、地方政府竞争与地方政府债务》,载《中国行政管理》2014 年第 11 期。

③ 周黎安:《中国地方官员的晋升锦标赛模式研究》,载《经济研究》2007 年第 7 期。

④ 李晓红:《中国地方政府债务规模及形成原因分析》,浙江大学 2017 年博士学位论文,第 95 页。

主要由各级地方政府自行开展地方政府债务风险预警，预警指标较为单一，仅使用负债率、债务率、偿债率作为预警指标，难以全面、动态地反映地方政府债务状况。① 在我国《预算法》出台之前，中央政府已经意识到这个问题，在修订《预算法》的时候将此权限交由财政部实施，但仍需完善。

5. 地方政府干预金融资源的分配。在我国现行的金融组织体系安排下，中央对金融资源拥有绝对的主导力，并进行了市场化的改革。但在各地方的金融办作为地方金融监管协调部门能左右金融机构的信贷投向，使其服务于当地的经济建设。② 在金融资源的分配上，2003 年后，在金融领域中央推动国有金融机构的商业化进程，限制地方政府调动金融资源的能力，但与之而来的是地方性金融机构的成长。有学者通过对 30 个省份 2005 ~ 2014 年的数据验证了财政、金融分权与地方债务增长的关系，认为地方政府作为出资人将地方金融机构做大的便利之处在于可以满足自身的经济发展需要，并指出地方金融的成长与地方债务增长呈显著的正向关系。③ 对于地方政府来说，在收入上一端靠财政税收，另一端掌握金融资源，将其发展的意图和金融机构关联起来，为地方政府性债务的增长形成了“温床”。

三、我国管理地方政府性债务的法律实践

2017 年 7 月 17 日《人民日报》评论员文章《有效防范金融风险——二论做好当前金融工作》指出，地方债务与房地产泡沫、国有企业高杠杆、影子银行、违法违规集资这五大方面被认为是中国经济最大的风险，其中，地方债务是最隐蔽的。④ 从 2010 年开始中央政府就已经意识到地方政府性债务的风险，首先针对当时如火如荼的融资平台公司下发文件规制其融资行为，从而遏制地方政府性债务的快速增长。⑤ 其实也是对金融危机以来政策方面的一种纠正，这一文件也成为地方政府债务治理的起点，经过长时期的债务治理，中央政府在治理债务的过程中已经形成了一整套思路，在总结经验的基础上形成了初步的

---

① 韩鑫韬、梁雁：《地方债务风险预警经验》，载《中国金融》2016 年第 2 期。

② 伍艳、文斌：《地方政府干预视角下区域金融发展效率研究》，载《海南金融》2012 年第 3 期。

③ 陈宝东、邓晓兰：《财政分权、金融分权与地方政府债务增长》，载《财政研究》2017 年第 5 期。

④ 张少华：《昨天，中财办首度详解灰犀牛，重点都在这里》，载华尔街见闻：https://wallstreetcn.com/articles/3022186，最后访问日期：2018 年 3 月 25 日。

⑤ 参见《关于加强地方政府融资平台公司管理有关问题的通知》（国发〔2010〕19 号）。

管理框架,控制债务风险。

(一)化解地方政府性债务的宏观部署

为了化解存量地方政府性债务,从制度上建立起相对完整的监管框架,国务院办公厅依据修订后的我国《预算法》,于2014年10月2日发布《关于加强地方政府性债务管理的意见》(国发〔2014〕43号)(以下简称"43号文"),这是我国地方政府行债务管理的纲领性文件,标志着相应的监管制度框架体系基本形成。

1.明确地方政府举借债务的途径。首先,解除地方政府负债的限制。分税制改革后的一系列措施在形式上禁止了地方政府负债,然而未能遏制地方政府的融资需求,其通过各种渠道形成了大量的隐性债务。所以在顶层设计上放开限制,授予其举债的权力,允许通过正规渠道适度发行债券的形式融资。其次,在降杠杆的大背景下鼓励政府与社会资本进行合作。在基础设施建设方面将具有一定收益的项目引入社会资本作为股东与项目共同成长,明确政府和社会资本的收益规则,政府不对社会资本的收益承担清偿责任。最后,明晰偿债责任。针对政府设立的融资平台,明确要求政府不得通过企业进行举借,切实做到谁借谁还、风险自担的原则,确保借债主体与偿债主体的一致。① 简单概括起来,在政府负债方面只允许地方政府适度发行地方政府债券,在某些基建项目上与社会资本进行实质的股权合作。

2.地方政府负债行为的规范管理。管控行为是对主体资格行为能力的限制,通过法律形成监管框架,规范规范主体的融资行为,概括起来有以下几点。第一,控制地方政府债务的规模,使其负债控制在一个合理范围内。目前由国务院确定的地方政府债务额度报全国人大及其常委会批准,根据具体情况确定各地方的举债上限,其举借债务不得突破这个限额。第二,对地方政府举借债务实施分类管理,将地方政府的债务分为一般债务和专项债务,没有收益的公益性事业形成的债务为一般债务,而具有一定收益的公益性事业形成的债务为专项债务,区分债务的不同类型。第三,规范地方政府举债的程序。程序上的管理使其不能随意举债,根据我国《预算法》地方政府举借债务应报本级人大或其常委会批准后发行债务。并且要求所筹资金用于经常性支出,防止资金被挪用以确保资金的使用落实到位。第四,建立全口径预算制度,无论是一般债务还是专项债务都应纳入地方政府的财政预算内。② 从以上制度可以看出,管

① 参见国务院《关于加强地方政府性债务管理的意见》第2条。
② 参见国务院《关于加强地方政府性债务管理的意见》第3条。

控负债行为进行程序约束是构建地方政府性债务管理框架的核心，行为规制尤为重要。

3. 地方政府性债务的风险防范。对于存量债务的管理第一位是要防范风险，所以在管理框架中对此也应有具体的制度约束。那么就是要构建风险预警和防范的制度体系，以控制债务风险。第一，中央政府明确了不救助原则，打破部分地方政府认为中央政府会兜底的“幻想”。通过将债务纳入财政预算内予以约束，使其有限额管理的思维，并明确地方政府是偿还债务的责任人。第二，债务信息的公开，根据相应的会计准则如实统计地方政府的负债情况并通过一定的方式予以公开，接受上级监管部门和社会监督。第三，风险预警机制和应急处置机制的建立。通过设置各项指标动态监控各地方政府的负债具体运行情况，并且形成应急处置预案以应对风险的爆发。第四，建立考核问责机制。地方政府性债务的形成离不开政府官员的推动，构建问责机制对违法违规举债的责任人要予以惩戒追究责任。① 这些制度的建立，从不同方面能更好地熨平存量债务风险，促进经济健康发展。本次治理过程从法律层面出手，对其风险治理进行了宏观部署，从目前来看在制度建设上取得了一定的成效。

（二）化解地方政府性债务的具体措施

因债务表现的多样性和处置复杂性，中央政府对此高度重视。在慎重决策的基础上财政部作为责任部门的主要工作在制止地方政府违法违规举债，遏制隐性债务增量，并且出台了一系列文件化解地方政府性债务。

1. 我国法律制度框架的构建。在法律层面，与地方政府债务相关的法律主要有《宪法》和《预算法》两部法律。我国《宪法》作为国家的根本大法，明确国民经济发展的法律原则，将政府预算的审批权限交给全国人大及其常委会。② 在行政法规层面则集中体现在国务院《关于加强地方政府性债务管理的意见》中，目前也是管理地方政府性债务的纲领性文件，在一定程度上也反映出了其法律位阶较低。在部门规章层面，集中体现在《关于进一步规范地方政府举债融资行为的通知》和《关于坚决制止地方以政府购买服务名义违法违规融资的通知》两部文件上。③ 旨在加强对地方政府违规举债的管理，明确自 2015 年 1

---

① 参见国务院《关于加强地方政府性债务管理的意见》第 4 条、第 5 条。

② 我国《宪法》第 67 条、第 89 条。

③ 《关于进一步规范地方政府举债融资行为的通知》（财预〔2017〕50 号）由财政部、发展改革委、司法部、人民银行、银监会和证监会于 2017 年 4 月 26 日联合发布，旨在落实国发〔2014〕43 号的精神。《关于坚决制止地方以政府购买服务名义违法违规融资的通知》（财预〔2017〕87 号）由财政部于 2017 年 5 月 28 日发布，旨在加强地方政府违规举债的管理。

月1日起融资平台公司新增债务不属于地方政府债务,并严禁地方政府通过各种假股真债的形式变相举债。

2. 发行地方政府债券置换存量政府性债务,对地方政府债务施行限额管理。2014年财政部发布《地方政府性存量债务清理处置办法》和《地方政府债务纳入预算管理清理甄别办法》等可操作性极强的文件,以锁定存量债务,通过3年左右的时间完成债务置换,并指出存量债务是截至2014年12月31日尚未清偿完毕的债务,因为2015年之后放开了地方政府发行债券的途径。截至2017年年底,全国地方政府已累计发行置换债券10.9万亿元,目前尚未置换的以非政府债券形式的存量政府债务还有1.73万亿元,预计2018年8月底前能够全面完成置换工作。① 根据2018年的政府工作报告,继续扩大专项债券的使用额度。在置换存量债务的同时提出,根据地方政府的财务状况对地方政府债务要确定一个合理的总额限制,严格落实要求其按照限额管理进行负债。并要求地方政府构建起一套债务预警体系,全面掌握债务的运行情况,防范风险的发生。② 中央政府的这一举措直接化解了大量存量债务,在保证债务人不变的基础上将这一部分纳入到监管体系中来。

3. 推进地方政府债务的分类管理。财政部根据我国《预算法》和"43号文"的精神出台了债务分类的管理办法,将政府债务分为一般债务和专项债务并纳入财政预算体系内,分别以一般公共预算和政府性基金预算进行管理。③ 文件通过概念界定、债务限额和余额、预算编制和批复、预算执行和决算、纳入预算管理、监督管理等规范地方政府债务。截至2017年12月,全国发行地方政府债券323亿元,其中一般债券23亿元,专项债券300亿元。④ 另外,财政部对债券的种类进行改革,为地方政府在修建公路和土地储备方面建立专项债权,试点发行项目收益与融资自求平衡的专项债券品种。⑤ 尽可能多的通过合法渠道为地方政府减轻融资压力。这种分类管理不仅利于财政部门的预算方便,更能在分类管理的基础上管控债务风险,不失为一条好的管理措施。

---

① 参见《我国已累计发行置换债券10.9万亿元》,载新华网:http://www.xinhuanet.com/fortune/2018-01/25/c_1122317167.htm,最后访问日期:2018年3月25日。

② 参见《关于对地方政府债务实行限额管理的实施意见》。

③ 参加《地方政府一般债务预算管理办法》和《地方政府专项债务预算管理办法》。

④ 参见《2017年12月地方政府债券发行和债务余额情况》,载财政部官网:http://yss.mof.gov.cn/zhuantilanmu/dfzgl/sjtj/201801/t20180117_2797514.html,最后访问日期:2018年3月25日。

⑤ 参见《地方政府收费公路专项债券管理办法(试行)》和《地方政府土地储备专项债券管理办法(试行)》。

4. 清理整顿不合规的地方政府融资平台。分税制改革后，融资平台成为地方政府重要的融资工具，同时积累了大量风险。首先，中央政府明确提出对融资平台进行分类清理，融资平台公司为公益项目承担的融资任务被剔除，对具有稳定经营性现金流的平台公司要完善公司治理结构，进行市场化改革。其次，明确剥离融资平台公司的政府融资功能。融资平台发生的债务与政府脱钩，明确债务偿还的主体资格，防止债务风险的蔓延，影响经济发展。最后，规范城投债的发行。在中央政府的强监管下，部分地方政府借用城投公司发债融资情形也比较严重。为此中央政府发文明令禁止将公益性资产注入企业进而申报企业债券。① 管住了平台公司违规举债，基本上就控制住地方政府债务迅猛增长的势头。

5. 规范金融机构的投融资行为。地方政府性债务之所以能有如此大规模的增长，离不开金融机构的"追捧"，所以管住了资金提供的金融端就管住了新债务的增长。2018 年财政部发文要求国有金融机构规范投融资行为，向国有金融机构重申"43 号文"的精神，首先，要求规范传统的信贷业务中对融资主体的审查，并以市场化的方式评估其还款能力，明令国有金融机构不得要求和接受具有地方政府信用的担保方式，重申中央管理债务的原则。其次，对于金融机构和地方政府合作的投资基金严防各种形式的回购，防止明股实债的发生。最后，要求政策性金融和开发性金融以市场化的方式对项目进行审查，严防政府以信用进行增新信，更不能以违规的方式使地方政府性债务增加。② 财政部以股东的身份向国有银行发文要求落实关于相关的债务管理措施，旨在引导债务向法律授权的发行债券进行回归。

四、完善我国地方政府性债务管理制度的法律对策

从 2014 年起，地方政府性债务的治理已经过去了 4 年，从财政部向全国人大常委会汇报隐性债务治理的报告中可以看出，存量地方政府性债务的治理工作已经取得了较为明显的成果。但仔细反思治理的过程，主要侧重具体问题的解决，并没有形成一整套完备的治理体系，因此有必要完善地方政府性债务治理的法律框架体系。

（一）地方政府性债务管理的理念与原则

明确管理的原则不仅有利于债务的治理，也为规范地方政府性债务的管理

---

① 参见《关于进一步增强企业债券服务实体经济能力严格防范地方债务风险的通知》。

② 参见《关于规范金融企业对地方政府和国有企业投融资行为有关问题的通知》。

提供指引,根据近几年的实践和国外经验应坚持以下理念与原则。

1. 供给侧改革的理念。多年来我国财政政策主要着力于需求端,通过影响投资拉动有效需求,地方政府性债务的大规模形成离不开投资刺激,所以应从大的经济发展战略上予以摒弃,进而才能控制地方政府债务规模的增量。在供给侧结构性改革的背景下,积极财政政策要结合现实需求,保障政府履行应该承担的支出责任,守住不发生系统性和区域性金融风险的底线。向社会特别是中小企业降低税费,促进其发展;发挥各类政府主导基金的作用以服务实体经济,推进基金的专业化市场运作;推广运用PPP模式,推进公共服务供给机制创新。① 建立法律机制是为了防控风险,但很难对风险端进行有效的控制。在供给侧改革理念的指引下,不仅要降低企业的"杠杆",也要降低地方政府的融资"杠杆",轻装上阵发展经济,使债务规模的增量能得到有效的控制。

2. 中央不救助原则。2014年国务院在"43号文"中首次提出了对于地方政府债务中央政府实行不救助原则,坚持法律上债务主体的偿还义务。并在多个场合强调管理地方政府债务坚持中央不救助原则,做到"谁家的孩子谁抱",打消部分地方政府和金融机构认为中央政府会"埋单"、会兜底的"幻觉"。② 巴西在经历3次大的债务危机治理过程中坚持的一条原则就是中央政府不救助原则,只是对地方政府债务进行接管。中央政府不救助原则倒逼地方政府规范管理地方的举借债务行为,防止地方政府过度举债。另外,中央政府不救助原则也明晰了举债主体的责任,保证中央政府的权威。

3. 遏制隐性债务原则。地方政府隐性债务的风险在于其"隐蔽性",因统计口径不同,加之债务存在形式的多样性,具体的债务规模统计口径仍待进一步完善,将其纳入监管框架内。风险处于监控之外,部分地方和单位违规融资和违规使用债务资金带来风险。隐性债务集中表现在通过设立各类具有主体资格的公司和各类政府基金中,所以遏制地方政府的隐性债务就必须推动融资平台公司的转型,对于从事竞争性项目且能产生正的现金流的融资平台,应该改制为普通公司;对于经营产生的现金流完全无法覆盖债务的纯融资平台应予以裁撤;对于纯公益融资平台应剥离其融资功能。③ 遏制地方政府的隐性债务

① 连太平:《财政政策有效支持供给侧改革的问题研究》,载《西南金融》2016年第7期。

② 国务院《关于2016年度中央预算执行和其他财政收支审计查出问题整改情况的报告》,载审计署官网:http://www.audit.gov.cn/n5/n26/c118298/content.html,最后访问日期:2018年3月25日。

③ 李经纬:《新预算法及其配套政策法规实施背景下的地方融资平台转型与发展》,载《中央财经大学学报》2015年第2期。

要做两步工作:一是要控制新项目发生隐性融资,二是要彻底摸清地方政府隐性债务的实际情况,自 2013 年起审计署对地方政府性债务全面审计后,缺少在此期间形成的隐性债务规模。

(二)健全地方政府性债务管理的法律体系

缺乏有效约束的治理体系终究不会长久,所以有必要以法律的形式将治理当中的经验确定下来,形成完备的法律体系。

1. 强化我国《宪法》对地方政府性债务的约束。政府发行债券进行负债涉及国家信用、财力的合理配置、央地之间财权、及经济自由权、平等课税权、生存权等基本权利保障等都决定必须用《宪法》来规制公债。[①]《宪法》作为国家的根本大法规定基本的经济发展的制度,同时也对政府负债问题进行规定。目前我国《宪法》仅规定了政府预算的基本程序,对于政府举借债务涉及公民利益的重大事项却没有明确的规定,使地方政府举借债务缺少根本法的保障,所以应在《宪法》中规定政府举借债务的事项,强化地方政府作为举借主体的宪法地位。

2. 制定公共债务法。我国虽以《预算法》为主体初步形成了地方政府性债务治理的法律框架,但关于地方政府举借债务管理的法律层级主要表现在部门规章一级,而目前形成的地方政府性债务管理体系的"43 号文"仅为行政法规,法律层级仍然偏低。且"43 号文"仅规定了地方政府债务的管理,缺少对中央层级债务的管理版块,所以应将"43 号文"进行法律层级的升格。借鉴域外国家经验制定公共债务法对地方政府债务的限额、用途、期限、偿债基金及预警机制进行规定。[②] 另外,目前发行国债和地方债主要参考我国《证券法》的规定,而《证券法》主要规制商事主体,与普通发债主体不同,所以需要单独为公债的发行管理制定法律。

3. 制定财政责任法。与公共债务法规制举借债务的内容不同,财政责任法主要是明确举债主体的法律责任,通过事前预防和事后惩罚量化财政目标、财政预算的透明机制和财政责任的承担控制财政赤字和过度举债,避免出现超额赤字和财政危机,这样的立法能够发挥其与一国的预算法、地方债务立法的组合优势。[③] 我国当前缺少一部财政责任法,从早期中央国债转贷地方到中央替

---

① 冉富强:《宪法控制公债之必要性探析》,载《河南社会科学》2010 年第 2 期。

② 冉富强:《我国地方政府性债务困境解决的法治机制》,载《当代法学》2014 年第 2 期。

③ 王婷婷:《财政责任视野下的地方政府债务治理研究》,中国法制出版社 2017 年版,第 260 页。

地方代发债券都没以明确责任的认定,反而是模糊了偿债主体,甚至有的地方认为中央会为地方政府进行"兜底",中央与地方在举借债务的责任上是不清楚的。通过制定财政责任确定债务偿还的主体,并建立相应的惩罚机制。不仅要限制地方政府的权能,还要对相关的责任人进行追究,只有这样才能管理好债务风险,使其扼杀在萌芽之中。

(三)地方政府性债务管理的事前审核法律规则

目前地方政府只有发行地方政府债券和政府与社会资本合作两种融资渠道,通过在债务形成前进行审核,有利于把控债务风险。

1. 设立专门的债务管理机构。澳大利亚因为成立借款委员会,对中央和地方政府债务进行监督、管理和协调。一是确定联邦政府和地方各州总体融资规模,二是协调确定具体的借款融资计划,三是审查各级政府关于借款融资与资金使用情况的报告,较好地实现了对地方政府债务的管理。① 我国在较长一段时间内对地方政府性债务进行多头管理,除了管理职责不清晰外,也不利于对地方政府性债务的全口径管理。2014 年我国《预算法》规定"国务院建立地方政府债务风险评估和预警机制、应急处置机制以及责任追究制度。国务院财政部门对地方政府债务实施监督"。② 首次明确了财政部作为地方政府债务的管理机构,而近几年财政部也出台各种管理措施管理地方政府性债务。但是在财政部内部专设机构进行监管,还是将监管职能交给其他机构,具体的监管范围是什么并没有明确。目前主要是财政部预算司进行总体工作,所以可考虑以财政部预算司作为地方政府性债务的监管机关,以法律形式予以明确。

2. 构建地方政府信用评级机制。以往的信用评级机制只局限对地方政府债券的评级,而忽视了将地方政府本身纳入这个体系内。通过引入市场化的力量,将各种信息交由其进行评判,并实施严格的信用等级管理,对主体能进行约束,所以首先应对地方政府的信用情况进行评级。根据"43 号文"精神,我国要建立地方政府信用评级制度,逐步完善地方政府债券市场。从当前的工作进展来看,信用评级制度的构建工作并没有取得实质性进展。但是目前隐性债务导致地方政府信用评级变为政治预测,准确度难以满足市场化评级需求,单一信用评级制度无法同时实现服务对地方政府发债的限额控制和服务于市场对于

① 廖乾:《完善地方政府债务管理机制:国际经验与启示建议》,载《西南金融》2017 年第 5 期。

② 参见我国《预算法》第 35 条。

地方政府债券的风险识别。[1] 基于当前现实可考虑建立政府内部评级和外部市场评级两套并行的地方政府信用评级制度,并与地方政府债券的发行直接挂钩。

(四)地方政府性债务管理的事中监管法律规则

持续跟进债务的运行风险,通过建立透明的信息披露机制,并设置预警指标,将债务危机的风险扼杀在摇篮之中,所以要构建事中监管机制。

1. 构建透明的信息披露机制。有效的债务风险监管是建立在充分掌握信息的基础上进行控制的,信息不对称容易造成监管风险,并使地方政府陷入过度举债的局面,使部分债务游离于监管之外,进而带来风险,所以有必要构建透明的地方政府债务信息披露机制。“43 号文”规定应完善债务报告和公开制度,定期不定期的将债务运行情况向上级进行报告,使其能动态掌握信息。另外也要向社会公开反映债务结构的信息,接受来自各方的监督。[2] 但在实际情况中,我国地方政府债务的透明度非常差。笔者建议,在公共债务法中明确编制和披露资产负债表,健全政府债务统计报告和信息披露制度,通过各种方式对政府债务状况进行披露,使包括债权人在内的社会公众了解掌握地方政府信用风险。[3] 在披露方式上,除了定期向监管机关进行报告外,财政部应将数据汇总后通过其官网向社会进行公示。

2. 构建风险预警和应急处置机制。风险预警旨在对存量债务进行风险管理,使存量债务的风险提早得到控制,是防范控制债务风险的有效手段。应急处置机制是一旦债务危机爆发后的应对措施,防止没有采取有效措施使债务风险蔓延。“43 号文”指出,我国要建立地方政府性债务风险预警机制和风险应急处置机制,并出台了相应的法规予以规范。但是离完备的“风险监测——风险度量——预警决策——风险处置”体系仍有一段距离。这种机制的构建要以法律形式予以明确,通过设置地方政府债务风险预警信号系统和科学合理的风险预警指标体系,通过各项指标形成对政府性债务风险的动态监测。[4] 另外,就是要定期对地方的债务进行审计,确保各类地方政府性债务信息的真实、客观,以约束地方政府的举债行为。

---

① 侯兆辉:《我国地方政府信用评价机制及完善对策》,载《金融发展评论》2017 年第 7 期。

② 参见国务院《关于加强地方政府性债务管理的意见》。

③ 四川银监局课题组、周静:《地方政府债务现状、成因、风险、监管及规范——以四川为例》,载《西南金融》2015 年第 7 期。

④ 韩鑫韬、梁雁:《地方债务风险预警经验》,载《中国金融》2016 年第 2 期。

(五)地方政府性债务管理的事后问责法律规则

一旦发生了债务风险,启动应急处理机制化解债务风险,同时要进行事后问责,对地方政府及管理人员形成警示作用。

1. 建立地方政府破产制度。坚持“中央不救助原则”的最终表现结果就是要建立地方政府破产制度,这对地方政府在举借债务时会形成其强大的警示作用,使地方政府在举借债务时能保持谨慎的态度。美国较早的构建起了一套地方政府破产制度,区别于企业破产制度,地方政府在申请破产后不能进入清算资产,更不能注销法人资格,因为要履行公共服务的职能。美国地方政府申请破产有四个前提条件:申请主体必须为地方政府,联邦和州政府不在破产法规范范围内;要求地方政府必须获得州政府特别授权方能申请破产;无力偿还债务;有债务重组的计划并与债权人进行了必要的协商。① 破产从惩罚机制上对地方政府有着巨大的压力,使其在举借债务时慎重考虑,保全政府的尊严,所以应构建此制度。政府破产制度的缺位会导致地方政府缺乏债务危机意识,损害政府信用和债权人利益,所以构建地方政府破产制度有利于地方政府风险责任的加强。

2. 构建责任追究机制。在第五次金融工作会议中首次提出对地方债实行终身问责并倒查责任,明确了责任追究机制,以约束政府官员的权力,实现权责统一。第一,针对地方政府债务管理部门及其相关人员的违规举债行为,给财政资金带来严重损失的,应追究地方政府官员及相关人员的行政责任,情节严重的还应追究刑事责任。第二,对于地方政府债务管理部门及其相关人员的“消极违法行为”,如无故拖延举债、使用债务资金不到位等明显失职行为,给财政资金带来损失的,也应依法追究地方政府官员及相关人员的法律责任。②第三,健全离任审计制度。以往的审计制度主要在于对官员是否廉洁进行审计,而对于其做出的各项决策审计的较少。目前存在政府官员将债务甩给下一任官员的现象,使其逃脱责任,所以应加强离任审计。第四,就是要转变对地方政府官员的考核,实现政绩考核的法制化,实行官员政绩考核内容的多样化。

五、结语

通过梳理我国地方政府融资体制的历史沿革,发现中央政府对地方政府举

---

① 刘瀚波:《美国地方政府破产制度研究》,载《武汉金融》2015 年第 5 期。

② 王婷婷、范卫国:《财政责任视角下的地方债务治理:域外经验与中国路径》,载《经济体制改革》2016 年第 6 期。

债行为一直持谨慎态度。改革开放后地方政府在投资驱动型经济增长理念指引下,进行了大量的基础设施建设,但分税制改革后地方政府事权与财权的不匹配,税收收入有限,且在很长一段时间内我国缺少有效的债务管理体系,地方政府通过各种途径进行融资,进而产生了大量的地方政府性债务。从2010年开始,中央政府就高度重视债务问题的管理,经过几年的努力,目前已经初步形成了一套地方政府债务治理体系,有必要进一步深化形成债务管理的完整框架。在供给侧结构性改革的经济理念下,坚持中央不救助原则和遏制隐性债务原则,强化我国《宪法》对地方政府性债务的约束,制定公共债务法和财政责任法,明晰举借债务的责任主体,对地方政府债务的限额、用途、期限、偿债机制及预警机制进行规范,构建“事前审核—事中监管—事后问责”完整链条的监管体制。通过设立专门的债务管理机构管理地方政府债务,并以信用评级机制、信息披露机制风险预警和应急处置机制监测地方政府债务风险。最终形成地方政府破产制度和责任追究机制,给地方政府举借债务形成强大的警示作用。

中国台湾地区促进民间参与公共建设重要问题研析

林盟翔

一、楔子

为提升公共服务水平，加速社会经济发展，促进民间参与公共建设法制之建立，实属必要。相关规划之成功，必须仰赖参与者（投资者、民间机构、金融体系等）之配合，无论是在融资、公开发行新股、公司债等金融工具之妥适使用，始能让民间机构得到充足之资力，强化其兴建、强化从事公共建设任务之能力，并且确保经营之稳定。

鉴于此，以促进民间资金参与公共建设，为各地当局推动公共建设，平衡债务压力减轻之重要措施。本文以台湾地区促进民间参与公共工程为题，辅以参与及审查之课题为内容，进行有关规定与争议问题解析，最后提出结论与建议。

二、公共建设之范围

台湾地区"促进民间参与公共建设法"（以下简称台湾地区"促参法"）系为提升公共服务水平，加速社会经济发展，促进民间参与公共建设，于2000年2月9日华总一义字第8900032910号令发布后施行。

所称公共建设，指下列供公众使用且促进公共利益之建设：

(1)交通建设[①]及共同管道。[②] (2)环境污染防治设施。[③] (3)污水下水道、[④]

① 台湾地区"促参法施行细则"第2条第1项规定:本规定第3条第1项第1款所称交通建设,指铁路、公路、市区快速道路、大众捷运系统、轻轨运输系统、智能型运输系统、缆车系统、转运站、车站、调度站、航空站与其设施、港埠与其设施、停车场、桥梁及隧道。前项智能型运输系统,指经台湾当局目的事业主管机关认定,结合信息、通信、电子、控制及管理等技术运用于各种运输软硬件设施,以使整体交通运输之营运管理自动化,或提升运输服务质量之系统。前述所称缆车系统,指经台湾当局目的事业主管机关认定之利用缆索悬吊并推进封闭式车厢,往返行驶于固定路径,用以运送特定地点及其邻近地区乘客之运输设施。但不包括吊缆式机械游乐设施(台湾地区"促参法施行细则"第2条第2项)。所称航空站与其设施,指航空站区域内及经台湾地区行政管理机构核定设置或台湾当局目的事业主管机关编定之航空客、货运园区内之下列各项设施:(1)供航空器载卸客货之设施及装备。(2)航空器起降活动区域内之设施。(3)维修棚厂。(4)加储油设施。(5)污水处理设施。(6)焚化炉设施。(7)航空附加价值作业设施,含厂房、仓储、加工、运输等必要设施。(8)航空事业营运设施,指投资兴建及营运航空事业办公或具交通系统转运等功能之设施,且申请开发土地面积达一公顷以上。(9)航空训练设施。(10)过境旅馆。(11)展览馆。(12)国际会议中心。(13)停车场(台湾地区"促参法施行细则"第2条第3项)。所称港埠与其设施,指商港区域内之下列各项设施:(1)投资总额不含土地达新台币10亿元以上之船舶出入、停泊、货物装卸、仓储、驳运作业、服务旅客之水面、陆上、海底设施、游艇码头及其他相关设施。(2)投资总额不含土地达新台币25亿元以上之新商港区开发,含防波堤、填地、码头及相关设施。(3)投资总额不含土地达新台币10亿元以上之各专业区附加价值作业设施,含厂房、仓储、加工、运输等必要设施(台湾地区"促参法施行细则"第2条第4项)。所称停车场,指符合下列规定之一之路外公共停车场:(1)申请开发土地面积达4500平方公尺以上之平面式停车场或总楼地板面积达2000平方公尺以上之立体式停车场。(2)投资总额不含土地成本达新台币1500万元以上之机械式或塔台式停车场(台湾地区"促参法施行细则"第2条第5项)。

② 台湾地区"促参法施行细则"第3条规定:本规定第3条第1项第1款所称共同管道,指共同管道法规定之共同管道。

③ 台湾地区"促参法施行细则"第4条规定:本规定第3条第1项第2款所称环境污染防治设施,指下列各项设施:(1)环境保护相关法规所定之空气污染防制、噪音与振动防制、水污染防治、土壤污染整治及废弃物之贮存、清除、处理或最终处置设施。(2)经台湾当局目的事业主管机关认定之营建剩余土石方资源堆置、处理、调度场所及其设施。

④ 台湾地区"促参法施行细则"第5条规定:本规定第3条第1项第3款所称污水下水道,指专供处理家庭污水及事业废水之下水道及其设施。

自来水[①]及水利设施。[②] (4)卫生医疗设施。[③] (5)社会[④]及劳工[⑤]福利设施。(6)文教设施。[⑥] (7)观光游憩设施。[⑦] (8)电业设施[⑧]及公用气体燃料[⑨]设施。

---

① 台湾地区"促参法施行细则"第6条规定:本规定第3条第1项第3款所称自来水设施,指台湾地区"自来水法"所称之自来水设备。

② 台湾地区"促参法施行细则"第7条规定:本规定第3条第1项第3款所称水利设施,指下列各项设施:(1)台湾地区"水利法"所称水利建造物。(2)再生水资源发展条例所称取水构造物、水处理设施及供水设施。(3)经台湾当局目的事业主管机关认定之水淡化处理设施及地下水补注回用设施。

③ 台湾地区"促参法施行细则"第8条规定:本规定第3条第1项第4款所称卫生医疗设施,指医疗机构、精神照护机构、物理治疗机构、职能治疗机构、医事放射机构、医事检验机构、护理机构、疫苗制造工厂或其他经台湾当局目的事业主管机关认定之核子医学药物制造机构、医疗(事)机构及其设施。

④ 台湾地区"促参法施行细则"第9条规定:本规定第3条第1项第5款所称社会福利设施,指下列各项设施:(1)依有关规定核准设置之殡葬设施。但不包括公墓及骨灰(骸)存放设施。(2)依有关规定核准兴办之社会住宅。(3)经台湾当局目的事业主管机关认定之社会福利设施。2015年10月9日前就公墓及骨灰(骸)存放设施申请参与公共建设,于该日前尚未经主办机关完成审核者,不适用前项第1款但书规定。

⑤ 台湾地区"促参法施行细则"第10条规定:本规定第3条第1项第5款所称劳工福利设施,指经台湾当局目的事业主管机关认定之劳工育乐、训练、教育机构及其设施。

⑥ 台湾地区"促参法施行细则"第11条规定:本规定第3条第1项第6款所称文教设施,指下列各项设施:(1)公立文化机构及其设施。(2)公立学校、公立幼儿园及其设施。(3)公立社会教育机构及其设施。但不包括体育场所。(4)依有关规定指定之古迹、遗址及其设施。(5)依有关规定登录之历史建筑、聚落、文化景观及其设施。(6)作为眷村文化保存之国军老旧眷村及其相关设施。(7)经目的事业主管机关认定具文化、教育功能之解说、训练、展演、研发、住宿、保存等相关设施。

⑦ 台湾地区"促参法施行细则"第12条规定:本规定第3条第1项第7款所称观光游憩设施,指在公园、风景区、风景特定区、观光地区、森林游乐区、温泉区或其他经目的事业主管机关依有关规定划设具观光游憩(乐)性质之区域内之游憩(乐)设施、住宿、餐饮、解说等相关设施、区内及联外运输设施、游艇码头及其相关设施。

⑧ 台湾地区"促参法施行细则"第13条规定:本规定第3条第1项第8款所称电业设施,指经台湾当局目的事业主管机关认定之经营发电、输电、配电业务,因供给电能而需设置之相关发电、输电、配电、变电设施。

⑨ 台湾地区"促参法施行细则"第14条规定:本规定第3条第1项第8款所称公用气体燃料设施,指经台湾当局目的事业主管机关认定之下列公用气体燃料事业建置之输储整压相关设施:(1)贮存气体燃料之贮气槽、贮气管、贮气场及其附属贮气设备。(2)自来源地起所敷设之输气管线、加压站、整压站及其他有关之输气设备。(3)掺配空气或其他可燃气体,以调整供应气体燃料热值之掺配设备。(4)用以气化、液化气体燃料之气化设备。(5)装卸液化气体燃料之装卸设备。

(9)运动设施。[①] (10)公园绿地设施。[②] (11)工业[③]、商业[④]及科技[⑤]设施。

---

① 台湾地区"促参法施行细则"第15条规定:本规定第3条第1项第9款所称运动设施,指下列各项设施:(1)国际及亚洲奥林匹克委员会所定正式比赛种类之室内外运动设施。但不包括高尔夫球运动设施。(2)经台湾地区目的事业主管机关认定,结合前款2种以上运动设施及休闲设施之运动休闲园区。(3)经台湾当局目的事业主管机关认定之室内外运动设施。

② 台湾地区"促参法施行细则"第16条规定:本规定第3条第1项第10款所称公园绿地设施,指下列各项设施:(1)由各级都市计划主管机关依台湾地区"都市计划法"划设之公共设施用地内之公园绿地及其设施。(2)由各级非都市土地主管机关依台湾地区"区域计划法"编订之用地内之公园绿地及其设施。(3)依相关"法令"变更土地使用应捐赠之绿地、绿带、生态绿地小区公园及其设施。

③ 台湾地区"促参法施行细则"第17条规定:本规定第3条第1项第11款所称工业设施,指下列各项设施:(1)台湾地区工业主管机关编定开发之工业区。(2)依台湾地区"产业创新条例""区域计划法"或"都市计划法"编定或划设由民营事业、土地所有权人或兴办工业人开发之工业区,其开发面积达5公顷以上、投资总额不含土地达新台币20亿元以上,且开发营运计划符合工业发展政策,于一定期限从事营运行为,并提供用地及厂房供兴办工业人设厂使用者。(3)依台湾地区"区域计划法""都市计划法"编定或划设,供台湾地区工业主管机关、民营事业、土地所有权人或兴办工业人开发使用之深层海水产业园区。(4)经台湾"国防"事务主管部门认定之国防科技工业相关设施。

④ 台湾地区"促参法施行细则"第18条规定:本规定第3条第1项第11款所称商业设施,指下列各项设施:(1)经"直辖市"、县(市)当局认定之供应蔬果、鱼肉及日常生活用品等零售业者集中营业之市场。(2)经台湾当局目的事业主管机关认定,并符合下列规定之大型物流中心:①申请开发面积达1公顷以上。②投资总额不含土地达新台币3亿元以上。但土地上有相关设施经主办机关认定符合需求者,其投资总额得由主办机关报请台湾当局目的事业主管机关依其价值酌减。③规划有货车进出回转空间,并使用仓储管理信息系统或输配送管理信息系统及栈板、货架、堆高机等设备。(3)经台湾当局目的事业主管机关认定,并符合下列规定之国际展览中心:①1栋以上建筑物,提供厂商设置临时性摊位展示产品或服务,接受参观者现场下订单,或提供会议、训练服务,并得结合相关附属商业服务设施。②展览馆基地面积达2公顷以上,且设置500个以上之标准展览摊位。(4)经台湾当局目的事业主管机关认定提供会议、训练服务,并得结合相关附。(5)于外岛地区开发经台湾当局目的事业主管机关认定,结合购物、休闲、文化、娱乐、饮食、展示及信息等设施于一体,并符合下列规定之大型购物中心:①申请开发土地面积达2公顷以上或楼地板面积在66,000平方公尺以上。②1处以上之主力商店,且其营业用楼地板面积达15,000平方公尺以上。③100家以上之中小零售店。

⑤ 台湾地区"促参法施行细则"第19条规定:本规定第3条第1项第11款所称科技设施,指下列各项设施:(1)依科学工业园区相关管理"法令"规定开发之园区。(2)育成中心及其设施。(3)辐射应用科技设施。前项第2款育成中心及其设施,指提供空间、设备、技术、资金、商务与管理之咨询及支持,以孕育新事业、新产品、新技术及协助企业转型升级之相关设施。第1项第3款辐射应用科技设施,指经台湾当局目的事业主管机关认定具有辐射源装置、辐射源使用或辐射防护之设备、技术、空间及其支持从事民生科技应用或技术服务之相关设施。

(12)新市镇开发。[①] (13)农业设施。[②] (14)行政机关厅舍设施[③](台湾地区“促参法”第3条第1项)。须注意者,所称重大公共建设,指性质重要且在一定规模以上之公共建设;其范围,或认定如有疑义(台湾地区“促参法施行细则”第23条),由主管机关会商台湾内政事务主管部门及台湾当局目的事业主管机关定之(台湾地区“促参法施行细则”第3条第2项)。

除此之外,台湾地区“促参法”之重大公共建设范围订定及认定原则因应行政机关组织调整、“促参法”及“促参法施行细则”修正后,亦进行修正。其重点如下:[④](1)“观光游憩重大设施”“重大工业设施”“重大商业设施”“重大科技设施”公共建设类别栏之公共建设类别名称修正为“观光游憩设施”“工业设施”“商业设施”“科技设施”。(2)修正“卫生医疗设施”“劳工福利设施”“文教设施”“观光游憩设施”“科技设施”台湾当局目的事业主管机关栏之台湾当局目的事业主管机关名称。(3)增订“社会福利设施”及“行政机关厅舍设施”公共建设类别、依据及台湾当局目的事业主管机关。

三、金融市场筹资

(一)直接金融:资本市场筹资

所称民间机构,指依台湾地区“公司法”设立之公司或其他经主办机关核

---

① 台湾地区“促参法施行细则”第20条:本规定第3条第1项第12款所称新市镇开发,指依“新市镇开发条例”划定一定地区,从事之开发建设。

② 台湾地区“促参法施行细则”第21条:本规定第3条第1项第13款所称农业设施,指下列各项设施:(1)依台湾地区“畜牧法”规定设置符合屠宰场设置标准之畜禽屠宰场及其相关设施。(2)依台湾地区“农产品市场交易法”规定设置之农产品批发市场及其相关设施。(3)依台湾地区“农业科技园区设置管理条例”规定设置之农业科技园区或补助设立之各地农业科技园区及其相关设施。(4)依台湾地区“国际或输入国防疫检疫标准或规定”,及防疫检疫技术原理设置之动植物及其产品之防疫检疫相关设施。(5)依台湾地区“农业发展条例”规定划定之休闲农业区或取得许可登记证之休闲农场之休闲农业设施与联外运输等相关设施。(6)渔港区域内之下列各项设施:①渔业附加价值作业设施,含活鱼储运、冷冻仓储、鱼货加工等必要设施。②游客住宿、餐饮服务、文物展览及相关海洋游憩、教育设施等多元化相关设施。③游艇游憩专用区域之游艇码头及相关必要设施。④渔船修造船厂。(7)依台湾地区“动物保护法”第14条规定设置之动物收容处所及其相关设施。(8)经台湾当局目的事业主管机关认定之下列各项农业设施:①具林业生产、运销、加工、推广、生态旅游、文化、教育训练、展示等之林业产业设施及其发展所必要之游客住宿、餐饮相关设施。②具农业推广、训练、展示、加工等之多功能农业推广、生产及运销设施。

③ 台湾地区“促参法施行细则”第22条:本规定第3条第1项第14款所称行政机关厅舍设施,指下列各项设施:(1)提供民众服务或统筹规划该服务措施之行政机关办公处所及其设施。(2)办理前款业务人员必要之职务宿舍及其设施。

④ 参见台湾地区“促参司”2017年9月26日台财促字第10625520280号函公告。

定之私法人,并与主办机关签订参与公共建设之投资契约者。若民间机构有当局、公营事业出资或捐助者,其出资或捐助不得超过该民间机构资本总额或财产总额 20%。若民间机构有外国人持股者,其持股比例之限制,主办机关得视个案需要,报请台湾地区行政管理机构核定,不受其他有关外国人持股比例之限制(台湾地区"促参法"第 4 条)。

需注意者,依据台湾地区"促参法"第 11 条规定,促参案公共建设之兴建、营运权利范围属投资契约约定事项,对保险业参与并无相关权利限制规定,又第 4 条所称之民间机构,并未规定应为项目公司,唯为隔离投资风险及便于履约管理等因素,主办机关得就促参案之个案特性,本于权责于公告招商文件规范民间机构是否为项目公司。①

1. 现行条文架构

按台湾地区"促参法"第 33 条规定:参与公共建设之民间机构得公开发行新股,不受台湾地区"公司法"第 270 条第 1 款之限制。但其已连续亏损二年以上者,应提因应计划,并充分揭露相关信息。查参与公共建设之民间机构,往往因为公共建设工程之重大及耗时,初期营收不易立即获利,却又急需资金,爰参照学者相关研究结果,明定参与公共建设之民间机构得公开发行新股,不受台湾地区"公司法"第 270 条第 1 款②之限制,以便参与公共建设之民间机构得以公开发行新股之方式筹募民间长期资金。此外,为保障投资大众权益,爰于但书规定,其已连续亏损二年以上者,应提因应计划,并充分揭露相关信息。需注意者,修正当时,台湾地区财政事务主管部门(现为台湾地区金融管理机构)已依台湾地区"证券交易法"第 28 条之 1,修正台湾地区"发行人募集与发行有价证券处理准则"第 18 条。未来参与公共建设之民间机构未达上市上柜所列股权分散标准,亦可于兴建期间或营运初期公开发行新股。

另查台湾地区"促参法"第 34 条规定:民间机构经依有关规定办理股票公开发行后,为支应公共建设所需之资金,得发行指定用途之公司债,不受台湾地区"公司法"第 247 条、第 249 条第 2 款及第 250 条第 2 款之限制。但其发行总额,应经台湾地区证券主管机关征询台湾当局目的事业主管机关同意。为落

① 参见台湾地区财政事务主管部门"推动促参司"2014 年 8 月 15 日财促发字第 10300641270 号函释。

② 公司有下列情形之一者,不得公开发行新股:(1)最近连续 2 年有亏损者。但依其事业性质,须有较长准备期间或具有健全之营业计划,确能改善营利能力者,不在此限。……

实民间参与公共建设之政策,民间机构于营运或兴建阶段皆得发行公司债,以利筹措长期资金。爰参照修改有关规定当时之台湾地区“奖参条例”第27条,明定参与公共建设之民间机构得发行公司债,且不受台湾地区“公司法”第247条、第249条第2款及第250条第2款等有关公司债发行总额及发行资格之限制。另为保障投资大众权益,但书规定其发行总额应经台湾地区证券主管机关征询台湾当局目的事业主管机关同意。需注意的是,制定说明指出,当时台湾地区财政事务主管部门已就台湾地区“证券交易法”进行修正,并于该有关规定修正草案第28条之4中考虑,如台湾地区“证券交易法(草案)”第28条之4经完成修改程序,本条即予删除。

台湾地区财政事务主管部门“推动促参司”委托之研究报告指出,①根据台湾地区财政事务主管部门所提供促参案件已签约之数据显示,目前正在执行中之案件数量为672件,扣除非依台湾地区“促参法”规定办理之案件(如设定地上权、都市更新等)152件外,尚有520件依“促参法”相关规定办理。依该研究团队统计,至2016年8月为止,统计数据指出,520件促参案件中之民间机构之组织型态,采公司型态共有468件,其中有限公司为124件,股份有限公司为344件。再与公开信息观测站中信息比对,共有9件促参案件之民间机构为公开发行公司、21件促参案件之民间机构为上市柜公司,兴柜公司则无。

2. 修正草案之提出

鉴于实施多年的民间参与公共建设计划案件,产生图利财团、规避环评、监督履约机制不透明、忽略公众意见等缺失,已违背制定宗旨,有损公共利益,参酌相关专家学者意见,2015年11月30日台湾地区“立法委员”提出“促进民间参与公共建设法”部分条文修正草案。②

该提案说明指出,民间参与公共建设案件具有高度风险、复杂及专业等特征,须以稳健发展为基本原则,不宜躁进;开放民间机构公开发行新股,直接向资本市场募集资金,固然可增加民间机构募资管道,提供兴建、营运所需资金(尤其在兴建期间,项目之资金需求较高),但公开发行新股涉及投资大众之权益,信息不对称的问题较间接金融更严重,一旦项目发生财务困难,恐将引爆金融危机,损害公共利益。参照英法海峡隧道(Channel Tunnel)于兴建期间即公

---

① 建业法律事务所:《促参案民间机构办理公开发行新股、公司债及合并分割等事宜执行议题研究案期末报告》,台湾地区财政事务主管部门“推动促参司”委托,2016年8月25日,第9~10页。

② 台湾地区立法机构第8届第8会期第5次会议议案关系文书(院总字第1581号;委员提案第18025号)。

开发行股票之经验,2007 年特许公司因破产而进行财务重整后,股东权益遭大幅稀释,造成广大投资人的重大损失。故就台湾地区境内推行促参案件已发生多起违约失败之情形而言,对于有关规定松绑的时机,目前宜限缩在开始营运,项目风险降低后,始得办理,爰修正第 33 条规定,民间机构必待"营运期间"办理公开发行新股者,始得排除台湾地区"公司法"第 270 条第 1 款之限制,以保障投资大众之权益。据此,台湾地区"促参法"修正草案第 33 条规定:与公共建设之民间机构于营运期间公开发行新股者,不受台湾地区"公司法"第 270 条第 1 款之限制。但其已连续亏损 2 年以上者,应提因应计划,并充分揭露相关信息。

另配合上述之内容,台湾地区"促参法"修正草案第 34 条修正为:民间机构经依有关规定办理股票公开发行后,为支应公共建设所需之资金,于营运期间发行指定用途之公司债者,不受台湾地区"公司法"第 247 条、①第 249 条第 2 款②及第 250 条第 2 款③之限制。但其发行总额,应经台湾地区证券主管机关征询台湾当局目的事业主管机关同意。

3. 评析

原则上,民间机构办理公开发行新股、公司债之筹资行为,非有特殊目的主办单位应无介入之必要。若因成为参与公共建设之民间机构后,使得其筹资管道受阻,除降低其参与之意愿外,亦使规模较小之公共建设于招标时,可能也需要资力强大的民间机构始能得标,因为要确保民间机构在一开始设立之初就要具备充足且必要,并超过该公共建设必要之经营能力,是否妥适,不无疑义。另外,台湾地区"促参法"第 33 条及第 34 条之规定系在提供民间机构参与公共建设之诱因,唯目前并无实际案例使用,仍以与金融机构进行融资为主要手段,且从企业之发展时间轴观之,较多资金需求之发生为企业之设立初期(兴建期),若等到营运期始公开发行与发行公司债募集资金,缓不济急且诱因不足,无法于民间机构大量需要资金时提供协助,功能上大打折扣。再者,若该民间机构于兴建期中须受到台湾地区"公司法"第 270 条等规定限制,营运期中则

---

① 公司债之总额,不得逾公司现有全部资产减去全部负债及无形资产后之余额。无担保公司债之总额,不得逾前项余额 1/2。

② 公司有下列情形之一者,不得发行无担保公司债……(2)最近 3 年或开业不及 3 年之开业年度课税后之平均净利,未达原定发行之公司债,应负担年息总额之 150%。

③ 公司有下列情形之一者,不得发行公司债……(2)最近 3 年或开业不及 3 年之开业年度课税后之平均净利,未达原定发行之公司债应负担年息总额之 100%者。但经银行保证发行之公司债不受限制。

不需要受到限制,此类规定甚难理解。换言之,民间机构度过了最需要资金之初期(兴建期),营运期时制定本意应为其经营逐渐稳固,若有资金需求时则可以不受台湾地区"公司法"第270条等规定限制,系因从事公共建设有助于公益性发挥之故。若由此观之,相对于营运期之经营能力相对比较不稳定之兴建期,受到的限制较大,其限制多寡与其经营稳定及能力高低成为正比,看似具有道理,然而若民间机构无法度过兴建期,或称过兴建期至营运期,而为使公共建设经营不中断,不以民间机构财务、业务、经营状况与能力为判断标准,即可不受到公司法等限制使期容易取得资金,监理手段上仅仅为公开揭露与发行总额之限制,监理密度是否充足保护公共利益,不无疑问。

观台湾地区财政事务主管部门"推动促参司"委托之研究报告同时指出:[①]在民间机构进入营运期后已毋须再支出高额之兴建经费,此时之筹资目的应是偿还贷款降低负债比率,但对于原始投资人而言增资亦表示会降低每股的获利,如果促参案件的营运状态一如预期,原始投资人从商业利益考虑的角度下应该不会再办理增资;但如果是营运不如预期,而需要更多营运资金的情况下,此时适台湾地区"促参法"第33条规定排除台湾地区"公司法"第270条连续亏损2年不得公开发行新股之限制,反而无法保障投资大众。本文赞同该研究报告之结论。诚然,若已经进入营运期之民间机构若系以上述方式进行筹资,显然不利于大众。也更有可能导致于在初期(兴建期)大量通过合法或非法融资取得资金,无视负债比过高,进入到营运期后,通过向大众募集资金之方式将该等不利益转嫁给大众,是否有违参与公共建设之初衷与设计目的,以及大众利益维护之效果丧失,非所乐见。

据此,该等修正草案之未通过,甚幸。本文认为,于将来再进行讨论修订时,建议一并废除台湾地区"促参法"第33条及第34条规定。因为修正草案限缩至营运期未通过,而现行条文上不限于营运期,则于任何时期(尤其在资金需求甚多之兴建期)均可以排除台湾地区"公司法"等限制进行筹资,而使大众承受民间机构兴建(营运)失败之缺失,不能以参与公共建设为由,降低公众筹资应具备之能力,应在评选民间机构时就其经营能力进行严格把关,方为正道。另观台湾地区财政事务主管部门"推动促参司"委托之研究报告指出:台湾地区"促参法"第33条以提供民间机构于亏损时即得公开发行新股之筹资方式作为诱因,乃台湾地区内唯一之规范,虽目前并无民间机构依该条规定申请

---

① 建业法律事务所:《促参案民间机构办理公开发行新股、公司债及合并分割等事宜执行议题研究案期末报告》,台湾地区财政事务主管部门"推动促参司"委托,2016年8月25日,第17页。

办理,但仍不失为一个奖励机制。笔者认为,若主管机关认为此为奖励机制,应修正该条文,应由主管机关或主办机关协助其取得项目融资、信用保证或信托等机制来达成其融资之必要,并建立奖励机制之标准,始能将参与公共建设资金需求与公共利益之维护,达成平衡。

(二)间接金融:储贷市场筹资

1. 主办机关担保之权能与限制

修正前台湾地区"促参法"第 30 条规定:"主办机关视公共建设资金融通之必要,得洽请金融机构或特种基金提供民间机构中长期贷款。"问题在于,主办机关得否为民间机构提供融资保证或其他形式之担保?鉴于主办机关若提供融资保证,承担或有负债者,恐将影响项目融资之诱因机制,且造成财政负担,宜谨慎为之,并由民意机关控管,爰增订但书规定,规范主办机关提供融资保证,或依其他措施承担或有负债者,应提报各该"议会"或"台湾地区立法机构"审议通过。据此,修正后第 30 条规定增加但书之规定:"主办机关视公共建设资金融通之必要,得洽请金融机构或特种基金提供民间机构中长期贷款。但主办机关提供融资保证,或依其他措施造成主办机关承担或有负债者,应提报各民意机关审议通过。"

2. 授信之要求与排除限制

修正前台湾地区"促参法"第 31 条规定:金融机构对民间机构提供用于重大交通建设之贷款,系配合政策,并报经台湾地区财政事务主管部门核准者,其授信额度不受台湾地区"银行法"第 33 条之 3 及第 84 条之限制。鉴于主管机关与台湾地区"银行法"规定之调整,因此有进行调整之必要。除此之外,参照台湾地区"奖励民间参与交通建设条例"第 26 条[①]订定,放宽对重大交通建设贷款融资限制,唯民间参与重大公共建设皆需提供履约保证,本条仅规范贷款,

① 主管机关视交通建设资金融通之必要,得洽请金融机构给予本规定所奖励民间机构长期优惠贷款,其贷款期限及授信额度不受台湾地区"银行法"第 33 条之 3、第 38 条及第 84 条之限制。前项长期优惠贷款利息之差额,由主管机关编列预算补贴之。第 1 项长期优惠贷款办法由台湾地区交通主管部门会同台湾地区财政事务主管部门定之。

似无法排除台湾地区"银行法"第33条之3授信额度限制。[①②] 依台湾地区"银行法"第5条之2规定,"授信"包含放款、透支、贴现、保证、承兑及其他经台湾当局主管机关指定之业务项目,为避免适用疑虑,爰将"贷款"修正为"授信"。

需注意的是,台湾地区"奖励民间参与交通建设条例"第26条规定:主管机关视交通建设资金融通之必要,得洽请金融机构给本条例所奖励民间机构长期优惠贷款,其贷款期限及授信额度不受"银行法"第33条之3、第38条及第84条之限制。鉴于交通建设所需融资额度较大,融资期限较长,贷款期限比照奖励民间台湾地区"奖励民间参与交通建设条例"(以下简称台湾地区"奖参条例")第26条增订不受台湾地区"银行法"第38条限制。

四、取得权利处分之限制

(一)修正前之规定

2015年12月30日修正前台湾地区"促参法"第51条规定:民间机构依投资契约所取得之权利,除为第52条规定之改善计划或第53条规定之适当措施所需,且经主办机关同意者外,不得转让、出租、设定负担或为民事执行之标的(第1项)。民间机构因兴建、营运所取得之营运资产、设备,非经主办机关同

---

① 主管机关对于银行就同一人、同一关系人或同一关系企业之授信或其他交易得予限制,其限额、其他交易之范围及其他应遵行事项之办法,由主管机关定之。前项授信或其他交易之同一人、同一关系人或同一关系企业范围如下:(1)同一人为同一自然人或同一法人。(2)同一关系人包括本人、配偶、二亲等以内之血亲,及以本人或配偶为负责人之企业。(3)同一关系企业适用台湾地区"公司法"第369条之1至第369条之3、第369条之9及第369条之11规定。

② 台湾地区"银行法"第33条之3授权规定事项办法第2条规定:本规定第33条之3第1项所称银行对同一人、同一关系人或同一关系企业之授信限额规定如下:(1)银行对同一自然人之授信总余额,不得超过该银行净值3%,其中无担保授信总余额不得超过该银行净值1%。(2)银行对同一法人之授信总余额,不得超过该银行净值15%,其中无担保授信总余额不得超过该银行净值5%。(3)银行对同一公营事业之授信总余额,不受前项规定比率之限制,但不得超过该银行之净值。(4)银行对同一关系人之授信总余额,不得超过该银行净值40%,其中对自然人之授信,不得超过该银行净值6%;对同一关系人之无担保授信总余额不得超过该银行净值10%,其中对自然人之无担保授信,不得超过该银行净值2%。但对公营事业之授信不予并计。(5)银行对同一关系企业之授信总余额不得超过该银行净值40%,其中无担保授信总余额不得超过该银行净值之15%。但对公营事业之授信不予并计。(6)下列授信得不计入本"办法"所称授信总余额:①配合政策,经主管机关项目核准之项目授信或经台湾地区货币政策主管机关项目转融通之授信。②对行政机关之授信。③以公债、"国库券"、台湾地区货币政策主管机关储蓄券、台湾地区货币政策主管机关可转让定期存单、本行存单或本行金融债券为担保品授信。④依加强推动银行办理小额放款业务要点办理之新台币100万元以下之授信。

意,不得转让、出租或设定负担。但民间机构以第8条第1项第6款方式参与公共建设者,不在此限(第2项)。违反前二项规定者,其转让、出租或设定负担之行为,无效(第3项)。

(二)现行规定与修正理由

从2010年10月与2014年12月台湾地区行政管理机构版之修正草案内容可知,其认为民间机构以当时条文第8条第1项第6款方式参与公共建设者(Building-Owning-Operation,BOO),依条文第2项规定,其营运资产、设备之转让、出租或设定负担行为,毋须经主办机关同意即得为之,唯如转让后不符合第8条第1项第6款方式之定义及产生公共服务是否可继续提供之疑虑,爰删除现行条文第2项但书文字,即营运资产、设备之转让、出租或设定负担行为须经主办机关同意。另从2015年11月30日"林姓立委"与2015年12月7日"潘姓立委"分别针对该条文提出修正草案内容。前者同意上述行政主管机构之意见,后者系以"现行条文第2项但书规定,民间机构以第8条第1项第6款方式参与公共建设者,其营运资产、设备之转让、出租或设定负担,毋须经主办机关同意,唯倘转让后影响公共建设之营运,将产生公共服务中断疑虑,爰删除但书文字"赞成台湾地区行政管理机构与前述"立委"之建议,将该但书规定删除。[①] 笔者认为,若处分行为未符合该项但书之规定,则回归本文非经主办机关同意,否则依同条第3项之规定依旧为无效。至于该无效与公共服务中断之关连,依旧有可能发生在其他参与公共建设之类型中,只是在但书删除后,把BOO类型系民间机构私有之所有权自为或委托他人营运后所取得之营运资产、设备之处分加以限制,对本来有意以BOO参与公共建设之民间机构,其意愿是否大为降低,尚需主管机关特别注意。

需注意者,2010年版本认为,为确保当局及一般大众之权益,通过信托机制,可让促进民间参与公共建设案件之财务更趋透明及健全,唯采取信托方式,其经营之主体仍应由民间机构为之,且仅限于由委托人或主办机关取得信托利益者为限。因此于台湾地区"促参法"修正草案第51条第3项增订:"前项转让以信托方式办理者,应以民间机构或主办机关为受益人,且不影响投资契约之履行为限。"并将原来第3项之规定修正为第4项:"违反前三项规定者,其转让、出租或设定负担之行为,无效。"但该修正草案最终并未通过。笔者认为,此类情形与原住民保留地遇到之情形类似,若以将来可以通过之兼益公司

---

① 台湾地区行政管理机构第8届第8会期第13次会议议案关系文书(院总第1581号;委员提案第18025.1806 0号之1)。

配合公益信托之设计,即可达成目的。

从制定说明可知,按本条明定投资契约之权利及兴建、营运之资产、设备转让、出租及设定负担之禁止。另为维护公共利益,爰参照台湾地区“奖参条例”第42条规定,于第1项及第2项分别明定原则禁止兴建、营运权利及资产、设备之转让、出租、设定负担或为民事执行之标的。唯为使融资机构得确保其债权,其依投资契约所取得之权利系改善计划或适当措施所需,且经主办机关同意时,例外允许之,俾加强公共建设融资之可行性;另以第8条第1项第6款方式参与之公共建设(BOO),①因不涉及营运期满之移转,其营运资产、设备,无禁止转让、出租或设定负担之必要,爰明文排除之。

(三)争议问题

1.营运资产、设备

需注意者,所称“权利”系指依投资契约所取得之兴建、营运权利。而称“营运资产、设备”者,依台湾地区“促参法施行细则”第64条第1项规定,系指民间机构于兴建营运期间内,因兴建营运公共建设所取得及为继续经营公共建设所必要之资产及设备。另依同条第2项规定,前项营运资产、设备,于不影响公共建设之正常运作,并符合下列规定之:(1)主办机关得同意其转让、出租或设定负担。(2)依投资契约规定,无须移转予行政机关者。(3)依投资契约规定,需于营运期间届满后移转予行政机关者,得依投资契约规定于移转期限届满前,在不影响期满移转下,附条件准予转让;其出租或设定负担之期间,以经营许可期限为限;其设定负担,应订有偿债计划或设立偿债基金办法。因此,依据台湾地区“促参法”兴建之综合大楼营运移转案地上权信托之行为,地上权信托未涉兴建、营运权利转让者,属“促参法”第51条第2项所称营运资产、设备;涉兴建、营运权利者,属“促参法”第51条第1项所称依投资契约所取得之

---

① 台湾地区“促参法”第8条持积极创新之精神,从兴利的角度建立政府、民间之伙伴关系,其民间机构参与公共建设之方式如下:(1)包括由民间机构投资新建并为营运;营运期间届满后,移转该建设之所有权予当局(Build-Operate-Transfer,BOT)。(2)由民间机构投资新建完成后,当局无偿取得所有权,并由该民间机构营运;营运期间届满后,营运权归还当局(Build-Transfer-Operate,无偿BTO)。(3)由民间机构投资新建完成后,当局一次或分期给付建设经费以取得所有权,并由该民间机构营运;营运期间届满后,营运权归还当局。(Build-Transfer-Operate,有偿BTO)。(4)民间机构投资增建、改建及修建当局现有设施并为营运;营运期间届满后,营运权归还当局(Rehabilitate-Operate-Transfer,ROT)。(5)民间机构营运当局投资兴建完成之建设,营运期间届满后,营运权归还当局。(Operate-Transfer,OT)。(6)为配合当局政策,由民间机构自行备具私有土地投资新建,拥有所有权,并自为营运或委托第三人营运(Build-Own-Operate,BOO)。(7)其他经主管机关核定之方式。

权利，除为“促参法”第 52 条规定之改善计划或第 53 条规定之适当措施所需，且经主办机关同意者外，不得转让、出租、设定负担或为民事执行之标的。[①]

2. 优先续约

按营运质量与绩效评估为主办机关监督管理核心，其评估结果可作为民间机构改善参考。据此，增订台湾地区“促参法”第 51 条之 1 条规定：主办机关应于营运期间内，每年至少办理一次营运绩效评定（第 1 项）。经主办机关评定为营运绩效良好之民间机构，主办机关得于营运期限届满前与该民间机构优先定约，由其继续营运。优先定约以一次为限，且延长期限不得逾原投资契约期限（第 2 项）。第 1 项营运绩效评估项目、标准、程序、绩效良好之评定方式等作业办法，应于投资契约明定之。营运绩效评定，应纳入民间机构营运绩效及质量查核纪录（第 3 项）。除此之外，台湾地区“促参法施行细则”第 66 条规定：主办机关依本施行细则第 51 条之 1 第 2 项规定与该民间机构优先定约前，应依第 80 条规定办理资产总检查，并就继续营运进行规划及财务评估，研订继续营运之条件，以与该民间机构议定契约。

再者，台湾地区“促参法施行细则”第 80 条规定：民间机构依“促参法”第 54 条规定于营运期限届满应移转资产者，应于期满前一定期限办理资产总检查（第 1 项）。前项一定期限与资产总检查之检查机构、检查方式、程序、标准及费用负担，应于投资契约明定之（第 2 项）。需注意的是，优先定约并非原投资契约之延续，属另一新契约，主办机关当依台湾地区“促参法”第 54 条及其“促参法施行细则”第 80 条规定与原投资契约约定，要求民间机构于营运期限届满前一定期间内，提出营运资产移转计划及办理资产总检查，并办理资产移转之点交作业。

五、补贴之限制与改正

（一）修正前之规定

修正前台湾地区“促参法”第 29 条规定：公共建设经甄审委员会评定其投资依本法其他奖励仍未具完全自偿能力者，得就其非自偿部分，由主办机关补贴其所需贷款利息或投资其建设之一部（第 1 项）。主办机关办理前项公共建设，其涉及台湾当局预算者，实施前应将建设计划与相关补贴利息及投资建设方案，报请台湾地区行政管理机构核定；其未涉及台湾当局预算者，得依权责由主办机关自行核定（第 2 项）。第 1 项之补贴利息及投资建设，应循预算程序

---

① 台湾地区财政事务主管部门 2015 年 3 月 31 日台财促字第 10625506950 号函释。

办理(第3项)。

(二)修正后之规定

1. 补贴规定之修正

对于未具自偿性之项目,当局为提供公共服务,固然应予支持或资助,但不适当的补助容易破坏项目融资之诱因机制,引发投机行为,降低项目效率。因而当局给予补助时,应慎重考虑补助之时机与方式,方能促使民间经营者提升项目兴建及营运质量,追求特许公司及民众之共同利益。故参照英国推行 PFI (Private Finance Initiative)模式所采用“影子费率”(Shadow Toll)之机制,在营运开始后,方由当局依据项目营运绩效给予补贴,应修正主办机关的补贴方式,并规定应于投资契约中订明,确保权利义务之明确,以及甄审的公平性,并删除“利息及投资建设方案”文字。

据此,修正后台湾地区“促参法”第29条规定:公共建设经甄审委员会评定其投资依本规定其他奖励仍未具完全自偿能力者,得就其非自偿部分,由主办机关补贴其所需贷款利息或按营运绩效给予补贴,并于投资契约中订明(第1项)。主办机关办理前项公共建设,其涉及台湾当局预算者,实施前应将建设计划与相关补贴,报请台湾地区行政管理机构核定;其未涉及台湾当局预算者,得依权责由主办机关自行核定(第2项)。第1项之补贴应循预算程序办理(第3项)。需注意的是,主办机关依上开规定给予民间机构之营运绩效补贴,应以民间机构办理公共建设兴建及营运达成投资契约约定成果为依据(台湾地区“促参法施行细则”第47条)。若涉台湾当局预算者,台湾当局目的事业主管机关应依台湾地区“预算法”第9条、第34条及准用第39条规定,办理预算编列及表达。最后,民间机构于营运期间届满前,经主办机关终止投资契约者,其依本规定取得之补贴权利,应自通知日起予以终止(台湾地区“促参法施行细则”第49条),盖民间机构依本规定取得之补贴权利应随投资契约之终止一并终止,自不待言。

2. 投资契约之订明

台湾地区“促参法施行细则”配合修正于第31条:本规定第11条第9款所定其他约定事项,[①]得包括下列事项:(1)双方声明及承诺事项。(2)用地与设

---

① 主办机关与民间机构签订投资契约,应依个案特性,记载下列事项:(1)公共建设之规划、兴建、营运及移转。(2)土地租金、权利金及费用之负担。(3)费率及费率变更。(4)营运期间届满之续约。(5)风险分担。(6)施工或经营不善之处置及关系人介入。(7)稽核、工程控管及营运质量管理。(8)争议处理、仲裁条款及契约变更、终止。(9)其他约定事项。

施取得、交付之范围及方式。(3)财务事项。(4)依本规定第29条办理之补贴事项。(5)履约保证(第1项)。前项第3款财务事项,得包含民间机构自有资金比率最低要求、融资需求及融资契约提送时间(第2项)。第1项第4款补贴事项,应包含补贴方式、上限、调整机制及投资契约提前终止时之处理(第3项)。

3. 自偿能力之判断

鉴于"促参法"第29条规定之补贴,未限于工程建设案件,爰删除工程兴建或建设等相关文字。复因"促参法"意旨系基于促进民间参与,与当局预算兴办公共建设计划性质有别,爰修正自偿能力之定义,参酌财务评估实务,采"获利指数"(Profitability Index)概念,就计划评估年期内各项成本及收入予以估算,并配合删除相关规定之"净"及"减除"文字。

据此,台湾地区"促参法施行细则"第43条修正后规定为:本规定第29条第1项所称自偿能力,指民间参与公共建设计划评估年期内各年现金流入现值总额,除以计划评估年期内各年现金流出现值总额之比例(第1项)。前项所称现金流入,指公共建设计划营运收入、附属事业收入产设备处分收入及其他相关收入之总和(第2项)。第1项所称现金流出,指公共建设计划所有工程建设经费、依本规定第15条第1项优惠后之土地出租或设定地上权租金、所得税费用、不含折旧与利息之公共建设营运成本及费用、不含折旧与利息之附属事业营运成本及费用、资产设备增置及更新费用等支出之总额(第3项)。

4. 可行性评估报告与民间参与效益评估

修正后台湾地区"促参法施行细则"第43条规定:主办机关依本规定第29条第1项规定对民间机构给予贷款利息或营运绩效补贴时,应于可行性评估报告及先期计划书中,进行民间参与公共建设计划自偿能力及民间参与效益评估,据以拟定补贴之方式、上限及调整机制,并载明于公告(第1项)。申请人应于其申请案件之财务计划内提出自偿能力之计算及分析资料,并依据前项主办机关公告之内容,叙明要求主办机关补贴之额度及方式,由甄审委员会评审之(第2项)。

鉴于当局给予补贴为重要财务事项,有必要增订应进行民间参与效益评估及据以拟定相关补贴内容规定。所称民间参与效益评估,指当局给予补贴之必要性、计划效益分析及补贴调整机制之评估与规划等事项。

(三)DBFO 制度之借鉴

论者指出,[①]对于促参自偿能力不足之案件给予补贴,主要基于公益目标或施政需要所核定之公共建设,在无法100%自偿时,而又为政府所需要之建设者,则由政府出资部分挹注该项公共建设,以减缓民间投资之资金成本与压力。而在英国,当公共建设自偿率低,政府又企图推动该建设时,主要系通过DBFO(Design,Build,Finance,Operate)方式进行。DBFO模式重点在于民间机构不直接向使用者(一般民众)收费,而是依据合约之计价方式向政府收取费用,由于政府给予一定之费率。[②] DBFO模式是由政府依据民间机构之服务绩效(performance-based payment)付款,以保障民间机构营运最低收入,使民间机构不承担一般民众(或使用者)多寡之不确定性,得依约回收成本并享有一定比例之利润,因此不再需要"补贴"。是以,项目自偿率不足之公共建设计划案,或可导入DBFO服务出售公部门主办机关之概念进行。

论者亦指出,[③]由于促参案件多系民间机构直接向使用者收费,民间机构营运收入之风险将高于向行政机关收费之案件,因此利率之议定涉及民间机构之信用与还款能力,而基于公私合伙协力之理念,行政机关亦应协助民间取得融资,俾顺利推动各项工程事项,尤其如付费予民间机构之促参案件,因民间机构之各项成本皆将转嫁于服务费中,因此行政机关似可考虑参考外国由行政机关出资之金融机构或行政机关之特定基金提供一定额度之无息贷款做法,以减低民间机构融资成本。

笔者认为,台湾地区若将来有引进DBFO制度之必要时,需注意下列三点:(1)明定DBFO制度作为促参案件之法定类别。(2)"财政支出价值"

---

① 范雪梅:《强化政府对民间参与公共建设案监督管理机制之探讨》,载《财政专论》2013年第32期。

② 所谓DBFO(Design,Build,Finance and Operate)模式,由制度发源地——英国的定义来看,是指在总称PPPs(Public Private Partnerships)的民间参与公共建设精神之下,民间厂商在项目中所参与的部分包括了设计、兴建、融资、与营运等工作;但依据民间投资回收方式的不同,DBFO又包含了"由政府于营运期依设施服务水平对价给付(现英国所称之Private Finance Initiative,即PFI主要即指此类模式)""向使用设施的社会大众收取费用(financially free-standing projects)""向使用者收费外,另由政府补助部分建设成本(Joint Ventures)"三种基本型态,且实务上依项目特性而存在更多的弹性组合(RICS,1995年)。上述定义如对照台湾地区现行促参制度,则目前台湾地区"促进民间参与公共建设法"所涵盖的BOT、BOO、BOOT、及无偿BTO等模式,其实均属于DBFO的范围。张倩瑜主持:DBFO模式在台湾地区运用之研究,台湾地区行政管理机构公共工程委员会项目研究计划,2015年,第6页。

③ 范雪梅:《强化政府对民间参与公共建设案监督管理机制之探讨》,载《财政专论》2013年第32期。

(Value for Monet,VFO)评估之建立。即执行面上,决定一项目是否可以适用DBFO模式之主要关键,在于需通过"财政支出价值"(Value for Money)的评估,即比较在DBFO模式下的总成本是否会较传统行政机关自办模式下的总成本为低。论者指出,①其中执行成本的估算通常需要经过风险调整的过程(risk adjustment),例如,发生延迟完工或是成本超支的可能性。要达到具有"财政支出价值"的目标,最重要是须确保民间团队能以较低的风险贴水(risk premium),承担其最有能力管理的风险。(3)案件适用之要件。一是投资契约明定。台湾地区"促参法施行细则"第33条规定,主办机关应依公共建设之特性及民间投资方式,于投资契约明定,民间机构应于一定期间内提出或交付工程质量管理计划、工程进度报告、账簿、表册、传票、财务报告、营运绩效及质量查核纪录、办理本法第51条之1第1项营运绩效评定作业所需文件、工作数据及其他相关文件,以供查核。据此,若要实行DBFO形式,一定要于投资契约中载明。并同时配合修正台湾地区"促参法"第11条及"促参法施行细则"第31条相关既载要件。二是终止与解约权之平衡:台湾地区"促参法施行细则"第32条明定,投资契约得订明因政策变更,民间机构依契约继续履行反不符公共利益者,主办机关得终止或解除一部或全部契约,并补偿民间机构因此所生之损失。因此若自偿率不足以届该条终止或解除契约之要件时,应不采用DBFO模式。三是若将来补贴与DBFO并存,理论上DBFO营运成本应较行政机关自营为低,但若其成本相对于补贴来说可能性为高,因此在适用上,与废除补贴制度仅留DBFO时相同,应遵循台湾地区"促参法施行细则"第12条揭示原则之选择:主办机关与民间机构之权利义务,除另有规定外,依投资契约之约定;契约无约定者,适用民事相关之规定(第1项)。投资契约之订定,应以维护公共利益及公平合理为原则;其履行,应依诚实及信用之方法(第2项)。

六、组织再造限制之限制

(一)现行条文之规定

2015年12月30日修正后台湾地区"促参法"第51条增订第4项之规定:"民间机构非经主办机关同意,不得办理合并或分割。"其修正理由指出:本条第1项主要系限制民间机构对于特许权之处分,而第2项是限制民间机构对于营运资产、设备之处分,但有关民间机构得否按台湾地区"公司法"、台湾地区

① 张倩瑜主持:DBFO模式在台湾地区运用之研究,台湾地区行政管理机构公共工程委员会项目研究计划,2015年,第8页。

“企业并购法”等相关规定办理合并、分割之疑义,碍于法令未备,实务上迭有争议(参工程会2008年3月18日工程技字第09700114460号释)。衡酌企业合并时,存续公司或新设公司将概括承受消灭公司之权利义务,增加项目之财务风险;而企业分割时,常伴随资产分析之效果,影响项目计划之整体性,因而宜以限制为原则,许可为例外,爰增订第4项规定,明文限制民间机构非经主办机关同意,不得办理合并或分割,以促使民间机构专注本业经营,避免影响公共服务质量。

(二)评析

1.项目融资理论之脉络

依据台湾地区“促参法”第45条规定:经评定为最优申请案件申请人,应自接获主办机关通知之日起,按评定规定时间筹办,并与主办机关完成投资契约之签约手续,依有关规定兴建、营运(第1项)。经评定为最优申请案件申请人,如未于前项规定时间筹办,并与主办机关完成投资契约签约手续者,主办机关得订定期限,通知补正之。该申请人如于期限内无法补正者,主办机关得决定由合格之次优申请案件申请人递补签约或重新依第42条规定公告接受申请(第2项)。

查2015年11月30日“林姓立委”之提案内容可知:经评定为最优申请案件申请人,应自接获主办机关通知之日起,按评定规定时间筹办及新设民间机构,并与主办机关完成投资契约之签约手续,依有关规定兴建、营运(第1项)。经评定为最优申请案件申请人,如未于前项规定时间筹办及新设民间机构,并与主办机关完成投资契约签约手续者,主办机关得订定期限,通知补正之。该申请人如于期限内无法补正者,主办机关得决定由合格之次优申请案件申请人递补签约或重新依第42条规定公告接受申请(第2项)。其修正说明为:有关最优申请人是否须新设合于第4条规定之民间机构,而与主办机关签约之疑义,本规定并无明文规范,实务上亦未强制要求最优申请人须新设公司。但就项目融资之理论而言,为建立项目财务之独立性,项目特许公司应以新设之公司或法人为限,以免受最优申请人其他业务之经营不善所牵累,爰修正第45条第1项及第2项之规定,强制最优申请人新设民间机构,而与主办机关签约。

本文认为,若依循项目融资理论之架构,建立项目财务之独立性,项目特许公司应以新设之公司或法人为限,即民间机构需以新设之项目公司或法人为限,而体现在上述修正草案第29条、第30条、第33条、第34条、第38条、第45条、第51条、第52条,均可理解。唯台湾地区“促参法”第45条并无采纳上述修正草案之建议(修正草案未通过),即在促参案件中,仍可由主管机关依其不同之案件性质,允许民间机构以项目或非项目之方式进行,系因考虑到并非所有民间机构均为中大型之公司或法人,以及部分公共建设个案较小,若因此强制民间机构需为新设之项目公司或法人,反而会降低其参与公共工程之意愿。

2. 组织再造之适用与类型

上述条文修正前,依据台湾地区"民间机构参与重大公共建设适用投资抵减办法"(以下简称台湾地区"抵减办法")第 12 条第 4 项规定:公司依原台湾地区"促进产业升级条例"第 10 条、第 15 条规定办理转让或合并,或依台湾地区"企业并购法"规定办理合并、分割或收购并符台湾地区"合同法"第 37 条规定,而将申请抵减营利事业所得税之设备或技术转移给受让公司、合并后存续或新设公司、分割后既存或新设公司或收购公司者,该次移转之设备或技术不受第 1 项补缴营利事业所得税款及加计利息之限制。即该条文无限制民间机构得适用其他规定进行企业组织再造,理论上并无对于民间机构进行并购等组织再造行为进行限制,而得适用租税优惠之规定。不过在上述条文修正后,台湾地区"抵减办法"之内容理解上必须要限缩解释。台湾地区"抵减办法"系依据"促参法"第 37 条第 3 项授权订定,因此该办法与母法抵触者应为无效。也因此解释上开办法第 12 条第 4 项规定公司依据原台湾地区"促进产业升级条例"与台湾地区"企业并购法"进行并购时,仍然要受台湾地区"促参法"第 51 条第 4 项规定,经主办机关同意后,始能办理合并或分割。否则若单纯依照适用台湾地区"企业并购法"时,则依据台湾地区"企业并购法"第 2 条第 1 项规定:公司之并购,依本规定;未规定者,依台湾地区"公司法""证券交易法""公平交易法""劳动基准法""外国人投资条例"及其他"法律"之规定。进而可能导致台湾地区"企业并购法"优先"促参法"而适用,而排除了主办机关同意之限制。

然而,为利企业以并购进行组织调整,排除现行台湾地区"公司法"及"证券交易法"等各种"法律"对企业并购、收购之障碍,是台湾地区"企业并购法"第 1 条揭示之制定目的,加上无论修正前后,民间机构并未限制为项目公司或专业经营之公司或法人,且条文中亦未限制单一民间机构仅能够参与一项公共建设之项目,抑或限制参与公共建设项目后其本身业务、投资、组织再造均必然受到限制。此外,台湾地区"企业并购法"第 4 项第 2 款规定:"并购:指公司之合并、收购及分割"公司之所有合并与分割类型,均被该条文所限制,以台湾地区"企业并购法"第 19 条"母子公司间"或"兄弟公司间"之"简易合并",系基于"为便利公司成立后之整体集团组织及业务调整,并考虑公司合并其持有绝对多数股份之子公司时,对于子公司股东权益较不生影响。为简化合并程序,爰规定不以召开股东会讨论合并事项为必要”,而此类集团之民间机构比单一新设公司所拥有之能力、资源为多,公共建设之参与适格度上,应比较让主办机关信任。然而取得资格后,集团内部之调整却无法进行,有违简易企业并购之意旨。另需注意的是,台湾地区“企业并购法”第4条第4款规定,收购:指公司依本“法”、“公司法”、“证券交易法”、“金融机构合并法”或“金融控股公司法”规定取得他公司之股份、营业或财产,并以股份、现金或其他财产作为对价之行为。以及同条第5款规定:“股份转换:指公司让与全部已发行股份予他公司,而由他公司以股份、现金或其他财产支付公司股东作为对价之行为。”上述二类组织再造类型,却未存在该条文之规定中,即民间机构依据其本身自有之财产,非属兴建营运所取得之营运资产,进行与合并分割相同等视为企业并购之行为时,无须经主办机关同意即可进行,则民间机构要与其他企业进行实质并购时,仅需避开合并与分割之两种类型即可,并无如修正说明所说,具有降低营运风险与稳定营运计划整体性之功能。

至于专注本业之经营之考虑,笔者认为,组织再造之活用,并购类型之弹性运用,亦为确保本业经营之动态经营模式。以2014年2月12日台湾地区司法机构公布之“债务清理法”修正草案第241条第1项第11款规定观之:“管理人为下列行为,应经监督人之同意……十一、法人之合并、收购或分割。”即在“重建更生型债务清理程序”之重整程序中,以突破概念之窠臼,可使用“清算型债务清理程序”之合并、收购或分割手段达成重整之目的,可见三者亦为并列之状况。另再参酌台湾地区“天然气事业法”第39条使用“并购”文字、①台湾地区“铁路法”第39条第1项使用“变更组织”(包括合并、公司分割或股份转换)、②台湾地区“有线广播电视法”第23条第2项(让与及受让营业、合并、投资)③等相关规定之内容。以台湾地区“有线广播电视法”为例,系因应经营地区之扩大及新参与者得随时进入市场参与竞争之变革,将加速系统经营者之整合,为免业者之投资、合并或转让影响消费者之权益,以利实务监管,而从不得

① 公用天然气事业与其他事业并购者,应由并购全体当事人备具申请书,载明并购后之事业名称、负责人、本公司所在地、实收资本额、供气区域,连同并购营运计划书及相关文件,报经“直辖市”、县(市)主管机关转请台湾当局主管机关核准,并依相关“法令”办理并购事宜。

② 各地营、民营及专用铁路,如变更组织、增减资本、租借营业、抵押财产、移转管理、宣告停业或终止营业,应先报请台湾交通事务主管部门核准。

③ 系统经营者有下列情形之一者,应检具申请书及变更后之营运计划,向台湾当局主管机关申请核准:(1)让与营业或受让营业。(2)与其他系统经营者合并。(3)投资其他系统经营者。经由与其有台湾地区“公司法”所定关系企业之公司投资其他系统经营者,亦同。

委托他人经营(专营)之脉络下,建立其他影响消费者权益(公益)之禁止规定。同样的,若要确保民间机构避免转让或组织再造使公共事业无法永续经营,有违参与公共建设之公益目的,则应参考上述有关规定之规范,不限于合并与分割两种必须要主办机关之同意,始符其旨。

3. 项目与非项目公司之分流管理

综上所述,现行法制上并未限制民间机构须为项目新设公司或法人,造成部分个案规模较小之公共建设之民间机构,必须在额外支出费用成立项目公司执行,且同一家民间机构可能于不同案件中设立不同之项目公司,实力规模无法汇集,甚为可惜。当然从公益之维护,利益冲突之防免为出发点,亦可理解,但若该等公司设立后,无法自由进行组织再造,而需由主办机关同意后始得为之,市场上组织并购之效率与速度极快,主办机关之同意是否能够实时,以及是否对组织再造之相关信息产生公开之现象进而导致后续无法进行,亦有疑义。据此,对于各该新设之项目公司与法人之经营能力与稳定,是否借由主办机关之同意始有帮助,亦生争议。

台湾地区财政事务主管部门"推动促参司"委托之研究报告指出:[①](1)主办机关是否同意民间机构得以进行合并或分割之基本前提为该公共建设在营运良好的情况下,如果在公共建设营运不善的情况下,主办机关与民间机构的主要目标应该放在改善营运状况,而不是扩大或缩减营运规模。同时考虑提案"立法委员"当初之整体规划以及投资人不应因参与公共建设项目而影响其原有之经营权益,本团队建议台湾地区"促参法"第51条第4项之执行方式应针对民间机构之性质属项目公司或非项目公司而有不同之处理。(2)如投资契约要求民间机构应为项目公司时,主办机关之原意应是希望该民间机构能够专责该公共建设之兴建及营运,而投资人之目的也是希望能借由项目公司的机制隔绝投资人之风险,因此项目公司不应再从事除该公共建设以外之事业。因此在兴建阶段为确保项目公司的资金皆能使用于该公共建设项目计划中,不宜允许在兴建阶段即进行相关合并或分割。如进入营运期且该公共建设项目除了公共建设本业以外尚有其他附属事业时,民间机构虽为项目公司,但本可选择以自营方式或出租或委托经营附属事业,此时如民间机构将原出租或委托他人经营之附属事业合并至民间机构中,对于该公共建设项目除权利金的计收标准

① 建业法律事务所:《促参案民间机构办理公开发行新股、公司债及合并分割等事宜执行议题研究案期末报告》,台湾地区财政事务主管部门"推动促参司"委托,2016年8月25日,第58~59页。

外应不致产生任何影响。除此之外,民间机构欲以合并方式扩展营运至其他事业,除非是对于公共建设本业有所帮助部分,否则不宜为之。至于分割,因为身为项目公司之民间机构,其业务范围仅止于公共建设本业及附属事业,民间机构仅能将其自营之附属事业分割成为一独立之事业,此时将可能涉及民间机构资本之变动,而民间机构之资本又为民间机构营运之总担保,如民间机构办理分割作业后其资本并不会减少,则相对于主办机关而言,民间机构履约之总担保并未减少也不会有违反投资契约财务条款的情事发生;但如民间机构办理分割作业后再办理减资作业时,则其履约之总担保减少,主办机关就必须考虑民间机构之资本应维持在何种水平,以确定其同意权行使之范围。

笔者赞同前述研究报告之见解,诚如前述,台湾地区"促参法"修正草案第45条并未闯关通过,也因此民间机构不以项目公司为限,因此区分项目公司与非项目公司,作为第51条第4项之适用,符合现行法制状态。只是若将来主办机关无差别地在招标文件中载明均需受到限制,并无不可。而未来主管机关如何同意,以及该标准为何,主管机关负有义务尽速公布之。

七、结论与建议

台湾地区促进民间参与公共建设之议题之争议,实肇因于台湾地区"促参法"修正草案第45条之规定,最优申请案件申请人应新设民间机构完成签约后依有关规定兴建、营运,以建立项目财务独立性(项目公司)。并提出将来要公开发行新股(台湾地区"促参法"修正草案第32条)或公司债(台湾地区"促参法"修正草案第34条)时,限缩至营运期间,保持民间机构稳健发展与金融危机发生概率之降低,进而确保公共利益;若民间机构将来要进行合并与分割时,恐增加其财务风险,或影响项目计划整体性,因此非经主管机关同意不得为之(台湾地区"促参法"第51条第4项),其修正脉络一致,相互搭配,可以理解。

然而前述之台湾地区"促参法"修正草案第33条、第34条、第45条之内容未通过,最优申请人不以新设民间机构为必要,且不限于公开发行公司,因此该民间机构何时要进行公开发行新股或公司债,系依据兴建、营运状况与资金需求自由为之。鉴于公共建设本质重大、耗时与初期营运不易立即反应获利之特性,台湾地区"促参法"第33条与第34条松绑其筹措资金之限制,对于民间机构于兴建时及营运时可以有便捷融资管道取得资金,尤对于兴建期更重要,具有鼓励民间机构积极参与公共建设之诱因,为最重要制定目的。除此之外,主管机关在审核申请民间机构之条件上更严格,仍无法排除民间机构不受到金融环境、经济情势等外在环境因素，而影响其资金确保及增加资金之需求；另从公益性目的观之，筹措资金管道与条件之放宽，有助于其公共建设之兴建与营运，若能同时对投资者进行符合有关规定之保护，其规定并无不妥。故本文同意研究报告与先进建议，台湾地区“促参法”第 33 条及第 34 条相对于修正草案之内容，应维持现行条文规定保留。然而，奖励诱因与投资大众权益与公益之保护，本文前述尚有其他奖励诱因之方式可以选择之时，应侧重在投资大众权益与公益之保护，因此，在未来修正时，可以考虑将该二条均删除，导正民间机构之经营稳定与提高偿债能力。需注意的是，现行制度下有关于筹资、保证、补贴、自偿能力之确保等议题，应以同样脉络与体系配合之方式，进行综合性判断后修正，而 DBFO 模式之类型将来引进之适用上，也必须明文化其使用限制，才不至于落入因为参与公共建设之进行，为了其公益性建设之经营，而不得已放宽融资之限制，却忽视了在最优申请人阶段筛选之应有作为，才是让公共建设能够永续经营之唯一关键。

最后，台湾地区“促参法”第 51 条第 4 项通过，将造成项目公司与非项目公司同时受拘束之结果，笔者认为：(1)主管机关之同意条件，应以“法规命令”载明于公告内容(台湾地区“促参法”第 42 条)或其他方式为妥？又因民间机构与参与公共建设之特性与类型不同，应制定或公告内容之范围为何？主管机关应尽速具体建议制定相关准则，以供遵循。(2)台湾地区“企业并购法”于 2015 年修正通过后，其第 6 条第 1 项规定，公开发行公司召开董事会决议并购事项前应设置特别委员会，确保并购之整体公平性与合理性。笔者建议，参酌企业并购之特性与上述条文之规定与制定理由，民间机构向主管机关申请取得同意，不能晚于民间机构召开董事会决议并购事项之时点。虽民间机构不以公开发行公司为限，但保护投资人与确保公共建设之公益性本质应可相通，建议主管机关应参考台湾地区“企业并购法”第 6 条与“公开发行公司并购特别委员会设置及相关事项办法”之相关规定与精神，建置相关遴选咨询专家学者机制(如法律、财务、会计等符合公共建设之性质)，扩大研究案建议之律师及财务顾问之范围，并以组成委员会之方式进行合并与分割之审查，提供主管机关同意与否依据，确保同意与否之专业性、公益性与公正性。(3)若相关费用之支出应由民间机构支付等建议，应如何在公告文件与内容中规定，使民间机构得以知悉，避免民间机构未预期之权益受损与成本增加，亦属重要。主管机关应尽速汇集具体建议后，发布规范内容供民间机构遵循。

地方政府债的合法性分析

朱时敏*

2018年5月21日中国PPP明星企业——东方园林公司宣布债券发行失败,该公司原计划发行10亿元债券,最终只筹集5000万元资金,其后该公司股价在7个交易日内从18.77元跌至11.30元,其中包括3个月的技术停牌。① 该事件被称为股市的“黑天鹅”事件,引起债券市场的普遍恐慌。② 从业务面上看,该公司2017年合计中标金额高达763.21亿元,其中PPP项目中标715.71亿元,占总量88.3%。上述数据表明,市场的不信任并不是针对东方园林公司的经营行为,而是对地方政府债务违约风险的恐慌。实际上市场对政府债违约的恐慌一直存在,2017年8月14日湖南省宁乡县政府发布声明称,自2015年1月1日以来该县政府及相关职能部门在国有公司融资过程中出具的所有担保函、承诺函全部作废,其承诺、担保事项及行为无效,该事件也一度引起媒体的广泛关注。

截至目前,在我国并没有发生实质性的政府债务违约事件。从理论上看,我国地方政府没有违约的制

---

* 西北政法大学讲师,法学博士。

① 参见《机构看空10亿发债全部流标 东方园林面29亿债务来袭》,载东方财富网:http://finance.eastmoney.com/news/1354,20180523876389698.html,最后访问日期:2018年9月1日。

② 参见《黑天鹅事件的风险与机会手册》,载搜狐网:http://www.sohu.com/a/123092513162522,最后访问日期:2018年6月12日。

度基础。我国各地政府并不具有独立于中央政府的法人资格。① 虽然按照我国《民法总则》第97条的规定,各级政府机关自成立之日起,就具有机关法人资格,但该法第98条又规定,机关法人终止的,其义务由继任的机关法人承担,或者由作出撤销决定的机关法人承担。同时我国《宪法》第110条规定,全国地方各级人民政府都是国务院统一领导下的国家行政机关,都服从国务院。一个主体应当独立承担责任的前提是,它具有独立于其他主体的行为能力。在我国地方政府应当服从国务院,因此其能否独立承担责任就是不明朗的。② 又因为中央政府具有发行货币的权力,因此从理论上讲我国政府是不可能出现不能清偿到期债务的情形。也正基于此,政府的债务相对于企业债务一直以来备受银行的青睐。③

但是银行及其他市场主体应当关注的是,只有合法的政府债务才是相对安全的,如果政府债务行为违法,则可能导致不能被清偿的法律风险。本文试图就现有地方政府债务的合法性问题展开讨论。

一、政府发债行为及其合法性分析

通常情况下,学界将地方政府债务分为直接性债务和或有债务。所谓直接性债务指的是地方政府直接以自己的名义对外为法律行为导致的债务。这些债务包括,发行政府债券,国债转贷,地方金融风险专项借款,上级财政的周转金,农业综合开发贷款,向国内金融组织单位、个人的借款,向国外政府、国际金融组织的贷款,各种拖欠款项等。④

按照我国《预算法》第27条规定,政府的财政来源主要依赖于各项税收收入、行政事业性收费收入、国有资源(资产)有偿使用收入、转移性收入和其他收入。该法第35条同时规定,地方各级预算按照量入为出、收支平衡的原则编制,除本法另有规定外不列赤字。因此从法律上讲,地方政府应该不存在举债的可能性,政府的一切支出应当量入为出。同时该法还规定,地方政府及其所属部门不得以任何方式进行举债。只有省级政府在必须的建设投资的部分资金,可以在国务院确定的限额范围,经国务院批准才能对外通过发行债券的方

---

① 顾功耘:《追问政府的法人地位和责任边界》,载刘剑文:《强国之道:财税法治的破与立》,社会科学文献出版社2013年版,第264页以下、第266页。

② 张文君:《地方政府债务扩张之谜:内因还是外因》,载《西安财经学院学报》2012年第6期。

③ 郑先炳:《浅议政府债务的违约问题》,载《金融研究》1991年第6期。

④ 林晓宁:《中国地方政府债务的现状和可持续性研究》,载《中国管理信息化》2012年第1期。

式举债。按照上述法律规定,除法律明确允许的举债行为,政府的其他一切债务行为均属违法行为。而根据我国《合同法》第52条第5项规定,违反法律的合同无效,因此地方政府的违法我国《预算法》规定的举债行为无效。

(一)政府直接发债行为

按照我国《预算法》第35条规定,“经国务院批准的省、自治区、直辖市的预算中必需的建设投资的部分资金,可以在国务院确定的限额内,通过发行地方政府债券举借债务的方式筹措。举借债务的规模,由国务院报全国人民代表大会或者全国人民代表大会常务委员会批准。省、自治区、直辖市依照国务院下达的限额举借的债务,列入本级预算调整方案,报本级人民代表大会常务委员会批准。举借的债务应当有偿还计划和稳定的偿还资金来源,只能用于公益性资本支出,不得用于经常性支出”。

符合上述法律规定的政府发债行为合法。国务院通常会定期公布地方政府的发债限额及年末余额。以2017年为例,地方政府合计发债限额为115,489.22亿元人民币,合计余额为103,631.79亿元人民币。这种严格归属中央政府管控的发债行为,通常能被控制在合理范围之内,实践中不存在违法超发的可能性。

(二)政府融资平台公司对外发债

为规避法律的规定,各地政府通常会采取间接的方式对外举债,常见的做法是由政府投资设立投资公司,然后通过投资公司对外发行企业债券。按照国务院《关于加强地方政府融资平台公司管理有关问题的通知》规定,所谓的政府融资平台是指,由地方政府及其部门和机构等通过财政拨款或注入土地、股权等资产设立,承担政府投资项目融资功能,并拥有独立法人资格的经济实体。它们通过举债融资,为地方经济和社会发展筹集资金。

对地方政府而言,融资平台公司的首要好处是突破了只有省级政府才能对外发行债券的规定,县级政府也可以设立融资平台公司并对外举债。以湖北省通城县为例,该县于2018年6月发布《关于成立通城城市发展建设投资(集团)有限公司的决定》设立投资公司。文件称,为了加快城市建设投融资体制改革,建立与社会主义市场经济相适应的城市资产运营体系和机制,促进城市资源优化配置,由通城县国有资产监督管理局出资20亿元,成立通城城市发展建设投资(集团)有限公司。公司的主要职能是承担城市道路、桥梁、供水、排水、污水处理、燃气热力、园林绿化基础设施的投资、建设与经营管理;水环境治理及水利项目投资开发;城建工程项目总承包;土地开发整理和开发经营;棚户区改造、保障房和安置房建设开发;房地产投资开发;商品房销售;房屋、场地租赁;物业、停车服务;政府公共资源特许经营;政府授权国有资产经营管理;参与县域内矿产资源开发;金融投资、教育文化旅游、养老殡葬及农业配套产业项目投资、股权投资、投资资产经营管理、委托贷款及咨询服务等业务。

从一般意义看,依据我国《公司法》设立的公司具有独立法人资格,能够独立于政府承担责任。因此城投公司可以以我国《公司法》和《证券法》的相关规定对外为一切民事法律行为,包括发行债券。并且,该债务不应当由地方政府承担,因此也没有必要按照我国《预算法》的规定,将其发行债券纳入预算调整范围之内。它不但能保证政府按照市场的方式现实一部分公共职能,还能减轻政府的财政负担。但在实践中,这些城投公司通常会在从事经营时,得到政府显性或者隐性的担保,该担保行为给政府带来所谓的或有债务。

2010 年国务院《关于加强地方政府融资平台公司管理有关问题的通知》(国发〔2010〕19 号)(以下简称 19 号文件)将该类公司划分为三种类型。第一类公司是单纯的承担政府公益性项目融资任务并且主要依靠财政性资金偿还债务的融资平台公司。对于该类公司,公司的设立实际上是专门为了规避我国《预算法》对政府举债的规定,公司没有自己独立的财产收入,且其设立的目的主要是融资。针对该类公司,19 号文件明确规定,该类公司应当停止,不得再承担融资任务,相关地方政府应当在落实还款措施后,关闭该类公司。第二类公司是在承担公益性融资任务的同时,公司还承担公益性项目的建设、运营任务。对于该类公司,19 号文件规定地方政府应当剥离该公司的为政府融资功能,其承担的公共项目建设和运营功能可以继续保留。换言之,该类公司不能为政府公共职能目的对外发债。第三类公司虽然承担了公共性融资任务,但公司主要依靠自身收益偿还的平台公司。19 号文件规定该类公司可以保留。值得讨论的是,该类公司的设立是否违反《预算法》第 35 条的规定。实际上该类公司是两种类型公司的合并,一类是单纯的政府融资平台公司,另一类就是国有独资公司。按通常的做法,应该是国有公司经营实现的盈利直接上缴给财政。财政如需要融资应当另行组织发债行为,发债主体仅限于省级政府,并且要受到我国《预算法》关于限额的约束。19 号文件中描述的第三类公司,以企业发债的名义对外发债,该债券募集资金并不用于企业的经营而是交给政府。企业经营获得的盈利不交给政府而是用来偿还公司为政府融资所发行的债券。

我国《预算法》第 35 条规定应该从立法目的上进行解释。我国《预算法》的一个重要目的是保持政府财政的收支平衡。如果第三类公司的举债行为并不触犯政府预算的收支平衡则该公司的行为应当被认定为合法。从我国《公司法》《证券法》的相关规定考察,如果该第三类公司在对外举债时,并没有接受政府的担保,而仅仅凭借公司自由资产对外融资,从法律上看该举债行为不会导致政府债务的增加,因而不会破坏财政收支平衡系统。

值得注意的是,2014年国务院颁发的《关于加强地方政府性债务管理的意见》(以下简称《意见》),第二条第一项规定,国家赋予地方政府依法适度举债权限。经国务院批准,省、自治区、直辖市政府可以适度举借债务,市县级政府确需举借债务的由省、自治区、直辖市政府代为举借。明确划清政府与企业界限,政府债务只能通过政府及其部门举借,不得通过企事业单位等举借。《意见》的规定可能存在与19号文件相冲突的理解。首先笔者认为,《意见》中的"不得通过企业举借",应当指的是该举借债务直接由政府的财政偿还,而不包括19号文件中第三类公司情况,该公司举债无须政府财政偿还。其次,19号文件是专门针对融资平台公司作出的规定,按照特别法优于一般法的解释原则,如果《意见》没有特别规定,应当认定19号文件中的第三类公司属于合法。

19号文件规定的第四类公司是承担费公益性项目融资任务的融资平台公司,应当理解为国有独资的金融机构。该金融机构应当与其他的金融机构一样按照商事主体同等对待。综合上述分析,19号文件所认为的合法的地方政府融资平台应当仅限于第三类公司,即该公司为了政府公益目的而对外融资,但债务偿还独立于政府财政资金,利用国有资产从事经营活动获得收益支付。

二、PPP模式中的政府负债行为合法性分析

2014年国务院颁发的《关于加强地方政府性债务管理的意见》明确将政府举债限于政府债券与PPP。[①] 2014年9月财政部颁发《关于推广运用政府和社会资本合作模式有关问题的通知》,2015年财政部、发改委、中央人民银行再次联合发布《关于在公共服务领域推广政府和社会资本合作模式指导意见》(以下简称《指导意见》),由此在我国政府掀起了PPP热潮。按照《指导意见》规定,所谓PPP又称政府和社会资本合作模式,是指政府采取竞争性方式择优选择具有投资、运营管理能力的社会资本,双方按照平等协商原则订立合同,明确责权利关系,由社会资本提供公共服务,政府依据公共服务绩效评价结果向社会资本支付相应对价,保证社会资本获得合理收益。需要说明的是,PPP中所谓的本来应当由政府提供的公共服务指的是有偿服务。社会资本主要是通过

① 赵玮:《中国地方政府举债融资权的行政法研究》,山东大学2018年博士学位论文,第38页。

在运营服务过程中获得报酬的方式收回投资,政府只能进行必要的补贴。[①] 2015 年财政部《关于进一步做好政府和社会资本合作项目示范工作的通知》中明确将采取“建设——移交”模式(BT)的项目,通过保底承诺、回购安排等方式进行的项目,界定为变相的融资项目。

实践中很多 PPP 项目是单纯的政府财政支出项目,并无社会公众的付费回报,典型的项目如河道清淤工程,这些项目是否属于应该被清理的 PPP 项目值得讨论。例如,2017 年华蓥市政府与东方园林公司合作的《华蓥市生态修复工程(海绵城市)PPP 项目》中就包含 10 万立方米的河道清淤项目。该项目由于不存在公众埋单应当属于建设移交项目。

由于 PPP 模式中仍然存在政府的负债行为,政府根据合同的约定可能需要对社会资本进行适当的补贴,因此,PPP 项目仍然必须纳入财政预算体系。按照 2016 年财政部印发的《政府和社会资本合作项目财政管理暂行办法》第十八条规定,“行业主管部门应当根据预算管理要求,将 PPP 项目合同中约定的政府跨年度财政支出责任纳入中期财政规划,经财政部门审核汇总后,报本级人民政府审核,保障政府在项目全生命周期内的履约能力”。

从上述分析可以看出,PPP 项目可以由县级政府进行,但是项目不能通过简单的建设移交模式进行,否则涉嫌变相政府举债行为而违法。但是法律规定,在符合我国《预算法》规定的收支平衡的前提下,允许政府以未来给予社会资本适当补贴的方式举债。

三、政府担保行为负债合法性分析

政府担保行为所导致的债务通常被认为是地方政府的或有债务。[②] 我国《担保法》第 8 条规定,国家机关不得为保证人,但经国务院批准为使用外国政府或者国际经济组织贷款进行转贷的除外。我国《预算法》第 35 条也明确禁止地方政府以任何方式提供财政担保。我国《担保法》司法解释第 3 条规定:“国家机关和以公益为目的的事业单位、社会团体违反法律规定提供担保的,担保合同无效。”上述法律明确规定政府担保行为,无论是保证行为还是以政府的名义进行的抵押质押等担保行为均属无效。值得注意的是,我国《预算法》所禁止的以任何方式提供担保仅限于地方政府,在“法无明文禁止则有效”

---

① 刘薇:《PPP 模式理论阐释及其现实例证》,载《改革》2015 年第 1 期。

② 林晓宁:《中国地方政府债务的现状和可持续性研究》,载《中国管理信息化》2012 年第 1 期。

的原则下,中央政府可以提供除保证之外的其他形式的担保。①

另外一个值得讨论的问题是,如果债权人基于我国《担保法》第82条及《物权法》第230条的规定行使留置权是否违反《预算法》第35条的规定。笔者认为,我国《预算法》第35条应当理解为是政府主动提供的担保表意行为,如果债务人依据《物权法》获得留置权应当不在《预算法》约束范围之内。加之,因留置权而导致的政府支出,应当归属于合法的政府支出。

我国《担保法》第5条规定,担保合同被确认无效后,债务人、担保人、债权人有过错的,应当根据其过错各自承担相应的民事责任。我国《担保法》司法解释第3条规定,国家机关和以公益为目的的事业单位、社会团体违反法律规定提供担保的,担保合同无效。因此给债权人造成损失的,应当根据《担保法》第5条第2款的规定处理。根据上述法律规定,虽然政府的担保行为无效,但是债权人仍然可以基于政府的担保行为从政府财政获得赔偿。

① 秦福川:《财政担保效力刍论》,载《社会科学研究》2016年第1期。

中国台湾地区金融机构参与地方经济建设实务简析

林千智*

一、中国台湾地区地方债务概述

单位:新台币亿元

基准:2017 年 10 月

数据源:公部门公开网站

表 1　公共债务统计

六市		
台北市	债务 1078	自偿 146
高雄市	债务 2573	自偿 303
新北市	债务 1488	自偿 401
台中市	债务 918	自偿 360
台南市	债务 644	自偿 53
桃园市	债务 224	自偿 7
基层县市		
宜兰县	债务 218	自偿 43
新竹县	债务 200	自偿 63
苗栗县	债务 387	自偿 110

* 台湾地区金融研训院。

续表

基层县市		
彰化县	债务255	自偿25
南投县	债务133	自偿12
云林县	债务239	自偿4
嘉义县	债务179	自偿17
屏东县	债务199	自偿1
台东县	债务55	自偿13
花莲县	债务115	自偿0
澎湖县	债务14	自偿0
基隆市	债务83	自偿0
新竹市	债务122	自偿19
嘉义市	债务0	自偿31
金门	债务0	自偿0
连江县	债务0	自偿0
全台 债务62,996 自偿4252		
六市 债务6926 自偿1269		
县市 债务2201 自偿339		

备注:1. 前3年度GDP平均数为:新台币166,632亿元(2017年8月18日公布)。2. 依据规定,各级债限如下:(1)1年以上公共债务:A. 总债限:所举借之1年以上未偿债务余额占前3年度名目GDP平均数比率,分别不得超过40.6%、7.65%、1.63%及0.12%。B. 个别债限:"直辖市"个别债限每年度设算公告,2017年年度各"直辖市"债限比率分别为:台北市:2.49%、高雄市:1.83%、余额占各该地总预算及特别预算岁出总额之比率,各不得超过50%及25%。(2)未满1年公共债务:未满1年债务未偿余额占总预算及特别预算岁出总额比率,分别不得超过15%及30%。3. 自偿性债务:系以未来营运所得资金或经指拨特定财源作为偿债财源之债务。4. 数字加总尾数不合系因四舍五入进位。

二、台湾地区金融机构与各地业务关系

(一)银行受托为各地之公库

台湾地区银行代理各级公库情形(包括委托其他金融机构)

基准:2017 年 8 月底

表 2

单位:个

库别　地区别	公库	“直辖市”库县市库			乡镇(市)库
	经办行	总库	分库	合计	—
新北市	13	1	35	36	1
宜兰县	3	1	12	13	12
桃园市	6	1	20	21	1
新竹县	1	1	14	15	13
苗栗县	2	1	18	19	18
彰化县	3	1	26	27	25
南投县	3	1	13	14	13
云林县	2	1	20	21	20
嘉义县	1	1	19	20	18
屏东县	4	1	34	35	24
台东县	1	1	12	13	16
花莲县	1	1	13	14	13
澎湖县	1	1	6	7	6
基隆市	1	1	—	1	—
台中市	17	1	22	23	1
台南市	7	1	38	39	—
新竹市	3	1	—	1	—
嘉义市	1	1	—	1	—
高雄市	11	—	—	—	—
台北市	22	—	—	—	—
金门、马祖	2	1	—	1	4
合计	105	19	297	321	185

(二)银行受托为代收税款处

自 2010 年 7 月 1 日起代收税款实施新制,改由金融机构总机构签订代收地方税费契约,已签约金融机构共计 346 家,其中银行 32 家、信用合作社 22

家、农渔会292家。以上签约金融机构总行及其分支单位均可代收代库地方之税费业务。

(三)银行担任各地公库之相关规范摘要

1. 公库经管各地公部门现金、票据、证券及其他财物。

2. 所定其他财物属不动产或需要堆栈仓库保管之动产者,应以契据、仓单或其他证明文件代之。

3. 各级公库代理银行得转委托其他金融机构、代办收款业务机构或证券集中保管事业(以下简称代办机构)代办前条第1项全部或部分事务,其中有关代收税费款业务,受托之金融机构得再委托代办收款业务机构办理。

依前项规定转委托或再委托者,就代办机构或代办收款业务机构之行为,与就自己之行为,负同一责任。

4. 代理银行办理公库业务所收纳之现金及到期票据,均用存款方式处理之;其与各级公库双方之权利义务,除受特定限制外,以契约定之。

5. 代理银行或代办机构于清理或破产时其所代理或代办之公库债权,有优先受清偿之权。

6. 公部门各机关(以下简称各机关)关于现金、票据、证券之出纳、保管、移转及财产之契据等之保管事务,除台湾地区"公库法"、其他有关规定或"地方政府财产管理自治条例"另有规定外,均应由代理银行或代办机构办理之。

各机关所管之特种基金,除营业基金、信托基金及经各该公库主管机关同意者外,应依台湾地区"公库法"之规定办理。

(四)台湾地区金融机构公库部业务简介

政策性贷款业务:

1. 学生就(助)学贷款。

2. 各地当局短期融通。

3. 社会住宅贷款。

4. 产业发展贷款。

5. 绿能贷款。

6. 都市更新贷款。

7. 其他。

经办各级公库业务:

1. 存款对象:各级机关及其所属机关学校。

2. 存款种类:"直辖市"、县(市)、乡(镇、市)库存款及各级机关专户存款。

3. 办理单位:代理公库、"直辖市"、县(市)库、乡(镇、市)库之单位。

兑付公库支票：

1. 依公库支票票载之付款地径行兑付，付款地非本县市者则以托收方式为之。

2. 公库支票上加划横线或特定横线者，不得直接支付现款，须交由银行代收入账。以个人为抬头未划并行线但有禁止背书转让者，兑付现金时须核对提领人身份证明文件，如有不符不予付款。

3. 以行政机关为受款人之公库支票，须转存该机关公库存款账户。

办理公库库款转移、转汇业务：

办理据点：银行各代库单位。

法院提存金收付：

1. 存款对象：基于清偿债务目的或民事诉讼程序担保需要，向法院提存一定金额之提存人。

2. 存款利率：按本行牌告活期存款利率计息。

保管公库机关各项财物：

1. 银行代理各级公库单位依有关规定接受各机关委托保管各项财物。

2. 分原封及露封二种。

经付实体公债本息：

1. 持票人兑领公债、台湾省公债本息，应分别填具“兑领公债本息清单”连同本息票办理兑领手续。

2. 办理兑领单位：台湾地区公库主管部门等单位。

代收税费款业务：

1. 代收公税及地方税。

2. 代收学校学杂费。

3. 代付退税(费)款业务。

4. 派驻机关代收税费款等业务。

三、台湾地区金融机构参与各地产业开发实务例析

(一)案例历史背景缘由

1. 前台湾省上级机关为协助县市级以下各地机关发展工业区及都市计划等地方土地开发等经济建设发展，以利运用(奖励投资条例等)招商引资，促进地方繁荣。

2. 县市级当局财源短缺，土地开发专业技术困窘，无力取得土地资源及开发技能，迫切需要兼具两者功能之金融机构奥援。

(二)组织改造以利开发及金援

1. 爰“省”籍机构就原具资产开发及都市建筑营造专业技术功能之公法人公司组织,适有关规定之组织改造扩大组织效能,加注信托及投资与金融专业项目,成为土地开发实质专业银行。

2. 组织改造后主要任务:

(1)业务:掌理公司综合经营,计划营运目标、绩效考核,研究发展及投资不动产销售经营管理。征信分析广告宣传工作简化。

(2)开发:掌理土地开发、企业及住宅建筑之投资企划、成本计算,及资源调查、规划、权利取得、协调处理等事项。

(3)信托:掌理信托业务经营企划,及信托资金收受、放款、证券投资、销售、出纳与保证、财务调度保管箱出租、停车场经营与其他指定经营之信托金融事项。

(4)工程:掌理工程设计及施工等工程事项。

(三)实际绩效

1. 上级机构拟定建设计划。

2. 下级机构设法帮产企业界找土地资源以利投资建设开发,促进各地繁荣。

3. 各县市级以下各地当局有法源委托兼具资产开发、建筑营造、与筹措财源之土地开发信托投资之金融机构合作,开发县市辖内工业及产业以及都市建设等建筑金融社会经济建设。

四、金融结构与时衍变与风险管理

(一)公部门开发投资信托金融机构受托开发投资及与各地当局合作任务分工略述

1. 金融机构任务

(1)负责所有开发目标物的财源筹措,如开发区“钉子户”的处理、补偿费、荒地废屋之整地、开发区工程款以及取得土地之费用和行政杂项开支等所有财务款项。

(2)负责开发区维护管理工作以及各种开发工程如地质探勘、工程发包、监造、建筑设计、开发完成后开发区土地租售等全般事宜。

(3)开发区公共设施如区内污水处理、区内道路建设、运动、托儿等公共事务。

2. 县市地方机构任务

(1)协调工作:负责与辖内水、电、电信等事业机构协调。

(2)开发区内各项土地及地上物之行政事务。

(3)开发完成后租售价格审定。

(4)土地开发取得后,出租或出售前暂时以县市各地当局名义登记为名义上所有权人。

(二)机会与风险

1. 机会

(1)开发区开发过程,增加地方就业机会,促进地方繁荣。

(2)开发区以外邻近土地,水涨船高,一夕致富。

(3)台湾地区民选四级机关,各有来自选民与企业界的选票压力,在合法范围内,缺地找地,缺电拉电,缺水打井拉管,缺钱找财源,自不待言,唯先决条件是各地机关必先举地方债或共同开发再卖地。

2. 金融机构可能承担风险系数

(1)历史及社会经济的演进,原本荒废的土地因金融机构投入资金开发而身价暴涨数百千倍,两造都可能想拥有土地所有权支配权利。

(2)金融机构与各地当局对于何时为开发完成时程可能意见相异,金融机构回收困难。

(3)各地当局若拟返还金融机构开发款项,且各地财务窘困,必须通过各地民意机关议会通过预算编审,且须仰赖上级行政机关编列预算挹注,恐历时十数年而未决。

(4)金融机构与各地当局将对于究竟要以土地当下市价作价协商?或是以开发金额计算作价?必有折冲。

(5)双方如何认证开发费用?利息如何计算?

(6)各地当局负责价格审议必有争议。

(7)若须诉诸诉讼解决,对于金融机构与各地建设发展恐有窒碍。

(三)简析

1. 历史演进四级机构三级化。

2. 为开发地方建设而组织改造之金融机构,顿与各地机关由协同开发左右面形成债权债务对立面。

3. 各地开发仍需持续进行,唯债款回收迟缓恐肇金融危机。

4. 国际金融民营化浪潮,让原本公股银行公司化,完全民营化,甚至被民间银行以台湾地区“金融机构合并法”合并成为纯民营银行。

5. 原本为求建设开发各地经济的美意而成的各地举债开发,因为公股行库的民营化,原本由上级机构统合的借贷偿还或卖地按比例收款关系,顿时成为民间董事会与股东会对各地当局的关系。

6. 官是债务人,民是债权人,民向官讨债成为新债权债务关系。

7. 民选各地行政负责人必须通过民选各地民意机关的民意代表议会通过编列预算案,方能有还款法源。

8. 另外可由原来契约关系,标售标租所开发土地筹款。

9. 但是标租标售土地的价格鉴定又操纵在各地当局手中。

10. 复杂的政商选举纠葛,容易扯入单纯的债权债务关系。

11. 容易对地方建设产生负面影响,以及让金融机构参与地方策略建设热情冷却。

五、结语

2017 年台湾地区的招商引资。为快速有效媒合民间参与公共建设商机,2017 年 6 月于台北国际会议中心举办"2017 年度民间参与公共建设招商大会",释出民间参与公共建设投资商机案源 81 件,包含促参、土地开发(含招标设定地上权)、公办都市更新及标租等类型,投资金额超过新台币 2000 亿元。

推出五大主轴——绿能、数字、城乡、水环境及轨道建设,适合民间参与者,各地当局积极释出、民间业者积极参与,历年民间参与公共建设,截至 2017 年 5 月底,签约案件 1483 件,签约金额新台币 1 兆 2233 亿元,契约期间可减少公部门财政支出(人事、营运费用)逾新台币 1 兆 5031 亿元、增加各地当局税收及权利金逾新台币 7623 亿元,创造就业机会逾 23 万个,民间每年实际投资金额平均超过新台币 300 亿元。需要金融机构承担风险。

另外,各地县市当局因为房价高涨,年轻人买不起房,到处提出兴建社会住宅建设方案,也必须向金融机构举债土建融。

(1)各地债务窘困为举世皆然无法避免现象;(2)金融机构本应兼负社会责任,赤道原则更是当今全球金融业举世价值;(3)台湾地区金融机构已走入民营化及公司化,如何在获利以对股东负责?与协助各地兴利兴革建设发展?两者间取得平衡点,实在需发挥智慧与道德勇气;(4)台湾地区针对各地产业发展,从台湾地区"奖励投资条例"的兴衰到最近"促进产业创新条例"的修订,金融机构承担共襄盛举的风险犹巨;(5)如何有效开发地方财源,健全各地财务,合理的财务经济建设杠杆,让金融业在债权确保无虞下积极参与,实为重要课题。

我国地方债务置换的法律分析：本质、原因、风险与规制路径

黄　辉[*]　李安安[**]

一、问题的提出

近年来,为了解决严重的地方债务问题,促进国民经济持续健康发展,我国开展了地方债务置换,备受各方关注。本文所指的地方债务置换,是由财政部在甄别存量地方政府性债务的基础上,把银行存款、城投债、信托融资等地方政府原有的短期和高成本债务置换成中长期、低成本的地方政府债券的活动。地方债务置换的特点主要表现为三个方面:一是债务形式转换,以地方政府债券替换地方政府融资平台贷款,提高了债务流动性,未来具有转让或债券抵押的可能性;二是成本转换,将高成本融资平台转化为较低利率债券,降低利息成本,减轻地方政府债务负担;三是期限转换,债务置换后地方债务期限延长,使地方政府有了较长期限的稳定资金来源。① 从时间节点看,地方债务置换是在我国新《预算法》出台的背景下进行的,蕴含着将地方隐性负债"阳光化"的制度努力。作为贯彻落实

---

* 香港中文大学法律学院教授、博士研究生导师。

** 武汉大学法学院副教授,法学博士,香港中文大学法律学院访问学者。

① 参见丘永萍:《地方债务置换:银行业务重构契机》,载《中国城乡金融报》2015 年 6 月 18 日,第 A03 版。

2014年9月国务院《关于加强地方政府性债务管理的意见》(以下简称43号文)的重要举措之一,地方债务置换旨在通过延后地方政府的偿债时限以缓解其偿债压力和降低违约风险,某种意义上开启了治理地方政府债务的新模式,甚至重塑了中央与地方间的财政关系。

然而,自2015年地方债务置换实施以来,批评与质疑的声音不绝于耳,引发了各种争议,笔者从地方债务置换的金融功能本质出发,分析其制度背景、运行机制和潜在风险,并检视其制度实践并予以法治评判,进而对地方债务问题的长效治理路径提出相关建议。

二、地方债务置换的生成机理与实践

探究地方债务置换的生成机理,可以从制度发生学的分析范式中获得有益的借鉴。在回答"制度是如何形成的"这一问题上,制度发生学提供了两种解释:自发演化生成论和理性创设生成论,且这两种理论分别沿着不同的进路展开。一是斯密——门格尔——哈耶克的演化生成论传统,二是康芒斯的"制度是集体行动控制个人行动"的制度设计论传统。① 越来越多的学者认为,制度是人类行动的产物,是演化的产物,是不断"试错"的产物。如德国学者柯武刚、史漫飞指出:"从可能和经验来看,社会的内在制度是在某些更高层规则内演化的:对个人和组织产生良好作用的规则会得到采纳和仿效,而做不到这一点的规则将被终止。这是一种分散化的试错过程。"②地方债务置换作为一种制度的出现,也同样具有鲜明的"试错"特征,具有"理性设计的不可能性与制度的渐进演化性"之色彩,符合我国自改革开放以来"摸着石头过河"的制度变迁模式。从制度发生的根源上讲,地方债务置换是"债务国家"时代背景下我国地方债务积累到一定程度不得已的选择。

众所周知,税收与举债是政府为其开支筹措资金的两种主要手段。现代国家源起于现代意义的税收,税所具有的公共对价性和非营利性特征与国家的民主法治性目标追求结合而形成了"税收国家"。③ 自从熊彼特的《税收国家的危机》这篇经典文献1918年问世以来,"税收国家"的理念深入人心,税收在政府财政收入比重中占据的绝对主导地位难以撼动。但由于财政支出的不断膨胀,

① 韦森:《经济学与哲学:制度分析的哲学基础》,上海人民出版社2005年版,第65页。

② [德]柯武刚、史漫飞:《制度经济学:社会秩序与公共政策》,韩朝华译,商务印书馆2000年版,第473页。

③ 丛中笑:《税收国家及其法治构造》,载《法学家》2009年第5期。

而税收又存在严格的法律约束,举债的重要性便日益彰显出来。事实上,许多国家的财政对举债的依赖性与日俱增,不少发达国家的公共债务规模占 GDP 的比重高达 90% 以上,即便是在发展中国家,公共债务规模占 GDP 的比重也占到了 30% 左右。① 某种程度上,可以将这些高度依赖举债的国家称为"债务国家",由此,现代国家的"形像"在经历了从"税收国家"到"预算国家"的嬗变之后,②又开始朝着"债务国家"的方向迈进。不同于税收的无偿性特性,债务必须按期偿还,否则就会影响政府信誉。当政府欠缺偿还能力且无法通过其他途径化解债务时,债务风险甚至债务危机的发生就难以避免,诚如学者所指出的:"欧元区边缘国家主权债务危机发生的一个直接导因是 2008 ~ 2009 年美国金融危机时,财政赤字和政府债务已居欧元区前列的国家不顾本国的实际情况,实行扩张性政策,财政状态进一步恶化。"③还有学者一针见血地指出:"在这危机之前,是一次史无前例的负债热潮。20 世纪 80 年代以来,政府、家庭与企业的债务成倍增加。而今,站在这种借贷度日的后果面前,我们必须明白,过去的那一套已经不灵了。当负债的潜力与热情不再时,再多的债务与再廉价的资金,也就都不会再起作用。"④因此,如何通过有效的法律机制约束政府债务,已经成为相当棘手的现实难题。

探究我国地方政府债务的源头,绕不开 1994 年的分税制改革。作为改革开放以来最重要的一次财政体制改革,分税制对中央与地方关系、区域间关系以及政府和企业之间的关系均产生了重大而深远的影响。⑤ 在此之前,地方政府受益于分权让利的财政政策,不存在太大的财政压力。但在此之后,地方政府的财政收入急剧下降,不得不借助于土地开发与城市扩张来推动地方经济增长,地方政府的行为模式开始发生根本改变。⑥ 可以说,分税制改革在提升国家能力的同时,也造成了地方政府财政资金短缺的困境,导致"土地财政"的泛滥成灾,为巨额地方债务的潜滋暗长埋下了伏笔。在 2008 年全球金融危机期间,中国政府为刺激经济增长而推出的"4 万亿"投资计划诱发新一轮投资热潮,大量地方政府融资平台应运而生,直接导致地方债务的飙升。2011 年 3 ~ 5

---

① [法]托马斯·皮凯蒂:《21 世纪资本论》,巴曙松等译,中信出版社 2014 年版,第 557 页。

② 王绍光:《从税收国家到预算国家》,载《读书》2007 年第 10 期。

③ 王建业:《债务、货币与改革》,中国金融出版社 2012 年版,第 137 ~ 138 页。

④ [德]丹尼尔·施特尔特:《21 世纪债务论》,胡琨译,北京时代华文书局 2015 年版,前言第 1 ~ 2 页。

⑤ 周飞舟:《分税制十年:制度及其影响》,载《中国社会科学》2006 年第 6 期。

⑥ 孙秀林、周飞舟:《土地财政与分税制:一个实证解释》,载《中国社会科学》2013 年第 4 期。

月国家审计署首次全面摸底地方债务,总额超过 10 万亿元的地方债务开始浮出水面。从 2011 年至今,国家密集出台了地方债务治理的政策文件,制度举措层出不穷,但似乎收效甚微。在此背景下,地方债务置换作为一种根本性的地方债务结构性控制措施便应运而生了。

2015 年 3 月财政部首次推出地方债务置换,额度为 1 万亿元。为推进地方债务置换的顺利进行,财政部、中国人民银行和银监会于 2015 年 5 月联合引发《关于 2015 年采用定向承销方式发行地方政府债券有关事宜的通知》(财库〔2015〕102 号)(以下简称 102 号文),对债务置换的对象、方式、价格等作了规定,基本上奠定了地方债务置换的制度框架。2015 年 6 月和 8 月,财政部又分别下发 1 万亿元和 1.2 万亿元的地方债务置换额度,并在 102 号文的指引下得以顺利完成。这些置换额度是在各省级地方政府之间进行分配,地方政府则需按照财政部下达的置换额度全额发行债券。与 2015 年相比,2016 年的债务置换规模进一步扩大。据统计,在 2016 年总量超 6 万亿元规模的地方债中,新增债券 1.17 万亿元,置换债 4.87 万亿元,与 2015 年结构类似,置换债占比都在八成左右。与此同时,《关于对地方政府债务实行限额管理的实施意见》《地方政府性债务风险应急处置预案》《地方政府性债务风险分类处置指南》等政策文件陆续出台,前者对地方政府债务限额进行了明确规定,后者对我国地方政府性债务风险应急机制作出了系统性安排,标志着地方政府债务风险预警及应急处置机制正式确立,地方债务置换的规范约束明显强化。2017 年的地方债务置换额度仅略超过 3 万亿元,相较 2016 年的近 5 万亿元的置换额度明显降低。这反映出地方债务置换的博弈难度开始加大,地方债的发行成本亦明显上升。经过上述近 3 年的努力,累计超过 10 万亿元的地方政府存量债务被置换成地方政府债券。

三、地方债务置换的潜在风险与评估

经过近 3 年的制度实践,地方债务置换的优缺点均充分展露,亟待进行制度检讨与评估。从本质上看,地方债务置换是用金融手段化解财政风险,也就是财政风险金融化。一方面,地方债务置换缓解了地方政府偿债压力,避免了地方经济增长可能出现的断崖式下跌,有助于建立规范的地方政府融资机制和财政资金运作机制,基本上实现了制度设计的预期目标。另一方面,地方债务置换将利用行政权力将财政风险转嫁给了金融系统,混淆了财政与金融之间的应有界限,既加重了地方政府的道德风险和逆向选择,也容易诱发金融市场内在的行为扭曲和秩序混乱。地方债务置换的风险评估,可以从以下两个维度进行分析。

(一)预算软约束、道德风险与地方政府行为短期化

前述43号文明确指出,地方政府对其举借的债务负有偿还责任,中央政府实行不救助原则。但由于地方政府并不是严格意义上的财权与事权相统一的财政主体,再加上地方政府破产制度的缺失、"预算软约束"的事实存在以及官员考核与激励机制的诱导,中央政府不可能对陷入财政困境的地方政府不救助。在"保增长"的语境下,中央政府对于地方政府通过举借债务发展地方经济的努力只能默许甚至支持,地方债务置换某种意义上可以说是中央与地方间"心有灵犀"的默契产物。

一个值得关注的现象是,现有的债务置换额度远远没有覆盖地方政府负有直接偿还责任的存量债务,更没有触及风险更大的由地方政府负有担保和救助责任的或有债务。按照世界银行高级经济学家白汉娜(Hana Polackova Brixi),提出的"财政风险矩形阵表",地方政府债务可以分为显性直接负债、隐性直接负债、显性或有负债、隐性或有负债,[①]其中的隐性直接负债和隐性或有负债就其法律性质而言是一种未来可能发生的不确定的财政开支。如在2015年的3次债务置换中,截至债务甄别日,部分地方债务上报规模往往激增30% ~ 50%,问责时少报、置换时多报反映出地方政府的道德风险与逆向选择,地方债务总量的不确定性才是最大的风险。正是由于存在不可以度量、不可以观察、不可以控制,甚至根本不知道或不相信可能存在的风险,债方债务的杀伤性破坏作用才为人们所畏惧。

正如有学者所言,一旦风险事件发生,不作出及时有效处理将造成巨大的经济风险乃至社会风险,作为地方公共利益的代表者和地方公共秩序的维护者,地方政府最终将被迫背负沉重的财政负担。[②] 由此观之,地方债务置换尽管强化了地方政府融资能力约束,但并没有消除地方债务的现实财政风险,财政风险只不过改变了存在的形式而已。因此,地方债务置换并不是本着"不谋一世者,不足谋一时"的意识,而是本着将问题暂时压制与缓解的思维,这种顾头而不顾尾或顾尾而难顾头的问题处置方法所衍生的一个必然结果就是暂时

---

① 张馨:《透视中国公共债务问题:现状判断与风险化解》,中国财政经济出版社2004年版,第11页。

② 周刚志:《财政分权的宪政原理——政府间财政关系之宪法比较研究》,法律出版社2010年版,第162页。

被"休眠"的问题在不久的将来"苏醒"后会以更猛烈的方式迸发出来。①

(二)财政风险向金融风险的传导与扩散

现代社会是一个典型的"风险社会"(Risk Society),正如德国社会学家乌尔里希·贝克指出的那样:"在发达的现代性中,财富的生产系统伴随着风险的社会生产,在现代化的进程中,生产力的指数增长,使危险和潜在威胁的释放达到了一个我们前所未有的程度。"②1988年6月克拉克大学决策研究院的研究者们又提出了"风险的社会放大"理论,用来分析风险问题。它致力于回答风险分析中一个极其复杂的问题:"为什么有些相对较小的风险或风险事件,正如技术专家所鉴定的,通常引起公众广泛的关注,并对社会和经济产生重大影响?"③"风险社会"理论与"风险的社会放大"理论对于分析地方债务置换的法律问题特别有制度意义,启发我们要关注地方债务置换过程中的风险防范问题,特别是要强化防微杜渐的意识,防止看似轻微、孤立的风险事件演化为整体的、系统性的风险。在复杂多样的风险图谱中,财政风险与金融风险无疑是两种最受关注的风险类型,而这两种风险又恰恰交织叠加在地方债务置换过程之中。按照制度设计的初衷,置换债券将按照市场化原则在银行间和交易所债券市场发行,鼓励符合条件的机构投资者和个人购买。由于债务置换的范围仅限于地方存量债务,而这些存量债务又主要是以银行贷款的形式存在,所以商业银行自然成为置换后的地方政府债券的主要持有者。对于商业银行而言,地方债务置换加剧了银行资产负债错配的风险,不仅造成银行收益损失,也可能造成银行业务空间萎缩和资金利用率的下降。④ 在实践操作中,地方债务置换并未按照市场化的原则进行,而是具有明显的"行政摊派"性质,即以定向承销的方式由商业银行认购,银行对于这种"行政摊派"既没有谈判能力也没有回旋空间。在强调不发生区域性系统性金融风险的当下,地方债务置换的风险放大效应尤其需要关注和防范。

从风险传导与扩散的角度讲,地方债务置换隐含的金融风险不容小觑。其一,信用风险。尽管将地方债务纳入省级预算管理后降低了银行的信用风险,但由于经济下行压力增大,地方财政吃紧,依然存在地方政府在债券到期无力履约的风险。特别是在经济发展进入下行区间的背景下,如果地方的财政收入

---

① 黎四奇:《后危机时代问题金融机构处置法律制度完善研究》,世界图书出版公司2014年版,第248页。

② [德]乌尔里希·贝克:《风险社会》,何博闻译,译林出版社2004年版,第15页。

③ 卜玉梅:《风险的社会放大:框架与经验研究及启示》,载《学习与实践》2009年第2期。

④ 詹向阳、郑艳文:《地方政府债务置换的影响》,载《中国金融》2015年第20期。

难以明显改观,几年后的信用风险仍会大面积爆发。其二,市场风险。在市场日臻成熟的今天,各市场要素之间并非"孤岛",而是一种"你中有我,我中有你"的相依相融关系,利率风险、股票价格风险、汇率波动风险、商品价格风险均会诱发金融市场风险的放大。由于银行等金融机构普遍具有"硬通货、软资产"的特点,金融机构资产与负债之差额即清偿力成为衡量金融脆弱性的最基本指标。① 为了减缓地方政府的偿债压力,置换后的地方政府债券利率较低,显著降低了商业银行的资产收益率,再加上地方政府债券市场化的风险定价机制尚未建立,地方政府债券发行主体、承销机构和定向机构三方博弈形成的利率水平难以实现,商业银行资产负债表的表内项目与表外项目的头寸面临着因市场价格变化而遭受损失的可能。其三,系统性风险。在地方债务置换之前,地方政府过度依赖融资平台贷款和土地收入偿债,面临区域性的财政风险,而由于区域性的财政风险与系统性的金融风险互为因果,交织互联,地方债务引起系统性金融风险是客观存在的。地方债务置换的实质是以政府信用为地方债务作担保,压低地方债务利率,降低地方政府融资成本,通过以"时间"换"空间"的做法来为财政体制改革创造条件,事实上起到了缓解与释放系统性金融风险的作用。但是,必须看到,地方债务置换并没有从根本上改变地方政府日益沉重的债务问题,没有改变地方政府的"预算软约束"问题,这种用"时间"换"空间"的做法,只是将问题的爆发时间延后,实质是在给未来的地方财政增加偿债负担。② "预算软约束"这一概念的提出者科尔奈认为,预算软约束是一种复杂的综合症,它深深地嵌在一国经济的政治环境和法律框架以及经济行为人的行为中,如果预算约束的软弱无力已经很普遍,它就会像癌症一样在经济中扩散,造成极大的破坏。③ 如果没有找到化解地方债务更有效的办法而只是延续这种"发新债偿旧债"的思维,则风险会逐渐累积到银行身上,系统性金融风险的发生并非危言耸听。

不难看出,地方债务置换拟通过债务形式转换、成本转换和期限转换实现地方债务风险的转移,本质上反映出用金融手段化解财政风险的政策意图,实际上指向的是财政风险金融化的问题。财政风险金融化命题的前提是财政风险已经出现,如果仅动用财政手段,就可以将财政风险限定在财政体系内,而如

① 黎四奇:《后危机时代问题金融机构处置法律制度完善研究》,世界图书出版公司2014年版,第5页。

② 邱峰:《地方债务置换效应及其对商业银行影响的探析》,载《国际金融》2015年第6期。

③ [匈]雅诺什·科尔奈:《后社会主义转轨的思索》,肖梦编译,吉林人民出版社2003年版,第163页。

果金融手段介入,意味着将财政风险引入到了金融领域,由此滋生出的金融风险会产生更大的破坏性。这是因为,与财政风险相比,金融风险的一个显著特征是具有传染性,借短贷长、高杠杆经营、信心脆弱性、“他人的钱”诱发的道德风险等因素加剧了金融风险的扩散。因此,地方债务置换事实上放大了风险。与财政体系相比,金融体系具有明显的内部不稳定性与脆弱性特征,金融本身的存在就是金融危机爆发的一个原因,利率自由化、合业经营、金融创新、机构准入自由和资本自由流动都会加剧金融脆弱性,“明斯基时刻”为此提供了经典解释。①

财政风险主要表现为财政赤字与地方债务,解决财政赤字和化解地方债务首先得依靠财税法政策工具尤其是预算,而不是直接依靠金融法政策工具,正如有学者所言:“失控的财政赤字、过高的公债规模和不平衡的预算已经成为现代国家的政府治理共同面临的难题,而通过法律来控制财政赤字的观念牵涉到预算法、税法、财政转移支付法、公债法等财政法的重要分支领域……从根本上说,20 世纪初建立的现代预算制度的精髓是限制政府的财政收支行为,尽可能减少预算赤字或预算执行赤字。”②财政风险金融化会让政府财政收支的预算平衡失去一个强硬的约束机制,使其预算约束软化,从而使得财政支出效率不能得到有效提高。在我国,地方债务居高不下,深层次的原因在于中央与地方财政分权的不合理、中央与地方财权与事权的不相称以及预算的软约束,如果不对现行的财税体制进行结构性变革而只是热衷于借助金融手段化解财政风险,只会加剧财政风险与金融风险交织进化的恶性循环。具体原因在于,政府频繁以金融手段来规避和缓解财政风险,势必导致流通领域的货币过剩,最终酿成通货膨胀,而通过膨胀间接的税收效应则可能会扭曲消费者和投资者的行为,进一步恶化政府的财政收支,从而诱发新一轮的财政风险金融化。③ 为了防止这一恶性循环的发生,必须对金融介入财政风险抱以谨慎的态度。

四、地方债务置换的制度完善:理念转变与路径选择

地方债务置换横跨财政与金融两大领域,其法律调整不仅涉及财政法与金

---

① “明斯基时刻”是指美国经济学家海曼·明斯基所描绘的“资产价值崩溃时刻”,是市场繁荣与衰退之间的转折点。参见[英]霍华德·戴维斯:《黑名单:谁是金融危机的元凶》,王萌、蔡宇译,格致出版社、上海人民出版社 2011 年版,第 25 ~ 27 页。

② 叶珊:《财政赤字的法律控制》,北京大学出版社 2013 年版,第 8 页。

③ 秦海林:《财政风险金融化影响经济增长的模型分析与实证检验》,载《财贸研究》2011 年第 2 期。

融法等硬法规则的调整,也关涉党和政府诸多政策文件等软法规则的调整;不仅关系到政府与市场关系的重塑,更关涉财政宪法学与货币宪法学的制度变动。① 因此,有必要打破传统意义上以部门法为依托的传统法律调整模式,引入以问题为中心、以整体主义为导向的规制理念与模式。

(一)地方债务置换从政策调整到法律调整的理念转变

习近平总书记多次强调,凡属重大改革都要于法有据。这是改革进入深水期后,强调运用法治思维与法治方式推进改革的顶层理念指引,是改革法治化的重要标志,与早期改革的法律框架模式截然不同。② 然而,我国目前的地方债务置换,基本上是政策主导和治理下的产物,既没有明确的法律依据,也缺乏严格的法律约束。虽然 2014 年修订的我国《预算法》第 35 条赋予了地方政府举债权,但地方政府债务的风险评估机制、风险预警机制、应急处置机制、责任追究机制尚未建立起来。地方债务置换作为一种地方债务的风险处置手段,其依据是 43 号文的规定:“对甄别后纳入预算管理的地方政府存量债务,各地区可申请发行地方政府债券置换,以降低利息负担,优化期限结构,腾出更多资金用于重点项目建设。”43 号文不是严格意义上的法律规范性文件,但这个法律效力不高的“红头文件”却重构了地方财政体制,甚至蕴含着全面改变中国经济体制的力量。对于财政法定这一财政法的基本原则而言,地方债务置换作为财政风险金融化的一个分析样本,不可避免地留下了财政法治的缺憾。

现实中,法律约束缺失可能导致更大问题的一个因素是,中国的地方债务置换总体上是在金融依附于政府这一背景下展开的,受制于政府主导型金融资源配置模式的强烈影响。新中国成立后的很长一段时期,中国实行的是高度集中的国家银行体系,形成了一种“计委请客、财政点菜、银行埋单”的资金供给体制。这种政府垄断金融资源配置权并在资金使用上实行供给制的传统金融体制,作为制度变迁的初始条件,必然因路径依赖产生自强化的机制甚至某种锁定状态,从而使金融制度的变革过程依从于政府主导型金融资源配置模式就

---

① 参见周刚志:《论公共财政与宪政国家——作为财政宪法学的一种理论前言》,北京大学出版社 2005 年版;吴礼宁:《货币宪法学:知识谱系与中国语境》,法律出版社 2015 年版。

② 中国早期改革的法律框架模式可以概括为:先有地方政府的基层探索与实践,推动各种创新,对不合理的法律和政策进行“良性”突破与变革,再有中央政府的认可,区域试点和政策试验得以实现,制度竞争和政策移植促使地方政府进一步提升“实践中学”效率,最终促成中央政府在各种制度创新的基础上进行顶层设计,实现法律的制定或完善,使改革趋于常态并实现法制化运作。参见管斌:《金融法的风险逻辑》,法律出版社 2015 年版,第 53 页。

是其必然的逻辑起点。[①] 改革开放以后,尽管银行的独立性有了很大改善,但并没有从根本上摆脱地方政府的控制,这一点无论是从地方融资平台贷款还是地方债务置换过程中的银行角色均可以得到证实。尤其是在官员升迁的"锦标赛体制"[②]和"地方政府公司主义"[③]的背景下,权力的商品化、市场化和资本化趋势日益明显,地方政府角色错位与行为扭曲不断加剧,金融发展面临着自由式微、公平缺失和民主异化等诸多难题。因此,对于地方债务置换可能衍生出的问题,必须防微杜渐,强化法治约束。

从比较法视角看,西方成熟市场经济国家的债务治理呈现出鲜明的法治化导向,财政与金融之间相互独立且具有严格法律约束。以德国为例,在全能银行体制下,德国地方政府的绝大多数融资来源银行,银行贷款约占地方政府融资额的85%,这一点与中国地方政府融资平台的情形十分相似。为了控制日益增长的地方债务风险,德国政府于2009年制定并通过了《新债务限额法案》(所谓的"债务刹车法案"),并将其写入了《联邦基本法》。该法案规定,自2016年起,不考虑经济周期引起的赤字,德国结构性赤字不能超过国内生产总值的0.35%,为此德国联邦政府从2011年起每年需在联邦预算中节约100亿欧元。此后,该法案规定的合法新增债务额度将逐年减少,至2020年各州政府则不再允许新增任何债务,这表明了德国人整肃财政纪律的决心。[④] 此外,为控制政府债务,很多国家出台了专门的财政责任立法,如巴西、秘鲁、日本、印度、美国、英国、爱尔兰、新西兰等国。可以说,从财政责任的视角,聚焦于完善地方政府性债务财政责任制度,以约束政府举债行为,防范举债风险,已经成为各界共识。[⑤] 因此,我国地方债务置换的法律调整必须实现从政策治理到法律治理的转变,为地方债务治理的法治化生成探索经验。

---

① 何风隽:《中国转型经济中的金融资源配置研究》,社会科学文献出版社2010年版,第93~94页。

② 周黎安:《晋升博弈中政府官员的激励与合作——兼论我国地方保护主义和重复建设问题长期存在的原因》,载《经济研究》2004年第6期;周黎安:《中国地方官员晋升锦标赛模式研究》,载《经济研究》2007年第7期。

③ Oi Jean,"Fiscal Reform and the Economic Foundations of Local State Corporatism in China", *Word Politics* 45,Oct.,1992,pp.99-126.

④ 王志远:《德国:〈点刹〉制动公共债务》,载《经济日报》2013年2月21日,第9版。

⑤ 王婷婷:《地方政府性债务治理的国际比较与启示——基于建构财政责任规则的视角》,载《当代财经》2017年第2期。

(二)地方债务置换法律调整的路径选择

1.政府与市场关系的矫正

从地方政府债务的泛滥到地方债务置换的推出,始终绕不开政府与市场关系的交织缠绕。地方性的公共产品无法由市场提供,而政府在提供公共产品时又面临财政收入不足的窘境,不得不通过举债的方式应对难关。由于我国《预算法》的刚性不足,追逐政绩的功利考虑、官员任期制诱发的道德风险与短期行为,政府举债有恃无恐,终于因过多过滥而失去控制。地方债务置换尽管有"惩前毖后,治病救人"的意味,但更多地将财政风险转嫁给金融市场,本质上是由社会公众为地方政府不负责任的举债行为买单。因此,地方债务问题是市场和政府"双重失灵"的产物,如果要确保地方债务置换不出现结构性重大问题,就必须在政府与市场关系上做出深刻调整。

首先,置换债券的发行应尊重金融机构的自主选择权,引入招投标、承销团承销等市场化的发行方式,减少或杜绝行政摊派。实践中置换债券的发行基本上采取的是定销承销的方式,具有准行政化或者半强制性的特点,尽管提高了发行效率,但扭曲了债权人与债务人之间的法律关系,破坏了债券市场的价格发现机制,也容易滋生出地方政府的道德风险。按照市场化原则进行置换债券的发行,能够优化金融资源的配置,形成强有力的市场约束,倒逼地方政府改进债务治理,提高地方债务的透明度。正如有论者所言,让金融市场的无数投资者来扮演地方政府融资行为的约束者角色,充分发挥市场机制特有的透明和高效特征,用实时变化的金融产品价格信号来"发现"地方政府的信用状况,进而对地方政府的未来行为选择产生市场的压力。① 为了激励金融机构参与认购地方政府债券,有必要通过税收优惠、信贷扶持、再融资支持等财税和金融工具进行诱导。另外,在置换债券发行过程中引入市场化的信用评级也是必不可少的配套制度安排。

其次,置换债券的交易应允许实质违约的出现,打破"隐性担保"的魔咒,走出"刚性兑付"的误区,使政府与市场的关系回归理性。在一些成熟的市场经济国家,政府债券被称为"金边债券"或"银边债券",素以良好的信用着称。在我国,政府债券的发行一般是以政府信用作为隐性担保,基本上不存在违约问题。如果将这种刚性兑付的思维延伸至置换债券,无疑会减损配置资源的效率,增加金融市场风险,降低投资者的风险意识。笔者建议,允许发生地方政府债券的违约事件,并赋予债权人通过司法渠道寻求救济的权利,如果地方政府

---

① 黄韬:《央地关系视角下我国地方债务的法治化变革》,载《法学》2015 年第 4 期。

败诉,则应承担相应的违约责任。作为重要的配套措施,国家应当加强投资者教育,强化债权人的信息披露义务,构建地方政府信用风险的分担缓释机制。

需要注意的是,地方债务置换的法律调整,并不是意味着政府权力的全面退缩。由于我国的地方政府债券市场尚未建立起来,政府面临着培育市场以及将来监管市场的双重任务。因此,地方债务置换的法律调整不仅要发挥市场在资源配置中的决定性作用,还要更好地发挥政府作用。政府作用发挥的当务之急,是培育地方债券的交易市场,构建交易场所,制定交易规则,规范交易秩序。地方债券交易市场构建完成之后,政府还应发挥好监管者的角色,通过强有力的执法机制和投资者保护机制实现地方债券市场的健康发展。

2. 公债法的制定、我国《预算法》的细化与我国《中国人民银行法》的修正

首先,以问题为中心,制定公债法,将国债与地方债进行一体化调整,为地方债务置换提供基本的法律依据。随着现代国家从“税收国家”到“债务国家”的演进,公债的重要性越发突出,公债已构成重要的财政收入形式,也成为财政政策的重要手段。在现代市场经济条件下,公债的运用规模和程度达到了前所未有的状态,对经济活动产生着十分重大的影响,发挥着弥补财政赤字、对财政预算进行季节性资金余缺调剂、对国民经济进行宏观调控等功能。① 从消极一面看,公债不仅具有工具性格,也具有“隐蔽的权力性格”,还会产生财政僵化与支出排挤效应,“如果国家不能消灭公债,公债便会消灭国家”的论调可视为对公债消极面的形象概括。② 就国债而言,我国当前的国债依存度和国债偿还率已经远远超出国际安全警戒线,而且国债负担率增长很快,表明我国国债规模已经偏大,面临着较大的国债规模风险。为此,必须合理界定国债使用方向以加强对国债资金使用的监督,加快财政改革的速度以降低国债偿债率和国债依存度,加强国债期限结构管理以优化国债偿还期限结构,促进国债市场化以提高国债流动性。就地方债而言,其发行规模已经相当惊人,远远超出了地方政府的偿还能力,孕育着极大的系统性风险。目前,地方债的发行主要依靠临时性的政策文件,地方债的交易则几乎无法可依。

为促进公债的健康发展,笔者建议,尽快制定公债法,明确公债的发行主体、发行对象、发行价格、发行利率、偿还、争端解决等,堵塞“债务国家”的法律漏洞,防止法律缺失背景下政府债务的盲目疯长。在这部法律中,需要针对地方债务置换问题作出专门规定,比如,置换的主体、置换的对价、置换的时限、置

① 刘剑文、熊伟:《财政税收法》(第5版),法律出版社2009年版,第76~77页。

② 刘剑文主编:《财税法学》,高等教育出版社2004年版,第105页。

换的决策程序与监管措施。这种"问题导向式立法"，可以集中高效地处理问题，能够局部自洽并形成体系，为实践提供明确的规则引导和激励。①

其次，细化我国《预算法》的相关规定。2014 年我国《预算法》修改的一个重要亮点是赋予了地方政府举债权，按照疏堵结合、"开前门、堵后门、筑围墙"的改革思路，从举债主体、用途、规模、方式、监督制约机制和法律责任等多方面做了规定，从法律上解决了地方政府债务怎么借、怎么管、怎么还等问题。其中，该法第 35 条第 5 款规定："国务院建立地方政府债务风险评估和预警机制、应急处置机制以及责任追究制度。国务院财政部门对地方政府债务实施监督。"但是，受到"宜粗不宜细"的传统立法技术的影响，该法对于地方政府债务的风险评估、预警、应急处置、责任追究均没有具体的操作规范条款。如果相关的实施细则或授权立法一直难产，则这些针对地方债务风险防范的制度设计将形同虚设。鉴于地方债务风险已经相当严重，有必要尽快出台关于地方债务信息披露、风险预警、信用评级、应急处置、责任追究等方面的制度实施细则。从国外防范财政风险金融化的立法实践来看，美国的平行预算制度、新西兰的债务报告制度、巴西的债务报告审查计划均取得了较好的效果，值得我国参考。②在执行《预算法》及其配套实施细则时，务必要杜绝选择性执法行为，严格规范政府的财政收支行为，硬化预算约束，从预算自身的制度规范中控制财政风险，从制度源头上克服地方债务的滋生。

最后，弥补我国《中国人民银行法》的缺漏。从形式上看，我国《预算法》与《中国人民银行法》将财政风险和金融风险进行了隔离，但由于中国人民银行的独立性不强，存在财政赤字货币化的可能，即财政部直接向中国人民银行借款、透支或通过印刷钞票融资。为了防止中国人民银行通过增发货币的形式转移财政风险，建议在修改《中国人民银行法》时，将年度货币供应量、利率、汇率等重大事项的决定权完全下放给中国人民银行，由其独立进行货币政策操作。另外，考虑到实践中人民银行再贷款成为中央银行资金流失的主要渠道，构成了实质性通货膨胀的压力来源，本文建议取消财政性再贷款，防止出现"政府请客，银行埋单"的局面，根治银行对财政的暗补现象。

五、结语

地方债务置换作为全面深化改革背景下的重大举措，影响甚巨，本应于法

---

① 尹亚军：《〈问题导向式立法〉：一个经济法立法趋势》，载《法制与社会发展》2017 年第 1 期。

② 刘尚希：《财政风险及其防范问题研究》，经济科学出版社 2004 年版，第 190 ~ 198 页。

有据,但应急性的安排替代了理性选择,其风险放大效应更是预示着一个不确定的未来。"亡羊补牢,犹未晚矣",我国应当充分利用地方债务置换留下的缓冲期,完善地方债务置换的法律调整机制,协调推进财政法治与金融法治,防范化解财政金融风险,保障地方债务置换乃至地方债务全面治理的顺利进行,促进国民经济的持续健康发展。

美国公私合作关系(PPP)的法治状况

刘承韪*

一、美国公私合作(PPP)的基本情况

(一)所谓PPP模式:公私关系的合同安排

根据美国公私合作伙伴关系理事会(National Council for Public-Private Partnerships,NCPPP)的界定,所谓公私合作伙伴关系"政府与社会资本合作"(PPP)是指一个公共机构(联邦、州或地方政府)和一个私营实体之间进行的合同安排。通过该合同,各方(公与私)在为公众提供一项服务或设施的过程中共享技术和资产。除资源共享之外,双方还分担在提供服务和(或)设施的过程中可能产生的风险并分享所获的利益。也就是说,PPP模式实际上是一种中长期投资关系,其中包含政府公共部门和社会私营部门签订的契约或法律关系。在应用PPP模式的项目中,公共和私营部门之间在开发、建设、运营、所有权、筹集资金、提供服务中的一个或几个领域中开展合作。

举例来说,美国近期一个PPP项目很好地展示了私营部门和各级政府和相关机构参与PPP模式的一些方式。在这个项目中,一家私营公司赢得了加利福尼亚SR125号公路的长期项目合同,合同规定,该公司负责公路的建设和维护,同时享有公路建成后一定时期

---

* 中国政法大学教授。

内的过路费征收权。项目的建设资金来自私人银行和政府贷款。除了要负担公路的修建和维护费用之外,该公司还要把资产净值优先用于建立储备基金以保证贷款如期偿还并在过路费收入不足以抵销运营资金时维持公路正常运营。在这个项目中,美国各级政府和相关机构通过各种方式参与其中。美国联邦政府通过一项交通运输项目名义与商业银行共同发放贷款。加利福尼亚州政府向私营公司出让公路的建设、维护和收入征收特许经营权,占据道路的主要所有权。工程项目所在县和当地一个有政府背景的协会利用消费税建立了基金。公路附近的一个城市贡献了部分公路建设用地,并和本地开发商合作,帮助项目征收更多土地。该项目的工程贷款通过工程收益来偿还,无须政府部门承担债务。在这个项目中,各级政府无须直接参与项目工程建设,也无须承担任何风险。

(二)美国 PPP 的总体发展情况

美国在发展过程中一直注重使用各种形式的私人部门资金,私人部门在提供公共基础设施方面比其他任何国家发挥的作用更大,大部分的交通、水利、电力、教育及其他的基础设施和公共服务的提供都有私人部门参与。例如,3/4 的电力设备是由私人部门拥有和运行的,电信通信的基础设施、各州间的油气管道等也几乎都是被私人部门所有,但是这些私人部门的投资并不是以 PPP 模式来操作的,过去五六十年来美国基础设施建设资金主要来源于联邦信托基金和市政债的发行。

自 20 世纪八九十年代以来,借鉴英国、澳大利亚及加拿大发展 PPP 的成功经验,美国开始更多地利用私人部门资源,加快公共产品和服务的供给速度,节约资金,提高创新能力,提升服务质量,PPP 得以在美国快速发展。1998 年弗吉尼亚州采用私营公司设计并建成花费 4200 万美元的监狱为美国 PPP 的发展树立了成功的典范,据估计运用 PPP 模式为这一项目节约了 15% ~20% 的建造和运营成本。6 年后弗吉尼亚州通过了《公私教育法案》(Public-Private Education Act),允许运用 PPP 模式建设幼儿园至高中阶段的学校。不久之后,该州通过法律将 PPP 模式扩大到供水、停车场、大学宿舍和医院等领域。其余的州参照弗吉尼亚州的做法,将 PPP 的立法范围涵盖住房、水、交通等领域,并允许不同层级的政府如郡、市级政府和教育局采用 PPP 模式。

因此,尽管私人部门在美国公共基础设施领域已经占有重要地位,但相比其他国家,美国发展 PPP 模式仍较为缓慢,根据美国财政部的官方数据,从 2007 ~2013 年在基础设施领域采取 PPP 模式的项目总额为 227 亿美元,这个数字只是当期全美基础设施全部投资的 2% 左右。美国公共政策研究机构布鲁金斯学会(Brookings Institute)的研究表明,1985～2011年美国在基础设施PPP模式投资仅占全球的9%,与其国际地位和世界影响力严重不符。2008年美国遭受经济危机之后,美国政府出于节约政府成本、提高项目执行专业能力、提高灵活性、提高供给速度、增加创新、提高服务质量等目的,推动PPP模式进入快速发展阶段。PPP模式现在已经延伸到了美国几乎所有的公共部门,从学校、医院、监狱,到输油管道、交通运输、垃圾处理,甚至在军事、航空航天等领域都有私人部门的参与,而且私人部门的作用也越来越突出。

为了刺激美国经济恢复和发展,各级政府将注意力集中到基础设施投资上。2009年实施的《美国复兴和再投资法案》(American Recovery and Reinvestment Act,ARRA)规定ARRA的资金很大部分专用于公路和桥梁的投资,并以此为杠杆带动私营资本进入。近年来推动美国PPP发展的一个最重要的因素,是奥巴马政府在2014年7月提出的《建设美国投资提案》(Build America Investment Initiative),这是在政府层面采取的旨在促进联邦和地方政府与私营部门合作以增加基础设施投资并扩大PPP市场的重要举措。美国新当选总统特朗普也将以PPP模式来投资基础设施建设作为施政重点。

PPP模式在美国并不是一个新生事物,很多公共设施建设项目都通过签订合约形式引入私营部门参与其中,已经符合PPP模式的定义。目前,PPP模式展现的新意在于,无论从项目建设、风险承担还是项目收益来说,私营部门正逐渐在这些项目中占据主导地位。

(三)美国PPP项目分布情况

美国一直被认为PPP模式的潜力巨大,但与其他发达国家比较,却显得落后,且从未形成稳定的项目库。PPP模式在美国的逐步出现是在20世纪八九十年代,由于美国政府在不提高税收的前提下仍需向不断增长的人口提供公共基础设施产品和服务,利用私人部门资源可以加快公共产品和服务的供给速度并带来创新、提升服务质量。据最新统计,在美国PPP项目中大多数为DB(设计和建设)项目,占总数的67%,其投资额占总投入的52%;近年来,DBFOM(设计、建设、融资、运行和维护)模式发展较为迅速,数量上占总数的12%,投资额占24%。

与中国等国家相同,美国PPP也主要被运用于各类基础设施和公共服务方面。交通运输行业中PPP用途广泛,包括公路、桥梁、铁路、公共交通、航空、轮渡和港口项目。与此同时,PPP也在学校、医院和其他健康保健设施、可再生能源、饮用水和污水处理、政府建筑、监狱、警察局、消防站和国防等项目中发挥越来越重要的作用。

从PPP用途分布上看,1986~2012年就达到完成融资阶段的PPP项目而言,主要集中在交通运输(295个,占42.5%)、饮用水和废水处理(232个,占33%)和建筑(161个,占23%)三大领域。(见图1)据统计,美国公路交通PPP项目占比32%,位于前列,共有24个州的104个公路项目采用了PPP模式,其次是铁路和机场项目。

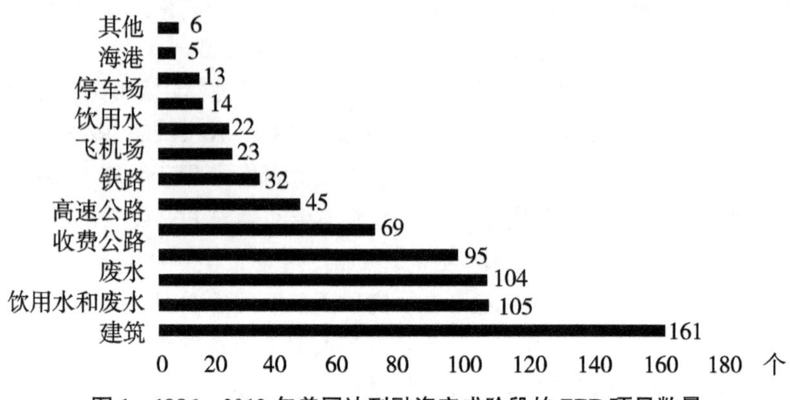

图1 1986~2012年美国达到融资完成阶段的PPP项目数量

资料来源:根据韦梅克·萨迪(Wemeck & Saadi)(2015)报告中的数据整理而得。

与此同时,美国PPP的发展也存在区域差异。从分布区域上来看,实施PPP比较活跃的州包括加利福尼亚州、佛罗里达州、得克萨斯州等。截至2015年6月,美国有21个公路DBFOM项目达到融资完成阶段,2/3集中在4个州:得克萨斯州(4个),弗吉尼亚州(4个),加利福尼亚州(3个)和佛罗里达州(3个)。这21个项目总投资为246亿美元,其中这4个州占大约79%。也就是说,美国西部和南部的PPP项目较多,分别占全国的34%和38%,佛罗里达州实施的PPP项目最多(16个),其次是加利福尼亚州(12个)和得克萨斯州(9个),再加上科罗拉多州和弗吉尼亚州,这5个州的PPP项目占美国总数的56%,而美国中西部和东北部各州的PPP模式发展较慢。当然,近几年来,纽约州、新泽西州和马萨诸塞州等东部州也开始纷纷上马PPP项目以解决基础设施和公共服务不足的问题。

(四)美国PPP项目的管理机构

美国作为联邦制国家,在推动PPP发展方面,各个州和地方政府都是具有较大自治权,因此各个州及地方政府会根据自己的要求实行不同模式和不同程度的PPP。美国并没有统一推动PPP的政府机构,很多政府机构都参与了PPP的推动过程,如财政部、能源部、交通部、劳工部等。以PPP项目最多的公路交通领域为例,在美国交通运输部下面就有一个联邦公路管理局(Federal Highway Administration),是推动公路交通PPP项目的重要政府管理机构。联邦公路管理局提供技术和资金支持州和地方政府对公路的设计、建设和维护,鼓励运用PPP模式改善交通运输。其下属的创新金融支持中心(The Center for Innovative Finance Support)还提供有关不同的PPP模式的信息和专业知识,以及协助利用相关的政策工具包括SEP-15,私人活动债券(Private Activity Bonds,PABs)和交通设施金融和创新联邦信贷(TIFIA),以促进PPP在交通运输项目的发展。

当然,美国还有一个比较重要的联邦总务管理局也是联邦政府合同最重要主管部门。美国总务管理局(U. S. General Services Administration,GSA),是联邦政府的采购部门,负责与各类商业企业订立各种长期的政府采购合同,以总额折扣定价的方式为政府采购数以百万计的商品和服务。GSA是联邦政府的一个独立部门,负责为联邦机构提供办公室、办公用品和交通服务等。该局还负责制定联邦政府的节省开支政策。GSA负责管理超过11%的政府采购资金和价值达240亿美元的联邦资产,包括8600幢政府所有或租借的大楼和213,000辆车辆。GSA为政府多个部门和机构供应办公室物品和其他维持运行的所需的物资。此外,美国还在少数州,如加利福利亚州、密歇根州和弗吉尼亚州,设有PPP政府办公室,专门负责PPP项目的相关工作。

除了上述政府机构外,美国还有一些非政府组织在为推动PPP发展而努力,比如全国公私伙伴关系理事会(National Council for Public Private Partnerships)和市长商业理事会(the Mayors Business Council)等。

1. 美国PPP全国理事会

1985年成立的非盈利、非党派组织,为其会员提供有关PPP的咨询和培训,通过社交活动如会议和论坛,以及针对性强的参与形式如委员会、研究院和网站等,宣传和推动联邦、州和地方各级的公私合营,提高政府和企业实施PPP的实效。也通过专家顾问为公众提供准确、及时的PPP信息,参与公众有关PPP的对话,消除实施PPP的民间障碍,并推动有关PPP发展的国际对话。

2. 市长商业理事会

美国市长联合会(The United States Conference of Mayors)是成立于1932年的非盈利、非党派组织,成员为1200多个人口在3万以上的美国城市的市长们。市长商业理事会是该组织的核心部分,主要目标是改善城市的商业环境。通过"最佳案例中心"宣传PPP,市长和企业领导人认为推进有创造性的PPP模式将是21世纪城市发展的主要决定力量。

二、美国PPP立法情况与法律法规体系

美国没有一部统一的PPP法律,PPP相关立法散见于联邦立法和州立法之中。美国实行联邦制,联邦法律为各州实施PPP提供基本指导,而具体细节以及是否准许采用PPP模式都留给各州自行决定。根据联邦制下的权力划分,PPP在实施中主要适用相关的州立法,但同时也需满足联邦法律的要求。以下列举的法律是联邦层面有关PPP项目的立法,其主要涉及对各种基础设施如公路设施、水设施等建设的相关问题,在其中也包含有采用PPP项目对相关设施进行建设、维护等内容,但这一内容通常只占其中很少部分。以下是对PPP在联邦和各州的立法及相关政策的简要介绍:

(一)联邦立法

美国实行联邦制,联邦法律为各州实施PPP提供基本指导,而具体细节以及是否准许采用PPP模式都留给各州自行决定。近20年来美国颁布的与PPP相关的联邦立法和政策主要包括:

1.1991年美国颁布《多式联运陆路运输效率法案》(Intermodal Surface Transportation Efficiency Act,ISTEA)

从20世纪末开始,联邦公路信托基金收入远远无法跟上公路建设需求的增长速度。为弥补财政赤字,1991年美国政府颁布了ISTEA。ISTEA开启了非州际公路的收费,并允许州政府使用联邦资金与州政府资金或私人部门资金相结合用于非州际收费公路。

2.1995年美国颁布《国家高速公路法》(National Highway Designation Act,NHDA)

为进一步促进私人部门参与交通基础设施,1995年美国颁布了NHDA。根据该法,允许设立州基础设施银行(State Infrastructure Banks),对联邦资金起到杠杆作用,尤其是用于PPP项目中。

3.1998年美国颁布《进入21世纪交通公平法案》(Transportation Equity Act for the Twenty-First Century,TEA-21)、《交通设施金融与创新法案》(Transportation Infrastructure Finance and Innovation Act,TIFIA)

TEA-21批准了1998~2003年6年的公路安全和运输联邦地面运输方案。其中,涉及了一部分有关PPP项目的内容。首先,在SEC.1110.减少交通拥堵以及提高空气质量计划1条中,对PPP项目进行了定义,规定了NGO加入的形式、对政府在项目中的一些禁止要求等内容。其次,在322磁悬浮运输技术部署方案1条中,谈到将对基础设施的公私合作进行财政支持。最后,在

SEC. 7404. 船舶基础设施 1 条中,将采取 PPP 项目进行建设的项目放在了优先地位。综上,本法对于 PPP 项目究竟为何物进行了简要说明,并且在其中明确规定了 PPP 项目得到财政支持的优先地位,体现了政府对于 PPP 项目的支持。①

4. 2005 年美国公布《安全、可靠、灵活、高效的运输公平法案:留给使用者的财产》(Safe, Accountable, Flexible, Efficient Transportation Equity Act: A Legacy for Users, SAFETEA-LU)

5. 2014 年美国公布《收费公路 PPP 模式特许经营合同核心指南》(Model Public-Private Partnerships Core Toll Concessions Contract Guide)

该指南是针对收费公路这一类基础设施的建设维护等方面,对其中涉及的 PPP 项目进行了详细介绍。首先,在第一部分介绍中不仅完整地对 PPP 进行了定义,还列出了 PPP 合同中常用的项目条款,提出了本法如何完善了另一个 PPP 相关法案的不足,最后总结了本法目的,即旨在使人们更好地了解 PPP 项目在公路建设维护等项目中的起到的重要作用。其次,在法案的剩余几部分详细介绍了 PPP 项目参与收费公路建设的具体问题,如收费公路规则、利润分摊、股权变更、违约及提前解除合同的赔偿问题等。综上,该指南是一个针对某一类基础设施建设项目(收费公路类)中涉及的 PPP 问题的专门立法,侧面反应在美国此类项目中 PPP 适用的频率较高,因此需要专门立法调节。

6. 2015 年美国颁布《修复美国路面交通法案》[Fixing America's Surface Transportation(FAST) Act]

该法案旨在为联邦援助建设的公路、公路安全项目、运输项目以及其他目的授权资金。本法内容主要分为以下几大类:路面交通介绍、综合运输及用户保护法案、资金、能源安全、财政服务等几大方面。其中,在第一部分路面交通介绍中,涉及各种路面交通方式并介绍了相关项目,有关 PPP 的少量规定散见于各个项目中,如在 SEC. 1109. 路面交通财政补贴项目一条中提及财政补贴可以授予采用 PPP 进行的合格项目。另外,在国家路面交通及创新资金办公室这一章中,其主要目的是介绍有关该办公室的各项职能,但其中一项职能是有关 PPP 项目的,即该办公室负责 PPP 项目中的政府采购分析、主动竞标程序、非竞争性协议等事项,并且负责多数交通设施相关的 PPP 项目的标准合同的确定。综上,该法案主要关涉路面交通的相关问题,包括交通安全、基础设施建设等广泛的问题,其中 PPP 项目在法案中提及的项目中有所涉及,但并不详

① 载 https://www.fhwa.dot.gov/tea21/index.htm,最后访问日期:2017 年 9 月 2 日。

细,更多的是为我们提供了一个有权管理PPP项目的机构的相关信息。

7. 关于PPP项目融资的法律

2015年的《高资质公共基础设施债券》(Qualified Public Infra-structure bonds,QPIBs)、《交通设施金融和创新法案》(Transportation Infrastructure Finance and Innovation Act,TIFIA)信贷计划,以及《水设施金融和创新法案》(Water Infrastructure Finance and Innovation Act,WIFIA)信贷计划,是PPP项目必不可少的几个融资工具。这几个法案对于PPP项目融资问题的规定,对于公私合作的顺利进行起到关键作用。

(二)美国各州立法

1. 美国州立法总体情况

从州层面来看,通常需要通过立法以赋予公共部门与私营部门合作的法律权力(事项立法)。1989年加利福尼亚州通过了第一个针对交通项目的公私合营法令,佛罗里达州和密苏里州在第二年紧随其后,1995年弗吉尼亚州通过了内容丰富的《公私交通运输伙伴关系法案》。2010年以来,康涅狄格州、俄亥俄州、马里兰州、宾夕法尼亚州和哥伦比亚区等都通过了PPP立法。如图2所示,截至2017年6月,有37个州和哥伦比亚区已经实现了PPP立法,即接近75%的州通过法律准许在某个项目或某类项目上采用PPP模式。其中23个州和哥伦比亚区准许一定程度上的横向和纵向PPP,3个州仅准许一定程度的纵向PPP,11个州仅允许一定程度的横向PPP。横向PPP主要是指在交通运输项目

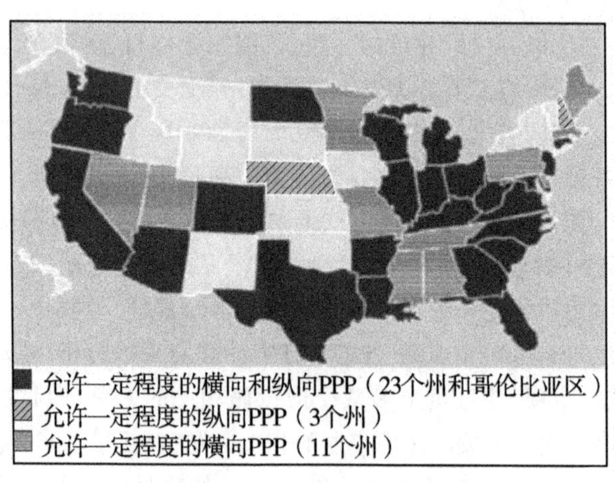

图2 美国37个州实施PPP立法

中运用 PPP,纵向 PPP 则指在社会性基础设施如学校和政府建筑项目中运用 PPP。[①] 根据实践修订 PPP 法规也很常见,如佛罗里达州 1991 年立法以来针对该州运输部的 PPP 法规已修订过 7 次。

由于在美国大多数 PPP 项目与交通运输有关,所以这方面的法规较多,许多州在立法中明确规定合作关系中的公共部门是州的交通运输部。全国州立法联合会(National Conference of State Legislatures,NCSL)的交通资金和金融法规数据库跟踪收集 50 个州的 PPP 立法数据,这些数字表明交通 PPP 法规数量在过去 6 年明显增加,尤其是 2013 年和 2014 年立法数量比之前两年增加一倍还多。自 2009 年以来与交通 PPP 项目有关的立法数量如下:(1)2015 年,25 个州和哥伦比亚区 47 项法规;(2)2014 年,21 个州和哥伦比亚区 68 项法规;(3)2013 年,28 个州 81 项法规;(4)2012 年,16 个州 30 项法规;(5)2011 年,20 个州 40 项法规;(6)2010 年,9 个州和哥伦比亚区 22 项法规;(7)2009 年,20 个州和波多黎各 37 项法规。[②]

PPP 立法也有范围差异,可以仅针对交通行业或者包含其他行业,可以有不同的被授权使用该法规的机构,可以仅限于州一级或包含地区、郡或市级范围。美国在州 PPP 立法方面有以下一些成功做法:(1)确定政府的责任重点;(2)赋予州的一个行政部门(如州长办公室)适当的法律权力;(3)为顾问专家配备充足的人员和资金支持;(4)州政府对于支持 PPP 的人或事予以鼓励;(5)详细规定招标流程;(6)明确要求政府在购买土地、达到环境要求方面承担责任;(7)明确规定如何确保州政府获得所需的资金。[③]

各州在 PPP 立法和管理机制上不断进行探索创新。以得克萨斯州的立法创新为例,2003 年得克萨斯州众议院颁布法案,提出一些新的措施促进交通运输项目尤其是 PPP 项目的发展,具体包括:一是成立区域移动局(Regional Mobility Authorities,RMAs)。区域移动局(RMAs)是被允许成立的特殊部门,为一个或几个郡或县通过跨区域方式来满足交通运输需求。二是扩大州政府公路收费的权限。得克萨斯州的立法提供了更为广泛的收费权。支持通行费收入和政府资金一起共同融资用于公私合作的收费公路项目,允许签订通行费协议(影子收费)。这意味着地方政府部门或私人部门可以利用自有资金对公

① 参见 NCPPP 官网,载 http://www.ncppp.org/resources/research-information/state-legislation/,最后访问日期:2017 年 10 月 12 日。

② 载 https://m.sohu.com/n/484459606/,最后访问日期:2017 年 10 月 12 日。

③ 参见王天义、韩志峰、李艳丽:《美国 PPP 之发展及对中国之启示》,载《重庆社会科学》2016 年第 10 期。

路进行改善,州政府根据使用公路的车辆数量给予偿还。三是签订综合开发协议(Comprehensive Development Agreements,CDA)。法律还允许使用综合开发协议采用设计——建造(Design—Build,DB)模式建设公路,综合开发协议包括项目设计、建设、融资、土地征用、公路运营和养护。

2. 各州 PPP 立法模式

(1)第一种情况是以 PPP 为名称的法案。根据现有检索资料,有 7 个州中的八部法案是专门规范 PPP 项目的,也就是说,其法案名称中含有公众(public)、私人(private)、合伙(partnership)三词,主要涉及交通设施方面的建设。具体列举:(1)哥伦比亚特区的《公私合作法案 2014》(Public-Private Partnership Act of 2014);(2)新罕布什尔州的《关于交通基础设施项目的公私合作以及建立公私合作型基础设施监督委员会》;(Relative to public-private partnerships for transportation infrastructure projects and establishing the public-private infrastructure oversight commission);(3)宾夕法尼亚州的《公私交通合作关系和相关取缔法》(Public-Private Transportation Partnerships and A Related Repeal Act);(4)田纳西州的《公私交通法 2016》(Public-Private Transportation Act of 2016);(5)犹他州的《道路管理公私合作法》(Public-Private Partnerships for Tollways Act);(6)弗吉尼亚州的《公私交通法 1995》和《公私教育设施和基础设施法 2002》(Public-Private Transportation Act of 1995, The Public-Private Education Facilities and Infrastructure Act of 2002);(7)西弗吉尼亚的《公私交通设施法》(Public-Private Transportation Facilities Act)。

(2)第二种情况是在州法典中以 PPP 为名单列一章或一节。这种立法模式虽然没有形成独立的 PPP 法律形式,但也是相对专门针对 PPP 项目进行了较为细致的规范。根据现有检索资料,有 5 个州的 7 部法律在某一章中对 PPP 项目进行了规范,也主要存在于交通设施有关的章节。

(3)第三种立法模式是条文分散立法。即 PPP 相关法条散见于法典一部分或多部分,没有形成一个完整的体系,根据现有检索资料,有 19 个州的 30 部法律对 PPP 项目进行了一定程度的规范,其涉及范围相对广泛,包括收费公路、高速公路、学校设施及其他基础设施的建设。大体涉及的 18 个州包括:阿拉巴马州、加利福尼亚州、科罗拉多州、哥伦比亚特区、弗罗里达州、佐治亚州、路易斯安那州、马萨诸塞州、密歇根州、明尼苏达州、内华达州、新泽西州、北卡罗来纳州、俄亥俄州、俄勒冈州、德克萨斯州、犹他州、华盛顿州、威斯康星州。

3. 经验与启示

美国受制于联邦体制,PPP 项目又大都集中在各州、郡、市等地方政府层面,所以它基本没有国家级顶层设计,包括立法、实施等主要交由地方政府自定,但它的全国性非政府组织或行业协会发挥着积极的作用。我国的国情和体制决定了两点:一是我们必须要有而且要努力搞好国家的顶层设计,包括 PPP 的国家统一立法和统一规制,中央政府及其有关部门统一高效的协调推进工作机制;二是要充分调动地方政府应用 PPP 模式的积极性,鼓励地方政府在规范有序基础上的创新发展。[①] 也就是说,兼顾中央顶层设计与地方自主权利是符合我国国情需要的 PPP 发展模式。

三、美国 PPP 争议解决机制

争议解决无非是协商、调解、诉讼、仲裁等常见机制和方式。

(一)行政程序与诉讼管辖

美国的 PPP 项目也同样都有政府参与,涉及基础设施和公共服务,需要遵循《公共采购法》,也都属于政府合同(订立与履行涉及公共利益,所以美国立法上将其设计为独立于普通民商事合同的特殊合同)的一种。因此,PPP 协议的争端解决与其他公共项目采购并无显着区别,当然更为复杂。政府合同在美国存在已有时日,美国已制定有法规规范政府合同的管理方式,要求合同中引入旨在将这种纠纷最小化的强制性条款(mandatory clauses)。从联邦层面来看,1978 年的美国《合同纠纷法》为大多数政府合同确立一个全面而系统的纠纷解决机制与流程。

1. 作为强制行政救济程序的政府契约官的决定

在该制度下,解决争议的第一个步骤必须是向契约官(contracting officer)[②]提出正式的请求(formal claim)。“请求”可定义为“缔约当事人之一根据其权利要求获得一定数额的金钱,或对合同条款进行变更或者解释,或得到来自或者与合同有关的其他救济的书面请求或书面主张”。[③] 所有请求必须包含说明该请求理由的必要情况和书面证据,包括根据合同条款约定获得赔偿

---

① 王天义、韩志峰、李艳丽:《美国 PPP 之发展及对中国之启示》,载《重庆社会科学》2016 年第 10 期。

② U. S. C. §7101—(6) Contracting officer—The term "contracting officer"—(A) means an individual who, by appointment in accordance with applicable regulations, has the authority to make and administer contracts and to make determinations and findings with respect to contracts; and (B) includes an authorized representative of the contracting officer, acting within the limits of the representative's authority.

③ FAR, Section 33.201.

的法律根据,以便契约官对该请求进行评价。缔约人所提出的书面请求还必须包括要求政府支付给金钱的具体数额,并提供支持这一数额的书面证据。对于超过100,000美元的请求必须用书面形式对其真实性提出证明,该证明应由缔约人的高级官员签署,证明的具体用语由法规做出规定。具体应当是:"我保证该请求的做出是出于善意和诚信;根据我的知识和信念,相关的支持数据是准确和完整的;所要求的数额准确反映了缔约人认为政府应负的合同责任;并且我有权代表缔约人来提出该索赔。"这一要求旨在防止缔约人提出虚假请求。最后,请求必须要求契约官对请求做出最终决定。

证明和向契约官提出请求要求其做出最终决定的程序属强制性要求,当事人必须穷尽该程序,缔约人不遵循这些程序,便不符合善意诚信原则,将丧失进一步请求行政复议(administrative review)或司法审查的权利。要求将请求首先向契约官提出基于两个重要方面的考虑:(1)政府合同的有序管理,使得请求能以法定方式提出,以便在管理合同的行政机关档案中创立完整的请求记录;(2)努力将请求在行政机关层面通过行政机关和缔约人的协商得以解决的考虑。

如果缔约人请求得不到解决,契约官必须做出承认或拒绝其请求的最后决定。请求低于100,000美元的,契约官应自请求提出后60日内作出决定;请求超过100,000美元的,缔约官或在60日内做出决定或通知缔约人将做出最后决定的期间,缔约官应考虑请求的复杂程度和缔约人提供的支持其请求的充分性基础上,在合理期间内作出决定,不能毫无限制地推迟作出决定的时间,在法定期间内不作出最后决定视为对缔约人请求的自动拒绝。

2. 向合同上诉委员会申诉(复议)或直接向联邦索赔法院提起诉讼

如果契约官全部或部分地拒绝了经正当证明的缔约人的请求,对此决定缔约人有权在90日内向设在行政机关内部的相应的合同上诉委员会(Board of Contract Appeals)这一行政裁判所提出申诉,①或在1年内向美国联邦索赔法院(U. S. Court of Federal Claims)提出诉讼,②合同上诉委员会和美国联邦索赔法院在解决政府合同请求方面有丰富经验,而且它们的决定都结集出版。因而,在美国已建立起来了相当充分的解释适用于政府合同的法律和法规的判例法,因为美国为普通法国家,这些判例为将来的案件创立了先例。美国联邦索赔法院对所有案件实行重新审理(de novo),这意味着缔约官所做出决定的事

① 41 U. S. C. § 7105.

② 41 U. S. C. § 7104(b). *Wilner v. United States*, 24 F. 3d 1397(Fed. Cir. 1994).

实认定在法院诉讼中不具有约束力。虽然合同上诉委员会和索赔法院的审查程序大多相似,但相比之下法院的审理程序比合同上诉委员会的审查显得更为正式,在合同上诉委员会审查中相关的政府律师可代表行政机关出庭,而在美国联邦索赔法院则平常由国家诉讼人司法部律师代表政府出庭应诉。

3. 向美国联邦巡回法院上诉

对合同上诉委员会和索赔法院的裁决不服,政府方(需经总检察长批准)或私人方都可以继续上诉至美国第13个联邦巡回法院——美国联邦巡回法院(U. S. Court of Appeals for the Federal Circuit),①上诉必须在合同上诉委员会和索赔法院做出裁决之日起60日内提出。美国联邦巡回法院通常只审查法律问题。② 对合同上诉委员会裁决不服提起的上诉算是对该委员会裁决的司法审查(judicial review)。

当然,上述程序是联邦层面的纠纷解决机制。实际上,美国绝大多数PPP项目是由州或县市政府主导采购,联邦提供资助并审批。涉及环保、劳工、破产等联邦问题的案件,必然是先在联邦地区审理。最近马里兰的紫线地铁PPP项目就是由联邦华盛顿特区地区法院受理,现在州政府在联邦上诉法院上诉。这是因为联邦法院有法定的司法管辖权范围。即在民事领域内,联邦法院审理以合众国为一方当事人,涉及"联邦性质问题",以及发生在不同州的公民之间而且有管辖权争议的案件。州法院的管辖权则比较广泛。按照美国《宪法》的规定,凡是法律没有明确授予联邦法院的司法管辖权,都属于州法院。在实践中,绝大多数刑事案件和民事案件都是由各州法院审理的。其他合同争议,可能会在州地区法院审理。事实上,很多PPP合同规定了诉讼受理庭及法律适用、调解、仲裁或其他ADR在政府采购合同很常见。PPP合同中通常包含争端解决方法和流程。

(二)关于仲裁

PPP协议等政府合同可以约定仲裁。可以是事前的仲裁条款,也可以是事后的仲裁协议。美国PPP项目采用仲裁作为纠纷解决的基本方式是比较普遍的。相比诉讼而言,在美国进行仲裁效率更高、灵活性更大,双方当事人支付的费用也较低。此外,仲裁对纠纷各方信息以及项目内容及证据的保密性较强。由于PPP项目一般涉及基础设施领域较为复杂的大型项目,争端方可以选择

---

① 41 U. S. C. § 7107(a).

② Daniel J. Mitterhoff:《建构政府合同制度——以美国模式为例》,杨伟东、刘秀华译,载《行政法学研究》2000年第4期。

相关领域的专家作为仲裁员组成仲裁庭,以保证仲裁庭有充分的专业知识对争端进行公平裁定。当仲裁程序符合规定且无重大瑕疵时,美国法律认可仲裁的终局效力,相关法院会强制执行仲裁裁定。①

美国《合同纠纷解决法》《联邦采购法》和美国《法典》第7103条等多部法律,也对政府合同中采用仲裁等ADR方式进行了明确规定。并将仲裁与合同上诉委员会的申诉和法院的诉讼加以并列,由当事人自己选择。② 并且,越来越多的法律法规开始以各种方式鼓励发生纠纷后全程都尽量采用ADR这样效率高、成本低的争议解决方式。当事人依法在政府采购或PPP操作指南③或政府合同文本中约定运用仲裁等非诉争议解决方式也日益普遍。

中国法律界对PPP合同能否仲裁有不同意见。行政法学界往往否定PPP协议的可仲裁性,但民商法学界和主流实务界持赞同观点。好在我国财政部发布的《PPP项目合同指南(试行)》第20节和国家发改委发布的《政府和社会资本合作项目通用合同指南》(2014年版)第73条,均提出将相关争议可提交仲裁或诉讼的示范条款。而国务院2017年公布的《基础设施和公共服务领域政府和社会资本合作条例(征求意见稿)》也在第40条承认PPP项目履行争议的仲裁:因合作项目协议履行发生的争议,可以依法申请仲裁或者向人民法院提起诉讼。由此,PPP协议可仲裁性的观点成为法律界的主流声音。

---

① 傅宏宇:《美国PPP法律问题研究——对赴美投资的影响以及我国的立法借鉴》,载《财政研究》2015年第12期。

② 参见Brocher的政府合同仲裁文:The analogy of the Contract Settement Act would require an initial decision by the contracting agency, followed by (1) appeal by the contractor to a special Appeal Board, (2) suit by the contractor in any appropriate court, or (3) arbitration by agreement of both parties. Contractors would be relieved from con…

③ 如FAR的33.214:Alternative dispute resolution (ADR) - (g) Binding arbitration, as an ADR procedure, may be agreed to only as specified in agency guidelines. Such guidelines shall provide advice on the appropriate use of binding arbitration and when an agency has authority to settle an issue in controversy through binding arbitration.

债券违约了怎么办？

——论债券持有人在中国法下的司法救济

陈　胜[*]　沈　迪[**]

一、债券违约事件的宏观特征与共性问题

（一）债券违约事件的宏观特征

发行债券与申请银行授信贷款虽同属于债务性融资方式，但发行债券涉及的债券持有人数量众多，且债券发行后可根据其分类在证券交易所、全国中小企业股份转让系统或者银行间债券市场流通，故风险控制与违约处理显得尤为重要，否则违约事件有酿成集体性事件之虞，不利于社会与金融市场的稳定。

（二）债券违约事件中的共性问题

1. 监管主体不一致

我国债券市场的监管主体，以行政监管和自律监管为划分依据，主要包括中国证券监督管理委员会、发展与改革委员会、中国人民银行、沪深交易所、银行间市场交易商协会、证券业协会等。因债券市场监管主体不一，债券违约的基础性规制不足，故而难以根据现有的法律法规明确统一的违约处置思路。

2. 承销商的多重身份存在利益冲突

在实践中，债券承销商最多有三重身份：第一，接

* 复旦大学经济学院博士后，金杜律师事务所合伙人。

** 金杜律师事务所律师。

受债券发行人的委托作为债券承销商;第二,若承销商认为债券值得投资或采取余额包销的模式,则会购买自己承销的债券,这种情况下承销商亦是债券持有人;第三,根据我国《公司债券受托管理人执业行为准则》第七条的规定,受托管理人应当为协会会员。以下机构可以担任受托管理人:(一)本次发行公司债券的承销机构……因此承销商可能亦是债券持有人的受托管理人。

在承销商兼顾多重身份的情况下,承销商与债券发行人的联系相较其他债券持有人而言更为紧密,能较早意识到发行人的危机,但此时承销商是否会第一时间采取措施,以保障其他债券持有人的利益?债券违约案件中的情况可能更为复杂,比如,银行作为债券的承销商或受托管理人的同时,债券发行人亦为银行的授信客户,那么银行是会选择第一时间采取措施保全债券持有人的利益,还是优先考虑银行对发行人授信贷款的安全性?现行中国法下,尚无有效的信息隔离机制,无法防止银行作为理性经济主体,选择利己的操作方式。

此外,承销商在向发行人履行相应的承销义务时,还要受发行人的聘请,根据债券受托管理协议的约定,勤勉尽责地维护债券持有人的利益。该等情况下,承销商是否可以同时"恰当得履行"多种责任?多重身份导致的利益冲突在此时尤为明显。①

3. 债券契约没有交叉违约条款

债券契约对债券整个运行过程中的风险控制至关重要,具有约束债权、债务人之间行为的作用,即债务人应根据债券契约的约定履行兑付义务。境外债券或者衍生品交易中,双方契约中会设计交叉违约条款,该条款主要内容为:合同项下的债务人或合同约定的其他主体(如债务人的关联方)在其他贷款合同项下出现约定的违约情况,或者相关主体出现其他可以被视为违约的情况(如设定起点金额用以确认是否构成交叉违约),会被视为对本合同的违约。

由于目前境内的债券契约中多数没有交叉违约条款,债券持有人在发现债务人在其他合同项下违约或者发生了可能导致违约的情形时,第一时间寻求有效司法救济略有难度。② 然而,对于债券持有人来说,能在第一时间寻求有效司法救济是后续能获得最大经济利益的重要途径,故债券持有人需要通过其他方式依法寻求司法救济。

---

① 参见陈思阳、王明吉:《经济新常态下企业债券违约研究》,载《财会通讯》2017 年第 29 期。

② 参见王海全、黄滨姚、林华:《我国债券市场违约与债券投资者权益保护问题探析》,载《新金融》2016 年第 10 期。

二、债券违约纠纷中的程序问题

(一)债券违约纠纷中的管辖法院

债券契约应以《募集说明书》为核心,同时包括《受托管理协议》等,并以法律法规的其他要求作为当然条款。

依《募集说明书》提起的债券违约纠纷属于合同纠纷,若《募集说明书》不存在有效协议管辖,应依据我国《民事诉讼法》第23条规定:"因合同纠纷提起的诉讼,由被告住所地或者合同履行地人民法院管辖。"

对于合同履行地点没有约定或约定不明的情况下,应当依据最高人民法院《关于适用〈中华人民共和国民事诉讼法〉的解释》第18条第2款规定:"合同对履行地点没有约定或者约定不明确,争议标的为给付货币的,接收货币一方所在地为合同履行地……"由接受货币一方,即债券持有人所在地法院管辖。

(二)债券违约纠纷中的诉讼主体

1. 债券持有人提起诉讼

根据《募集说明书》以及相关监管法规中针对债券持有人与受托管理人之间关系的表述,笔者认为,债券持有人与受托管理人之间系委托代理关系。我国《民法通则》第63条规定:"代理人在代理权限内,以被代理人的名义实施民事法律行为。被代理人对代理人的代理行为,承担民事责任",故受托管理人代债券持有人实施的债券管理行为,由债券持有人承担民事责任。

我国《民事诉讼法》第119条规定:"起诉必须符合下列条件:(一)原告是与本案有直接利害关系的公民、法人和其他组织……"基于上述规定,若债券持有人直接通过认购、受让等方式取得并持有债券的,债券持有人与发行人存在债权债务关系,当然享有诉权,故债券持有人是债券违约纠纷的适格原告。

在实践中,债券由某理财产品账户购买的情况非常多见,在该情况下,该理财产品的发行人是否为适格原告存在争议。

笔者理解,通过理财产品账户购买的情况中,理财产品购买人为委托人,理财产品发行人为受托人,委托进行资产管理。资产管理业务一般是指受托人接受委托人的书面委托,依照法律规定与合同约定,运用委托资产进行投资活动。

若将其认定为委托关系,则受托人的被授权范围受到法律规定与合同约定的约束,受托人需以委托人的名义实施受托行为。若将其认定为信托关系,受托人必须以自己的名义实施受托行为且不受委托人干预,可参照我国《证券投资基金法》第19条第11项规定的"基金管理人应当以基金管理人名义,代表基金份额持有人利益行使诉讼权利或者实施其他法律行为",主张理财产品发行人为债券违约纠纷的适格原告。

2. 受托管理人提起诉讼

《公司债券受托管理人执业行为准则》第二十一条规定:“发行人不能偿还债务时,受托管理人应当督促发行人、增信机构和其他具有偿付义务的机构等落实相应的偿债措施,并可以接受全部或部分债券持有人的委托,以自己名义代表债券持有人提起民事诉讼、参与重组或者破产的法律程序。”

笔者理解,受托管理人在接受全部或部分债券持有人委托的情况下,可以自己的名义代表债券持有人提起诉讼。司法实践也已经认可由受托管理人提起诉讼的模式。

在实践中,由受托管理人代为提起诉讼有利有弊。一般情况下,受托管理人对于发行人更为了解,且该模式下,债券持有人与其他债券持有人能进行更多沟通,便于获取案件信息。[①] 此外,虽然在中国法下不存在集体诉讼,但由受托管理人一并提起诉讼时能集合各方优势,促使法院和相关机构谨慎处理案件。但是,受托管理人代为提起诉讼也存在一定弊端,例如,(1)受托管理人接受多方委托,决策进程缓慢;如在实践中,经常会有通过债券持有人大会进行委托决议的情况,然而债券持有人会议的触发条件却规定不够详细,导致实际操作中不易把握,决策进程缓慢。(2)由于法院受理的此类案件相对于一般诉讼涉及金额、相关方更多,影响更大,案件的审理进程也会比较慢。(3)每一个债券持有人对于案件整体的控制程度较低等。

所以,笔者认为,当债券持有人面对债券违约或者债券预期违约时,需结合债券发行人的情况、时间进程、《募集说明书》等因素进行具体分析并作出以何种方式进行诉讼的决策。

三、债券违约纠纷中的实体问题

(一)请求权基础

1. 信息披露义务的履行

一般情况下,《募集说明书》对发行人的信息披露义务均有较为明确的约定,包括信息披露的具体内容和信息披露的方式,比如,在完成本次私募债券各期发行登记后3个工作日内,披露本次私募债券各期发行的实际发行规模、利率、期限以及《募集说明书》等文件;发行人将在出现下列情形之一的5个工作日内通过证券交易所网站专区或证券交易所认可的其他方式向债券持有人定

① 参见冯果、段丙华:《债券违约处置的法治逻辑》,载《法律适用》2017年第7期。

向披露：发行人发生未能清偿到期债务的违约情况；发行人新增借款或对外提供担保超过上年末净资产20%；发行人涉及重大诉讼、仲裁事项或受到重大行政处罚等。除此之外，发行人还应当根据相关监管部门发布的业务指引、管理办法等规定履行信息披露义务。

债券持有人认为，发行人可能发生违约的依据多数属于上述信息披露内容条款列示的情况内，比较多见的包括“发生未能清偿到期债务的情况”“高级管理人员涉及重大民事或刑事诉讼，或已就重大经济事件接受有关部门调查”“涉及需要澄清的市场传闻”“经营方式发生重大变化”等。

《募集说明书》的违约责任和投资者保护机制部分常有如下约定：“发行人应按照相关法律法规的要求和本募集说明书的约定及时披露信息，并保证所披露信息的真实性、准确性和完整性。如果由于发行人未披露、未及时披露或信息披露存在瑕疵而造成投资者实际损失，视为发行人违约。”债券持有人可以该条款为依据，提起违约之诉。

笔者认为，信息披露义务履行瑕疵并非根本违约，并不必然影响债权人投资收益，并非债券发行人于持有到期日发生实质上的给付不能，故依据信息披露义务履行瑕疵为由提起违约之诉存在的问题在于违约损害赔偿的确定，根据我国《民法通则》第112条第1款规定：“当事人一方违反合同的赔偿责任，应当相当于另一方因此受到的损失”，当发行人履行信息披露义务存在瑕疵时，债券持有人证明自身损失与履行瑕疵之间的因果关系存在难度，故违约赔偿金额难以确定。

若债券持有人并非依据《募集说明书》提起违约之诉，而是基于信息披露瑕疵提起侵权之诉，则需要对债券发行人的过错、过错与最终损失之间的因果关系进行证明，举证难度依旧较高。

2. 主张构成预期违约

笔者理解，债券持有人在债券实际不能兑付之前可能就会发现债券存在不能兑付的可能性，此时，债券持有人是否可以依据我国《合同法》第108条提起预期违约诉讼？预期违约的概念来源于英美法，中国法对于预期违约的规定整体比较散乱，也存在不少法律空白，实践中法院对于预期违约的认定标准相对从严。

我国《合同法》第108条规定：“当事人一方明确表示或者以自己的行为表明不履行合同义务的，对方可以在履行期限届满之前要求其承担违约责任。”根据上述规定可知，预期违约可以分为默示违约与明示违约两种情况。

根据最高人民法院《印发〈关于当前形势下审理民商事合同纠纷案件若干

问题的指导意见〉的通知》第17条[①]传达的精神，笔者认为，排除一些特殊情况，法院在判定默示预期违约时，会将要求对方提供担保作为判断默示预期违约成立的要件之一。

基于上述假设，后续案件审理过程中的主要焦点涉及：(1)请求担保通知的举证问题，若债券发行人以没有收到债券持有人发出的请求担保的通知为由提出抗辩，债券持有人需对其发出通知的行为进行举证；(2)对于债券持有人设定期限要求发行人提供担保的，此期限的合理性也需根据具体情况进行判断；(3)担保适当性的确认，根据我国《担保法》中的担保模式主要为：保证、留置、抵押、质押等，此处提供的担保是否即为我国《担保法》中的担保模式？还是应当仅仅是一种"履行保证"？笔者认为应当以是否可以消除对方预期违约疑虑为主要考虑因素，进行担保适当性的判断。

若在案件审理过程中，发行人实际发生违约，债券持有人或代为提起诉讼的受托管理人可将请求权基础变更为债券未能依约到期兑付的违约赔偿请求权。

3. 不安抗辩请求权

若债券发行人拟通过不安抗辩请求权维护自身权益，是否可行？我国《合同法》第68条规定："应当先履行债务的当事人，有确切证据证明对方有下列情形之一的，可以中止履行：（一）经营状况严重恶化；（二）转移财产、抽逃资金，以逃避债务；（三）丧失商业信誉；（四）有丧失或者可能丧失履行债务能力的其他情形。当事人没有确切证据中止履行的，应当承担违约责任。"债券违约事件中，债券持有人往往已经履行支付债券认购金额的义务，故适用不安抗辩请求权维护自身权益的难度较大。

（二）债券违约纠纷中其他主体的责任承担

1. 承销商责任

(1)因债券发行人到期无法兑付要求承销商承担责任。以承销商是否承诺余额包销分为两种情况，若承销商仅承销，则承销商与发行人之间为委托代

---

① 敦促诚信的合同一方当事人及时保全证据、有效保护权利人的正当合法权益，对于一方当事人已经履行全部交付义务，虽然约定的价款期限尚未到期，但其诉请付款方支付未到期价款的，如果有确切证据证明付款方明确表示不履行给付价款义务，或者付款方被吊销营业执照、被注销、被有关部门撤销、处于歇业状态，或者付款方转移财产、抽逃资金以逃避债务，或者付款方丧失商业信誉，以及付款方以自己的行为表明不履行给付价款义务的其他情形的，除非付款方已经提供适当的担保，人民法院可以根据合同法第六十八条第一款、第六十九条、第九十四条第（二）项、第一百零八条、第一百六十七条等规定精神，判令付款期限已到期或者加速到期。

理关系；若承销商买入未销售债券，则承销商与发行人之间除了委托代理关系，还存在债券买卖关系。受托人从事代理活动的法律后果由委托人承担，因此，发行人无法兑付债券应由发行人承担责任，债券持有人较难据此追究承销商的责任。

（2）因承销商履行法定义务存在瑕疵要求其承担责任。债券承销商的责任在我国《证券法》《证券公司监督管理条例》《证券发行与承销管理办法》《上海证券交易所中小企业私募债券业务试点办法》《上海证券交易所中小企业私募债券业务指引（试行）》，上海证券交易所《中小企业私募债券备案工作提示》《证券公司开展中小企业私募债券承销业务试点办法》等法律法规中均有规定，可分为发行、承销、推介、内部调查、信息披露、合格投资者认定等几个阶段。

第一，承销商尽职调查存在过错

债券承销过程中，承销商与发行人签订承销合同，与发行人之间存在委托代理关系，而承销商与债券持有人没有合同关系，故对于承销商在尽职调查中的过错，投资者往往会提起侵权诉讼。法院会从承销商的行为是否违法、是否有过错、投资者是否有损失以及承销商的行为与投资者的损失之间是否有因果关系等方面进行审理。如果承销商与发行人共同侵权，则可能承担连带责任。债券承销过程中，承销商的尽职调查一般留有较为完善的底稿；此外，在司法实践中，债券持有人若要举证承销商的尽职调查行为存在过错且与债券最终损失之间存在因果关系，举证难度较大。

第二，信息披露义务履行瑕疵

我国《证券法》第69条规定："若发行人、上市公司公告的招股说明书、公司债券募集办法、财务会计报告等信息披露资料有虚假记载、误导性陈述或者重大遗漏，致使投资者在证券交易中遭受损失，承销商应与发行人承担连带赔偿责任，除非其能证明自己无过错。在履行披露义务方面，若承销商能够证明自己对发行人的错误、误导和遗漏信息披露无过错，则不承担信息披露错误的连带责任。"债券持有人是否可以依据上述规定，要求承销商承担连带赔偿责任？

对于这个问题，需要明确的是：非公开发行的债券是否均适用我国《证券法》。《证券法》第2条①规定,"股票、公司债券和国务院认定的其他证券的发行和交易适用本法",笔者认为,该条款表达的意思是:债券发行无论是公开发行还是非公开发行,均应当适用《证券法》;然而,全国人大法工委编撰的《证券法》第69条、②第193条③法律释义,使用了"社会公众""公开发行"等词语,表明对于非公开发行的债券应当不落入《证券法》第69条关于信息披露义务的规定。由此,笔者认为,我国《证券法》并未明确非公开发行债券是否适用《证

---

① 《证券法》第2条规定:"在中华人民共和国境内,股票、公司债券和国务院依法认定的其他证券的发行和交易,适用本法;本法未规定的,适用《中华人民共和国公司法》和其他法律、行政法规的规定。政府债券、证券投资基金份额的上市交易,适用本法;其他法律、行政法规有特别规定的,适用其规定。证券衍生品种发行、交易的管理办法,由国务院依照本法的原则规定。"

② 《证券法》第69条"违反信息披露义务的法律责任"规定:"发行人、上市公司公告的招股说明书、公司债券募集办法、财务会计报告、上市报告文件、年度报告、中期报告、临时报告以及其他信息披露资料,有虚假记载、误导性陈述或者重大遗漏,致使投资者在证券交易中遭受损失的,发行人、上市公司应当承担赔偿责任;发行人、上市公司的董事、监事、高级管理人员和其他直接责任人员以及保荐人、承销的证券公司,应当与发行人、上市公司承担连带赔偿责任,但是能够证明自己没有过错的除外;发行人、上市公司的控股股东、实际控制人有过错的,应当与发行人、上市公司承担连带赔偿责任。"释义:根据本法规定,发行人、上市公司公告的招股说明书、公司债券募集办法、财务会计报告、上市报告文件、年度报告、中期报告、临时报告以及其他信息披露资料必须真实、准确、完整。如果存在虚假记载、误导性陈述或者重大遗漏,社会公众得到的信息就不真实、不完整或者会被该信息误导,并在此基础上作出错误的判断。这种错误的判断就将导致投资者在不适当的时候或者以不适当的价格买进或者卖出证券,从而在证券交易中遭受损失。证券承销是指证券机构根据承销协议,协助证券发行人推销其所发行的证券的行为。承销的证券公司在协助证券发行人推销其所发行的证券时,同样应当对公开发行募集文件的真实性、准确性、完整性进行核查,发现有虚假记载、误导性或者重大遗漏的,不得进行销售活动,已经销售的,必须立即停止销售活动,并采取纠正措施。如果信息披露资料有虚假记载、误导性陈述或者有重大遗漏的,应当与发行人、上市公司承担连带赔偿责任,但是能够证明自己没有过错的除外。

③ 《证券法》第193条"违反披露义务的处罚"规定:"发行人、上市公司或者其他信息披露义务人未按照规定披露信息,或者所披露的信息有虚假记载、误导性陈述或者重大遗漏的,责令改正,给予警告,并处以三十万元以上六十万元以下的罚款。对直接负责的主管人员和其他直接责任人员给予警告,并处以三万元以上三十万元以下的罚款。发行人、上市公司或者其他信息披露义务人未按照规定报送有关报告,或者报送的报告有虚假记载、误导性陈述或者重大遗漏的,责令改正,给予警告,并处以三十万元以上六十万元以下的罚款。对直接负责的主管人员和其他直接责任人员给予警告,并处以三万元以上三十万元以下的罚款。发行人、上市公司或者其他信息披露义务人的控股股东、实际控制人指使从事前两款违法行为的,依照前两款的规定处罚。"释义:根据本法有关规定,经国务院证券监督管理机构核准依法公开发行股票,或者经国务院授权的部门核准依法公开发行公司债券,应当公告招股说明书、公司债券募集办法。依法公开发行新股或者公司债券的,还应当公告财务会计报告。发行人、上市公司依法披露的信息,必须真实、准确、完整,不得有虚假记载、误导性陈述或者重大遗漏。为证券发行出具有关文件的证券服务机构和人员,必须严格履行法定职责,保证其所出具文件的真实性、准确性和完整性。这是对发行人、上市公司和其他信息披露义务人必须承担的最基本的信息披露义务的规定。

券法》第69条。

在业务实践中，承销商对于发行人法定的披露义务都会履行必要的审查手续，最终确定承销商存在过错并要求其承担连带责任的情况非常罕见。比如，浙江省宁波市中级人民法院于2017年4月进行一审判决的“吉林环城农村商业银行股份有限公司与被告春和集团有限公司、梁某甲、梁某乙、东海证券股份有限公司公司债券交易纠纷”案件中，吉林环城农村银行主张东海证券披露信息不实，未尽谨慎义务，应对春和公司的债务承担连带责任。法院根据中国人民银行发布的《银行间债券市场非金融企业债务融资工具管理办法》第七条规定：“企业发行债务融资工具应在银行间债券市场披露信息”；第十条规定：“为债务融资工具提供服务的承销机构、信用评级机构、注册会计师、律师等专业机构和人员应勤勉尽责，严格遵守职业规范和职业道德，按规定和约定履行义务。上述专业机构和人员所出具的文件含有虚假记载、误导性陈述和重大遗漏的，应当就其负有责任的部分承担相应的法律责任”，并结合该办法第十一条规定：债务融资工具的投资者应对披露信息进行独立分析，独立判断债务融资工具的投资价值，自行承担投资风险。认为东海证券作为中介机构，除与吉林环城农村银行签订分销协议外，未出具其他报告，也未提供专业意见。从分销协议内容看，并无虚假记载、误导性陈述，也无重大遗漏，故而吉林环城农村银行主张东海证券披露信息不实，要求其承担连带责任的请求，无事实和法律依据，法院难以支持。

2. 债券发行人之股东责任

债券买卖合同关系建立在发行人和投资人之间，根据合同相对性原则，对于不能兑付到期债券的责任应当由发行人承担，控股股东和实际控制人对此一般不承担责任，除非出现以下情况：(1)人格混同：若发行人与股东或关联公司存在人格混同，即人员混同、财产混同或业务混同等，股东或关联公司应就发行人的相关债务承担连带责任；(2)股东出资不实：若股东未实际履行出资义务或未完全履行出资义务，则应在未履行出资义务的范围内与发行人向债权人共同承担赔偿责任；(3)债务加入或担保：控股股东、实际控制人就债务出具担保函或者明示愿意加入债务的承担；(4)代位权：发行人对股东有到期债权却怠于行使，投资人作为发行人的债权人，可以替代发行人起诉发行人的股东，要求发行人的股东偿还到期债务。

四、结语

随着经济下行的压力加大以及供给侧结构性改革的推进，债券违约事件的发生将不可避免地成为债券市场的"常态化"现象。债券持有人在面对债券违约或可能违约的境况下,应充分评估风险,有效利用合法渠道、选择切实有效的处置措施,以保障自身经济利益的最终实现。

基础设施公私合作(PPP)项目债权人的介入权:经济实质 vs. 法律 vs. 合同

楼建波*

基础设施和公共服务领域政府和社会资本合作(PPP),是指政府采用竞争性方式选择社会资本方,双方订立协议明确各自的权利和义务,由社会资本方负责基础设施和公共服务项目的投资、建设、运营,并通过使用者付费、政府付费、政府提供补助等方式获得合理收益的活动。① PPP 模式引入我国后,一直受到政策的支持和舆论的追捧,但其落地率不高的问题也引发了人们的担忧。② PPP 项目落地率不高的原因有很多,

---

* 北京大学法学院副教授。

① 《基础设施和公共服务领域政府和社会资本合作条例(征求意见稿)》第 2 条。载中国政府法制信息网:http://zqyj. chinalaw. gov. cn/readmore? listType = 1&id = 1984,最后访问日期:2017 年 11 月 20 日。

② PPP 项目落地率指执行和移交两个阶段项目数之和与识别、准备、采购、执行、移交 5 个阶段项目数总和的比值。随着国家相关政策的陆续出台和大力推广,作为我国重要的供给侧结构性改革措施之一,PPP 无疑正在发挥着积极的牵引作用。然而,随着模式的深入推广应用,效果不够理想、回报机制不够明确、政策体系不够完善等一系列问题也随之出现,其中项目落地率低的问题一直较为突出。财政部 PPP 中心公布的《全国 PPP 综合信息平台项目库第 6 期季报》显示,截至 2017 年第一季度,PPP 全国入库项目共计 12, 287 个,累计投资额 14. 6 万亿元,其中,已签约落地项目 1729 个,投资额为 2. 9 万亿元,落地率为 34. 5%。参见《谨防 PPP 模式变味》,载《证券日报》2017 年 5 月 25 日,载新浪财经:http://finance. sina. com. cn/roll/2017 - 05 - 25/doc-ifyfqqyh8242733. shtml,最后访问日期:2017 年 11 月 20 日。

但法律的不健全,无疑是阻碍 PPP 发展的一个重要因素。① PPP 项目涉及基础设施建设、项目融资和项目管理,与此相关的法律很多,笔者在本文仅对 PPP 项目债权人的介入权从民商法的角度进行定性,讨论其在现行法下的性质及合理构造问题。

融资是 PPP 项目成功的关键。② 在大部分基础设施和公共服务领域的 PPP 项目中,项目资本金一般只占项目总投资的 20% ~30% 左右,甚至更低。③ 介入权(step-in rights)正是为 PPP 项目提供非股权资金的银行债权人为保护自己的利益而在一般担保方式之上设定的权利保障机制,往往在 PPP 项目债权人与项目公司之间的合同中规定。④ 国内目前对于介入权制度问题的研究主要从建设工程领域和经济学领域入手,法学界对介入权的研究主要集中在政府介入权方面,对债权人介入权问题则鲜有涉及。⑤

除引言和结语外,本文分三个部分。第一部分,是对基础设施公私合作模式中的 PPP 项目债权人介入权的概述。笔者在介绍其内涵和外延后,提出 PPP 项目债权人介入权的经济实质是债权人通过对项目资产的直接控制来保障债权人,但与我国仅在 PPP 项目主协议或融资合同中对 PPP 项目债权人介入权做经济实质层面的约定不同,国外实践中强调 PPP 项目债权人通过与 PPP 项目的各主要参与人签订直接协议约定具体的介入方式。第二部分,笔者从比较法的角度,对美国、英国、法国法下 PPP 项目债权人介入权的法律解释进行了介绍、概括与评价,发现各国对 PPP 项目债权人介入权的法律解释多着眼于合同法,而且以实现介入权的可强制性为目标。更重要的是,虽然各国法律的缺

---

① 《"无法可依"PPP 落地率不足 10%》,载网易新闻:http://news. 163. com/16/0823/00/BV4592S600014AED. html,最后访问日期:2017 年 11 月 20 日。

② 参见吕汉阳:《PPP 模式全流程指导与案例分析》,中国法制出版社 2016 年版,第102 页。

③ 国务院《关于调整和完善固定资产投资项目资本金制度的通知》(国发〔2015〕51 号)规定,一、各行业固定资产投资项目的最低资本金比例,其中最低的为 20%(城市轨道交通项目,铁路、公路项目,保障性住房和普通商品住房项目,玉米深加工项目),最高的为 40%(钢铁、电解铝项目),其他的 25%、30% 和 35% 不等。可见,基础设施和公共服务领域的项目资本金只需占投资总额的 20%。该通知进一步规定城市地下综合管廊、城市停车场项目,以及经国务院批准的核电站等重大建设项目,可以在规定最低资本金比例基础上适当降低。

④ 参见[英]达霖·格里姆赛、[澳]莫文·K. 刘易斯:《PPP 革命——公共服务中的政府和社会资本合作》,济邦咨询公司译,中国人民大学出版社 2016 年版,第 125 页。

⑤ 参见刘绍娟:《PPP 模式在林业生态工程建设项目中的应用探讨》,载《林业建设》2015 年第 6 期;参见李凤杰:《浅谈 PPP 模式在公路工程基础设施建设的应用》,载《经济管理者》2016 年第 12 期;参见李以所:《公私合作伙伴关系(PPP)的经济性研究——基于德国经验的分析》,载《兰州学刊》2012 年第 6 期。

省规则都能从某种程度上构造出债权人的介入权,但这些缺省规则都离不开当事人间直接协议的补充和完善。第三部分,则以我国现行法律为蓝本,在借鉴国外经验的基础上,建议在法律上尽量把《合同法》作为介入权的基础,把介入权的经济实质翻译成法律语言;并在指出《合同法》上的缺省规则的不足后,建议在 PPP 项目主协议和融资协议规定介入权外,应鼓励 PPP 项目债权人通过直接协议规定其对不同项目合同的介入权。

需要说明的是,笔者在本文用 PPP 项目债权人指代向 PPP 项目提供融资的银行或其他金融机构,这也是许多官方文件中的提法。

一、PPP 项目债权人介入权的经济实质及法律解释上的困难

(一)PPP 项目债权人介入权的内涵和外延:经济实质的描述 vs 权利义务的细化

财政部 2014 年 11 月 29 日发布的《政府和社会资本合作模式操作指南(试行)》(财金〔2014〕113 号)第 24 条对债权人介入权做了如下规定:“当 PPP 项目出现重大经营或财务风险威胁或侵害债权人利益时,债权人可依据与项目公司签订的直接介入协议或条款,要求社会资本或项目公司改善管理。”之后,财政部于 2014 年 12 月 30 日在其公布的《关于规范政府和社会资本合作合同管理工作的通知》(财金〔2014〕156 号)中以附件的形式公布了《PPP 项目合同指南(试行)》;国家发展和改革委员会于 2014 年 12 月 2 日在其公布的《关于开展政府和社会资本合作的指导意见》(发改投资〔2014〕2724 号)则以附件的形式公布了《政府和社会资本合作项目通用合同指南(2014 年版)》。[①] 其中财政部的《PPP 项目合同指南(试行)》第二章第五节“二(二)”把介入权定义为“在发生 PPP 项目公司违约事件且项目公司无法在约定期限内补救导致项目出现重大经营或财务风险时,债权人可以根据协议约定或自行委托第三方在项目提前终止前对项目进行干预”的权利。从实践中的合同来看,我国的 PPP 合同中规定的介入权多为直接介入权,例如,网上可以查到的《沛县供水 PPP 项目合同(草案)》[②]的第 11. 5. 1 条就规定“当乙方存在第 35 条款的违约行为,可能导

---

① 关于这两份指南的性质、作用及使用中的注意事项,参见《两部委两份 PPP 项目合同指南的区别与联系》,载中国政府采购网:http://www. ccgp. gov. cn/ppp/zcjd/201606/t20160612_6885952. htm,最后访问日期:2017 年 11 月 20 日。

② 《沛县供水 PPP 项目合同(草案)》,该合同甲方是沛县水利局,乙方是成都市兴蓉环境股份有限公司,载中国政府采购网:http://jz. docin. com/p-1748162198. html,最后访问日期:2017 年 11 月20 日。

致本合同提前终止且乙方未能在约定期限内纠正和补救时,本项目融资方有权根据需要行使直接介入权,包括直接或间接指定甲方认可的合格机构参与本项目的管理、接管本项目全部或部分管理权、或者提请甲方启动临时接管机制,乙方纠正和补救了违约行为的,融资方应停止行使介入权。”

从上述定义来看,我国 PPP 项目中的介入权与国外通行的介入权在经济实质上并无区别。例如,英国 PFI/PPP 合同指南就指出:“债权人拥有债务不得清偿的总体风险。为了应对这种风险赋予其介入权,允许债权人接管失败的项目,或引进能够满足公共部门需求的其他社会资本方。”[①]

但是,与我国仅在 PPP 项目主协议和融资协议中对 PPP 项目债权人介入权做经济实质上的描述不同,国外实务中,债权人的介入权往往还在债权人与 PPP 项目的主要当事人,包括社会资本方、项目公司、工程承包人及次承包人直接订立的合同中约定。[②] 这种直接协议往往会约定:[③](1)债权人有权在“补救期”(cure period)(在项目公司的违约补救期之外允许债权人对项目公司的违约行为进行补救的期限)内,对项目公司的违约行为进行补救,以避免项目公司的合同因其违约而被终止。该补救期的期限因足以使债权人采取行动解决问题。(2)债权人有权在“补救期”内“介入”合同。换言之,债权人可以指定一家公司与项目公司同时行使项目公司的权利,或接管项目公司的权利。(3)债权人通常不会因为介入或接管项目公司而承担额外的责任,除非它自己而非指定其他公司行使介入权。(4)项目公司承诺不妨碍债权人行使其介入或接管的权利。

相关文献据此把债权人的介入概括为以下三个方面:[④]

其一,代为履行的权利,即“对项目公司违反任一项目文件下的义务的行为进行补救的权利”。[⑤] 通过代为履行对项目公司的违约行为进行补救是程度

---

① Hm Treasury,“PFI:meeting the investment challenge”,2003,Accessed Nov. 20,2017. http://www.hm-treasury.gov.uk/media/F/7/PFI_604a.pdf.

② 在英国的 PPP/PFI 实践中,这种直接协议常采取三方协议的方式,由政府、项目公司和债权人签订。Tim C. Meaney,DZ Bank,“PPP Project Financing:The Role of Direct Agreements in a PPP Project 3”(Sept. 20,2005),Accessed Nov. 22,2017. http://www.eu.gov.hk/english/cmps/cmps_20050930.html.

③ E. R. Yescombe,*Principles of Project Finance*(2d. ed.),Elsevier Inc. 2014,p. 195.

④ 本部分主要参考了 Jeffery Delmon,*Private Sector Investment in Infrastructure:Project Finance,PPP Projects and Risk*(2nd ed.),Kluwer Law International 2009,p. 81 及以下。

⑤ Jeffery Delmon,*Private Sector Investment in Infrastructure:Project Finance,PPP Projects and Risk*(2nd ed.),Kluwer Law International 2009,p. 82.

最轻的介入,对债权人而言风险也最低。一些学者甚至认为其不构成真正的介入。[①] 实践中债权人只对项目公司违反金钱债务的违约行为(例如,项目公司未能按期支付工程款)进行代为履行的补救。[②] 当然,债权人在决定是否仅代为履行前必须确定项目公司除违反金钱债务外,没有其他违约的行为,也不存在潜在的可能导致项目公司合同终止的违约可能。[③] 否则,债权人就要考虑程度更深的介入了。

其二,传统意义上的介入权,即狭义的介入权,是指债权人为避免项目公司合同因项目公司违约而被终止,指定第三方代替项目公司履行相关的合同义务,对合同违约进行补救,并使项目公司的经营正常化的权利。[④] 与对项目公司延期付款的补救不同,狭义的介入权补救不止于项目公司的金钱债务违约;而且项目公司除已经发生的违约外,还有潜在的可能导致项目主要合同提前终止的违约可能(更准确地说,项目本身存在诸如过高的成本、低劣的管理、过时的技术等问题,如果不予纠正,可能难以为继)。在这种情况下,债权人可能会指定另外一家公司代替项目公司履行相关的合同义务,项目公司的合同相对方,包括施工企业、供应商和客户将向该公司履行各自的合同义务,但项目公司仍对这些义务承担法律义务,并在介入期间和介入结束后对项目负主责。[⑤]

其三,接管(合同更新),即债权人指定第三方承继项目公司的所有合同权利和义务;这种承继发生合同更新(novation)的后果——项目公司不再是项目合同的当事人,而且需要取得各相关当事人(如项目工程承包人、次承包人或接受项目服务的客户)的同意。[⑥] 接管作为最深的介入,与指定第三方代替项目公司履行合同义务的区别主要是法律上的(二者解决的都是项目公司严重违约,可能导致项目合同提前终止的风险)——债权人选择指定第三方履行项目公司的合同义务时,项目公司仍是合同当事人;而债权人选择接管,则意味着项目公司对外的所有合同权利义务均由第三方承继,债权人不再是合同的当事

---

① Jeffery Delmon, *Private Sector Investment in Infrastructure*: *Project Finance*, *PPP Projects and Risk*(2nd ed.), Kluwer Law International 2009, p. 82.

② Murat Madykov, "Step-in Right as a Lender Protection Mechanism in Project Financed Transactions", 13 *DePaul Bus. & Com. L. J.* 273(2015), p. 282.

③ Jeffery Delmon, *Private Sector Investment in Infrastructure*: *Project Finance*, *PPP Projects and Risk*(2nd ed.), Kluwer Law International 2009, p. 82.

④ Ibid.

⑤ Ibid.

⑥ Ibid.

人。[①] 需要说明的时,实践中债权人也可能与社会资本方(项目公司的股东)约定在出现特定情况时,债权人将取得社会资本方作为项目公司股东的表决权[②]或通过改选项目公司的董事会[③]以取得项目公司的控制权。但这种解决方案已经不是以防止项目合同提前终止为目的的介入权了。[④]

(二)介入权与债权担保:介入权的意义

债权人介入权主要是通过 PPP 进入国人视野的。[⑤] 但介入权作为一项制度,是从项目融资中发展出来的。[⑥]

介入权与债权担保的关系比较复杂,从广义来说,介入权,尤其是约定介入权的直接协议,是保障 PPP 项目债权人的一种安排,与债权人享有的项目公司股权质押权、项目公司应收账款上的担保权益、项目公司银行账户的担保权益、项目不动产(项目用地、在建工程)抵押权及项目公司其他资产(这些资产必须具有经济价值,而且依项目所在地法律能够作为担保物)上的担保权益并列。[⑦] 但是,这种并列更多的是因为他们在功能上的相似,并不意味着介入权也是债权担保的一种。例如,世界银行集团在其关于 PPP 的专门网站中,在讨论债权

① Murat Madykov, "Step-in Right as a Lender Protection Mechanism in Project Financed Transactions", 13 *DePaul Bus. & Com. L. J.* 273(2015), p. 283.

② 当然,双方也可能在合同中约定,当特定情形出现时,债权人将取得社会资本方的项目公司股权。参见 Jane Eespold & Reimo Hammerberg, "Possibility to Use and Enforce Lender's Step-in Rights in Baltic PPP Projects: Part One-Estonia", Thomson Reuters 1(Feb. 21, 2012), Accessed Nov. 25, 2017. http://www.sorainen.com/UserFiles/File/Publications/article.possibility-to-use-and-enforce-lenders-step-in-rights-in-baltic-ppp-projects-part-oneestonia.2012-02-21.eng.thomson-reuters.reimoh-janee.pdf。

③ Graham D. Vinter et al., Project Finance: A Legal Guide(3d ed.), Sweet & Maxwell, Ltd., 2006, p. 295; Maria AtaiDe Cordeiro, "Country Report, Portugal: Banks' Step-in Rights under the Portuguese Public Contract Code: Exercise by Means of Transfer of Shares", 6 *Eur. Pub. Private P'sHip L. Rev.* 164(2011), pp. 167-168.

④ Murat Madykov, "Step-in Right as a Lender Protection Mechanism in Project Financed Transactions", 13 *DePaul Bus. & Com. L. J.* 273(2015), p. 283.

⑤ 参见何春丽:《基础设施公私合作(含跨国 PPP)的法律保障》,法律出版社 2015 年版,第 85 页;[英]达霖·格里姆赛、[澳]莫文·K. 刘易斯:《PPP 革命——公共服务中的政府和社会资本合作》,济邦咨询公司译,中国人民大学出版社 2016 年版,第 146 页。

⑥ Murat Madykov, "Step-in Right as a Lender Protection Mechanism in Project Financed Transactions", 13 *DePaul Bus. & Com. L. J.* 273(2015), p. 275.

⑦ Esteban C. Buljevich & Yoon S. Park, *Project Financing and the International Financial Markets*, 1999, p. 113.

人关注的问题时,就把担保权益、介入权和政府的支持并列但分别讨论。[①]

介入权与物保的区别是显而易见的。首先,介入权并非 PPP 项目债权人就其债权的清偿而对特定财产享有的优先受偿权。其次,与物上担保权益不同,介入权无须登记或通过其他方式公式,介入权主要在债权人与项目合同的当事人(包括参与项目的某一阶段或某一方面的当事人)的直接协议中约定,是一种纯粹的根据合同享有的债权。这样,问题就来了,如果 PPP 项目债权人已经享有对项目和项目公司的股权和资产享有了物上的担保权益,为什么还要用介入权保护自己的利益?

对 PPP 项目债权人而言,PPP 项目的营业收入是其收回贷款的唯一资金来源。[②] 出于贷款安全性的考虑,PPP 项目债权人通常会要求项目公司以其拥有的财产或者其他权益作为抵押或者质押,或者由社会资本方提供某种形式的担保或者由政府做出某种承诺。[③] 但是,与普通的项目不同,PPP 项目中能够用于担保的资产主要是 PPP 项目的未来现金流和预期收益,项目公司名下的其他资产因法律的强制性规定而不能成为担保物,如项目公司名下的不动产可能因其公益性质不能被设定为抵押物(目前我国的大多数 PPP 项目均为基础设施或公共服务领域的),项目公司在银行中的专项存款因 PPP 项目主合同的规定而不能清偿一般债务。而这些动产和资产,在一般情况下往往不足以偿还债权人的贷款。[④] 换言之,在大部分 PPP 项目中,根据 PPP 项目融资的安排,只有当 PPP 项目顺利运营,其产生的收益才能用于偿还 PPP 项目债权人的贷款,此时 PPP 项目债权人的债权才能得到有效保障。

事实上,即使在 PPP 项目债权人对项目不动产享有抵押权的 PPP 项目中,在项目经营不善时,项目公司资产的变现往往也不一定能全额清偿 PPP 项目债权人对项目公司的债权。介入权赋予 PPP 项目债权人清偿 PPP 项目公司延期支付的金钱债务、指定第三方代为履行项目公司项目合同下的义务、或接管

---

① "Lender Issues-Taking Security/Step-in Rights/Government Support", Accessed Nov. 21, 2017. http://ppp.worldbank.org/public-private-partnership/legislation-regulation/framework-assessment/legal-environment/lender-issues-step-in-rights.

② 叶苏东编著:《项目融资——理论、实务与案例》(第 2 版),清华大学出版社、北京交通大学出版社 2010 年版,第 19 页;Stefano Gatti, *Project Finance in Theory and Practice: Designing, Structure, and Financing Private and Public Projects* (2nd ed.), Academic Press 2012, p. 305。

③ 曹珊:《政府和社会资本合作(PPP)项目法律实务》,法律出版社 2016 年版,第 237 ~ 239 页。

④ [瑞士]芭芭拉·韦伯、[德]汉斯·威廉·阿尔芬:《基础设施投资策略、项目融资与 PPP》,罗桂连、孙世选译,机械工业出版社 2016 年版,第 168 页。

项目公司,以避免项目合同因项目公司违约而被提前终止,从而实现PPP项目的顺利运营,保障PPP项目债权人利益。与物上担保权益比,介入权的特殊价值在于:

第一,介入权给予了债权人进行早期干预,以防止其享有担保权益的项目资产因项目难以为继而缩水的机会。PPP项目只有成功建设完成并顺利运行,才能产生足够的现金流,以清偿PPP项目债权人本息并给社会资本方带来收益。[①] 经验证明,PPP项目公司名下的各项资产的静止价值的总和往往抵不上其银行债权人的贷款的本金和利息;更重要的是,当项目公司有违约行为,尤其当债权人行使担保权利时,这些资产的价值往往进一步缩水。[②]

与消极的担保权人不同(担保人一般要在债务人不能履行到期债务时才能行使担保权),可能引发债权人介入权行使的事件往往更多,而且许多往往早于债务人不能清偿债务发生。一个典型的介入权条款往往列举众多的触发事件,包括但不限于:(1)项目公司未按项目主合同的约定开工;(2)项目未按期完工;(3)项目公司擅自缩小项目的范围;(4)项目公司破产;(5)更换运营商或施工单位;(6)超额借款(合同中往往会约定几个额度,一旦借款超过某一额度,即属超额借款);(7)未按期完成规定的工程量或业绩;或者(8)对任何项目文件下的义务的根本性违反。[③] 因此,PPP项目债权人就可以及早介入,以避免项目合同因项目公司违约而提早终止,项目公司资产缩水。

第二,介入权的安排可以让PPP项目债权人提早知道不利于项目的信息,未雨绸缪。[④]

第三,介入权的安排在项目公司破产时也有其独特的价值。介入权的初

---

① Stefano Gatti, *Project Finance in Theory and Practice: Designing, Structure, and Financing Private and Public Projects*(2nd ed.), Academic Press 2012, p. 306.

② Jeffery Delmon, *Private Sector Investment in Infrastructure: Project Finance, PPP Projects and Risk*(2nd ed.), Kluwer Law International 2009, p. 82.

③ Jeffery Delmon, *Private Sector Investment in Infrastructure: Project Finance, PPP Projects and Risk*(2nd ed.), Kluwer Law International 2009, pp. 402 – 403. 此外,一些直接协议中还会约定以下触发事件:(1)会对项目公司的业务造成持续影响的不可抗力事件;(2)项目公司停止提供PPP项下的服务或延期提供服务;(3)严重威胁健康和生命安全的风险;(4)出现法律要求介入的情形;或(5)监管部门要求介入。Sue McLean, Alistair Maughan, Scott Stevenson, "Step-in to the Real World? (How to Ensure That Your Outsourcing Step-in Rights are Effective and Enforceable)", Morrison & Foerster LLP Client Alert 1 (Apr. 12, 2011), Accessed Nov. 20, 2017. http://media.mofo.com/files/Uploads/Images/110407-Step-in-to-the-Real-World.pdf. 7, p. 6.

④ Stefano Gatti, *Project Finance in Theory and Practice: Designing, Structure, and Financing Private and Public Projects*(2nd ed.), Academic Press 2012, p. 305.

衷是通过介入使项目得以顺利运行。但项目的失败和项目公司的破产总是不能完全避免的。在项目公司破产时,债权人的物上担保权益使其能就项目公司的资产优先受偿。但如前所述,此时资产的价格严重缩水,在大多数情况下不足以使债权人获得完全清偿。但如果债权人在项目公司破产前已经介入,尤其是指定第三方介入的情况下,则该第三方往往能给整个项目或项目中的部分资产更高的价格,或者至少会更早地购买,从而使项目债权人能较早得到清偿。①

第四,债权人的介入权能增加项目完成的概率,有助于政府实现 PPP 项目的公共目标。公共利益或公共使用是 PPP 项目存在的重要前提。在这一意义上,政府可能是最不愿意看到 PPP 项目失败的。事实上,政府和社会资本方的合同中往往都会约定政府对 PPP 项目的介入权或"干预权"。② 国内学者对政府介入权也有很多研究。③ 政府直接行使介入权,固然也能实现项目落实的目的,但公私合营变成公营,与 PPP 的初衷相悖。从这一角度说,政府应该鼓励并为债权人介入权的行使创造条件。

(三)债权人控制项目资产:介入权的经济实质与法律构造

虽然法律上对介入权并无统一的定义,但对介入权是指"债权人或其指定的第三方代替项目公司提供服务或直接控制项目公司",④是"依照法律规定或者合同的约定,在特定情形下,债权人有权在一定期间内对项目公司的经营活

---

① Stefano Gatti, *Project Finance in Theory and Practice: Designing, Structure, and Financing Private and Public Projects*(2nd ed.), Academic Press 2012, p. 306.

② Jeffery Delmon, *Private Sector Investment in Infrastructure: Project Finance, PPP Projects and Risk*(2nd ed.), Kluwer Law International 2009, p. 135.

③ 参见朱蕾:《基于 PPP 合同行政属性的政府介入权研究》,载《建筑经济》2007 年第 10 期(从行政权执行力的角度讨论政府介入权的权利性质和行使路径);陈又新:《政府采购行为的法律性质——基于对两阶段理论的借鉴》,载《行政法学研究》2015 年第 3 期(从政府采购的角度讨论政府介入权的法律性质,并进行中德比较);陈凯明:《公私合作中政府介入权的性质及其规制》,载《莆田学院学报》2016 年第 3 期(对政府介入权进行阶段划分,并讨论各阶段介入的规范)。

④ 原文如下:In its most traditional sense, it [step-in right] means that the [lender] (or its nominee) steps in to manage the project company's own resources used to provide the services. Or, more practically, it can mean that the [lender] either [temporarily] steers the services away from the [project company] or merely interposes a much greater level of hands on management and control over the project company's service delivery. Sue McLean, Alistair Maughan, Scott Stevenson, "Step-in to the Real World? (How to Ensure That Your Outsourcing Step-in Rights are Effective and Enforceable)", Morrison & Foerster LLP Client Alert 1 (Apr. 12, 2011), Accessed Nov 20, 2017. http://media.mofo.com/files/Uploads/Images/110407-Step-in-to-the-Real-World.pdf.7, pp. 1 - 2.

动进行干预”的权利,[①]国内外理论界和实务界的认识基本上是一致的。

但比较国内的有关规定和约定与国外的做法,我们不难发现,对PPP项目债权人的介入权,国际上的通行做法是不仅要在PPP项目主合同和PPP项目融资合同中约定,而且要通过PPP项目债权人与各项目参与方通过直接协议约定。更重要的是,这种直接协议在约定PPP项目债权人的介入权时,主要通过合同法下的机制来实现介入权的功能,而且业界在小心翼翼的区分对合同提前终止的预防和对项目公司的控制;[②]而我国现有的文件和合同中对PPP项目债权人介入权的描述,还是对其经济实质的直接的,简单的描述,而且不强调直接协议的重要性。

这种差异是PPP的不同发展阶段使然,也不能排除中外国情的差异,但我国把PPP停留在经济实质层面,可能带来解释上的困难,因为单从经济实质看,介入权已经不同于一般意义上的债权,介入权条款的约定不是在缔约双方之间建立了某种合同关系,而是通过协议约定赋予了PPP项目债权人对项目公司的经营活动进行介入、干涉和管理以实现保障债权人自身利益的权利。这与债权作为对人权、请求权的性质,至少在表面上是存在一定冲突的。更重要的是,PPP项目的债权人行使介入权,不仅涉及项目公司及其股东[政府和(或)社会资本方],[③]而且会涉及与项目公司有合同关系的其他当事人。[④]债权人行使介入权,可能债权人代为履行项目公司延期履行的对第三人的金钱债务;或由债权人指定的第三人代为履行项目公司对第三人的合同义务并接受第三人履行;或由项目公司指定第三人承继项目公司名下所有合同的全部权利和义务,取代项目公司成为合同当事人。上述三种情形,都涉及第三人与PPP项目债权人(或其指定的第三方)的权利、义务、责任的重构。如果PPP债权人与

---

① 参见中国科学院大学中国PPP研究中心编著:《PPP实操手册》,中国财政经济出版社2016年版,第81页;参见吕汉阳:《PPP模式全流程指导与案例分析》,中国法制出版社2016年版,第110页;参见周兰萍:《PPP项目运作实务》,法律出版社2016年版,第125页;参见曹珊:《政府和社会资本合作(PPP)项目法律事务》,法律出版社2016年版,第70页。

② 参见前注及所注正文(指出关于表决权转移和股权转让的约定不是介入权)。

③ 例如,在法国,介入权的行使会导致项目控制权从政府和社会资本方设立的项目公司手中转移到债权人或其代理人手中,并涉及项目施工企业及分包商。Antoine A. Maggiar, “Step-in Rights: Report for France, 56th Congress of Int'l Assoc. of Lawyers 2” (Oct. 31-Nov. 4, 2012), Accessed Nov. 20, 2017. http://www.uianet.org/en/programme/congres/11455 (follow “Reports” under “56th Congress”; then follow “Download in” hyperlink under “Step-in rights in financial transactions-France”).

④ 一个项目可能会涉及40多份合同,15个当事人。Benjamin C. Esty, *Modern Project Finance: A Casebook*, Wiley, 2004, p. 2.

各相关当事人间没有约定介入权的直接协议,仅在 PPP 项目主协议和债权人或项目公司间的融资协议中规定介入权,就需要解释这些约定是怎么对并非合同当事人的其他 PPP 项目的参与方产生效力的。

二、介入权的构造:比较法的研究

尽管国外实践中强调通过具体的直接协议细化介入权,但仍有许多银行把介入权作为一种标准安排,仅在其与项目公司的贷款协议中写入介入权条款。他们没有认识到,项目主协议或贷款协议中的介入权条款,在适用于项目公司与其他当事人签订的合同时,往往面临这样或那样的问题,而且有些问题还是实质性的。① 因为将项目主协议或贷款协议中的介入权条款适用于对其他项目合同的介入,需要通过合同法下的缺省规则,而这些缺省规则并不总是完美的。下面笔者主要从美国、英国和法国的缺省规则出发,分析缺省规则的效用、不足,从而揭示直接协议的重要性。

(一)美国的债权让与和债务承担

作为美国《合同法》的一般规则,所有合同权利均可以转让,任何合同义务均可以由承担该义务的一方转托给他人承担,除非债权人对债务人的亲自履行享有实质性利益。② 债权让与和债务承担正是美国构建和解释 PPP 项目债权人介入权的合同法基本制度——PPP 项目债权人作为受让人接受了项目公司,与施工承包人、供应商和接受服务的客户签订的众多合同下的权利义务。③

但是,根据美国《统一商法典》(U. C. C.)和《合同法》重述的相关规定,如果把“合同转让”作为介入的缺省途径,债权人(或其代理人)履行项目公司对第三人的义务后,同时取得项目公司在相关合同下的权利;④债权人(或其代理人)承担项目公司的合同义务,并不免除项目公司对相对人的合同履行义务和违约责任(如果已经违约)。⑤ 必须指出的是,债权人明示(或通过特定的行

---

① Murat Madykov, “Step-in Right as a Lender Protection Mechanism in Project Financed Transactions”, 13 *DePaul Bus. & Com. L. J.* 273(2015), p. 276.

② 王军:《美国合同法》,对外经贸大学出版社 2004 年版,第 387 页。

③ Murat Madykov, “Step-in Right as a Lender Protection Mechanism in Project Financed Transactions”, 13 *DePaul Bus. & Com. L. J.* 273(2015), p. 275.

④ U. C. C. § 2-210(4); Restatement(Second) of Contracts § 328(1).

⑤ U. C. C. § 2-210(1).

为)承诺履行项目公司的合同义务,构成对项目公司合同义务的承担。[①] 项目公司的合同相对人据此有权以受益人的身份要求债权人履行。[②] 如果项目公司的合同相对人以豁免项目公司的合同义务作为对价,换取债权人对该合同承担责任,则债权人就可能单独对相对方承担合同责任。[③]

鉴于此,全美律师协会商业法部下属的项目融资和发展委员会(the Project Finance and Development Committee of the ABA Section of Business Law)专门起草了《项目融资交易中合同(权利)转让模范同意(条款)》(The Model Consent to Assignment for Project Finance Transactions),[④]鼓励并指导直接协议的谈判和起草。

除债权人可能因为介入而向第三人承担额外责任的风险外,没有直接协议支持的 PPP 项目债权人可能面临的另一个风险是以债权转让和债务承担构建的介入可能被认定无效。项目公司或其相对人可能提起的无效事由包括:(1)所转让的合同权利属于法律规定或当事人约定不得转让的合同权利。例如,项目公司对存款的权利或其与公共部门合同下的付款请求权一般不得转让,[⑤]违反公共政策的合同权利转让也会被认定无效。[⑥] (2)合同权利转让因缺乏对价而无效。[⑦] 实践中为避免这类风险,PPP 项目债权人往往通过直接协议约定"即使转让无对价,转让合同也不得撤销"。[⑧]

(二)英国:托管人管理和替代债务人

PPP/PFI 模式最早出现在英国。但在英国法下,"PPP 项目债权人介入权是一个十分模糊的概念。这主要是因为在长期的实践中英国已经建立起了债

---

① 此时,如果债权人未向第三人履行,第三人要求项目公司承担责任的,则项目公司在承担责任后,有权向债权人求偿。See e. g. ,Imperial Ref. Co. v. Kanotex Ref. Co. ,29 F. 2d 193,199 - 200 (8th Cir. 1928);Cutting Packing Co. v. Packers'Exch. Of Cal. ,25 P. 52,53(Cal. 1890).

② See,e. g. ,Imperial Ref. Co. ,29 F. 2d at 200.

③ Edward A. Farnsworth,*Farnsworth on Contracts*,Aspen Publishers 1990,pp. 141 - 142.

④ "Project Finance and Development Committee of ABA Section of Business Law, Model Consent to Assignment for Project Finance Transactions(with Commentary)",ABA(Aug. 1,2012), Accessed Nov 25,2017. http://www. americanbar. org/content/dam/aba/publications/business-lawyer/2012/67_4/report-finance-transactions - 201208. authcheckdam. pdf.

⑤ See 31 U. S. C. § 3727(2014);41 U. S. C. § 15;U. C. C. § 9 - 104(2003).

⑥ See,e. g. ,Kenrich Corp. v. Miller,377 F. 2d 312,314(3d Cir. 1967).

⑦ 王军:《美国合同法》,对外经贸大学出版社 2004 年版,第 394 页。

⑧ Murat Madykov,"Step-in Right as a Lender Protection Mechanism in Project Financed Transactions",13 *DePaul Bus. & Com. L. J.* 273(2015),p. 275.

权人托管债务人财产制度。"[①]在以英国法为法律渊源的国家中,债权人对债务人公司财产的托管由来已久,其主要方式是通过会计人员、律师等专业人员对债务人公司进行全面管理。[②] 但是,PPP 项目的债权人并不总是能够依靠托管人管理制度来对介入项目公司的管理。在 2005 年的一个案件中,法院就否决了项目公司债权人委托托管人管理项目财产的请求。[③]

因此,英国 PPP 项目的债权人一般都会通过直接协议约定托管人意义上介入权或更宽泛的介入权。[④] 根据 1999 年英国《合同法(第三方权利)》的规定,只要 PPP 项目债权人与项目公司之间就介入条款达成合意并设定了必要的程序,则 PPP 项目债权人即可享有不与已有法律冲突的介入权条款所赋予的权利。[⑤] 具体地说,直接协议中只需明确"债权人在行使项目合同规定的介入权时,应该通知项目公司的合同相对方其依据介入权条款行使介入权",并且规定"这些条款未经债权人同意,不得撤销或变更",这种协议就是可强制的。[⑥]

在英国法下,托管人又被称为"第二债务人"(additional obligor),在债权人行使介入权期间,托管人与项目公司对项目公司原有的债务共同承担连带责任。[⑦] 为鼓励债权人介入,英国 PPP/PFI 合同指南的规定,行使介入权时,债权人可以通过将项目出售给其他主体,实现项目公司与相对人合同的更新。[⑧] 这种情况下,运营项目的新主体在合同更新后对合同相对方独立承担责任。[⑨] 当然,为了限制自己的责任,债权人可以主张其仅对项目公司明确告知的债务负

---

① Graham D. Vinter et al., *Project Finance: A Legal Guide* (3d ed.), Sweet & Maxwell, Ltd., 2006, p. 273.

② E. R. Yescombe, *Principles of Project Finance*, Academic Press 2014, p. 195.

③ See Feetum v. Levy, [2005] EWHC (Ch) 349, [59] [2005] 1 W. L. R. 2576 (Eng).

④ Graham D. Vinter et al., *Project Finance: A Legal Guide* (3d ed.), Sweet & Maxwell, Ltd., 2006, p. 280.

⑤ 参见英国 1999 年《合同法(第三方权利)》第 1 条,载北大法宝网:http://www.pkulaw.cn/fulltext_form.aspx? Db=iel&Gid=67109791&keyword=%E8%8B%B1%E5%9B%BD%E5%90%88%E5%90%8C%E6%B3%95&EncodingName=&Search_Mode=like,最后访问日期:2017 年 11 月 1 日。

⑥ Graham D. Vinter et al., *Project Finance: A Legal Guide* (3d ed.), Sweet & Maxwell, Ltd., 2006, p. 279.

⑦ Ibid., p. 275.

⑧ HM Treasury, "PFI: meeting the investment challenge", 2003, Accessed Nov. 12, 2017. http://www.hm-treasury.gov.uk/media/F/7/PFI_604a.pdf.

⑨ Graham D. Vinter et al., *Project Finance: A Legal Guide* (3d ed.), Sweet & Maxwell, Ltd., 2006, p. 277.

责,或者要求就其介入后的责任设定一个上限。[①] 但在没有直接协议的情况下,项目公司的合同相对人完全可以把债务的清偿作为接受介入的前提。[②]

(三)法国法下的"第三人利益条款"(stipulation pour autrui)

法国的法律对政府的介入权进行了规定,但没有对 PPP 项目债权人的介入权作明确的规定。[③] 但实践中,多把债权人自己或指定他人介入理解为一种合同安排。[④] 根据法国《民法典》第 1121 条的规定:为自己与他人订立契约时,也可以为第三人的利益订立条款。[⑤] 据此,"在没有和特定合同当事人通过直接协议约定债权人的介入权,仅在项目合同里规定有介入权时,项目合同里的介入权可以根据法国民法典中的关于第三人利益条款的规定得以实施。"[⑥]从为第三人利益订立合同(条款)的适用范围来看,有偿合同和无偿合同均可以适用第三人利益规则,与此同时债权人和债务人均可以为第三人设定利益。[⑦] 需要说明的是,为第三人利益订立合同条款,"在形式上其通常表现为某个合同中的一个条款,但其在法律上应被视为相对独立的行为,只不过其必须依赖于原因行为的存在而存在"。[⑧]

因此,在法国,即使 PPP 项目债权人没有作为项目公司对外订立的具体合同(如与施工企业订立的承包合同)的当事人,[⑨]只要项目公司在其与施工企业订立的合同中约定为 PPP 项目债权人的利益为或不为一定行为,PPP 项目债权人就可以在出现触发事件时,向施工企业作出接受为其利益订立条款的意思表

---

① Graham D. Vinter et al., *Project Finance: A Legal Guide* (3d ed.), Sweet & Maxwell, Ltd., 2006, p. 103.

② Ibid., p. 194.

③ Antoine A. Maggiar, "Step-in Rights: Report for France, 56th Congress of Int'l Assoc. of Lawyers 2" (Oct. 31-Nov. 4, 2012), Accessed Nov 25, 2017. http://www.uianet.org/en/programme/congres/11455 (follow "Reports" under "56th Congress"; then follow "Download in" hyperlink under "Step-in rights in financial transactions-France"), p. 3.

④ Antoine A. Maggiar, "Step-in Rights: Report for France, 56th Congress of Int'l Assoc. of Lawyers 2" (Oct. 31-Nov. 4, 2012), Accessed Nov 25, 2017. http://www.uianet.org/en/programme/congres/11455 (follow "Reports" under "56th Congress"; then follow "Download in" hyperlink under "Step-in rights in financial transactions-France"), p. 9.

⑤ 尹田:《法国现代合同法》,商务印书馆 1994 年版,第 276 页。

⑥ John Dewar, ed., *International Project Finance: Law and Practice*, Oxford University Press, 2011, p. 380.

⑦ 尹田:《法国现代合同法》,商务印书馆 1994 年版,第 279 页。

⑧ 尹田:《论涉他契约》,载《法学研究》2001 年第 1 期。

⑨ John Dewar, ed., *International Project Finance: Law and Practice*, Oxford University Press, 2011, p. 380.

示;施工企业收到通知后,就有义务接受债权人或其指定的人的履行,向债权人或其指定的人履行承包合同下的义务。[①] 换言之,PPP 项目债权人只要接受为其利益订立的条款,就有权行使介入权。[②]

按照法国《民法典》第 1121 条规定的精神,受益人可以只享有权利而不承担义务,但不能排除受益人根据其他协议或条款承担义务的情形。[③] 实践中,PPP 项目债权人在通知项目公司和施工企业对为其利益订立的条款的接受后,就和项目公司一起,对施工企业承担连带责任。[④] 当然,法国也有类似于普通法的合同更新制度,[⑤]如果 PPP 项目债权人安排第三方概括继受项目公司在承包合同下的权利义务,则该第三方就成为项目公司的合同当事人,独立承担责任。[⑥] 这样,PPP 项目债权人也就免受连带责任之扰了。而要实现合同更新,直接协议就必可少了。

综上,虽然美、英、法 3 国均为仅在项目主合同或融资合同中约定的介入权提供了合同法下的缺省规则,但实践中当事人多通过直接协议,弥补完善缺省规则的不足。这也进一步说明了直接协议的重要性。

三、在我国法下 PPP 项目债权人介入权的构造

(一)PPP 项目债权人介入权必须细化为法律上的权利义务

作为对物上担保权益的有益补充,PPP 项目债权人介入权的经济实质和功能肯定是通过对项目经营管理的干预,避免因为项目公司的违约行为而导致项目合同的提前终止。但是,PPP 项目债权人毕竟只是项目公司的债权人,我国又缺乏类似英国法下的债权人委托托管人管理债务人财产的制度。因此,债权人必须通过一些法律上的具体安排来实现上述目的。而这种安排,笔者认为,应该主要是我国《合同法》上的安排,而不是对项目公司或其财产的直接控制。

首先,根据现行法,债权人不能基于其债权而直接控制债务人的财产。具

① John Dewar, ed., *International Project Finance: Law and Practice*, Oxford University Press, 2011, p. 380.

② Ibid., p. 372.

③ 尹田:《法国现代合同法》,商务印书馆 1994 年版,第 282 页。

④ Antoine A. Maggiar, "Step-in Rights: Report for France, 56th Congress of Int'l Assoc. of Lawyers 2" (Oct. 31-Nov. 4, 2012), Accessed Nov. 25, 2017. http://www.uianet.org/en/programme/congres/11455 (follow "Reports" under "56th Congress"; then follow "Download in" hyperlink under "Step-in rights in financial transactions-France"), p. 5.

⑤ Ibid., p. 3.

⑥ Ibid., p. 5.

体地说:(1)我国《合同法》规定的债权人代位权和撤销权并未赋予债权人对债务人财产的直接控制权。我国《合同法》下的债权人代位权和撤销权的行使范围都以债权人的债权为限(我国《合同法》第73条第2款,第74条第2款),而且都必须是已经对债权人造成损害时才能行使(我国《合同法》第73条第1款,第74条第1款)。从性质上说,债权人代位权是一种法定的债权职能,无论当事人是否约定,债权人都享有此种权能。① 而债权人的"撤销权必须通过提起诉讼才能行使,因此它是一种特殊的实体法上的权利,不是严格意义上的请求权"。② (2)我国《破产法》第13条规定的破产管理人制度不能作为债权人行使介入权的依据,因为破产管理权只有在进入破产程序之后才能存在,而PPP项目债权人介入权的目的之一就是避免项目公司进入破产程序。(3)我国《民事诉讼法》第100条规定了诉讼保全制度,虽然在诉讼保全制度中债权人可以在一定条件下干预债务人与第三人之间通过合同发生的财产交易关系,但是与PPP债权人介入权制度相比较,诉讼保全制度要求只有在公权力的介入下,债权人才能对债务人与第三人之间通过合同发生的财产交易关系进行控制和干预,这与PPP债权人独立行使介入权的规则安排是格格不入的。

其次,对项目公司而言,其核心资产不在于死的财产,而是其经营活动,或者说它在经营过程对外签订的合同。③ 换言之,只有正常运行的项目才能创造价值。④ 介入权的实质正是对项目公司对外签订的合同进行干预,避免这些有价值的合同因项目公司违约而被提前终止。因此,仅在合同中对介入权的经济实质和功能进行描述,是不利于介入权功能的正常发挥的。

关于介入权条款的具体内容,笔者建议参考国际上的通行做法,除规定介入权的各种种类外,对介入权的触发事件、债权人行使介入权的程序和期限⑤等做出明确规定。

---

① 王利明、崔建远:《合同法新论·总则》(修订版),中国政法大学出版社2000年版,第379页。

② 王利明:《论债权请求权的若干问题》,载《法律适用》2008年第9期。

③ Tim C. Meaney, DZ Bank, "PPP Project Financing: The Role of Direct Agreementsin a PPP Project 3" (Sept. 20, 2005), Accessed Nov. 20, 2017. http://www.eu.gov.hk/english/cmps/cmps_20050930.html, p. 7.

④ Stefano Gatti, *Project Finance in Theory and Practice: Designing, Structure, and Financing Private and Public Projects*(2nd ed.), Academic Press 2012, p. 306.

⑤ 关于介入权行使程序和期限的重要性及约定方式,参见Murat Madykov, "Step-in Right as a Lender Protection Mechanism in Project Financed Transactions", 13 *DePaul Bus. & Com. L. J.* 273 (2015), Accessed Nov. 20, 2017. http://via.library.depaul.edu/bclj/vol13/iss2/3, pp. 285 – 286。

(二)PPP 项目债权人应通过与项目合同当事人的直接协议对介入权进行约定

由于 PPP 在我国发展时日尚短,包括银行在内的债权人更多地把它作为一个标准条款适用,多在 PPP 项目主协议和项目贷款(融资)协议中约定,很少在与其他项目参与人的直接协议中进一步约定。我国《合同法》中既有为第三人利益订立合同的制度,也有合同权利转让、义务转移和合同概括转移的全套规定,并不缺乏处理介入后债权人、项目公司、项目公司合同相对方之间权利义务责任关系的缺省规则。

但是,仅有这些粗略的缺省规则肯定是不够的。借鉴美英法的做法,笔者建议债权人在约定介入权的直接协议中至少就下列事项做明确的约定:(1)除合同权利依法律规定不得转让外(我国《合同法》第 79 条),具体项目合同下合同权利可以转让。(2)为方便债权人在介入后根据具体情况适时退出,约定债权人可以只受让一定期间的部分合同权利,承担一定期间的部分合同义务。[①]同时明确约定债权人介入期间和退出介入后,项目公司都是合同的当事人。这一约定主要想排除我国《合同法》第 80 条第 2 款关于"债权人转让权利的通知不得撤销,但经受让人同意的除外"对项目债权人退出介入的可能的限制。(3)如果 PPP 项目债权人指定他人履行其介入的合同的义务,或者要求项目公司把合同权利义务概括转移给其指定的第三方,项目公司的合同相对人应当同意。这一约定主要想排除我国《合同法》第 86 条合同义务转移必须经债权人同意以及第 88 条合同权利义务概括转移应经合同相对人同意的规定。(4)如果必要,PPP 项目债权人还应在直接协议明确介入后的责任范围(或者设定一个上限)。

笔者并不主张直接协议中用为第三人利益订立合同的路径构造 PPP 项目债权人的介入权。因为法国的做法在大多数情况下不像美国或英国的做法那样具有灵活性和确定性,毕竟介入权起源于普通法系国家的实践。[②] 但这并不

---

① 债权人往往希望保持介入的灵活性。参见 Sue McLean, Alistair Maughan, Scott Stevenson, "Step-in to the Real World? (How to Ensure That Your Outsourcing Step-in Rights are Effective and Enforceable)", Morrison & Foerster LLP Client Alert 1 (Apr. 12, 2011), Accessed Nov. 20, 2017. http://media.mofo.com/files/Uploads/Images/110407-Step-in-to-the-Real-World.pdf. 7, p. 3。一些文献更是指出介入的期限多长,应当由债权人根据自己的需要决定。参见 E. R. Yescombe, *Principles of Project Finance*(2d. ed.), Elsevier Inc., 2014, p. 195。

② Murat Madykov, "Step-in Right as a Lender Protection Mechanism in Project Financed Transactions", 13 *DePaul Bus. & Com. L. J.* 273 (2015), Accessed Nov. 20, 2017. http://via.library.depaul.edu/bclj/vol13/iss2/3, p. 292.

意味着我国《合同法》第64条解释出来的利他合同[①]在PPP项目债权人介入权的解释和实施上毫无用处,对于涉及法律规定不得转让的合同权利的合同的介入,也许法国法下的解释是一条可行的途径。

四、结论和建议

需要说明的一点是,介入权,尤其是债权人的介入权是一个较冷门的制度,虽然许多PPP项目合同中都会规定债权人介入权条款,但债权人行使介入权的实例并不多。[②] PPP在我国尚属新生事物,PPP项目债权人介入权法律规定和实践的粗略,应属发展阶段中的必然。

通过比较法研究,我们不难发现,中国PPP项目债权人的介入权与发达国家PPP项目债权人的介入权在经济实质和功能上并无太大差异。但国外往往通过合同把介入权变成可实施的具体措施,而我国目前的文件和合同对介入权的约定还停留在对其经济实质的简单描述上。更重要的是,作为一种合同法下的机制,许多国家的PPP项目债权人都会通过与PPP项目各参与人(项目公司的主要合同相对方)订立直接协议来细化完善其对具体合同的介入,而我国目前主要还是通过PPP项目主协议或项目融资协议来规定债权人的介入权。

我国《合同法》的立法和实践中的合同转让和为第三人利益订立合同,为PPP项目主协议或项目融资协议中的介入权适用与其他项目合同提供了缺省规则。但正如美、英、法3国的经验所揭示的,这些缺省规则并不能满足当事人的所有需求。这样,通过直接协议完善细化对具体合同的介入就显得很有必要了。

本文的主要价值不在于笔者在第三部分中所提的建议,而在于债权人介入权中外比较所揭示的制度的经济实质与法律和合同的关系。介入权制度作为一个保障项目债权人利益的制度,只有通过合同细化为切实可行的措施,才能

---

① 参见王利明主编:《合同法研究》(第2卷),中国人民大学出版社2003年版,第55页。

② 参见Murat Madykov, "Step-in Right as a Lender Protection Mechanism in Project Financed Transactions", 13 *DePaul Bus. & Com. L. J.* 273 (2015), Accessed Nov. 20, 2017. http://via.library.depaul.edu/bclj/vol13/iss2/3,第276页注9及所注正文,该文作者曾对英国著名的国际金融法律师菲利普·伍德先生进行访谈,在国际银行法和金融法领域执业40年的伍德律师坦诚其从未听说有银行行使介入权的例子。

真正发挥作用。而细化的路径和步骤,又与各国的法律环境有关。[①] 经济意义上的 PPP 债权人的介入权在我国的细化和完善,也要考虑我国的法律环境。

现有文献对 PPP 等政府主导的项目的法律分析,更多地关注政府采购、特许经营、相关财政税收待遇等行政法、经济法领域的法律问题,而对 PPP 项目中的合同法、财产法、公司法、破产法等问题则关注甚少。本文对介入权定性和强制从民商法的角度进行分析,其中一个目的,就是希望能够引起大家对 PPP 项目执行中的民商法问题的关注。

---

① 这方面很有意思的一个例子就是葡萄牙和爱沙尼亚的做法。在葡萄牙,项目债权人在触发事件发生后,债权人将取得社会资本方作为项目公司股东的表决权;而在爱沙尼亚,债权人可以改选项目公司的董事会。这种公司法意义上的介入显然不同于通行的合同法意义上的介入。参见前注 22 和 23 及其所注正文。

论我国信用违约互换(CDS)风险的法律防范

——基于信息披露规则完善的视角

常　健[*]　罗伟恒[**]

一、引言

2016年9月23日银行间市场交易商协会正式发布了《银行间市场信用风险缓释工具试点业务规则》及其相关配套文件,[①]推出了信用违约互换(Credit Default Swap,CDS)。所谓信用违约互换,又称为信贷违约掉期或贷款违约保险,是一份对特定债务可能的

* 华中师范大学法学院教授,副院长。

** 华中师范大学法学院经济法专业硕士研究生。

本文为国家法治与法学理论研究项目"金融稳定视阈下中央银行法律制度研究——基于法经济学的分析范式"(13SFB3036)、教育部哲学社会科学研究重大课题攻关项目"我国债券市场建立市场化、法制化风险防范体系研究"(项目批准号:14JZD008)、国家社会科学基金项目"区域公共事务治理中的政府协同机制研究"(项目批准号:14BGL114)的阶段性研究成果。

① 在中国人民银行的指导下,银行间市场交易商协会于2016年9月23日发布修订后的《银行间市场信用风险缓释工具试点业务规则》,以及信用风险缓释合约、信用风险缓释凭证、信用违约互换、信用联结票据四份产品指引。同时,交易商协会还同步发布了《中国场外信用衍生产品交易基本术语与适用规则》(2016年版)。

违约行为所带来的风险提供保障的双边合约。① 普遍认为,产生于2004年美国金融市场的CDS,在之后的次贷危机中扮演着扩大风险、引爆系统危机的导火索的角色。② 因此,CDS在我国的推出难免引起了广泛的讨论,焦点集中在CDS的推出是否会成为引发系统性风险的导火索,如何防范可能的金融风险等。那么,从法律角度如何看待CDS,我国推出的CDS在法律功能与特性方面是否与国际金融市场CDS同源,我国CDS面临的市场风险与法律风险是什么,CDS风险防范的信息披露规则如何建立,上述疑问无疑成为深入研究CDS运行无法回避的问题。

国际上CDS最早产生于20世纪90年代初期的美国,随着CDS市场规模的扩大,③对其研究也逐渐增多。有学者认为,CDS是寻求保护的买方定期支付固定金额或费用给保护提供方,保护提供方向买方承诺当特定的信用事件发生时支付某一确定的金额,其中特定信用事件的确定是CDS应用的难点。④有学者通过对多家公司与银行的数据分析,系统性地总结CDS交易在不同发展时期的表现,揭示出CDS交易的基本特征,从而对CDS市场的演进过程进行理论解读;⑤有学者基于会计信息的信用风险模型和基于市场信息的信用风

---

① 参见张博、周文渊:《中国版CDS的关键问题》,载《中国金融》2016年第16期;巴曙松、孙兴亮、顾磊:《主权CDS对欧元区主权债务危机的影响》,载《国际金融研究》2012年第7期;余亮、尹小兵:《全球信用衍生品市场发展历程及未来展望》,载《国际经济评论》2009年第2期。

② 参见王世斌、胡兆峰:《从美国对信用衍生工具监管变革看我国信用衍生工具市场发展》,载《上海金融》2011年第1期;颜延、陆建忠:《场外衍生品信息披露标准的完善和发展》,载《上海经济研究》2013年第5期;翟浩、雷晓冰:《场外衍生品市场监管制度改革:英国的经验与启示》,载《河北法学》2012年第1期;刘月:《对场外金融衍生产品市场改革的反思》,载《金融市场研究》2015年第6期。

③ 国际上CDS最早产生于20世纪90年代初期的美国,1997年摩根大通开发出更为成熟的CDS产品,并开始大量使用。2002年在安然、世通等公司破产事件中,CDS为金融机构分散市场风险发挥了重要作用,得到监管者与市场参与者的广泛认可。自2002年之后,在美国CDS的名义总额从2002年的2.19万亿美元上升至2007年的62.17万亿美元。参见陈斌:《美国信用违约互换市场动荡的机理与启示》,载《南方金融》2010年第1期。

④ 参见[美]迪米特里·N.克拉法:《信用衍生产品和风险管理——含信用风险模型》,綦相译,机械工业出版社2002年版,第138页。

⑤ See Lei Meng, Qwin ap Gwilym, "The Characteristics and Evolution of Credit Default Swap Trading", *Journal of Derivatives & Hedge Funds*, Issue 3(2007), pp. 186 - 198.

险模型对 CDS 的定价问题进行深入研究;[①]还有学者基于金融稳定对 CDS 的市场发展与监管进行系统分析,提出重视 CDS 的投机属性与内在风险,防范 CDS 由于信息披露不充分而引发系统性风险。[②]

国内学者也在20世纪90年代末期展开对CDS的研究。在我国CDS正式推出之前,由于还没有真正意义上的CDS市场,学者的研究多集中于对国外情况的介绍与理论的引进,[③]尤其是对CDS的定义、交易结构和风险管理以及在我国引进的意义进行分析。[④] 有学者着眼于CDS的估值与定价研究。[⑤] 还有

---

① See John C. Hull, Alan White, "Valuing Credit Default Swaps Ⅰ: No Counterparty Default Risk", *Journal of Derivatives*, *Issue April* (2000), pp. 29 - 40; John C. Hull, Alan White, "Valuing Credit Default Swaps Ⅱ: Modeling Default Correlation", *Journal of Derivatives*, *Issue Fall* (2001), pp. 12 - 22; Patrick Houweling, Ton Vorst, "An Empirical Comparison of Default Swap Pricing Models", *ERIM Report Series Reference No. ERS - 2002 - 23 - F&A*, 2002, pp. 1 - 51; Patrick Houweling, Ton Vorst, "Pricing Default Swaps: Empirical Evidence", *Issue* 8 (2005), pp. 1200 - 1225; Masaaki Kijima, "Valuation of a Credit Swap of the Basket Type", *Review of Derivatives Research*, *Issue* 1 (2000), pp. 81 - 97; etc.

② See Jeremy C. Kress, "Credit Default Swap Clearinghouses and Systemic Risk: Why Centralized Counterparties Must Have Access to Central Bank Liquidity", *Harvard Journal on Legislation*, *Issue* 1 (2011), pp. 49 - 93; Rama Cont, Andreea Minca, "Credit default swaps and systemic risk", *Annals of Operations Research*, 2015, pp. 1 - 25; Barbara Casu, Laura Chiaramonte, *Are CDS Spreads a Good Proxy of Bank Risk? Evidence from the Financial Crisis*, Social Science Electronic Publishing, Issue November (2010), pp. 82 - 98; etc.

③ 参见谢辉:《次贷危机后欧美信用违约互换市场的监管改革》,载《清华金融评论》2014年第4期;颜延、彭润中:《欧美场外衍生品透明度立法动态及对我国的启示》,载《上海金融》2013年第5期;郑振龙、孙清泉:《欧美CDS市场改革与中国信用风险缓释工具的市场制度设计》,载《金融论坛》2012年第1期;郑晖:《美国信用衍生品交易监管立法及对我国的启示》,载《证券市场导报》2011年第3期;陈斌:《美国信用违约互换市场动荡的机理与启示》,载《南方金融》2010年第1期;张波:《次贷危机下的CDS市场:风险与变革》,载《中国货币市场》2008年第10期;刘亚、张曙东、黄亭亭:《信用违约互换与债券市场发展》,载《财经理论与实践》2008年第2期;冯谦、杨朝军:《信用违约互换与我国金融结构良性变迁》,载《上海金融》2006年第9期;等等。

④ 参见王倩、吴成礼:《"信用违约互换"裸卖空的风险与管制》,载《深圳大学学报》2016年第3期;郑军、巴曙松、徐小乐:《信用违约互换与中小企业信贷风险的分散》,载《中南财经政法大学学报》2009年第2期;谭敬亭:《新兴的信用衍生产品市场——开辟信用风险管理的新领域》,载《财经科学》2002年第1期;于荟楠:《信用风险管理新技术——信用衍生品》,载《经济问题探索》2000年第2期;田晓军:《信用衍生品以及对金融运作的影响》,载《投资研究》1999年第8期;等等。

⑤ 葛欢、张留禄:《金融信用评级与信用违约互换的风险定价研究》,载《征信》2016年第11期;杨星、胡国强、蒋金良:《系统信用事件与信用违约互换估值研究》,载《控制理论与应用》2016年第1期;张能福、刘志超:《回收率与违约率负相关下的信用违约互换定价研究》,载《统计与决策》2012年第18期;张亚斌、冯睿:《信用违约互换定价机制的缺陷与金融危机的产生》,载《财经理论与实践》2009年第6期;杨文瀚、王燕:《信用违约互换的定价模型及实证研究》,载《统计与决策》2005年第8期;等等。

学者开创性地具体设计出了适合我国国情的CDS合约条款,或提出了我国引进CDS后的相关监管建议。[①] CDS在我国推出之后,学者们的研究则集中于对中国版CDS的介绍,对CDS在中国引进的机遇和挑战,对CDS的市场风险预测与信息披露规则建立等进行初步研究。[②] 毋庸讳言,由于我国CDS推出的时间有限且市场运作尚未大规模展开,我国学者对于CDS的研究绝大多数基于经济学视角展开,法学视角的分析付之阙如,尤其缺乏对于我国CDS法律特点、法律风险与信息披露规则的系统分析。

基于此,本文将在前述学术研究的基础上,首先通过与国际市场上CDS的比较,分析我国推出的CDS的功能与法律特点。在我国债券市场中CDS具有分离与交易信用风险、促进债券信用增级和促进债券市场化发展等功能;我国的CDS与国际市场上CDS相比较,其法律特点并不相同,而是具有在市场功能方面风险管理作用大于投资作用,在合约定价方面参考实体与交易对手的信用风险并重,在风险管控方面流动性弱与系统性风险性低的法律特点。我国CDS本质上属于场外信用衍生品,交易时由交易双方私下签订协议,市场监管无法深入;而现行我国CDS信息披露规则的一体化现状未能反映其特殊性,交易对手信息披露规则不完善也未能反映其风险的相关性,将引发新的市场风险。审视CDS的现有特点及其市场风险,把握CDS的信息披露规则从形式主义向实质主义转变、参考实体信息披露规则平等化与合约设计、合约交易信息披露规则的差异化的发展趋势,本文提出规范CDS的运行必须以提高信用衍生品市场透明度为目标,建立以风险相关性为核心的契合信用衍生品特性的信息披露制度,即通过多元化的信息披露义务主体、合理控制强制信息披露的范围、鼓励预测性信息披露等制度的构建,以期有助于我国CDS运行的规范和防控系统性金融风险。

---

① 参见尹灼:《信用衍生工具与风险管理》,社会科学文献出版社2005年版;张颖、王琼:《基于委托代理理论的信用违约互换最优契约模型分析》,载《经济管理》2007年第2期;张波:《信用违约互换市场风险及其监管:由AIG事件谈起》,载《农村金融研究》2008年第12期;顾凌云、毛润辰:《信用违约互换的高风险性分析及监管建议》,载《投资研究》2010年第10期;刘页:《浅谈银行信用违约互换的信用风险管理政策披露》,载《时代金融》2014年第3期。

② 参见张博、周文渊:《中国版CDS的关键问题》,载《中国金融》2016年第16期;杨勤宇、唐戈:《正确认识和理解中国版CDS》,载《中国投资》2016年第12期;林采宜:《CDS是风险保单还是投机推手?》,载《上海国资》2016年第10期;李涛:《关于"中国版"CDS的几点思考》,载《内蒙古煤炭经济》2016年第24期;王一峰:《发展CDS促进信用衍生品市场发展》,载《中国农村金融》2016年第21期;黄东发:《中国版CDS的机遇和挑战》,载《科技经济导刊》2016年第29期;等等。

二、功能与特点:我国信用违约互换(CDS)的法律分析

(一)债券市场中信用违约互换(CDS)的基本功能

1. 分离与交易信用风险

CDS 的运行过程实际上包含两个步骤,即分离信用风险与交易信用风险。在基于信用债券的 CDS 中,债券的收益率实际上被分割为"无风险收益率+信用利差"。CDS 合约所交易的正是债券的信用利差,信用保护的买方通过买入 CDS 合约,做空信用风险,使得自己所持有的债券构造成为无风险组合,以此防范信用债券的违约损失;信用保护的卖方则通过卖掉 CDS 合约,做多信用风险,赚取信用利差(见图 1)。在合约定价过程中所收集与分析的信息同时也成为债券市场投资者、监管者判断债务人信用风险的重要信息,而这些信息对于债券在二级市场的流通价值具有重要的影响作用。所以,CDS 合约定价本身也是对债券"信用利差"的估值过程,促进了债券市场价格的发现。

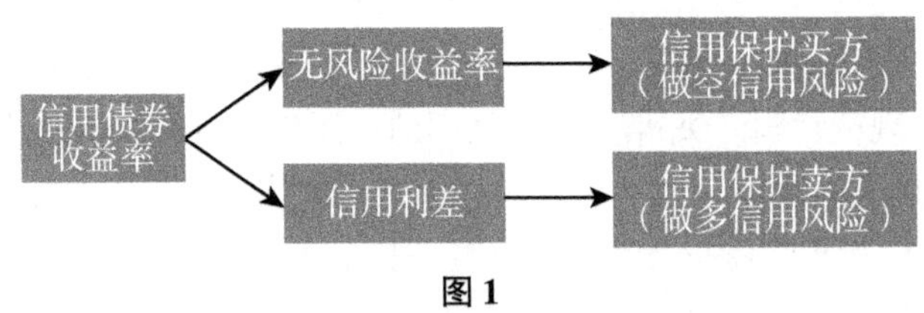

图 1

2. 促进债券信用增级

传统以银行作为担保而发行的债券中,投资者基于对银行的信任而往往忽视债券本身的违约风险。但当银行退出债券发行担保后,债券违约的风险则全部归于投资者。风险规避者因此更倾向于投资无风险债券或低风险债券,如国债、短期融资券等,债券市场流动性以及企业融资将受到极大影响。如果承销商在承销信用债券时搭配卖出相应的 CDS,实际上又为信用债券的兑付加上了一层保障,市场上的风险规避者则会重新回归,使得信用债券发行难度降低。所以说,CDS 本质上也发挥着债券信用增级的功能。

3. 促进债券市场化发展

我国债券市场近年来发展十分迅速。① 我国债券市场扩容迅速的同时,债

---

① 截至 2016 年 12 月,债券市场总托管余额为 43.7 万亿元。其中,国债托管余额为 11.4 万亿元,地方政府债券托管余额为 10.6 万亿元,政府支持机构债券 1.3 万亿元,金融债券托管余额为 14.3 万亿元,企业债券托管余额为 3.5 万亿元,信贷资产支持证券托管余额为 0.5 万亿元,中期票据托管余额为 1.03 万亿元等。载中国债券信息网:http://www.chinabond.com.cn/Channel/19012917#,最后访问日期:2017 年 1 月 3 日。

券违约事件集中爆发,刚性兑付的美好预期被加速打破。[①] 打破刚性兑付的背后,其实是债券信用风险承担者由政府、银行向普通投资者转变的趋势,这是债券市场化发展的必然要求。然而,打破刚性兑付后投资者的投资信心也必然受到极大的影响。为了管理债券信用风险,适应投资者多样化的投资偏好,增加流动性,债券市场对于信用风险缓释工具的需求也逐渐显现。在债券市场化发展的进路中,CDS 的出现迎合了债券市场参与者在刚性兑付打破后进行风险管理的期望,也为缓释市场信用风险提供可靠的制度保障,为债券市场化发展保驾护航。

(二)我国信用违约互换(CDS)法律特点:基于比较的分析

1. 市场功能:风险管理作用大于投资作用

国际 CDS 市场始于 20 世纪 90 年代,以 CDS 为基础的一系列信用衍生品随着金融市场的发展以惊人的速度创新;国际 CDS 市场逐渐脱离对债券市场的依附而形成相对独立的市场。而 CDS 的合约价格不仅受参考实体信用风险以及交易对手信用风险的影响,更受制于在 CDS 市场上形成的新的供求关系。基于此,很多 CDS 参与者交易的目的是基于投机和套利,而不是套期保值,CDS 也逐渐成为一些机构投资者投机套利的工具。[②] 所以,国际市场上 CDS 在最初的风险管理功能基础上派生出了投资功能,甚至投资功能逐步成为 CDS 的最核心功能。[③]

而我国早在 2010 年银行间市场交易商协会就推出了两款信用风险缓释工具(CRM),即信用风险缓释合约(CRMA)和信用风险缓释凭证(CRMW),被称为“第一代中国 CDS”。[④] CRM 由于产品结构单一、定价标准

---

① 如 2014 年 10 月“11 超日债”、2015 年 4 月“中科云网(ST 湘鄂债)”、2015 年 4 月国企债“11 天威 MTN2”、2015 年 4 月中小企业私募债“13 大宏债”、2015 年 5 月“12 中富债”、2015 年 10 月央企债“10 中钢债”、2015 年 11 月超短融“15 山水 SCP001”等。自 2016 年以来,我国债券违约事件更加频发甚至已经常态化。据媒体报道,截至 2016 年 8 月底,已有 42 只债券兑付违约,涉及 22 家发行主体,违约金额高达 254.61 亿元,无论是从违约债券的数量或违约金额,都达到了 2015 年的 2 倍。参见苏诗钰:《42 只债券兑付违约加速市场出清 监管应着力信息披露》,载《证券日报》2016 年 8 月 30 日,第 A01 版。

② 陈斌:《美国信用违约互换市场动荡的机理与启示》,载《南方金融》2010 年第 1 期。

③ 参见潘杰义、王琼、陈金贤:《信用风险管理创新工具——信用衍生品的发展与评述》,载《西北师大学报》(社会科学版)2003 年第 3 期。

④ 参见中国银行间交易商协会《银行间市场信用风险缓释工具试点业务指引》(2010 年 10 月 29 日发布)。

缺位等原因,[①]市场交易冷清,未到达预期的缓释风险的效果。[②] 2016 年 9 月《银行间市场信用风险缓释工具试点业务规则》(以下简称《业务规则》)及其相关配套文件推出了信用违约互换(CDS)、信用联结票据(CLN)两款信用风险缓释工具,"第二代中国 CDS"由此产生。相较于 CRM 采用的"单一标的债务"条款,[③]CDS 回归到了国际通行的产品结构,即采用"多标的债务"[④]条款,克服了 CRM 的弱点。[⑤] 所以,我国由于 CDS 市场刚开始建立,并且受制于目前债券市场低迷的流动性,CDS 最重要的功能在一定时期内只能限于债券市场的风险管理以及价格发现,即利用信用违约互换交易实现信用风险的最优配置。[⑥]

2. 合约定价:参考实体与交易对手的信用风险并重

从博弈论的视角来看,一份 CDS 合约能够达成,最关键的是这份合约能够实现买卖双方的零和博弈,即买卖双方对于合约中风险与价格的关联性具有趋于一致的认识,并基于此对于合约所带来的收益有相同的期望。发债主体的信用风险体现在信用事件的发生概率上,从卖方的角度来看,当发债主体信用风险高时,信用事件发生的概率就高,此时 CDS 卖方进行赔付的风险就高,反之则低。"CDS 合约作为一种衍生品合同,最本质的特征就是其价值随着基础资产的市场波动而变化。因此,在衍生品合同存续期间,合同下的收益(或风险敞口)的方向、金额都会随着市场波动而发生变化"。[⑦] 所以能否清楚识别发债主体的信用风险直接关系到 CDS 买卖双方的博弈是否能够成为零和或者负

---

① CRM"单一标的债务条款"的设计,打乱了 CRM 产品期限体系和信用利差期限结构的完整性,并使其受到新债发行和旧债老化的干扰,妨碍了产品的价格发现和标准化,导致市场数据缺乏可比性而零散,破坏了 CRM 市场的流动性、整体性与规模性。参见张海云、左思斌、王博:《信用风险缓释工具:产品改造与缓释失效》,载《科学决策》2014 年第 5 期。

② 参见郑振龙、孙清泉:《欧美 CDS 市场改革与中国信用风险缓释工具的市场制度设计》,载《金融论坛》2012 年第 1 期。

③ 即每一项 CRM 仅保护参考实体一项对应的标的债务。

④ 即 CDS 信用保护的范围涵盖参考实体的一整类债务。

⑤ 借助 CDS 可实现信用风险的分担和转移,将原先集中于银行体系的信用风险转移至证券、保险、私募投资公司、对冲基金等其他金融机构、实体企业、资管投顾计划等,可提高金融市场风险分散度和整体风险抵抗能力;不同风险偏好的银行之间也可以实现风险重配,利于不同类型金融机构发挥比较优势,促进机构间业务专业化分工和金融资源优化配置。参加张博、周文渊:《中国版 CDS 的关键问题》,载《中国金融》2016 年第 16 期。

⑥ 邓斌、张涤新:《金融危机背景下信用违约互换道德风险研究》,载《经济评论》2011 年第 1 期。

⑦ 楼建波:《场外衍生品交易担保之信用支持制度研究——以"海升—大摩案"为分析蓝本》,载《法商研究》2011 年第 1 期。

和。而影响 CDS 合约定价的信用风险主要来源于两个方面:第一,CDS 产品固有的风险,即参考实体的信用风险;第二,CDS 交易环节的风险,即交易对手的信用风险。[①] 相较于 CDS 产品中的固有风险——参考实体的信用风险,另外一个容易被 CDS 买方进行价格博弈时所忽略的重要风险便是交易对手的信用风险,即交易对手的违约概率。率先指出交易对手风险对于 CDS 重要性的学者约翰·赫尔(John C. Hull)和艾伦·怀特(Alan White)认为,CDS 信用事件不是孤立的,参考实体和交易对手之间存在关联违约。[②] 次贷危机以后,交易对手风险对 CDS 价格影响的研究逐渐多了起来,一个主要的原因是信誉卓著的合约交易者雷曼兄弟倒闭,AIG 的信用危机以及 CDS 合约大批交易对手信用级别下降甚至破产。这使得市场对交易对手风险作为定价要素的需求达到了顶峰,交易对手信用是完美的、违约可以忽略不计的传统假设受到严重挑战危机的警示。[③]

中国银行间市场交易商协会发布的《信用违约互换业务指引》第 2 条对 CDS 作了定义,即由信用保护卖方就约定的一个或多个参考实体向信用保护买方提供信用风险保护的金融合约。由此可见,影响 CDS 合约定价的首要风险便是合约中参考实体的信用风险。并且,由于 CDS 合约价格实际上来自债券的信用利差,参考实体的信用风险与合约价格实际呈正相关。此外,《银行间市场信用风险缓释工具试点业务规则》第 23 条规定:"参与者进行信用风险缓释工具交易时,应该及时向交易对手提供与交易相关的必要信息,并确保所提供信息的真实、准确和完整,不得欺诈或误导交易对手。"这表明交易对手的信用风险也被明确规定为 CDS 合约定价的基本要素。所以,我国在 CDS 合约定价时,参考实体与交易对手的信用风险并重,保障了 CDS 定价元素的完整和定价模型的科学。

3. 风险管控:流动性弱与系统性风险性低

在国际 CDS 市场中,由于 CDS 的交易成本低、效率高,其自身的流动性较

---

① 参见白云芬、胡新华、叶中行:《交易对手违约风险的信用违约互换定价》,载《统计与决策》2007 年第 18 期。

② 也就是说,参考实体的违约和交易对手的违约存在一定程度上的相关性。当这个相关性很强的时候,参考实体的违约直接导致交易对手的违约,若 CDS 买方没有持有相关债券而只是投机性的买入 CDS,那么只会损失合约下的价格所确定的费用,若 CDS 买方持有相关债券,则会遭受双重的损失。See John C. Hull, Alan White, "Valuing Credit Default Swaps Ⅱ: Modeling Default Correlation", *Journal of Derivatives*, *Issue Fall*(2001), pp. 12 – 22.

③ 杨星、胡国强:《交易对手信用违约事件与信用违约互换公允价值》,载《系统工程理论与实践》2013 年第 6 期。

强;加之CDS标准化合约的推出,参与者可以在短时间内实现大规模的交易,CDS的交易成本进一步降低,其流动性也进一步增强。但随着CDS流动性的增强,如果没有良好的信用风险管控机制,则很容易引发系统性金融风险。①

我国的CDS刚刚推出,依据《信用违约互换业务指引》的规定,CDS仅在银行间债券市场试点运行。其一,目前债券市场刚性兑付的打破导致市场参与者投资信心受到打击,流动性陷入低迷,基于债券市场的CDS市场自然会受到影响。其二,一般情况下大部分市场主体对于新推出的金融衍生品都会持观望态度。② 更何况CDS的推出本身就引起了市场广泛的争议,需要有一批参与者从中获利才能激励更多的潜在参与者进入。其三,我国CDS目前处于试运行阶段,还谈不上设计标准化合约,无法实现大规模的交易,交易成本还有待降低。基于此,可以预见,我国CDS在短期内流动性赶不上国际CDS市场的水平,甚至赶不上美国当初推出CDS时的流动性水平。在这种情况下,由于市场上的参与者不多,二级市场难以短时间形成,投机套利交易行为缺乏生成环境,整个CDS市场包括信用债券市场短期内也就不会形成冗长烦琐的债权债务关系。所以,我国CDS成为引爆系统性风险导火索的可能性较低。当然,随着我国金融市场创新脚步的加快以及参与者投资意向的逐渐多元化,不排除一段时间后我国CDS引发系统性风险的可能性。

三、制度的偏差:我国信用违约互换与信息披露规则的错位

(一)错位的表现:信用违约互换(CDS)引发新风险

CDS固然具有对冲信用风险、增强债券市场流动性、揭示风险以及价格发现的作用。然而,就像所有的金融衍生工具一样,CDS也是一把“双刃剑”。CDS通过分离与交易信用风险,在实现风险管理的同时也带来了新的风险。

CDS本质上属于场外信用衍生品,交易时由交易双方私下签订协议,市场

---

① 美国次贷危机中,CDS被认为是最强有力的风险推手。当时美国很多大的金融机构都为他们的“担保债务凭证”(Collateralized Debt Obligation,CDO)买了CDS进行对冲。一方面,他们作为CDS“被保险者”的买方,对于风险的敏感程度大大降低;另一方面,CDS的债权保障功能又反过来极大地刺激了越来越多的CDO的产生。然而,当时美国场外衍生品市场,由于信息披露制度不健全,CDO的违约风险已经很高,远远超过了CDS的卖家能够保障的范围。另外,由于当时美国的房贷市场违约风险已经暴露无遗,CDS逐渐演化成空头们的投机工具,最终引发了大规模的CDS合约本身的违约,CDS合约的违约反过来又导致大量CDO违约,最终爆发了系统性金融危机。参见张波:《次贷危机下的CDS市场:风险与变革》,载《中国货币市场》2008年第10期。

② 参见金赟、程传颖、孙晔:《我国证券公司场外衍生品市场发展研究》,载《中国证券》2015年第7期。

监管无法深入。而我国场外衍生品市场信息不对称的情况在整个金融市场中是最为严重的,交易者不能准确了解识别合约中包含的信用风险。甚至在某些情况下,CDS已经不再是金融资产持有方为违约风险购买保护的对冲范畴,它实际上已经异化为信用保护买卖双方的对赌行为。① 而金融衍生品通常具有迂回交易的特点,交易链条长且复杂。这导致系统性风险加大;“如果某一个参与者同时参与了若干生产链条,那么一个生产链条的断裂,就会间接地影响到其他生产链条,这样负效应会像多米诺骨牌一样不断传递扩大。”②例如,美国次贷危机爆发时,大家发现CDS市场与资产证券化债券市场处于高度融合的状态。资产证券化债券的发行和交易无可厚非,CDS合约管理信用风险的功能也未有不妥;然而当两者高度结合后,整个金融链条中的风险事实上全部集中到了CDS合约卖方,这种风险在CDS规则中不受限制的投机行为作用下得到了进一步放大,最终导致交易对手信用风险决定了整个CDS市场与资产证券化债券市场的命运。③

2016年10月31日银行间交易商协会发表公告称,已有14家机构备案成为信用风险缓释工具核心交易商,并由10家机构在当日开展了15笔信用违约互换交易,名义本金总计3亿元,交易参考实体涉及石油天然气、电力等8各行业。④ 可以预计,银行间市场的CDS参与度将会越来越高,参考实体所涉及的行业也会越来越多,并且很可能会发展出CDS的二级交易市场。在这种情况下,迂回交易的链条便不断拉长,其中一部分环节出现问题,风险便会迅速扩展到整个金融链条。

(二)错位的原因:信息披露规则未体现风险相关性

CDS从定价到交易都高度依赖于对信用风险的判断,包括对参考实体信用风险的判断和交易对手信用风险的判断。所以,在CDS定价与交易过程中信息披露的内容应该与参考实体和交易对手的信用风险具有高度相关性。然而我国现行信息披露制度框架下的CDS信息披露规则却远远没有达到这个标

① 龚斌思:《美国金融危机中信用衍生品的风险及作用机制——兼议对我国金融创新的启示》,载《新金融》2009年第7期。

② 参见赵海怡:《金融衍生品交易风险控制中的制度与法律——一个法经济学分析范式》,载《河北法学》2009年第6期。

③ 参见孙杰:《后金融危机的金融发展趋势——从资产证券化和信用违约掉期分析》,载《国际经济评论》2009年第4期。

④ 参见《银行间市场开展首批信用违约互换交易》,载中国银行间市场商协会官网:http://www.nafmii.org.cn/xhdt/201611/t20161101_57874.html? from = singlemessage&isappinstalled = 0,最后访问日期:2018年6月28日。

准,这导致新风险产生的可能性不断增强。

一方面,信息披露规则的一体化未能反映特殊性。从参考实体的信息披露规则来看,我国现行《证券法》在“持续信息公开”一章中规定了股票与债券信息披露规则,在定期报告规则方面,披露内容完全相同。① 而根据不同的债券分类,在《全国银行间债券市场金融债券信息披露操作细则》中规定了金融债券的信息披露规则,②在《公司债券发行与交易管理办法》中规定了公司债券的信息披露规则。③ 实质上,股票与债券的差异性决定了投资者在参与投资过程中所需要获取的信息是有所不同的;股票收益主要是基于上市公司的盈利情况,而债券收益主要来自发债公司到期还本付息。这导致股票的风险主要来自公司运营情况的波动,而债券的风险主要来自公司的偿债能力与意愿。“虽然公司负债高低是影响股东盈余多少的因素,在股票信息披露上可能包含部分的债券信息披露内容,但二者的差异决定了它们有所交叉但侧重点不同。”④所以,股票与债券的投资者所需要关注的公司的信息披露内容是不完全相同的。债券作为一种固定收益证券,投资者所面临的主要是发债主体的信用风险,所以发债公司所需要披露的信息中,影响其偿付能力的信息应该是最重要的信息。现阶段我国《证券法》和其他债券信息披露规则将债券信息披露规则依附于股票信息披露规则,没有体现出债券在信息披露规则上的特殊性。⑤

另一方面,交易对手信息披露规则的不完善未能反映相关性。从交易对手的信息披露规则来看,《业务规则》在关于“信息披露与报备”一章中,仅在第23条规定:“参与者进行信用风险缓释工具交易时,应该及时向交易对手提供与交易相关的必要信息。”理论上,与CDS风险相关的信息应当区分为两部分:第一部分是CDS合约定价的相关信息,包括参考实体基本信息、信用评级信息、定价模型等;第二部分是交易对手自身的信用风险相关信息。而每一部分的信息与CDS风险的相关性程度是不完全相同的,信息披露规则在设计时,应当充分考虑不同部分信息的风险相关性,以此来区分重要信息与一般信息,并配置以相应的披露义务与责任。但是《业务规则》中仅仅笼统地提到了“相关信息”,没有区分参考实体相关信息与交易对手自身信息,更谈不上信用评价信息与定价模型信息。如此规定太过于模糊,不能体现出各类信息与CDS风

① 参见我国《证券法》第65条、第66条、第67条。

② 参见《全国银行间债券市场金融债券信息披露操作细则》第5条、第6条、第7条。

③ 参见《公司债券发行与交易管理办法》第45条、第46条。

④ 洪艳蓉:《〈证券法〉债券规则的批判与重构》,载《中国政法大学学报》2015年第3期。

⑤ 参见南玉梅:《契合债券属性的信息披露规则研究》,载《证券法苑》2016年第1期。

险不同程度的相关性,无法完全揭示CDS合约中所包含的信用风险,怎么界定"与交易相关的必要信息"成为交易与监管过程中的难题。

四、变革的趋势:信用违约互换(CDS)对信息披露规则的需求

信用衍生品与股票和债券都是证券市场上的投资产品,具有相同的投资属性,但他们三者也有着很大区别。相对而言,信用衍生品定价模型更加复杂,导致风险也更加隐蔽。所以,规范CDS的运行必须以提高信用衍生品市场透明度为目标,建立契合信用衍生品特性的信息披露规则。

(一)信息披露规则形式主义向实质主义的转变

CDS作为一种最基础的信用衍生品,其功能在于科学管理信用风险,由此决定了与信用风险相关的信息对于CDS参与者来说最具参考价值。具体来说,CDS在合约设计阶段,需要充分考虑到参考实体的信用风险,基于对参考实体的信用风险单独定价来将债券收益率分离为无风险收益率和信用利差。而在交易阶段,CDS参与者还需要充分参考交易对手的信用风险,从而进行价格博弈。因此,能够真实反映参考实体和交易对手信用风险的信息披露才是真正意义上的充分披露。综观国际市场,香港联交所与美国NASDAQ市场分别针对矿产、石油、天然气、银行、保险与房地产等行业制定了相应的信息披露规则;澳大利亚的上市公司约有一半主营矿产相关业务,故信息披露规则中要求披露与矿产开发的相关成本费用以及资源储备量等信息。① 可见,有效的与交易风险直接相关的实质主义信息披露规则迎合市场以及相应产品的实际情况,已经成为复杂金融衍生品信息披露规则的变革趋势。

根据我国《证券法》的规定,在公司债券上市交易之前,应该将相关信息向证券交易所进行披露,待证券交易所审核通过后,再进行公开披露。在发债公司的年度报告和中期报告制度中,均须按规定向证监会以及交易所报送资料。② 从信息披露程序上看具有很明显的行政监管色彩。③ 从信息披露内容上看,诸如公司财务会计报告和经营情况以及公司的债券、股票变动情况等一系列披露内容,基本上都是公司的历史数据或者基础信息;对投资者来讲,并没有

---

① 杨淦:《上市公司差异化信息披露的逻辑理路与制度展开》,载《证券市场导报》2016年第1期。

② 参见我国《证券法》第58条、第65条、第67条。

③ 一般来说,在以行政监管为主导的审核方式下,上市公司会倾向于披露更多合规、规范类信息,而那些能够反映其发展价值和风险的非监管类信息可能披露不足。参见郭建军:《注册制下上市公司信息披露制度的价值取向与实现》,载《河北法学》2015年第9期。

实质意义上的决策导向作用;公司即便如实披露规定的信息,也并没有达到充分披露影响债券价格的信息的地步。而在包括CDS在内的信用衍生品交易中,投资者须知晓的信息内容已经扩展至产品的设计原理、风险与缺陷、基础资产状况、信用评级等各个方面,早就不是简单的财务会计信息;如果将每个方面的信息都不加区分地披露,那么投资者极有可能被海量的复杂信息误导。① 更不用提《业务规则》中对交易对手的信息披露义务泛泛而谈的“相关信息”。所以,现行形式化的信息披露规则已经无法在信用衍生品交易中有效地揭示风险并引导投资者进行决策。而实质主义的信息披露规则必然要求参与主体所披露的信息要能够充分反应相关主体的信用风险情况,是强调风险相关性基础上信息披露规则的演化。因此,CDS作为一款管理信用风险的金融衍生品,其信息披露规则的建构应强化对相关交易风险的审视,顺应实质主义的发展路径。

(二)信息披露规则安排平等而有区别

1.参考实体信息:平等化的信息披露规则

我国多年来在证券市场的规制中一直存在“重股轻债”的观念;“由于漠视债券的本质和特性,既有制度过多依赖和参照股票,致使债券市场信息披露陷入‘同质化、粗糙化、形式化’的困局。”②值得欣慰的是,在证监会2015年颁布的《公司债券发行与交易管理办法》中对于债券市场的临时报告制度有了较为详细的规定,列举了包括信用评级变化、发行人发生未能清偿到期债务的违约情况等13项对投资者做出投资决策有重大影响的事项。③ 全国银行间同业拆借中心与中央国债登记结算有限责任公司联合制定,并由中国人民银行批准发布的《全国银行间债券市场金融债券信息披露操作细则》中,也列举了包括高级管理人员变更、发行人业务、财务等经营状况发生重大改变等7项可能影响

① 窦鹏娟:《证券信息披露的投资者中心原则及其构想——以证券衍生交易为例》,载《金融经济学研究》2015年第6期。

② 例如,我国《证券法》第67条所规定的重大事件临时报告制度当中,却仅仅规定了股票发行人的临时报告义务。或许立法者出于对股票与债券差异性的考虑,认为股东只能以股利分红或者在二级市场卖出股票来获得投资收益,所以相对于债券持有人更加关注影响股价的重大事件(参见南玉梅:《契合债券属性的信息披露规则研究》,载《证券法苑》2016年第1期)。但是,债券除了通过到期还本付息获得收益以外,也可以在二级市场上流通以获得收益。当发生足以影响债券流通价格的重大事件时,投资者有权知晓相关情况;因为影响债券流通价格的信息同时也是影响发债主体偿付能力的信息,持有者只有知晓此类信息,才能够通过在二级市场上及时转让债券来控制损失额度。在“重股轻债”观念的影响下,债券市场没有获得平等化的信息披露规则。参见冯果等:《债券市场风险防范的法治逻辑》,法律出版社2016年版,第2页。

③ 参见《公司债券发行与交易管理办法》第45条。

投资者做出正确判断的重大变化,[①]对于这些事件的发生,发行人应该及时进行临时信息披露。可以说,随着债券市场近年来的快速发展,立法者已经注意到"重股轻债"观念的不合时宜,赋予债券市场平等化的信息披露规则势在必行。

2. 合约设计与合约交易:差异化的信息披露规则

在交易过程当中,CDS是"一种参与者双方一对一达成的协议,其细节一般并不为外人所知,市场参与者、社会公众与监管机构皆难窥其全貌"。[②] 就参与者双方而言,也只知道自己对交易对手的风险敞口,而并不清楚其交易对手对其他市场参与者的具体情况。[③] 另外,CDS本身并不会消除参考实体的信用风险,而只是将信用风险进行转移,即将债券持有者对于发行主体的风险敞口转化为对交易对手的风险敞口。所以,交易对手是否会违约将是参与者面临的第二重关键风险。在最差的情况下,参与者可能遭受到发债主体和交易对手的双重违约,损失债券本息以及已支付的CDS合约价格。所以,除了债券市场平等化信息披露之外,CDS在合约形成与交易环节,参与者需要对交易对手以及其他信息披露义务人所披露的所有风险相关性信息进行综合判定,了解合约中所蕴含的风险以及合约价格是否真实能够反映出风险。[④] 基于此,完整、准确、及时的信用评级信息对于参与者识别信用风险以及进行相应的价格博弈具有十分重要的作用。

在现有法律规则中,一方面,我国《证券法》中的信息披露规则大多只涉及披露义务人会计信息的披露,对于发债主体信用评级信息、交易对手信用风险相关信息等与CDS合约风险密切相关的信息均无涉及;另一方面,如前所述,《业务规则》中对交易对手披露信息规定的过于模糊,缺乏可操作性。所以,

---

① 参见《全国银行间债券市场金融债券信息披露操作细则》第14条。

② 参见颜延:《会计报表中衍生产品的信息披露研究——美国的经验与启示》,载《会计研究》2013年第4期。

③ 颜延、陆建忠:《场外衍生品信息披露标准的完善和发展》,载《上海经济研究》2013年第5期。

④ 观察CDS合约的形成过程,可以发现,CDS通过将债券收益率分离为"无风险收益率+信用利差"来实现信用利差的单独流通;信用利差的测量以及定价,必然是决定CDS合约价格的重要因素。影响信用利差的信息,除了参考实体自身所披露的信息之外,还包括信用评级信息、定价模型信息等一系列定价参考信息。以信用评级信息为例,信用评级越高对应CDS保费费率就越小,这是由于参考债券的等级越高,其违约概率就越小,并且回收率更高,因而其CDS保费费率就越小。参见王乐乐、边保军、李琳:《基于信用等级迁移的信用违约互换定价》,载《同济大学学报》2010年第4期。

CDS的推出,在构建平等化债券市场信息披露规则的同时,还必须立足CDS合约形成与合约交易的实践,基于风险的相关性,构建满足包括CDS在内的信用衍生品风险管控需求的差异化的信息披露规则。

五、规则的完善:以风险相关性为核心建构信息披露制度

我国现行对包括CDS在内的信用衍生品市场中各衍生品的信息披露规则比较散乱,缺乏系统完整的衍生品信息披露制度,监管部门也无所适从,参与者无法有效对风险进行评估,其权益得不到有效的保护。就金融监管而言,信用衍生品交易可能在降低了银行个体风险的同时加大金融系统风险。[①] 金融创新本身有着摆脱金融监管的内在属性。[②] 所以必须通过配套制度将风险锁定在控制范围内,契合CDS特性的信息披露制度的完善成为关键。[③] 作为管理信用风险的衍生品,参与者在进行交易时最需要知晓的信息必然是与信用风险高度相关的信息,包括参考实体的信息风险信息以及交易对手的信用风险信息,所以,信息披露制度完善的关键在于披露与信用风险相关性的信息。

(一)多元化的信息披露义务主体

CDS交易过程中涉及参考实体信用风险以及交易对手的信用风险,参与者识别风险的过程中,需要知晓的信息自然是渗透了从参考实体自身、合约的设计、合约交易,甚至交易之后的跟踪信息的全过程信息。所以,CDS信息披露涉及的信息披露义务人至少应该包括:发债主体、信用评级机构、交易对手(CDS卖方)。

发债主体并非严格意义上的CDS市场的信息披露义务主体,而是债券市场的信息披露义务主体。但是,CDS合约所要完成的任务便是分离和转移依附于债券上的信用风险,导致其产生以及定价必须依赖于发债主体所发行的债券。基于此,发债主体必须真实、完整地披露信息,以保证CDS的合理定价和风险管理功能的正常发挥。

信用评级机构作为证券市场的"准监管者",在信息严重不对称的证券市场上,信用评级能够通过提供最直观、最具有参考价值的重要信息,有效地降低

---

① 庄毓敏等:《信用风险转移创新与银行(体系)的稳定性——基于美国银行数据的实证研究》,载《金融研究》2012年第6期。

② 胡海鸥、贾德奎编著:《货币理论与货币政策》,上海人民出版社2012年版,第136页。

③ 美国次贷危机的教训足以说明,提高场外衍生品市场透明度、完善信息披露制度是减少衍生品市场信息不对称风险,保护参与者权益,提高市场监管效率,避免系统性风险,促进市场稳步和可持续发展的重要前提。参见翟浩、雷晓冰:《场外衍生品市场监管制度改革:英国的经验与启示》,载《河北法学》2012年第1期。

投资者的信息成本。在投资者对发债企业的风险承担和偿付能力具有异质性信念的情况下,信用评级可以通过协调市场参与者的行动而维护金融稳定。[①] 然而,我国实践中信用评级机制却并未发挥出应有的作用,其中最突出的问题就是评级机构对企业债券评级整体偏高,信用评级结果没有体现风险相关性。[②] 所以,我国市场上的信用评级结果本身并没有较高的参考价值。信用评级机构必须严格披露其评级信息、评级方法,在此基础上得出评级结果,才能够真正让参与者准确了解债券的信用风险,并以此作为参与者评估 CDS 合约价格的重要因素之一。

CDS 卖方作为合约提供者,其是否具有信息披露义务自不待言。值得探讨的是,CDS 卖方需要披露的信息包括哪几类。笔者认为,发债主体和信用评级机构已经披露的信息依然属于 CDS 卖方信息披露义务的范围。根据《业务规则》中规定的“相关信息”以及风险相关性信息披露发展趋势,凡属影响 CDS 合约价格以及其所包含的参考实体信用风险的相关信息都应该由 CDS 卖方予以提供。另外,虽然发债主体与信用评级机构有义务披露参考实体信息风险信息以及信用评级相关信息,但是对于 CDS 买方来说其并没有义务去收集前述两者所披露的信息,买方所获知信息的直接来源应该是卖方,前两者的信息披露只是作为辅助和修正,卖方才是 CDS 交易中首要的信息披露义务人。

(二)合理控制强制信息披露的范围

信息披露规则作为一种强制规范,以公权力的介入来弥补证券市场信息不对称的客观现实。CDS 在美国的金融动荡中起到了推波助澜的作用,其主要原因就是衍生品市场信息披露规则不完备,导致信息披露内容不充分,最终监管严重缺位。危机过后,美国开始着手制定实施针对衍生品市场的法案,包括《2009 年场外衍生品市场法案》和 2010 年的《多德—弗兰克华尔街改革与消费者保护法案》(以下简称《多德—弗兰克法案》)。《多德—弗兰克法案》专章规定了衍生品交易的信息披露规则——第七章“华尔街的透明度与问责性”。[③]

---

① See Arnoud W. A. Boot, Todd T. Milbourn, Anjolein Schmeits, “Credit Ratings as Coordination Mechanisms”, *Review of Financial Studies*, *Vol.* 19, *Issue* 1(2006), pp. 81 – 118.

② 刘迎霜:《论我国公司债券信用评级机制的构建》,载《江西社会科学》2009 年第 2 期。

③ 《多德—弗兰克法案》专门规定,对于包括 CDS 在内的互换交易,互换交易商和主要互换参与者必须披露关于互换产品的足够信息以满足对手方对下列信息的获取:互换的实质风险;互换的实质的特征;互换交易商或主要互换参与者参与互换的真实动机;互换可能产生的利益冲突。See M. Holland West, Matthew K. Kerfoot, “The Impact of Dodd-Frank on Derivatives”, *Fordham Journal of Corporate and Financial Law*, *Vol.* 18, *Issue* 2(2013), pp. 269 – 326.

但强制信息披露在弥补证券市场信息供给不足的同时,也可能会产生新的困境。若是将强制性信息披露内容范围规定过于宽泛,本身是违反市场运行规律的,因为对于公司某些信息,无论是监管者还是投资者并不需要或者不必要知晓,如涉及公司商业秘密的信息。而对于过多的信息,投资者也并没有足够条件去辨别真伪以及分析。过于宽泛的强制性信息披露范围,会导致披露义务人披露信息形式化,仅仅是针对监管者的要求,披露"合规"的信息,而不是基于风险相关性的真正影响投资者决策的重要信息。所以,强制性信息披露的范围需要控制在合理的区间内。

相较于我国《业务规则》中模糊笼统的"相关信息",《多德—弗兰克法案》将互换交易卖方的信息披露范围具体化,并且从法案中规定的内容范围来看,每一项披露内容都紧紧围绕着参考实体或者交易对手具有风险相关性的信用风险来展开,并没有对信息披露的范围做无谓地扩大或是限缩。这样的规定方式对于我国 CDS 市场强制信息披露范围有着重要的借鉴意义。

(三)鼓励预测性信息披露

信息披露制度的关键在于将影响投资者决策的与风险相关的重要信息完整、及时、准确地反映到市场上,那么,哪些信息能够被称为与风险相关的重要信息?当前我国信息披露制度所确定的强制信息披露内容范围仅仅限于根据历史数据而得来的会计信息,也就是客观上已经确定的事实。然而,客观上尚未确定的事实并非不能造成债券市场价格波动而影响投资者的决策;比如,公司拟投资于某个重大项目,或者公司年度收益的预估等。从参与者的角度来看,预测性信息的披露对于其判断所持债券和签订的 CDS 合约信用风险有着高度的相关性。债券的收益取决于公司未来的营业状况,CDS 中包含的信用利差也随着公司的经营状况而不断变化,而预测性信息显然是对公司未来经营状况最直接的前瞻。所以,预测性信息的披露对于 CDS 的运行来讲是一项必要的风险防控措施。

那么,预测性信息应该如何披露?可以确定的是,预测性信息不能强制披露,因为对于未定成事实的信息缺乏强制披露的法律根据。而可行的办法便是通过倡导性的规定来鼓励相关主体披露预测性信息。事实上,经营状况良好的公司非常愿意披露预测性信息,因为通过披露预测性信息,可以让投资者看好公司的未来价值,避免发生交易过程中的逆向选择行为。[①] 然而,由于预测性

---

① 参见王从容、李宁:《法学视角下的证券市场信息披露制度若干问题的分析》,载《金融研究》2009 年第 3 期。

信息本身具有射幸性,即信息本身不一定会成为事实,这就导致在现有规定下可能披露预测信息会陷入披露不实信息的困境。针对这种情况,信息披露规则中应当对合理的预测性信息披露赋予披露不实的豁免权,以此来完善预测性信息披露规则。

六、结论

"创新是金融发展的不竭动力,但历史上金融的发展往往沿着'危机—管制—金融抑制—放松管制—过度创新—新的危机'的路径演进。所以,必须把握好金融创新、金融效率、金融稳定的平衡,尤其是完善金融监管。"①CDS 引入我国债券市场,预示着我国金融创新脚步的加快;可以预计,以 CDS 为基础的一系列信用衍生品以及结构性信用衍生品也将陆续推出。以管理信用风险为宗旨的 CDS 本身涉及参考实体的信用风险以及交易对手的信用风险。在微观层面,参与者需要通过充分的信息披露以完成对信用风险的准确识别;在宏观层面,由于包括 CDS 在内的信用衍生品迂回交易的特性,交易链条很长且往复循环,一个环节的风险失控可能导致整个系统的风险爆发,所以需要充分信息的披露防范系统性风险。CDS 作为依附于债券的信用衍生品,其信息披露主体必然涉及债券市场和衍生品市场两方面的主体,包括发债主体、信用评级机构以及交易对手。信息披露的内容要以识别并防范信用风险为目标,既要完善参考实体信用风险的信息披露,又要完善交易对手信用风险的信息披露,建立"风险相关性"为核心的信息披露规则。

事实上,CDS 作为依附于债券的信用衍生品,由于涉及债券市场和衍生品市场两方面,我们也必须正视其合约、交易等方面监管的复杂性。建立"风险相关性"为核心的信息披露制度仅仅是监管措施的一个环节。对于 CDS 的有效监管,还需要完善 CDS 定价机制,规范信用评级机制,明确 CDS 的会计处理方案,确认 CDS 的信用风险缓释功能等。通过对上述问题的深入研究,完善相关法律规则,与"风险相关性"为核心的信息披露规则紧密配合,才能共同构筑起 CDS 运营的防火墙,在有效发挥 CDS 缓释、对冲信用风险功能的同时,保障金融稳定,防范系统性风险。

---

① 参见尚福林:《把握好金融创新与金融稳定的平衡》,载《决策探索月刊》2014 年第 8 期。

地方政府融资平台转型问题研究

王延川[*]　陈琪升[**]

从2008年我国实行“4万亿”经济刺激计划以来，地方政府进行基础设施建设及提供公共服务的资金来源也由单一的税收与财政拨款向多元化转型，特别是2010年财政部明确定义了地方融资平台①后，为地方政府顺利融资发挥了极为重要的作用。在新形势下，如何使融资平台通过转型升级而继续发挥其积极作用便成为解决当前地方政府债权债务问题的一个重要命题。

一、地方政府融资平台转型必要性分析

地方政府融资平台自身存在明显的结构缺陷、国家新政策倒逼融资平台转型以及“政企分离”这一必然趋势都表明融资平台制度存在严重问题而必须实现转型升级。

(一)融资平台自身结构缺陷

地方政府融资平台存在的核心问题在于其投融资

* 西北工业大学副教授，法学博士。

** 西北政法大学民商法学院2016级民商法学硕士研究生。

① 在财政部2010年下发的《关于贯彻国务院关于加强地方政府融资平台公司管理有关问题的通知》(财预〔2010〕412号)中，将地方政府融资平台明确界定为“由地方政府及其部门和机构、所属事业单位等通过财政拨款或注入土地、股权等资产设立，具有政府公益性项目投融资功能，并拥有独立企业法人资格的经济实体，包括各类综合性投资公司，如建设投资公司、建设开发公司、投资开发公司、投资控股公司、投资发展公司、投资集团公司、国有资产运营公司、国有资本经营管理中心等，以及行业性投资公司，如交通投资公司等”。

以地方政府基础设施建设与改善民生等投资巨大但收益回复缓慢的项目为导向,而使得其存在短贷长投的问题,这一现状直接体现为融资平台负债规模巨大、预期收益稳定但现金流严重不足。

地方政府融资平台的融资方式主要包括银行贷款、发行"城投债"、"信政合作"、项目融资和产业投资基金5种类型。[①] 根据审计署2013年6月末的审计结果,地方政府负偿还责任的债务规模达10.885917万亿元,在审计范围内的7170家融资平台债务规模4.075554万亿元,占比达37.47%。[②] 到2016年6月末,地方政府融资平台公司有息债务规模更是达到43.28万亿元。[③]

与债务规模相对的,则是融资平台债务偿还资金主要来源地方财政拨款与项目运营收益使其偿债能力无法满足现有债务的偿债需求。地方财政拨款本质上是以地方政府信用作为支撑,地方政府信用降低直接影响融资平台的偿债水平。例如,在中国"城投债"至今未发生债务违约的背景下,国际评级公司标准普尔于2017年4月6日以连云港市政府财政收入增速下降及债务负担上升为由降低了连云港市融资平台江苏新海连公司及其全资境外子公司香港智源公司的信用评级。这一事件标志着融资平台以政府信用作为担保的基础发生动摇;而从融资平台收益来源来看,基本集中于基础设施建设与公益性民生项目,如市政建设、交通运输、保障性住房等。根据审计署2013年审级结果,基建及公益性项目投资达87,806.13亿元,占有偿还债务比为86.77%。这些项目大部分属于具有收益稳定性的优质资产,但此类项目投资与债务期限相比属于长期投资。在现金流与收益回复较慢的情形下,其偿债压力极大。

故而地方政府融资平台自身结构缺陷可以总结为三点。首先,信用基础来源须变更。在地方政府债务违约的系统性风险增加的情形下,融资平台需要寻找其他增信方式来提高自身信用水平;其次,融资平台资产配比存在问题。在预期收益稳定但现金流严重不足的情形下,如果无法通过其他途径解决短债长投问题,则极易爆发大规模违约风险;最后,融资平台名义上为独立法人,但事实上承担着大量的政府公共服务职能,使其成为政府的融资及建设工具。因此,其独立法人地位值得商榷。

---

① 夏勇毅:《地方政府融资平台资产与负债匹配性分析》,载《新经济》2015年第12期。

② 审计署《全国政府性债务审计结果》(2013年12月30日公告)。

③ 资料来源:WIND,苏宁金融研究院。

(二)新《预算法》及国家政策倒逼融资平台转型

2014年至今,从立法到国家政策①均对地方政府融资平台问题进行了严格的限缩性规定,其中最值得注意的莫过于《国发43号文》和2015年我国新《预算法》的出台。

就《国发43号文》而言,其剥离了融资平台的政府融资职能,规定融资平台不得新增政府债务,同时明确限定地方政府债务融资渠道仅限于政府债券、PPP项目等规范性债务,从而剥离了融资平台政府融资职能。在融资渠道与政府增信丧失的规范下,使得融资平台进行转型。对于融资平台在建工程仍对银行业有极高的融资需求这一特殊情形,《国转40号文》和《银发43号文》虽然要求银行业提供后续支持,但就整体趋势而言,融资平台新增业务资金来源基本已与地方政府进行了明确切分。

就2015年1月1号实施的我国新《预算法》而言,国家于立法层面明确了地方政府及其所属部门除发行地方政府债券外不得以任何形式增发债务。特别是新《预算法》通过明确在该法生效后,包括融资平台在内的地方国企所负债务不再属于政府债务,转由企业自行承担偿还责任,地方政府以其出资范围承担有限责任。都明确了地方政府债务与融资平台债务的分离。

融资平台自身的项目范围及债务水平使得其具有预期收益稳定但资产负债率高、现实偿还能力不足的特点,在无法获得政府信用增级及地方财政支持的背景下,融资平台与一般国企便没有本质区别。这就使融资平台必须通过转型升级才能解决债务及业务发展问题。

(三)"政企分离"的必然趋势

当前地方政府与融资平台之间关系难以界清的重要原因就在于融资平台人事权、决策权包括财权基本上都集中于政府手中,使得融资平台事实上成为地方政府社会服务职能部门。二者之间并未超出"政企合一"的范畴。

虽然根据2010年财政部对融资平台所下定义,即"由地方政府及其部门和

---

① 如国务院《关于加强地方性政府债务管理的意见》(国发〔2014〕43号)(以下简称《国发43号文》),国务院办公厅转发财政部、中国人民银行、银监会《关于妥善解决地方政府融资平台公司在建项目后续融资问题意见的通知》(国发办〔2015〕40号)(以下简称《国转40号文》),中国银监会、国家发改委《关于银行业支持重点领域重大工程建设的指导意见》(银监发〔2015〕43号)(以下简称《银发43号文》),财政部《对地方政府债务实行限额管理的实施意见》(财预〔2015〕225号)(以下简称《财预225号文》),2016年11月财政部有关负责人就地方政府债务问题答记者问(依法厘清政府债务范围,坚决堵住违法举债渠道)和财政部、发改委、证监会、银监会、央行、司法部六部委于2017年4月26日出台的《关于进一步规范地方政府举债融资行为的通知》(财预〔2017〕50号)(以下简称《六部委通知》)等。

机构、所属事业单位等通过财政拨款或注入土地、股权等资产设立，具有政府公益性项目投融资功能，并拥有独立企业法人资格的经济实体"对融资平台法律性质加以界定可以清晰发现其所存在问题。首先，融资平台资金来源财政拨款及地方政府、事业单位注资，即融资平台所有权人为地方政府；其次，融资平台设立目的为满足政府公益性项目投融资需求，即在我国旧《预算法》禁止地方政府举债的限制下，地方政府以融资平台为工具满足其地方经济建设的资金需求；最后，融资平台名义上为独立法人企业，但由于最关键的股东及经营目的分别为地方政府以及公益性事业投融资，①这就决定了融资平台的法律性质绝非传统意义上的公司法人。而是为满足地方政府资金需求而规避法律、政策限制下"政企合一"的产物。

"政企合一"的根本原理就在于政府基于"无限责任"理念下对公共产品、设施的提供与保障。② 而这一理论的根本矛盾就在于当政府集中了公共产品提供服务职能与管理职能时，无异于将公权力与私权利进行了集合。"政企合一"不仅加重了地方政府债务与服务提供负担、降低了服务效率，同时也阻碍了社会资本成长与进入相关领域的路径。更严重的是，将使得地方政府在公共服务提供与管理两个不同维度上产生缺位或乱位。故而从《国发 43 号文》到新《预算法》等所体现的要旨来看，地方政府与融资平台之间"政企分离"已然成为必然趋势。

在融资平台存在这三个关键问题的背景下，其转型升级也便具备了必要性。

二、融资平台转型可行性分析

(一)政策及制度支持

自 2014 年以来，关于融资平台立法及政策在要求融资平台进行转型的同时，也为其转型提供了转型支持。

就 2014 年《国发 43 号文》进行分析，便可以理出政策支持倾向。在明确划清政企界限的前提下，也将存量债务纳入预算管理，即将融资平台所负债务中属于地方政府所应清偿的部分纳入一般和专项债务，经报国务院批转后分类纳入地方预算管理，原有债权债务关系保持不变。可见融资平台债务虽与地方政

① 现有的地方政府融资平台股权结构有二：其一为单一股东制，即只有一个国有企业作为融资平台股东；其二为多股东制，即由多个国有企业成为一家融资平台股东。

② 胡改蓉：《回归地方政府融资平台公司的公益性定位》，载《法学》2012 年第 10 期。

府债务已经进行了明确区分,但仍有部分债务以地方财政为担保来帮助减轻融资平台现有债务压力;[①]2015年《银发43号文》第13条关于"对已经建立现代企业制度、实现市场化运营,其承担的地方政府债务已纳入政府财政预算、得到妥善处置并明确公告今后不再承担地方政府举债融资职能的融资平台公司,对于其承担的重大工程项目建设或作为社会资本参与当地政府和社会资本合作项目建设,银行业金融机构可在依法合规、审慎测算还款能力和项目收益的前提下,予以信贷支持"的规定,为符合条件的融资平台公司提供信贷资金支持,从而进一步减轻融资平台在建工程融资压力发挥了制度保障的积极作用;2016年,发改委"2689号文"[②]也对传统基础设施领域PPP项目进行资产证券化作了明确规定,虽然该文是针对传统基础设施领域资产证券化进行的规定,但在财政部门尚未对其他融资平台所涉及公共事业领域资产证券化进行明确规定的背景下,该规定也可以适用于其他公益性事业项目;2017年的《六部委通知》则以推动融资平台公司尽快转型为市场化运营的国有企业、依法合规开展市场化融资为目的进一步明确了地方政府与融资平台"政企分离",从而为融资平台的市场化运作提供了政策支持。可见制度与政策在倒逼融资平台转型的同时也为其提供了必要的支持。

(二)资产证券化可作为转型路径

所谓资产证券化也即专项资产管理计划,美国证监会(the U. S. Securities and Exchange Commission, SEC)将其定义为"创立主要由一组不连续的应收账款或者其他金融资产集合产生的现金流支持的证券,它可以是固定的或者循环的,并可根据条款在一定时期内变现,同时附加一些权利或者其他资产来保证上述支持或者按时地向持券人分配收益。"[③]其本质是将具有稳定收益可能性但缺乏流动性的资产通过证券化操作转为能在资本市场上自由流通的融资工具,其目的在于帮助基础资产预期收益良好的企业通过发行资产证券化产品快速获得现金流支持。

证监会2014年发布的《证券公司及基金管理公司与公司资产证券化业务管理规定》(中国证监会公告〔2014〕49号)(以下简称《管理规定》)及其配套《信息披露指引》《尽调工作指引》等作为资产证券化业务的规范性指导为其提

---

① 梁启东:《地方性债务管理突围》,载《新理财》2014年第10期。

② 国家发改委与证监会联合发布的《关于推进传统基础设施领域政府与社会资本合作(PPP)项目资产证券化相关工作的通知》(发改投资〔2016〕2698号)。

③ John Henderson, "Asset Securitization: Current Technique sand Emerging Market Applications", *Euro money Books*, 1997, p. 1.

供了必要性的制度支撑依据。特别是《管理规定》第 2 条“本规定所称资产证券化业务,是指以基础资产所产生的现金流为偿付支持,通过结构化等方式进行信用增级,在此基础上发行资产支持证券的业务活动”更是明确了资产证券化及其必要流程。根据本条规定,我国当下关于资产证券化业务主要可以分为六个阶段,第一个阶段由发起人将符合标准的可作为证券化标的的基础资产出售交付给特殊目的载体(Special Purpose Vehicle,SPV),从而组成资金池;第二个阶段即 SPV 获得发起人出售的基础资产后将其进行证券化处理,从而使得其符合证券发行的一般要求,即有特定期限与收益并具有流通性的标准化证券;第三个阶段即信用增级阶段,增级手段主要包括外部信用增级和内部信用增级两种路径,在完成增级后,资产证券化处理便基本完成;第四个阶段即资产证券化后的信用评级,信用评级由 SPV 聘请专门的信用评级机构完成;第五个阶段即正式发售阶段,由 SPV 将证券化产品交由专门的证券承销商或投资银行进行承销,包括包销和代销的方式;第六个阶段即计划存续期阶段,由受托管理人对资产进行管理运行并保证收益,到期时向投资者支付本息及向其他服务机构支付服务费。

通过对资产证券化的定义、操作意义及操作流程的分析,我们可以发现融资平台转型升级可以通过资产证券化来实现。首先,就融资平台现实矛盾来看,其核心问题在于预期收益稳定与现金流不足以支持融资平台项目进一步发展。地方融资平台在建项目多为地方民生工程或基建工程,资金投入巨大且收益回复缓慢是此类工程的共性,故在我国多由政府负责承建这些大型工程。当融资平台负责承建工程时,如果有政府财政背书自然问题不大,但一旦丧失公权力支撑,则核心矛盾便突显。其次,从资产证券化所需的基础资产来说,由于融资平台资产以公共设施为主,无论是资产规模、违约风险还是收益期待可能性都极为符合组建基础资产池的要求,且融资平台资产在与财政进行切割后能够较为容易地实现资产隔离;从信用增级来说,虽然融资平台无法再获得政府信用支持,但基于其设立目的为公益性、资金池规模较大、现有政策对融资平台法人地位的进一步确认以及在获得现金流支持后爆发违约风险的可能性会大幅降低等特性,使其相对容易获得银行等金融机构的信用增级支持;就信息披露而言,融资平台项目多以公益项目为主,且股权结构明确,市场对于其披露信息能够产生较高的认同度。

如此一来,融资平台从资产隔离、风险承担、信用增级与信息披露等方面均能符合资产证券化的要求,甚至具有先天优势。在资产证券化能满足地方融资平台对资金需求的目的下,可以成为融资平台转型的路径选择。

(三)“徐新盛专项ABS”经验可供借鉴

保障性安居工程专项是指中央财政通过专项转移支付安排的资金,用于支持各地发放租赁补贴、城市棚户区改造及公共租赁住房建设的资金。① 此类工程作为大型公益性公共工程,政府部门也努力通过充分发挥财政资金引导作用来吸引社会资本参与工程投资建设和运营管理。

依托《国发43号文》关于鼓励社会资本通过特许经营等方式参与城市基础设施等有一定收益的公益性事业投资和运营的东风,当年12月11日“徐州市保障性安居工程专项资产管理计划”(以下简称“徐新盛专项ABS”)在深交所顺利发行。② 从2014年至今,资产证券化于保障性安居工程中成功案例共5例,③“新盛专项”作为典型的债权资产证券化产品,其核心是由原始权益人将与政府签订的保障房合同债权及相关权益转让给资产支持专项计划作为基础资产,从而顺利实现资产证券化(见图1)。

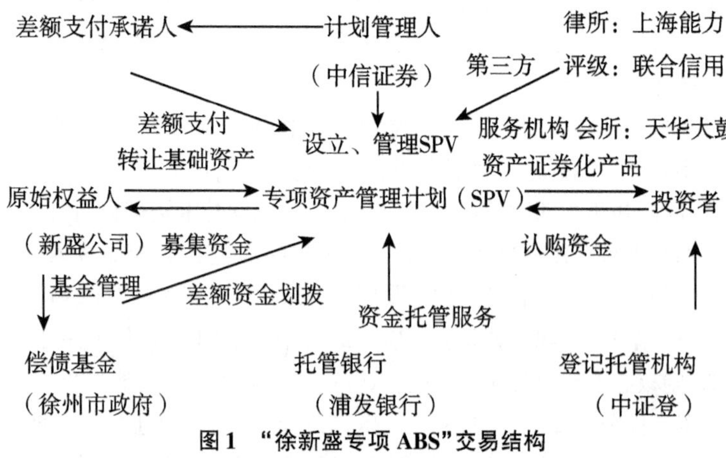

图1 “徐新盛专项ABS”交易结构

“徐新盛专项ABS”是指徐州市新盛建设发展投资公司(以下简称新盛公司)④以《徐州市保障性安居工程棚户区改造配套定销房收购协议》项下,对

---

① 相关规定见《中央财政城镇保障性安居工程专项资金管理办法》(财综〔2017〕2号)。

② 2014年11月6日正式发行的“徐新盛专项ABS”发行规模为20亿元人民币,发行利率为5.50%~6.70%,项目评级为AA+。

③ 深交所2014年9月1日“建发棚改”、2014年12月11日“徐新盛专项ABS”、2015年9月22日“扬州保障房专项”、2016年7月21日“镇江公住房专项”和上交所2017年3月13日“上海金汇专项”。

④ 该公司于2007年3月作为徐州市融资平台而成立,原始股东为徐州市财政局,后改制为独立法人公司。

徐州市政府所享有 25.6 亿元债权作为基础资产发行的专项资产管理计划(见表 1)。

表 1 "徐新盛专项 ABS"证券发行信息①

债券名称	发行日期	发行金额(亿元)	分层比例(%)	评级	期限(年)	收益率(%)
徐新盛 01	2014 年 11 月 3 日	2	10	AA^+	1	5.50
徐新盛 02	2014 年 11 月 3 日	3	15	AA^+	2	5.80
徐新盛 03	2014 年 11 月 3 日	4	20	AA^+	3	6.10
徐新盛 04	2014 年 11 月 3 日	5	25	AA^+	4	6.40
徐新盛 05	2014 年 11 月 3 日	5	25	AA^+	5	6.70
徐新盛次级	2014 年 11 月 3 日	1	5	—	6	—

具体到"徐新盛专项 ABS"的增信措施,通过区分 95% 的优先级证券和 5% 次级证券的结构分层从而实现内部增信;通过原始权益人的差额支付和徐州市安居工程偿债基金作为外部增信来符合信用评级机构的评级要求,并最终得到整体信用评级 AA^+ 的评价。

综合而言,"徐新盛专项 ABS"的资产证券化项目能获得成功的根本原因有三。其一,该项目基础资产源于 PPP 项目,收入来源以政府财政支出为主,即当地政府为最终债务人,这就使得其收入稳定且预期可能性较高;其二,由于该项目属国家支持的重大公益性工程,其增信来源风险极低,金融机构、评级机构及投资者对此类项目往往采取乐观态度;其三,此类项目的基础资产收益率往往较高,能够满足投资者的投资需求。新盛公司通过资产证券化交易模型顺利完成了预期收益与现金流的对接,从而解决了其资金周转的压力。

"徐新盛专项 ABS"无论是从政策支持、基础资产来源、增信措施还是项目发行等角度来看与其他地方政府融资平台项目发行均无本质区别,即该项目的成功可以为其他融资平台转型经验加以借鉴。

三、地方政府融资平台转型建议

针对当前地方政府融资平台存在的问题及可行性分析,笔者认为应当从三个角度入手实现融资平台转型,即规范相关制度以提供政策支持、完善法人治

① 资料来源:WIND、招商证券发行说明书。

理结构以切实推进"政企分离"、以资产证券化为路解决融资及债务处理需求。

(一)规范相关制度以提供政策支持

现有地方政府融资平台规范政策存在的问题集中体现在对融资平台运营透明度规定不明确、对违规担保限制不足以及项目管理不规范三个方面。故而就政策完善而言,也需要从这三个角度切入提供支持。

从透明度规定问题来看,2014 年财政部印发《2014 年地方政府债券自发自还试点办法》(财库〔2014〕57 号)对地方政府进行债务限额控制及分类化预算管理及发改委《关于 2014 年深化经济体制改革重点任务的意见》对融资平台公司剥离政府融资功能所体现的改革思路就在于通过明确债务规模及运营管理程序来逐步强化融资平台透明制度。虽然以此思路加以延伸可以防止甚至杜绝其不透明、不规范问题,但现实操作中因缺乏具体制度规范而容易流于形式,故应当由财政部等主管部门就运营信息公开范围、公开程序及违规追责程序等出台进一步的通知,并建立统一的地方融资平台信息披露制度,从而实现制度操作层面的有章可循。

从违规担保问题来看,主要表现为政府违规担保及融资平台之间互保。虽然我国《担保法》及《国发 43 号文》等文件明确规定了政府不得为融资平台提供担保,但相关法律规范过于笼统而无法提供完整的操作指引,使地方政府往往采用财政保证、出具人大函等方式提供隐性担保,这一担保的直接后果便是当融资平台偿还不能时可能导致地方债务风险的加剧;而融资平台借助其名义上的独立法人地位而进行互保的行为也是钻制度的"空子",即一方面制度改革要求融资平台进行独立法人化运行,另一方面转型需要时间加以转化。在这一转型期,融资平台能否以独立法人地位实现互保还需要制度规范。故而针对违规担保问题,需要财政部及银监会等主管部门进一步清查担保事项,同时完善相关担保管理规定,监督政策性银行及商业银行等金融机构进行严格的风险管控,弥补现行制度的缺漏。

从项目管理规范问题来看,基于融资平台设立目的就在于解决市场失灵、帮助地方政府进行基础设施及公益性项目建设这一出发点,国家也应当制定统一政策将改制后的融资平台业务范围仍然限缩于公共服务提供的特定领域使融资平台的发展不得脱离地方公共事业发展的范围。

除完善此三方面问题外,其他配套政策如税收优惠、债务偿还细则等直接涉及融资平台发展问题的规范也应当逐步出台,从而于上层建筑层面为融资平台顺利转型升级提供政策及制度保障。

（二）"政企分离"以完善法人治理结构

现有融资平台虽然名义上为企业法人并基本上都建立了完善的董事会、监事会制度。但实际操作中，融资平台股东以地方政府或其职能部门为主，且董监高多由地方政府任命，这就使得董事、监事、经理等公司高管多具有行政级别，甚至在部分地区，融资平台成为了地方政府事业机关，其经营项目因此多以地方政府政绩考核为标准。[①] 这不仅严重破坏了融资平台法人治理结构，而且加剧了地方债务的风险。

在《国发 43 号文》等相关文件明确融资平台与地方政府剥离后，必须对融资平台市场主体地位进行进一步明确，使其真正实现自主经营、自负盈亏。首先，要求其按照我国《公司法》关于股东资格、营业范围、法定代表人及董监高的设置等进行改造后完成人权、财权和决策权的独立，实现与地方政府的完全隔离。特别是将企业管理人员与行政级别设置相脱离以摆托"政企不分"的窘境；其次，应当提高融资平台关于投融资业务的规划。在明确融资平台作为地方政府公益事业建设的辅助地位后，应当规范其业务流程及投融资操作，引入专门性管理人才以提高其企业运营及决策水平，发挥企业活力，满足市场竞争要求；最后，是充分发挥国有资本优势。在当前融资平台资金来源以政府注资或财政拨款为主的前提下，应当以其优质资产通过 IPO、资产证券化操作等资本运作模式不断优化资本结构，提高资产运营效率与收益率以实现国有资产保值、增值。在将人事权、财政权及决策权与地方政府进行有效剥离后，通过"政企分离"实现法人治理结构完善，使之符合市场化运作的要求。

（三）以资产证券化改进融资平台运作模式

融资平台在丧失地方财政进行信用担保及资金拨付后，就其在建工程及项目的特性而言，需要更符合市场规范的资本运作模式加以操作。根据本文对"徐新盛专项 ABS"的结构模型及其成功原因的 3 点总结，作为共性的基础资产来源、项目风险大小及预期收益水平使得资产证券化能够成为其他融资平台转型运作的规范模式。以资产证券化运作流程分五个阶段进行具体分析：

第一阶段即基础资产池的设立，在满足符合法律规定、权属明确且特定化[②]三个条件下即可成为基础资产。地方融资平台现有的基础资产主要分为

---

① 成涛林：《地方政府融资平台转型发展研究——基于地方债管理平台视角》，载《现代经济探讨》2015 年第 10 期。

② 《证券公司资产证券化业务管理规定》第 8 条第 1 款："基础资产是指符合法律法规，权属明确，可以产生独立、可预测现金流的可特定化的财产权利或财产。基础资产可以是单项财产权利或者财产，也可以是多项财产权利或者财产构成的资产组合。"

债权型资产和收益权类资产,前者的债务人为地方政府,后者的收益来源以基础设施及公共产品服务为主,均符合基础资产的条件,融资平台可以此实现基础资产池的设立及交付。

第二阶段即SPV对基础资产进行证券化处理阶段,在此阶段最为关键的问题就在于SPV的选择。传统SPV包括SPC(公司型)与SPT(信托型)两种形式,基于我国对公司债券发行的严格限制,①由于我国设立SPC成本较高,故只能如"珠江高速资产证券化案例"采取离案模式设立。而采取SPT模式设立则符合证监会关于SPV设立的信托及规范化要求,故SPT模式下券商专项资产管理计划成为资产证券化项目主流模式。"徐新盛专项ABS"也是采用该模式成功完成SPV的设立。

第三阶段即信用增级阶段。在此阶段除引入增级机构、律所、会所等第三方服务机构进行外部增级外,SPV也需要选取合适的内部增级方式。常用的内部增级方式主要体现表现为优先或劣后结构,即通过优先级证券优先受偿但收益率低于劣后级证券的设计,以劣后级证券支持优先级的发行,从而满足不同投资者的投资偏好。而就具体的结构比例、发行期限、收益率等则由SPV根据基础资产及市场需求的具体情况加以确定。

第四阶段即信用评级阶段。资产证券化项目信用等级是由第三方评级机构独立客观进行评级的,而信用评级直接影响资产证券化项目的证券化产品发行的效果,故而在完成上述三个阶段后,SPV应当选择市场认可度高且更符合SPV需要的评级机构对基础的预期收益进行全面评估。

第五阶段即正式发售阶段。证券承销商作为产品设计、证券化操作及发行的核心,对项目能否成功发行起到关键性作用。这便需要SPV选择规模化、运作成熟且市场认同的券商辅助发行;最后在计划存续期内,SPV保证按照资管计划履行收益回报义务即可。

基于融资平台的共性特征,在"徐新盛专项ABS"等项目成功发行的经验指导下,资产证券化无疑能够成为融资平台转型升级的重要路径选择。

---

① 我国《公司法》第153条及《证券法》第16条规定:公开发行公司债券的,应当符合以下条件(1)股份有限公司的净资产不低于人民币三千万元,有限责任公司的净资产不得低于人民币六千万元;(2)累计债券余额不超过公司净资产的百分之四十;(3)最近三年平均可分配利润足以支付公司债券一年的利息;(4)募集资金流向符合国家产业政策;(5)债券利率不超过国务院限定的利率水平;(6)国务院规定的其他条件。公开发行公司债券募集的资金必须用于核准的用途,不得用于弥补亏损和非生产性支出。

地方债务风险规制的法治化进路

何剑锋*

一、地方债务问题的缘由、现状及新趋势

（一）地方债务问题的缘由

在市场经济中，适度的负债通过一定的杠杆作用，可以促进经济增长。反之，则会诱发债务危机。地方政府债务是地方政府按照债务人与债权人之间的有偿原则，凭借其信用和经济实力筹集财政资金的一种信用方式。① 地方政府举债是一把“双刃剑”。它既能促进地方经济的发展，又能产生债务风险，影响国家与地方的经济安全。我国地方政府负债源于1994年分税制改革，财政收入层层向上集中，事权层层下压。而在现行考核体制下，地方政府投资激情高涨，但地方政府财权与事权长期的不匹配。因此，资金缺口除了靠卖土地收入补充外，主要依赖地方债务平台的各种融资。由于软预算约束和贷方政府短视的诸种因素，导致地方债务风险剧增。中国地方政府债务问题的实质是患了投资饥渴症的地方政府用金融做财政的事，但扭曲的资金价格使金融无法发挥有效配置资金的功能，从而导致地方投资的低效率，最终形成恶性循环。② 地方

---

* 西藏民族大学法学院讲师，法学博士。

① 杨莎莎：《中国地方债治理法律制度研究》，经济科学出版社2015年版，第41页。

② 参见刘俏：《地方政府投融资行为的生态系统》，载《中国金融》2017年第12期。

政府债务风险已经成为金融系统风险的重中之重。我国的经济发展离不开地方经济的发展。对地方政府债务问题的处理,世界各国均为重视,并纳入法治化与市场化的框架中予以监管,规制地方债务风险。

(二)地方债务问题的现状及新趋势

我国旧《预算法》规定,地方政府不得发行债券。因而地方政府只能通过其控制的行政事业与国有企业来举债。根据国家审计署2013年12月发布的审计结果公告,地方政府融资的主体有七类:融资平台公司、政府部门和机构、经费补助事业单位、国有独资或控股企业、自收自支事业单位、其他单位、公用事业单位。其中融资平台公司举债规模最大、管理也最为混乱。①

2014年8月31日我国修改了《预算法》。按照新《预算法》第35条的规定:经国务院批准的省、自治区、直辖市的预算中必需的建设投资的部分资金,可以在国务院确定的限额内,通过发行地方政府债券举借债务的方式筹措。举借债务的规模,由国务院报全国人民代表大会或者全国人民代表大会常务委员会批准。省、自治区、直辖市依照国务院下达的限额举借的债务,列入本级预算调整方案,报本级人民代表大会常务委员会批准。举借的债务应当有偿还计划和稳定的偿还资金来源,只能用于公益性资本支出,不得用于经常性支出。除前款规定外,地方政府及其所属部门不得以任何方式举借债务。除法律另有规定外,地方政府及其所属部门不得为任何单位和个人的债务以任何方式提供担保。之后,国务院在2014年10月2日发布了《关于加强地方性债务管理的意见》(国发〔2014〕43号文件)(以下简称43号文)。在该文件中指出:赋予地方政府依法适度举债权限。经国务院批准,省、自治区、直辖市政府可以适度举借债务,市县级政府确需举借债务的,由省、自治区、直辖市政府代为举借。明确划清政府与企业界限,政府债务只能通过政府及其部门举借,不得通过企事业单位等举借。总体而言,通过我国新《预算法》和国务院的43号文,建立了地方政府债务管理的基本框架。

2015年1月1日我国新《预算法》开始实施。地方政府债务管理的框架开始运行,导致地方政府在投融资平台融资方面受到限制。但是一些地方政府投资的冲动仍在,地方政府变异出新的融资方式:融资平台变相举债、地方政府违规提供保证函和承诺函、采取不规范的政府和社会资本合作(Public-Private-Partnership,PPP)项目、政府投资基金"明股暗债"等。根据财政部统计数据,截

---

① 郑春荣:《中国地方政府债务的规范发展研究》,格致出版社、上海人民出版社2016年版,第7页。

至2016年年底,我国地方政府债务15.32万亿元,加上纳入预算管理的中央政府债务12.01万亿元,我国政府负债率为36.7%。如果按照摩根士坦利的数字,截至2016年年底,中国政府债务占GDP比重约为47%,其中地方政府债务的余额为21.4万亿元。① 虽然离60%的安全线还有距离,但是地方政府债务风险不容小觑。2016年年末,地方政府债务率为80.5%。在2014年年末地方政府的债务余额15.4万亿元中,其中银行借款约占51%,地方政府债券占8%。经过2015年和2016年两年累计置换债券8万亿元,截至2016年年底,地方债务余额中地方政府债券的比例已经达到68%。尽管从表面上看,地方政府债务水平近两年保持平稳,但新出现的融资方式规模究竟有多大,尚不能确定。因为在资金供给端,地方政府通过诸如PPP项目等方式,与各类"影子银行"对接既没有在政府的负债中体现出,也没有被纳入银行的资产负债表。这一方面有可能造成地方政府负债过度,另一方面可能造成银行体系风险的过度。② 在地方债务刚性兑付不保证之下,地方债务风险会更高。概括来说,我国地方政府的主要融资(除税收外)渠道经历了如下变迁:土地财政、地方融资平台、地方政府债务发行、新一轮PPP的大发展,PPP与产业基金,地方融资平台公司继续转型等方向,在一段时间以一个或者几个融资渠道为主。③

总而言之,在我国新《预算法》领衔之下,国务院出台《关于加强地方性债务管理的意见》,国务院办公厅制定《地方政府性债务风险应急处置方案》,财政部发布《地方性债务风险分类处置指南》,财政部、发改委、司法部和一行三会联合发布《关于进一步规范地方政府举债融资行为的通知》等系列文件,试图形成地方政府债务管理的基本框架。但是,在未来中国经济转向质的发展的新形势下,基于地方债务风险规制的法治化要求,这些还是远远不够的。

二、地方债务风险规制的问题症结

(一)中央和地方政府在财权与事权方面法治化程度不高

地方债务问题并非地方政府的独立作品,它的存在和发展有我国体制本身的原因。④ 换言之,中央和地方之间事权与财权的不平衡是形成地方债务的最

---

① 刘俏:《地方政府投融资行为的生态系统》,载《中国金融》2017年第12期。

② 曾刚:《地方债务新趋势与应对》,载《中国金融》2017年第12期。

③ 杨小静:《地方融资平台公司未来的发展趋势如何?》,载搜狐网:http://www.sohu.com/a/139124342_263888,最后访问日期:2017年11月20日。

④ 熊伟:《地方债与国家治理——基于法治财政的分析路径》,载《法学评论》2014年第2期。

主要的体制方面原因。① 地方举债融资行为背后的央地事权划分问题一直是我国财政法律制度层面最欠缺共识的一个问题。② 具体而言,作为单一制国家,中国的财政体制沿袭了中央集权制的权力结构。我国从1994年开始实行"分税制"。该项制度将中央和地方政府的财权与事权进行了划分,形成了这样的格局:财政权逐级上移、事权逐级下放。地方政府主要的财源依赖于地方税。中央政府承担外部效应覆盖全国或跨省的公共物品,包括国防、外交和部分教育、卫生及社会保障职能;地方政府承担外部效应限于省内的公共物品,尽可能保证政府活动的受益人和成本负担人范围一致。③ 在推进中国城镇化的进程中,庞大的人口基数公共产品的需求也达到了前所未有的规模。在中国现行的财政体系之内,地方政府尤其是基层政府承担了公共产品和公共服务的主要支出责任。④ 正如前财政部部长楼继伟所言:由于中央和地方的职责交叉重叠,共同管理的事项较多,这种格局造成目前中央财政本级支出只占全国财政支出的15%,地方实际支出占到了85%。⑤ 但是,公共产品的周期长、成本高、收益少。地方政府目前稳定的财政收入体系,面临基础设施建设的资金困难、公共服务均等化的资金压力,在"中央点菜,地方埋单"体制下,只能违规举债。⑥

我国在中央和地方政府之间的事权与财权划分方面总体上还处于法治化程度较低的状态。就既有的法律规则与先进国家相比而言(甚至是与我国处于相同发展阶段的国家相比)还显得不成熟和不完备,法律制度呈现出一种"粗线条"的特点,规则的稳定性和可适用性较弱。此外,基于法律之外的因素,中央政府凭借其政治权力要求地方政府,在支出责任方面承担更多公共服务职能。⑦ 在经济建设为中心的背景之下,在财权与事权长期不匹配的情况下,地方政府的资金缺口大,导致地方政府债务急剧增长。在实施全面依法治国的战略背景下,深入法治实践,必然要求中央和地方政府在财权与事权方面实现法治的愿景。而且,从长远来看,在我国经济发展由量转向质的新阶段,通

① 杨莎莎:《中国地方债治理法律制度研究》,经济科学出版社2015年版,第103页。

② 参见黄韬:《央地关系视角下我国地方债务的法治化变革》,载《法学》2015年第4期。

③ 张千帆:《中央与地方财政分权——中国经验、问题与出路》,载《政法论坛》2011年第5期。

④ 杨莎莎:《中国地方债治理法律制度研究》,经济科学出版社2015年版,第105页。

⑤ 楼继伟:《解读三中全会深化财税改革重点》,载《人民日报》2013年11月21日,第2版。

⑥ 郑春荣:《中国地方政府债务的规范发展研究》,格致出版社、上海人民出版社2016年版,第2页。

⑦ 黄韬:《央地关系视角下我国地方债务的法治化变革》,载《法学》2015年第4期。

过法治化的途径解决乃是根本之举。为此,我们必须正视这一根本性问题。

(二)地方政府债券市场法律制度不健全

在经济发展方式转变的新背景下,法治化与市场化是解决地方债问题的必然趋势。目前,我国新《预算法》和《关于加强地方性债务管理的意见》构成了我国地方债务管理的基本框架。但是,其距离真正的地方政府债券市场化的金融体系还有一定的距离。因为地方政府债券市场法律制度不健全,具体体现在以下几个方面:

1. 地方政府举债权有限

从分税制改革到我国2014年修改后的《预算法》出台,政府融资权从地方向中央的转移逐渐转变为地方政府有限的融资。根据我国新《预算法》的规定,地方政府举借债务唯一合法的形式是发行地方债券。除此之外,地方政府及其部门不得以任何方式举债。而且,地方政府举债的主体仅局限于省级地方政府,市级及以下没有举债权。就有权的省级地方政府而言,按照新《预算法》的规定,对省、自治区、直辖市依照国务院下达的限额举借的债务,列入本级预算调整方案,报本级人民代表大会常务委员会批准。这就意味着,在相当长的时间内,中国地方政府债务治理模式只能选择行政控制模式,而难以实施市场控制、规则控制或合作协商控制模式。在地方政府举债权有限的框架下,一方面,无法真正地实现地方政府对资金的需求;另一方面,中央政府审批的行政控制模式相对其他模式更容易滋生严重的地方政府软预算约束问题。①

2. 地方债券市场运行与风险防控等法律制度供给不足

我国新《预算法》出台后,我国地方政府债券市场出现了一些新的特点,即地方政府债券市场上出现了一般债券和专项债券两个品种、新增债券与置换债券并存、公开发行与定向承销、实施余额限额管理制度等。② 尽管我国新《预算法》赋予地方有限的举债权,但对其保障不足,如地方政府举债的权利与义务的设置以及具体的操作等方面规定模糊,这极不利于保障地方政府举债权的行使。

在地方政府债券发行中,我国缺乏地方公债的立法,致使地方债券发行的理念难以在相关立法中得以确认,进而导致地方债务治理的法律制度不完善。地方政府债务刚性约束不足,有待细化法律的规定。具体而言,我国《预算法》

---

① 崔兵、郑少春、尹华阳:《中国式分权下的地方政府负债:特征事实、理论解释与治理思路》,载《西南金融》2017年第9期。

② 参见杨莎莎:《中国地方债治理法律制度研究》,经济科学出版社2015年版,第54~55页。

规定地方政府举债不够明确,对举借债务或者为他人债务提供担保是抽象论述,缺乏类型化技术处理,没有列举相关行为,追究责任困难。现有的规定是倡导性制度,未按照权利义务模式的法律制度展开。对律师、信用评级、审计、保险公司等中介机构配套法律制度尚未建立。在现行的行政监管模式下,基本上是采取内部层级监管。但随着债券市场化程度提高,地方政府债券发行与流通必须实现市场化的路径,这就少不了中介机构配套法律制度的建设。① 在地方债务治理中,地方债务资金运行的法律制度与地方政府存量债务"过渡"与"置换"的法律制度尚未完全形成,与其相对应的地方债务监管法律制度几乎空白。

总而言之,受制于诸多因素,地方债券市场法律制度供给不足,靠政策性文件难以实现稳定有效的治理机制。

(三)地方政府融资平台法律规制不到位

地方融资平台的产生是地方政府财权与事权不相匹配,在"财政分权与金融集中"模式下中央地方金融分权博弈的结果。② 在我国新《预算法》实施之前,"土地财政+融资平台+政府背景贷款"的组合是我国地方政府的基本融资模式。一般而言,地方融资平台由政府主导或者绝对控股,作为地方政府专门投融资管理机构。它主要承担着融入公共项目建设资金的职能,由地方财政直接或间接承担偿债责任或提供担保,所筹资金主要用于地方基础设施或公共服务项目建设。③ 在这一阶段,地方政府融资平台成为市地方政府举债的主体。融资平台通过银行贷款、信托、BT、发行城投债等方式举债,地方政府对其提供隐形的担保。由于对地方政府融资平台法律规则不到位,再加之融资平台过多地承担了公益性项目投资的责任,产生了严重的后果。地方政府融资平台主要投向基础设施等长期项目,而资金来源大多是中短期贷款,资产负债的期限错配可能产生较为严重的结构性的清偿风险。地方融资平台经营缺乏有效监管机制致使流动性风险较高与长期贷款利率期限溢价补偿不足之间的矛盾,进而导致期限的错配。在市场化程度越低的地区,融资平台对短期借款的依赖性越强,其期限错配问题越严重。④ 由于具有政府背景,造成地方融资平台公司"政企不分",既难以建立市场化的自借、自用和偿还的债务融资体系,也难以做到公

① 刘继峰、曹阳:《我国地方政府债务法律监管研究》,载《法学杂志》2017年第8期。

② 阳建勋:《论我国地方债务风险的金融法规制》,载《法学评论》2016年第6期。

③ 刘继峰、曹阳:《我国地方政府债务法律监管研究》,载《法学杂志》2017年第8期。

④ 刘红忠、史霜霜:《地方政府干预及其融资平台的期限错配》,载《世界经济文汇》2017年第4期。

司法人独立决策。此外,地方政府融资平台财务和经营状况披露程度也不高。

在我国新《预算法》和43号文的框架下,对地方政府融资平台而言,今后的改革动向是:对融资平台进行转型,即剥离融资平台的政府融资功能,将融资平台业务与地方政府切割开来,形成政企分开的局面,建立政府市场化的监管职能。但是,自新框架以来,除了发达地区少数地方融资平台公司逐步向一般国企转型外,大部分地方融资平台公司的职能没有变化,依旧承担该地区的基础设施建设、土地开发整理和投融资功能。在经济下行压力较大的情况下,地方融资平台依然与地方政府有密切的绑定,这也是有些地方频繁出现"担保函"和"安慰函"的原因。① 总而言之,地方融资平台产生的问题与不完善的法律法规和地方融资平台发展秩序的混乱有关。

三、地方债务风险规制的法治化路径

地方债务关乎国家治理。② 地方债务危机实质上是国家治理危机,直接表现为国家在财政治理方面的危机,即政府财政失衡导致的政府信用危机,可能会产生金融风险甚至金融危机。③ 这也是国家治理的契机。法治与国家治理息息相关。现代法治为国家治理注入了秩序、公正、人权、效率与和谐的基本价值,并为善治提供了创新的机制。在现代国家,法治是国家治理的基本方式。国家治理法治化是国家治理现代化的必由之路。④ 因此,对我国地方政府债务风险问题的治理,必须践行法治、厉行法治、正本清源,从根本上解决问题。

(一)从长远来看,法治化规范中央和地方政府之间的事权与财权

就和事权分配一样,我国财权分配也必须遵循一定的规律。⑤ 由于法治化程度受限,导致了中央和地方政府的关系不对等,在中国财政体制内已经成为了一种常态,并时常造成"中央请客、地方埋单"的尴尬局面。从长远来看,要解决好我国地方债问题,则须在法治的框架内,理顺中央与地方的财政关系,明确地方政府的财政权限和职责,塑造相对独立的地方财政主体。⑥

---

① 杨小静:《地方融资平台公司未来的发展趋势如何?》,载搜狐网:http://www.sohu.com/a/139124342_263888,最后访问日期:2017年11月20日。

② 熊伟:《地方债与国家治理——基于法治财政的分析路径》,载《法学评论》2014年第2期。

③ 阳建勋:《论我国地方债务风险的金融法规制》,载《法学评论》2016年第6期。

④ 张文显:《法治与国家治理现代化》,载《中国法学》2014年第4期。

⑤ 张千帆:《中央与地方财政分权——中国经验、问题与出路》,载《政法论坛》2011年第5期。

⑥ 熊伟:《地方债与国家治理——基于法治财政的分析路径》,载《法学评论》2014年第2期。

党的十八届三中全会《中共中央关于全面深化改革若干重大问题的决定》提出:必须完善立法、明确事权、改革税制、稳定税负、透明预算、提高效率,建立现代财政制度,发挥中央和地方两个积极性。建立事权和支出责任相适应的制度。紧接着,在党的十九大报告中,明确提出:加快建立现代财政制度,建立权责清晰、财力协调、区域均衡的中央和地方财政关系。建立全面规范透明、标准科学、约束有力的预算制度,全面实施绩效管理。深化税收制度改革,健全地方税体系。其实质是在未来财税改革中,寻求地方政府财力和支出责任之间的匹配,即要法治化地划分中央和地方政府之间的事权与财权。可见,提升我国中央与地方政府事权关系的法治化程度已经成为基本的共识。

如何法治化规范中央和地方政府之间的事权与财权?首先,财政分权与集权程度应按照中央和地方的事权划分。换言之,按照公共物品的外部效应的覆盖范围来确定。外部效应覆盖全国或跨省的公共物品应该由中央政府承担,包括国防、外交和部分教育、卫生及社会保障职能;外部效应限于省内的公共物品应主要由地方政府承担,尽可能保证政府活动的受益人和成本负担人范围一致。[①] 其次,在我国《宪法》和法律上确立中央与地方之间"分权"的观念,淡化原有的"上下级关系"的色彩,然后去促成一个基于法律规则的、高度透明的中央与地方博弈关系,在此过程中要充分保障地方事权的独立性("地方自治"观念的彰显),不能随意加重地方的支出责任,同时也不应任意剥夺其基于法律所享有的政府权力。[②] 最后,要明确金融法治化是实现国家金融治理现代化的必然要求。金融法治化建构和完善现代化的规则地方债务风险的金融制度体系的基本路径和根本保障。[③]

(二)形成完善的地方政府债券监管法律制度

地方政府在新一轮改革与促进经济增长的新背景下,仍然发挥着极其重要的作用。究其地方债务问题的本质及问题症结所在,则需要在法治的框架下,建立一个真正以市场为基础的地方政府金融市场。就地方债风险规则而言,应当赋予地方政府独立的发债独立偿还的市场主体地位,积极培育和完善地方债券市场,并完善相关法律制度。

---

① 张千帆:《中央与地方财政分权——中国经验、问题与出路》,载《政法论坛》2011年第5期。

② 黄韬:《央地关系视角下我国地方债务的法治化变革》,载《法学》2015年第4期。

③ 阳建勋:《论我国地方债务风险的金融法规制》,载《法学评论》2016年第6期。

1. 保障地方政府举债权,扩大举债主体

首先,对我国现行《预算法》中只有省级政府在国务院授权、确定的额度内举债的规定,作出相应的调整。就短期而言,在遵循这一要求的前提下,可以再做出一项原则性的规定,即适度授权省级政府可以对本辖区内的市、县政府的举债进行审批,再报国务院备案。① 其次,从长远来看,要彻底规则地方政府债务风险,应该放开市县级地方债券市场。通过完善相应的法规,引入市场债券评级体制,允许有条件的地方政府实行独立发债独立偿还,将无序的融资转变为有序的融资。② 反观,发达国家的经验,大抵也是如此的进路。例如,有着成熟的市政债券市场的美国,有 83,000 多个州、县、市和其他政府,③其中大部分有发行市政债券的权利,政府和政府机构发债主体的 97%。作为单一制国家的日本,近年来逐步由原来中央政府严格控制转向地方政府自主发债。单一制的法国近年来开始实行地方政府联合发行债券制度。④ 总而言之,真正意义上的地方债务风险的规则,需要通过法律制度相应的调整与变革,授权地方政府(突破省一级的授权限制直至市县一级)能独立发行债券,按照市场化法治化的要求,独立交易独立偿还,实现地方政府举债权与责任自治。今后,这需要从中央与地方政府事权的划分、我国《预算法》等方面的修改来完善。

2. 完善地方债券市场运行与风险防控等监管法律制度

发达国家地方债务规制的法治机制告诉我们:在建立市场主导型地方政府债券的最终目标的过程中,地方政府举债行为有着完整的法律体系支撑,有着完善的金融监管制度监管,地方政府发行债券能够在法律的框架下得到有效的监管。地方政府发行债务的信息披露公开、透明,能实现立法机关、审计机构和社会舆论的监督。地方政府债务风险防控机制完善。为此,建议从以下几个方面完善地方政府债券市场的监管法律制度:

其一,制定地方财政责任法、公共债务法、地方政府债券法等法律,形成完善的法律体系。

我国地方政府债务的长效机制是构建以地方财政法为核心的分税制法律

---

① 张婉苏:《地方政府举债层级化合理配置研究》,载《政治与法律》2017 年第 2 期。

② 刘俏:《地方政府投融资行为的生态系统》,载《中国金融》2017 年第 12 期。

③ 张志华、周娅尹、李峰、吕伟、刘谊、闫晓茗:《美国的市政债券管理》,载《经济研究参考》2008 年第 22 期。

④ 陈工、朱峰:《地方政府债券的发行与监管:发达国家的经验借鉴》,载《财经智库》2017 年第 3 期。

制度体系。[①] 地方财政责任法在于以专项的规定,进一步明确地方政府的事项和责任,从法律层面确认地方政府财权和事权相匹配,保障不同层级地方政府所应承担的责任和事项。公共债务法应对政府公共债务的限额、用途、期限、偿债与预警机制等方面作出规定,各地方人大或政府制定的地方性法规和规章等不得与公共债务法在地方债务方面产生矛盾。尽管国务院在2015年出台了《地方政府一般债券发行管理暂行办法》,但这还需要更加系统的立法支持。为此,今后的地方政府债券法(或者在我国《证券法》中修改、增加)应规定地方政府债券发行主体、交易制度、信息披露制度、风险预警机制、债务偿还制度,明确地方政府债券管理的主体、监督主体、举债决策、债务资金日常管理等相关内容。[②] 通过完善相应的法律法规,结合相关的证券法规,形成完整的法律体系支撑地方债券市场与监管,实现地方政府举债发行与管理的法治化。

其二,建立以信息披露为核心,同时辅以债务规模控制、信用评级、风险预警、危机化解等的风险监控法律制度。

公开是现代证券立法的基本哲学和指导思想,是证券法的核心内容和内容所在,地方政府债券也不例外。[③] 如美国,根据公平披露准则,如果州和地方政府发行债券,必须先制定募集说明书和销售通告,还要将其寄往评级好额信息机构及金融报纸、大型投资者和投资银行。[④] 美国为了进一步预防市政债券市场的舞弊行为,证交会分别于1990年和1995年采用了新的市场交易披露原则,要求市政债券发行人和使用人及时地、定期地更新披露信息。这些信息的公开披露大大改善了市政债券信用风险判断所依据的信息状况。[⑤] 今后,我国地方政府应及时公开债券发行额度、发行规模、债券发行有关安排、具体债券品种和资金使用情况及调整,提前公布筹资方案,还要披露对地方政府债券发行和交易产生影响的重要信息。通过上文中的立法措施,明确地方政府在债券信息披露过程中的责任,进一步细化并形成系统的监管制度。[⑥]

对债务总量进行监管,这也是发达国家成熟的做法。如美国对市政债券发行规模有所限制。我国地方政府债券发行之前,通过限定债券发行规模,形成

---

① 冉富强:《我国地方政府性债务困境解决的法治机制》,载《当代法学》2014年第3期。

② 张婉苏:《地方政府举债层级化合理配置研究》,载《政治与法律》2017年第2期。

③ 朱锦清:《证券法学》(第3版),北京大学出版社2011年版,第1页。

④ 杨莎莎:《中国地方债治理法律制度研究》,经济科学出版社2015年版,第127页。

⑤ 张志华、周娅尹、李峰、吕伟、刘谊、闫晓茗:《美国的市政债券管理》,载《经济研究参考》2008年第22期。

⑥ 杨莎莎:《中国地方债治理法律制度研究》,经济科学出版社2015年版,第194页。

债务规模控制的制度及管理机制。按照市场机制，建立政府信用评级制度，并把它纳入地方政府的考核体系之中。例如，美国商业信用评级机构穆迪、标准普尔等对实证债券评级有着特殊的标准，澳大利亚也引入了国外的评级制度对各个地方政府债务风险和信用情况进行评级。获得信用评级与融资成本成方向关系。2016 年 11 月 14 日国务院出台了《地方政府性债务风险应急处置预案》。虽然此规定对地方债务风险的处理作出了规定，但该预案判定地方政府债务的指标较为单一，并未使用完整的风险预警指标体系。风险预警制度在地方证券管理中必不可少。例如，美国地方政府一般会通过人均债务率、债务与居民收入的比值、偿债率、偿债准备金余额比例等，反映地方政府债务的风险状况。日本在 2009 年之后，通过《地方公共团体财政健全化法》，明确规定了：实际赤字率、合并实际赤字率、实际公债比率、为了负担比率。在借鉴发达国家经验的基础上，制定出适合我国的风险预警指标和体系的制度。① 在地方政府债务偿还方面，在已建立债务偿还准备金制度的基础上，应建立债务偿还基金，强化市场约束。每年按照一定的比例把地方政府财政预算中的经常性收入划入债券偿还基金。长远来看，转向偿债基金是地方债实现有效长期致力的唯一选择。② 当地方政府债券出现违约而不能救治的，应建立地方政府破产处置机制。破产机制的核心问题是解决债权人和破产地方政府之间的利益冲突。与企业破产清算不同，政府破产指的是政府财政丧失了清偿债务的能力，而不是政府职能的破产。地方政府破产的目的是使破产的地方政府与债权人进行债务重组，地方政府的损失降低到最低，保障其公共服务职能的正常运作。③ 例如，美国颁布的《破产法》对地方破产进行了专门的规定。澳大利亚也是建立地方政府破产制度。综上所述，在法律制度的框架下，通过实行清晰、透明的地方负债和财政收支信息与地方政府信用评级，在市场化的基础上建立内在的约束机制。

（三）地方融资平台转型法治化

作为地方政府融资平台，在其转型之前，体现出了“政府化”和“工具化”的特点。根据国务院《关于加强地方政府融资平台公司管理有关问题的通知》第 2 条规定，只有用于非营利性项目且由稳定的营业收入并主要依赖于自身收入

---

① 陈工、朱峰：《地方政府债券的发行与监管：发达国家的经验借鉴》，载《财经智库》2017 年第 3 期。

② 杨莎莎：《中国地方债治理法律制度研究》，经济科学出版社 2015 年版，第 157 页。

③ 郑春荣：《中国地方政府债务的规范发展研究》，格致出版社、上海人民出版社 2016 年版，第 132 ~ 133 页。

来偿还债务的,以及那些被用于为营利性项目筹资的地方融资平台可以保留。其余地方政府融资平台必须停止承担融资任务。这就意味着,地方融资平台一方面,按照法治化和市场化的要求去"政府化"和"工具化"。换言之,对政府融资平台体制机制的再造要求我们先建立一个政府分开、政事分开、决策与秩序、监督与控制分开的良好的政府投资体制。从而地方政府融资平台成为独立的完全的法人,遵循现代法人治理原则。如果地方政府想要投资,必须将其权利约束在股东权利之下,但运营和管理权利必须由地方政府融资平台独立实施。基于市场化的机制,以独立、透明和法治化的方式来运作融资平台,实现投资多样化和改进股权结构。另一方面,强化金融监管部门如银监部门对融资平台的金融业务监管。①

2017年5月5日财政部出台了《关于进一步规范地方政府举债融资行为的通知》。2017年5月28日财政部又出台了《关于坚决制止地方以政府购买服务名义违法违规融资的通知》。虽然以负面清单的方式,对地方融资平台、PPP和产业基金、政府购买服务、融资担保等方面对当前地方政府举债融资问题进行了规范,但是在内外因素的制约下,地方融资平台公司转型艰难。从长远来看,还需进一步完善法律法规,转化机制,实现真正的转型。当下,应针对出现的新型问题如政府产业投资基金,在监管缺位之下,异化为地方政府新的融资、加杠杆的手段。因此,应尽快出台政府产业基金的监管法规。

四、结语

在全面深入厉行法治的背景下,从现代国家治理体系出发,对地方政府债务问题进行法律制度设计。具体而言,将沿着法治化的轨道,规范地方政府财权与事权相一致,保障地方政府的举债权,完善地方政府债券监管机制,剥离融资平台的政府融资功能,推动地方政府融资以银行贷款融资为主转向以债券和股权融资为主;弱化土地财政的融资能力,减少地方政府对土地财政的依赖;提升PPP的地位和作用,分担政府的投资责任;促进隐性的地方政府债务显性化,降低地方政府债务风险。在未来中国经济转向质的发展的新形势下,地方政府债务管理与风险规则,虽然任重道远、任务艰巨,但是其必将纳入法治化框架中,沿着市场化的轨道趋于合理化、有序化及规范化。

---

① 马恩涛:《中国地方政府融资平台转型与地方政府债务风险防范研究》,中国财经出版传媒集团2017年版,第176~177页。

PPP 模式下项目公司企业所得税问题研究

王一鹤*

一、PPP 模式的内涵及渊源

PPP(Public-Private Partnership)起源于英国,却一直缺乏统一又科学的概念界定,一般可直译为"公私协同""公私合作"等。鉴于国情、地域特征和经济、社会环境等差异,PPP 交易结构日趋复杂、模式繁衍类型多样,概念的内涵也已超越了辞源的本意。当下,PPP 泛指一切为了取得更好的效果,公共与私营部门共同参与,基于双方优势互补、风险分担和利益共享而建立的一种长期项目合作关系或机制安排。PPP 贯穿项目运作的整个过程,不应拘囿于项目融资环节,而应从社会治理结构和政府管制方式变革等更高层面来理解。根本上,PPP 是社会产品供应方式改革的结果,一种介乎外包和私有化之间并结合二者特点的一种公共产品提供方式。① 按照公共经济学的基础理论,考虑消费的竞争性、收益的排他性等特征,社会产品(服务)可简单地划归为"公共产品""私人产品"两大类型。② PPP 项目

* 北京化工大学法学院老师。

① The National Council for PPP, USA, "For the Good of the People: Using PPP to Meet America's Essential Needs".

② 沈满洪、谢慧明:《公共物品问题及其解决思路——公共物品理论文献综述》,载《浙江大学学报》(人文社会科学版)2009 年第 6 期。

多为市政基础设施或公用事业工程,介乎于公私的中间地带,可定性为“准公共产品”或“准私人产品”。传统上,公共产品由政府或事业单位等机构负责供给,私人产品则为私人部门所实现。时移世易,社会产品的供给渠道已呈现“多元化”态势。PPP 模式就是立足双方的自由意志,通过公私部门间的分工协作来完成特定项目,各司其职、优势互补,实现“市场在资源配置中的决定性作用”,并“更好地发挥政府职能”。可以说,如今 PPP 已然成为市政工程建设领域积极寻求的第三条道路,甚至是更为主流的选择。PPP 作为政府与社会资本合作模式,在我国当下公私资本合作新型经济样态模式下被赋予了更加新颖和丰富的内涵。从世界范围看,学界现有文献观点多数认为现代 PPP 模式由英国首次提出,随后这种崭新合作模式得到美国、加拿大、德国等主要西方国家广泛响应,在联合国、世界银行组织的推进和影响下,许多发展中国家也开始纷纷效仿。同时,学者和实务界也展开了对 PPP 准确定义的探讨,联合国培训研究院认为:“PPP 包含两层含义,其一是为满足公共产品需要而建立的政府和社会资本之间的合作关系,其二是为满足公共产品需要,政府和社会资本建立伙伴关系进行的大型公共项目建设。”①欧盟委员会认为,“PPP 是指政府和社会资本之间的一种合作关系,其目的是提供传统上由政府提供的公共项目或服务。”②此外,美国、加拿大等国政府部门也分别给出各自对 PPP 的定义,不过因为它并没有确切而具体的含义,且模式多样,PPP 的确切含义要根据不同案例来确定。由此可见,PPP 概念的内涵十分丰富,其可以泛指委托运营(O&M)、管理合同(MC)、建设—运营—移交(BOT)、建设—拥有—运营(BOO)、转让—运营—移交(TOT)、改建—运营—移交(ROT)等,也可以是不同国家根据现有制度确定的,仅适用于本国政府和社会资本合作的方式和类型。笔者从我国政府文件中探究 PPP 相对稳定的内涵,以便在共同语境下展开讨论。根据财政部《关于推广运用政府和社会资本合作模式有关问题的通知》(财金〔2014〕76 号)关于 PPP 的定位则是,“政府和社会资本合作模式是在基础设施及公共服务领域建立的一种长期合作关系。通常模式是由社会资本承担设计、建设、运营、维护基础设施的大部分工作,并通过‘使用者付费’及必要的‘政府付费’获得合理投资回报;政府部门负责基础设施及公共服务价格和质量监管,以保证公共利益最大化”。2015 年 5 月 22 日国务院办公厅转发财政部、发

---

① 唐兴霖、周军:《公私合作制(PPP)可行性:以城市轨道交通为例的分析》,载《学术研究》2009 年第 2 期。

② The European Commission,“Guidance for Successful PPP”,2003.

改委、中国人民银行《关于在公共服务领域推广政府和社会资本合作模式指导意见的通知》(国办发〔2015〕42 号)(以下简称 42 号文),该文在前言及“一、充分认识推广政府和社会资本合作模式的重大意义”称“政府和社会资本合作模式是公共服务供给机制的重大创新,即政府采取竞争性方式择优选择具有投资、运营管理能力的社会资本,双方按照平等协商原则订立合同,明确责权利关系,由社会资本提供公共服务,政府依据公共服务绩效评价结果向社会资本支付相应对价,保证社会资本获得合理收益。政府和社会资本合作模式有利于充分发挥市场机制作用,提升公共服务的供给质量和效率,实现公共利益最大化”。

曾有学者考证早期政府主动寻求与社会资本合作的现象,以探求 PPP 模式的基本原理,并尝试解释这一古老合作模式经久不衰的动因和持续发展的进路。有学者认为,PPP 最早起源于 16 世纪早期的私人航运、18 世纪的雇佣兵军队以及殖民扩张时期的私掠巡航。早期 PPP 产生的原因是野心和贪婪的结合:政府有野心但是必须有所不为,私人部门则是贪婪且精明的,他们合作寻求共同利益,这条理论几乎可以解释所有 PPP 的本质。尽管政府有野心掘取更多权利和他国财富,来为本国提供更好的服务和基础设施,但是由于财政、军队、效率以及其他因素约束,他们必须与其他具有资源需求和相同动机的主体展开合作。尽管 PPP 组织模式在不断变化,但是其目的却始终如一。在这一理论下,PPP 应该被宽泛地理解为包含了为实现互利共赢所有动机的政府与社会资本合作及资源共享。

二、PPP 的性质分析

基于前述对 PPP 模式的一般定义,即政府与社会资本合作模式。其中,政府作为公共产品的法定提供者,提供公共产品是其基本义务,一是因为政府承担着公共职能,二是政府通过税收等手段组织财政收入,而税收的主流理论认为,它是政府提供公共产品的对价,“税收主要是用以支付的公用事业费。一种有效的税收应该是要求公用事业使用人支付其使用的机会成本的税收”。①“对个人来说,税收是政府为他提供的商品或服务的‘价格’,或‘成本’。这一财政结构概念对本研究是重要的,而且,我们的分析已经把个人在财政选择中

① [美]理查德德·A. 波斯纳:《法律的经济分析》(下),蒋兆康译,中国大百科全书出版社 1997 年版,第 625 页。

的行为同在市场或个人选择中的行为进行了比较”。[①] 从这个角度来看,政府通过税收等手段获取财政收入的前提即是能够提供公共产品,而这一点在我国《预算法》立法中亦有相应的体现。“一般公共预算支出按照其功能分类,包括一般公共服务支出,外交、公共安全、国防支出,农业、环境保护支出,教育、科技、文化、卫生、体育支出,社会保障及就业支出和其他支出。”[②]而这些一般公共预算支付所覆盖的范围除了外交、公共安全、国防支出和其他支出外,其他各项基本与我国政府所倡导的 PPP 合作目录相一致。[③]

政府鼓励引进社会资本参与 PPP,首要的问题是能够解决政府资金不足问题,尤其是地方政府财政资金不足的问题。此外还有其他考虑,“(一)推广运用政府和社会资本合作模式,是促进经济转型升级、支持新型城镇化建设的必然要求。政府通过政府和社会资本合作模式向社会资本开放基础设施和公共服务项目,可以拓宽城镇化建设融资渠道,形成多元化、可持续的资金投入机制,有利于整合社会资源,盘活社会存量资本,激发民间投资活力,拓展企业发展空间,提升经济增长动力,促进经济结构调整和转型升级。(二)推广运用政府和社会资本合作模式,是加快转变政府职能、提升国家治理能力的一次体制机制变革。规范的政府和社会资本合作模式能够将政府的发展规划、市场监管、公共服务职能,与社会资本的管理效率、技术创新动力有机结合,减少政府对微观事务的过度参与,提高公共服务的效率与质量。政府和社会资本合作模式要求平等参与、公开透明,政府和社会资本按照合同办事,有利于简政放权,更好地实现政府职能转变,弘扬契约文化,体现现代国家治理理念。(三)推广运用政府和社会资本合作模式,是深化财税体制改革、构建现代财政制度的重要内容。根据财税体制改革要求,现代财政制度的重要内容之一是建立跨年度预算平衡机制、实行中期财政规划管理、编制完整体现政府资产负债状况的综合财务报告等。政府和社会资本合作模式的实质是政府购买服务,要求从以往单一年度的预算收支管理,逐步转向强化中长期财政规划,这与深化财税体制改革的方向和目标高度一致”。[④] 尽管存在公共产品供给越来越多的需求导致

---

① [美]詹姆斯·M.布坎南:《民主财政论》,穆怀朋译,商务印书馆1993年版,第97页。

② 参见我国《预算法》第27条第2款。

③ 42号文在前言提及了“在能源、交通运输、水利、环境保护、农业、林业、科技、保障性安居工程、医疗、卫生、养老、教育、文化等公共服务领域,广泛采用政府和社会资本合作模式,对统筹做好稳增长、促改革、调结构、惠民生、防风险工作具有战略意义。”

④ 参见财政部《关于推广运用政府和社会资本合作模式有关问题的通知》(财金〔2014〕76号)。

了地方政府财政资金的严重不足,但更主要的原因则在于 1994 年我国分税制改革后,地方财权与事权的不匹配问题,“自 1994 年分税制改革以来,我国政府间财政关系存在的主要问题之一,就是中央和地方的事权界定模糊,并且地方税体系不全、税基不顺。特别是省以下各级政府之间事责、事权界定不明晰,基层政府的支出责任与财力保障不匹配现象尤为严重”。[①] 多年的分税制财政实践积累下的一个问题是在可运用的公共资源上地方政府占尽基础性财源优势,有大量可供调用的土地资源、存量资产以及行政管理资源以供组织财政流动性之用。中央政府占尽制度性财源优势依赖财权、事权分配中的制度性倾斜提升自身对公共资源的掌控能力。PPP 的内涵就在于发掘公共资源内在价值并将其变现为融资能力和信用支撑。在地方政府资金需求纯粹刚性的前提下 PPP 柔性的模式设计刚好满足了地方政府的融资需要。

三、PPP 项目公司的所得税优惠

PPP 的设立首先需要成立 SPV 项目公司专门负责项目运作。政府机关、私营部门就基础设施建设和公共产品(服务)的供给,要签署一系列以“特许权协议”为核心的法律合同与协议文本,作为基本合作框架,并根据双方的具体约定成立项目公司。项目公司在所得税方面目前享有以下税收优惠政策:

(一)减免企业所得税政策:享受“三免三减半”的企业所得税政策

根据我国《企业所得税法》(中华人民共和国主席令第 63 号)第 27 条第 2 款、第 3 款,《企业所得税法实施条例》(中华人民共和国国务院令第 512 号)第 87 条,财政部、国家税务总局《关于执行公共基础设施项目企业所得税优惠目录有关问题的通知》(财税〔2008〕46 号)和国家税务总局《关于实施国家重点扶持的公共基础设施项目企业所得税优惠问题的通知》(国税发〔2009〕80 号)的规定,投资企业从事《公共基础设施项目企业所得税优惠目录》规定的港口码头、机场、铁路、公路、城市公共交通、电力、水利等项目。从事公共污水处理、公共垃圾处理、沼气综合开发利用、节能减排技术改造、海水淡化等符合条件的环境保护、节能节水项目的所得,自项目取得第一笔生产经营收入所属纳税年度起,第一年至第三年免征企业所得税,第四年至第六年减半征收企业所得税。新办国家重点扶持的公共基础设施项目和从事符合条件的环境保护、节能节水项目享受税收优惠的开始时间为:第一笔生产经营收入。

另外,财政部、国家税务总局《关于公共基础设施项目享受企业所得税优

---

① 刘剑文:《财税法专题研究》,北京大学出版社 2015 年版,第 146 页。

惠政策问题的补充通知》(财税〔2014〕55号)第1条还规定:企业投资经营符合《公共基础设施项目企业所得税优惠目录》规定条件和标准的公共基础设施项目,采用一次核准、分批次(如码头、泊位、航站楼、跑道、路段、发电机组等)建设的,凡同时符合以下条件的,可按每一批次为单位计算所得,并享受企业所得税"三免三减半"优惠:(1)不同批次在空间上相互独立;(2)每一批次自身具备取得收入的功能;(3)以每一批次为单位进行会计核算,单独计算所得,并合理分摊期间费用。

(二)投资抵免企业所得税:专用设备投资额的10%抵免当年企业所得税应纳税额

根据我国《企业所得税法》(中华人民共和国主席令第63号)第34条规定:企业购置用于环境保护、节能节水、安全生产等专用设备的投资额,可以按一定比例实行税额抵免(信托周刊章)。所谓的税额抵免,是指企业购置并实际使用《环境保护专用设备企业所得税优惠目录》《节能节水专用设备企业所得税优惠目录》《安全生产专用设备企业所得税优惠目录》规定的环境保护、节能节水、安全生产等专用设备的,该专用设备的投资额的10%可以从企业当年的应纳税额中抵免;当年不足抵免的,可以在以后5个纳税年度结转抵免。其中专用设备投资额,根据财政部、国家税务总局《关于执行环境保护专用设备企业所得税优惠目录、节能节水专用设备企业所得税优惠目录和安全生产专用设备企业所得税优惠目录有关问题的通知》(财税〔2008〕48号)(以下简称财税〔2008〕48号)第2条的规定,是指购买专用设备发票价税合计价格,但不包括按有关规定退还的增值税税款以及设备运输、安装和调试等费用。当年应纳税额,根据财税〔2008〕48号第3条的规定,是指企业当年的应纳税所得额乘以适用税率,扣除依照企业所得税法和国务院有关税收优惠规定以及税收过渡优惠规定减征、免征税额后的余额。享受投资抵免企业所得税优惠的企业,应当实际购置并自身实际投入使用的环境保护、节能节水、安全生产等专用设备;企业购置上述专用设备在5年内转让、出租的,应当停止享受企业所得税优惠,并补缴已经抵免的企业所得税税款。根据财税〔2008〕48号的相关规定,企业利用自筹资金和银行贷款购置专用设备的投资额,可以按《企业所得税法》的规定抵免企业应纳所得税额;企业利用财政拨款购置专用设备的投资额,不得抵免企业应纳所得税额。企业购置并实际投入适用、已开始享受税收优惠的专用设备,如从购置之日起5个纳税年度内转让、出租的,应在该专用设备停止使用当月停止享受企业所得税优惠,并补缴已经抵免的企业所得税税款。转让的受让方可以按照该专用设备投资额的10%抵免当年企业所得税应纳税额;当年应纳税额不足抵免的,可以在以后 5 个纳税年度结转抵免。

根据国家税务总局《关于环境保护节能节水安全生产等专用设备投资抵免企业所得税有关问题的通知》(国税函〔2010〕256 号)的规定,纳税人购进并实际使用规定目录范围内的专用设备并取得增值税专用发票的,如增值税进项税额允许抵扣,其专用设备投资额不再包括增值税进项税额;如增值税进项税额不允许抵扣,其专用设备投资额应为增值税专用发票上注明的价税合计金额。企业购买专用设备取得普通发票的,其专用设备投资额为普通发票上注明的金额。

(三)经营期间项目公司股利分配的企业所得税政策

根据我国《企业所得税法》(中华人民共和国主席令第 63 号)的规定,经营期间项目公司股利分配享受以下企业所得税优惠政策:(1)经营期间涉及股利分配,如果项目公司是境内居民企业间分配股利,免征企业所得税;境内居民企业分配股利给自然人股东,需代扣代缴 20% 个人所得税。(2)如果项目公司有境外股东,跨境分配股息给境外非居民企业,一般适用 10% 的预提所得税,如果境外非居民企业与中国间有签订双边税收协定,在符合一定条件下能够适用税收协定安排下的优惠预提所得税税率。

四、政府付费与补贴的企业所得税评价

尽管理论上项目公司享有上述税收政策优惠,但由于项目公司的具体 PPP 项目制约,项目公司仅能在与其相关的项目下享受部分企业所得税优惠。而对于 PPP 协议中,政府付费和政府补贴是否需要缴纳企业所得税问题,则没有明确规定。根据我国《企业所得税法》第 7 条规定,收入总额中的下列收入为不征税收入:财政拨款;依法收取并纳入财政管理的行政事业性收费、政府性基金;国务院规定的其他不征税收入。《关于专项用途财政性资金有关企业所得税处理问题的通知》指出,企业取得的专项用途财政性资金凡同时符合以下条件的,可以作为不征税收入,在计算应纳税所得额时从收入总额中减除:企业能够提供资金拨付文件,且文件中规定该资金的专项用途;财政部门或其他拨付资金的政府部门对该资金有专门的资金管理办法或具体管理要求;企业对该资金以及以该资金发生的支出单独进行核算。此外,还有《企业会计准则第 16 号——政府补助》(修订版)第二章确认和计量的相关要求。但由于政府付费和政府补贴的性质不同于财政拨款,对于是否需要缴纳企业所得税并无明确的法律规定。

首先,必须明确政府付费与财政补贴的性质。尽管政府付费与财政补贴也

是财政收入的一部分,按照我国《企业所得税法》第7条规定,财政拨款为不征税收入,但由于第7条主要指向财政拨款直接流向公共支出方面而言的。PPP虽然也具有公共支出的特征,但在PPP项目中,政府付费和财政补贴主要是以对社会资本参与公共产品供给的对价支付,易言之,该政府付费与财政补贴是政府作为平等主体与社会资本方达成协议而履行的给付义务,不同于一般意义上的财政拨款。PPP的实现过程中最为核心的法律关系是公共部门与私人部门之间的法律关系。PPP协议不仅反映了公共部门与私人部门之间对于公共服务的买卖合同关系,还反映了私人部门作为公共服务的生产者和经营者与公共部门作为公共服务市场的监管者之间的管理与被管理关系。PPP协议的形成是以私人部门参与实现政府公共服务职能为内容的公法与私法相结合的新型法律关系,应属于兼具公法和私法性质的混合合同,双方当事人应同时受到公法和私法原则的约束。若就私法角度的平等主体之间的合同关系而言,政府付费与财政补贴则属于政府按照合同所支付的对价;若从管理与被管理者的角度而言,则实质上是基于PPP项目的监管需求,而非针对政府付费与财政补贴,即便有,也只是监管政府所付费用与补贴应按照合同约定的用途使用,而非其他。基于此,政府付费与财政补贴更应该认定为一种对价的支付。作为对价的支付,不同于一般意义上财政拨款的无偿性。也就不能免除项目公司获得政府付费与财政拨款时的纳税义务。

其次,就税收法定角度而言。党的十八届三中全会《中共中央关于全面深化改革若干重大问题的决定》首次在党的纲领性文件中提出"落实税收法定原则"。税收法定原则的具体内容和功能是随着社会的发展而不断演化的,它最初产生于议会和国王之间的斗争,后来则主要体现为立法机关与行政机关的分权,并且在不同国家中还有着差异化的形态样式。但是,从根本上说,其核心要旨都是对征税权的规范和控制。特别是在现代"税收国家"语境下,它还得以成为国家课税权正当化的伦理基础。具言之,在法权分析方法下,税权可以被解构成权力和权利两个维度。在宪法层面,国家拥有的是税收权利,即税收债权,国民拥有的是税收权力,即纳税人税权。而在法律层面,国家拥有的是征税权力,国民则拥有税收权利,并具体化为各项纳税人权利。从逻辑上看,在人民主权的基础上,征税权当然属于人民,并被部分委托给国家,由此形成国家征税权利;人民则基于对公共利益的需求而让渡财产所有权,由此形成以税收同意权为核心的纳税人税权。① 因此,纳税人税权是课税权的逻辑起点和最终归

① 单飞跃、王霞:《纳税人税权研究》,载《中国法学》2004年第4期。

宿。税收法定原则的实质,就是通过民主控制和程序规范来限制课税权的行使空间与方式,进而保护纳税人权利,维护人的尊严和主体性。正如税收法定原则的要求,无法定则无纳税义务,反过来,没有明确的税收优惠,则任何纳税主体不得享有超越法律的特权而免税。"税务机关依照法律、行政法规的规定征收税款,不得违反法律、行政法规的规定开征、停征、多征、少征、提前征收、延缓征收或者摊派税款。"①因此,无论是作为纳税主体的项目公司,还是财政税收部门都不得在法律、行政法规之外单独给予项目公司企业所得税方面的优惠。

最后,就税收公平角度而言。税负公平原则是实现在纳税人之间公平分配税收负担的基本内容,它保护横向公平与纵向公平两方面。所谓的横向公平和纵向公平主要就是要求税收负担在纳税人之间的分配应做到"同等情况,同等对待;不同情况,不同对待"。因此,如何判断纳税人之间情况相同或不同,就成为贯彻税收公平原则所必须解决的问题。通常依据两大原则来判断:一是受益原则,其要求根据纳税人从政府提供的公共产品和服务中所得到的效用满足程度的大小来确定其税负轻重。受益程度相同,税收负担相同;受益程度不同,税收负担不同。显然,受益原则是把税收收入筹集和财政支出安排结合起来分配税收负担的思路,事实上把公共产品利益的获取和成本的分担对应起来,实际是对私人经济部门等价交换原则进行模拟。二是支付能力原则,该原则强调根据经济主体支付能力的大小来安排其应承受的税收负担,认为两个经济主体若支付能力相同,则应承受相同的税收负担;如果支付能力不同,则应承受不同的税收负担,以此来体现公平原则。显然,支付能力原则仅仅考虑纳税人的支付能力,而没有考虑纳税人从公共产品消费中得到的效用和满足程度。

但是需要考虑一个相对 PPP 协议而言的非正常情况,即协议外的财政补贴。协议外的财政补贴不属于政府对社会资本对价的给付,其性质就应该是一般意义上的财政拨款,也即可以依照我国《企业所得税法》第 7 条规定,将该部分财政补贴作为不征税收入。如财政部《关于实施政府和社会资本合作项目以奖代补政策的通知》(财金〔2015〕158 号)中明确规定:(一)对中央财政 PPP 示范项目中的新建项目,财政部将在项目完成采购确定社会资本合作方后,按照项目投资规模给予一定奖励。其中,投资规模 3 亿元以下的项目奖励 300 万元,3 亿元(含 3 亿元)至 10 亿元的项目奖励 500 万元,10 亿元以上(含 10 亿元)的项目奖励 800 万元。奖励资金由财政部门统筹用于项目全生命周期过程中的各项财政支出,主要包括项目前期费用补助、运营补贴等。(二)对符合条

① 参见我国《税收征收管理法》第 28 条。

件、规范实施的转型为PPP项目的地方融资平台公司存量项目,财政部将在择优评选后,按照项目转型实际化解地方政府存量债务规模的2%给予奖励,奖励资金纳入相关融资平台公司收入统一核算。享受奖励资金支持的存量项目,其地方政府存量债务应通过合同条款明确地转移至项目公司或社会资本合作方,化债安排可行、交易成本合理、社会资本收益适度。中央财政PPP示范项目中的存量项目,优先享受奖励资金支持。

考虑到奖励仅是一种鼓励措施,“通过以奖代补方式支持政府和社会资本合作(PPP)项目规范运作,保障PPP项目实施质量”“通过实施以奖代补政策,促进示范项目规范运作,鼓励地方融资平台公司加大存量项目转型力度”。[①]对于项目公司而言,获得财政奖励具有或然性,因此它不属于PPP协议中的对价,不属于协议对价的部分,可以视为财政拨款而作为不征收收入。

① 参见财政部《关于实施政府和社会资本合作项目以奖代补政策的通知》(财金〔2015〕158号)。

债券市场“逃废债”的金融法规制

席晓运*

一、引言

“逃废债”①一词属于政策与行业用语，非法律术语，但“逃废债”涉及的法律问题不容回避。通常情况，“逃废债”表现为债务到期前或到期后债务人或关联方通过转移资产、破产削债、②降低自身偿债能力等各种“合法”或非法途径损害债权人利益的行为。长期以来，正规金融领域，对银行债权的“逃废债”引起较多关

---

* 中国中投证券有限责任公司法律合规部员工，法学硕士。本文观点仅作学术探讨，文责自负，与工作单位无关，请勿引用。

① 最高人民法院颁发的《关于为改善营商环境提供司法保障的若干意见》（法发〔2017〕23 号）第 17 条：严厉打击各类“逃废债”行为，切实维护市场主体合法权益。严厉打击恶意逃废债务行为，依法适用破产程序中的关联企业合并破产、行使破产撤销权和取回权等手段，查找和追回债务人财产。加大对隐匿、故意销毁会计凭证、会计账簿、财务会计报告等犯罪行为的刑事处罚力度。聊城市人民政府办公室印发的《关于打击逃废金融债务工作的实施意见》规定，各类恶意逃废金融债务行为指企业（个人）恶意逃避、悬空、毁弃金融机构和地方金融组织债权的行为。

② 《温州中院重拳打击“假破产、真逃债”企业，审结涉嫌逃废债破产关联案件 37 件，追回资产 3177 万余元》，载《人民法院报》2014 年 11 月 11 日，第 1 版。

注,各地打击力度较大。[①] 而债券市场,因违约事件甚少,且盛行刚性兑付之潜规则,"逃废债"问题未引起各方注意。近年来,随着我国经济进入新常态,实体经济进入下行区间,实体企业的行业风险、经营风险传导至金融领域。2014年"11超日债"成为国内债券市场首例违约公募债券,[②]自此我国债券市场进入违约风险频发期,[③]信用风险不断释放。从近两年不断爆出的债券违约事件看,违约主体既有大型国企,也有各类民企,主要集中于产能过剩行业。在此背景下,多数债券违约后投资者[④]无法得到本息兑付,[⑤]质疑债券发行人[⑥]涉嫌"逃废债",引发关注。[⑦] 如果将"逃废债"问题置于法律视野下进行阐释,其不仅是单一性的违约、侵权,抑或刑事犯罪问题,更是涉及金融交易法、金融监管法及金融刑事法为一体的金融法问题,其典型特征是金融交易、金融监管及金融刑事规范相互交织、相互借重。因此,从金融法角度对"逃废债"进行阐释与回应颇有必要。

二、债券市场"逃废债"的特征

打击金融市场的"逃废债"问题是老生常谈,通常意义上的打击"逃废债"

---

① 《金融监管联手司法部门阻击"逃废债"》,载《北京商报》2017年8月17日,第7版;《银监会已在制定打击逃废债通知 银行五年损失上千亿》,载凤凰网:http://finance.ifeng.com/a/20170301/15218859_0.shtml,最后访问日期:2017年11月12日;山东省在全省印发了《山东省人民政府办公厅关于做好打击逃废金融债务工作的通知》(鲁政办字〔2017〕119号),部署打击"逃废债"金融债权。

② 2014年3月4日上海超日太阳能科技股份有限公司发布公告称无法按时支付2011年公司债券利息。至此,"11超日债"正式违约,成为国内首例债券违约事件。参见《"11超日债"违约始末:坏消息一个接一个》,载中国经济网:http://finance.ce.cn/rolling/201403/05/t20140305_2420309.shtml,最后访问日期:2017年11月22日。

③ 据鹏元评级统计,2017年1~3季度共有20只债券发生违约,债券本金规模共计160.50亿元。从债券类型看,中票7只,占比35%;其次是定向工具,共有5只,占比25%;短融有3只,企业债和公募公司债各2只,非公开发行公司债(私募债)1只。参见《2017年3季度中国债券市场分析》,载鹏元国际:http://www.pyrating.cn/zh-cn/n/10021847/prototype/publishchapter,最后访问日期:2017年11月22日。

④ 本文若无特别说明,"债券持有人""持有人""债券投资者"均指同一主体。

⑤ 据鹏元评级统计,截至2017年9月31日,全市场共129只违约债券,其中26只已足额兑付,9只违约债券部分兑付。《2017年3季度中国债券市场分析》,载鹏元国际:http://www.pyrating.cn/zh-cn/n/10021847/prototype/publishchapter,最后访问日期:2017年11月22日。

⑥ 本文若无特别说明,"债券发行人""发行人"均指同一主体。

⑦ 《13.6亿元五洋债实质违约 投资人称发行人或涉嫌逃废债》,载中证网:http://www.cs.com.cn/zqxw/201708/t20170818_5429587.html,最后访问日期:2017年11月22日。

以保护银行信贷等金融机构债权①为主要任务，以地方工商、税务、公安、地方金融办及“一行三会”的地方派出机构等联合组成专项领导小组，开展专项打击行动为主要模式。② 债券市场的“逃废债”是一个较新的问题，其与银行债权领域的“逃废债”问题不同，具体表现为：首先，债权人不同，债券市场债权人包括但不限于自然人、实体企业及金融机构，而银行债权人为银行。其次，风险管理能力不同，债券市场中的自然人、实体企业较之银行而言，银行在风险识别、核查、检测及处置过程中，具备丰富的专业能力、风控经验及相关资源，较之非金融机构债权人有明显优势。再次，债权追讨能力不同，银行业作为我国金融业资产占比最高的行业，其信贷风险更容易引起监管部门关注，有着较强的寻求与协调公权力救济的能力。最后，法律关系不同，银行债权与债务人之间构成的是债权债务关系，而债券持有人与债券发行人存在多重法律关系，具体后文详述。

三、债券市场“逃废债”法律规制之困境

目前，债券市场的“逃废债”问题存在于违约前后的各时间段。违约前，通过与关联方虚构合同、民间借贷等形式转移资产；违约后，通过恶意破产重组削减债务等手段逃避债务。面对发行人及关联方、实际控制人的该等违法行为，若其不愿配合，债券承销商等中介机构将无法通过有效手段开展核查，而执法机关也因各种原因跟进滞后。这种情况下，如何识别、防范与规制“逃废债”将陷入法律困境。

（一）事前风险预警不足

为检测债券发行人在债券存续期的偿债能力，对其持续监管非常关键，监管内容包括发行人经营情况、财务情况、募集资金使用、信息披露等。正常情况下，债券存续期的受托管理人（公司债）/债权代理人（企业债）③负有督促发行人就上述事项进行信息披露的义务，但这种督促并无强制力。在目前的证券市场法律环境下，发行人涉及影响持有人权益的重大信息之披露，端赖发行人本

---

① 《打击整治逃废银行债务行为　净化信用环境》，载人民网：http://hlj.people.com.cn/n/2015/0429/c220024-24684810.html，最后访问日期：2017年11月23日。

② 《宁德打击逃废债再出发》，载中国福建网：http://www.fujian.gov.cn/xw/zfgzdt/sxdt/nd/201703/t20170322_1509785.htm，最后访问日期：2017年11月23日。

③ 企业债是国家发改委监管的债券品种，企业债的存续期管理人法规称“债权代理人”；公司债是证监会监管的债券品种，公司债的存续期管理人称“受托管理人”。为行文之方便，除有特别说明之处，本文“受托管理人”“债权代理人”统一为“受托管理人”之表述。

身的自觉性和主动性。如发行人经受托管理人督促仍不披露相关重大事项,则只能向监管机构报告该等情形。监管机构可能会发函责令发行人进行披露,通常也不会采取进一步措施,故,发行人事先转移资产的情况下,说明其经营状况可能开始恶化,资金链可能异常紧张,如该等重大风险无法及时检测、预警和披露,将会对债券持有人造成严重误导,危及债权人利益,也会对其他投资者形成误判而买入该债券。

(二)事后救济跟进滞后

债券市场的"逃废债"事后救济途径较多,但均存在一定的障碍,启动程序滞后,即使诉讼胜诉,也无法得到有效清偿。具体有三:

1. 民事求偿诉讼

在发行人"逃废债"的情况下,民事求偿诉讼只能等债券违约后方可提起,侵权诉讼在债券市场尚无先例可寻。即使提起违约诉讼,债券受托管理人以代理人身份提起诉讼尚存法律障碍,实践中,通过违约求偿诉讼获得偿付的案例鲜有,目前仅可查询到仅有"12 湘鄂债"。退一步讲,即使法院立案,因诉讼效率较低,时间长,胜诉后也无法挽回损失。

2. 破产诉讼

在我国,若要推动某地企业破产,其往往关涉社会稳定与职工就业等社会问题,推动发行人走向破产需要取得属地政府的支持与配合。即使成功推动破产诉讼,最后的偿债率也非常低。① 较之我国香港特别行政区法院有权否认在公司清算前5年内发生的低值交易,②我国《破产法》规定的债权人对发行人异常交易撤销权的规定期限为一年,无法有效遏制发行人的"逃废债"行为。

3. 刑事救济

刑事法律是保障社会主体权益的最后一道屏障,也是最为严厉的法律手段。考察我国的刑事法律规范,无任何法律规定证券市场涉嫌违法犯罪行为需以行政处罚或行政监管为前提,实践中,我国证券市场刑事犯罪的认定依赖于证券监管部门的行政监管或行政处罚认定。在行政监管部门尚未认定相关主体存在违法违规行为的情况下,对于相关主体的举报或报案,公安机关进展缓

---

① 中伦律师事务所破产业务负责人许胜锋在接受彭博采访时认为,国内重整案件中,最终的债权清偿率达到20% ~30%算是比较理想的结果;而在破产清算案件中,大多不会超过10%。载集思录官网:https://www.jisilu.cn/question/78404,最后访问日期:2017年11月26日。

② 低值交易是指该交易中公司所获得的对价严重低于公司本身所提供的对价甚至无对价的交易。参见香港特别行政区破产管理署《关于2016年公司(清算及杂项条文)(修订)条例的问与答》。

慢。即使迫于各方压力予以立案,公安机关主动侦查的积极性不高。这种情况下,对于证券市场的违法犯罪行为,公安机关形成了一种路径依赖,坐等行政监管机关的事先认定。因而,即使发行人涉嫌存在"逃废债"行为,因刑事打击力度不够,[①]也无法及时启动刑事救济有效地追讨相关资产,发行人违法风险与成本较低。这种恶意违法行为得不到有效惩处的后果将会助长此类主体违规,造成恶性影响与不良的传导"示范"作用。

四、债券市场"逃废债"的金融法阐释

从传统部门法的角度看待复杂的金融现象与实践难题,难以有效解释与回应复杂的金融问题,尤其是各个部门法之间存在衔接不够、顾此失彼等局限与弊端,导致传统的部门法学在"逃废债"问题的规制与解决上力不从心。如债券违约问题,单纯以合同法视之,其仅为债权债务关系,但金融法视角下,其法律关系并非如此单一。近年来,为回应某一领域具有交叉性、复合性的社会问题,有论者提出了全新的"领域法学"概念,[②]引起了相关学者的关注与回应。[③]领域法学之提倡为法学界带来了一股清新之风,有观点认为"领域法学是一项正在掀起法学学术革命的理论创新"。[④] 不可否认,领域法学的提出掀起了一股研究热潮。该类领域法学包括但不限于金融法、互联网法、科技发法、环境法。当然,学术界对金融法学的专门研究要远远早于"领域法学"概念之提出。

金融法是领域法学与部门法学的结合,其相互补充、相互支持、互为依靠和

---

① 经查询我国裁判文书网,以"虚假破产罪"为关键词,则搜索到案件为零;以"违规披露重要信息罪"为关键词,则仅有5个案例。经百度搜索,也可搜集为数不多的个别案例。其中,以北京市为例,2017年年初北京地区法院审结了首例违规披露重要信息罪的案件。北京和上海、深圳是我国金融业最为发达的三个城市,该罪名在北京地区尚为首例,可以揣测,该类罪名实践中适用极少。《一中院一审审结全市首例违规披露重要信息案》,载北京法院网:http://bjgy.chinacourt.org/article/detail/2017/01/id/2502181.shtml,最后访问日期:2017年11月26日。

② 领域法学这一概念由刘剑文教授率先提出,他认为"领域法学,是以问题为导向,以特定经济社会领域全部与法律有关的现象为研究对象,融经济学、政治学和社会学等多种研究范式于一体的整合性、交叉性、开放性、应用性和协同性的新型法学理论体系、学科体系和话语体系;它是新兴、交叉领域'诸法合一'的有机结合,与传统部门法学同构而又互补"。参见刘剑文:《论领域法学:一种立足新兴交叉领域的法学研究范式》,载《政法论丛》2016年第5期。

③ 熊伟:《问题导向、规范集成与领域法学之精神》,载《政法论丛》2016年第6期;王桦宇:《论领域法学作为法学研究的新思维——兼论财税法学研究范式转型》载《政法论丛》2016年第6期;吴凯:《论领域法学研究的动态演化与功能拓展——以美国"领域法"现象为镜鉴》,载《政法论丛》2017年第2期;张学博、李玉云:《领域法学:法学研究的第三条道路》,载《长春市委党校学报》2017年第2期。

④ 梁文永:《一场静悄悄的革命:从部门法学到领域法学》,载《政法论丛》2017年第1期。

借重。[①] 金融法视野下,金融交易、金融监管与金融刑事法同属于金融法律规范范畴。金融交易法是指调整各金融交易主体之间关系的法律规范;金融监管法是指调整金融监管机构与被监管者之间关系的法律规范;而金融刑法是指调整涉嫌犯罪的金融各主体的法律规范。金融交易法、金融监管法、金融刑事法是专门针对金融现象而产生的法律规范之集合。从金融法的视角看,因金融现象具有涉众性、传染性、风险性等特征,因此,金融法具有共同的法律价值追求与内在紧密逻辑,如投资者权益保护、金融安全管控与金融效率提升等法律价值,其相互博弈、制衡与促进。鉴于此,笔者试图从金融法的角度阐释与回应"逃废债"的法律规制问题。

(一)债券市场"逃废债"的金融交易法阐释

1. 债券交易法律关系之误解

自古以来,国人就有"欠债还钱""父债子偿"这种深入骨髓的朴素正义观,传统文化中的这种正义观是根深蒂固的,甚至在文学作品中上升到与"杀人偿命"[②]同等的地位,如元朝的《任风子》第二折中就有"杀人偿命,欠债还钱"。这种看似正确的传统正义观念与现代金融法的理念、价值相去甚远。通常,债务人违约后,债券持有人的本金或利息无法得到偿付,自然人持有人因深受我国传统文化影响而百思不得其解,其始终坚持欠债还钱,天经地义,毋庸置疑。但就债券市场中的债券交易行为在法律层面而言,显然,债券持有人误解了普通的民事债权债务关系与具有金融投资属性的商事债权债务关系。故理论层面对债券类金融投资的法律关系认识不清,导致实践中对债券投资风险的揭示不足、投资者风险识别缺失,阻碍了国人"杀人偿命,欠债还钱"观念之转变。即,常言道,"投资有风险,入市需谨慎"。这句话不仅适用于股票投资,也同样适用于债券等非存款类金融投资。

2. 债券交易法律关系之理解

通常而言,当债券持有人持有债券时,债券持有人与债券发行人之间构成合同法意义上的债权债务关系。此外,债券持有人作出持有、交易、质押债券等行为决策时,需要对发行人资质、经营、财务之优劣进行事先评判,而持有人赖以评判的依据即发行人披露的公开信息。该等信息公开之义务乃相关金融监

---

① 熊伟教授认为:"没有部门法学的发展,领域法学会失去依靠,找不到可用的分析和规制工具。没有领域法学发展的拓展,部门法学也容易陷入片面。只有将二者结合起来,发挥彼此的优势,才有可能在复杂的现代社会中相得益彰。"参见熊伟:《问题导向、规范集成与领域法学之精神》,载《政法论丛》2016年第6期。

② (元)马致远:《任风子》第二折:"可知道杀人偿命,欠债还钱,你这般说才是。"

管法确定的法定义务,该等义务使得债券发行人与债券持有人之间构成金融服务法律关系,[①]一旦债券发行人怠于履行该等法定信息披露义务可能构成侵权,此时投资者也可就其损失要求侵权赔偿责任。

在债券发行人与债券持有人之间存在双重法律关系的情况下,债券发行人较之持有人负有更重的法定义务,这种法定义务是持有人作为金融消费者与金融服务提供者的发行人之间力量对比不平衡的必然要求。[②] 且需要持续不断地披露其涉及持有人权益的重大事项。如若其违反该等法定义务或约定义务,持有人因缺少相应救济渠道与维权措施,其权益必将受到侵犯和损害。

3. 债券市场"逃废债"之新解

正是债券发行人的信息披露等法定义务履行之缺失,导致持有人与发行人之间天然的不平衡态势越发倾斜,持有人向发行人主张权益无异于"与虎谋皮",致使债券违约前后发行人逃废债可能性增大。故,通常意义上的债券违约,是指到期未还本或付息。对于还本或付息前违反法定义务的行为,在实践中难以被认定为违约,导致持有人认为只要发行人可以还本或付息,就不认为是违约,债券持有人也无其他途径救济其权利。这种误解在司法实践中也有体现。[③] 也有论者认为,基于证券监管的强制性规范(如投资者保护的法定条款)以及发行人具有投资诱导性的单方承诺,与基于债券买卖的标准化合同和非标准化协议一起构成债券契约条款。[④] 就此,笔者更倾向于将此界定为法定义务,而非契约义务。如若界定为契约义务,那么发行人在违反该等契约义务的情况下,因清偿本息这一主要义务尚未到履行期限,如果投资者就发行人承担的非主要义务主张违约责任,将很难得到法院支持。相反,如果将上述法定义务界定为非契约条款,在应然层面,一旦发行人违反,投资者可就此要求损害赔偿。

(二)债券市场"逃废债"的金融监管法阐释

当下中国债券市场体制机制上的显著特征是,存在多元监管机构、多个交

---

① 杨东教授认为,"2008年金融危机的根本原因是由于传统金融法未将因金融创新而诞生的新金融法客体、新金融法主体(金融消费者)以及由此构建而诞生的新的金融法律关系即金融服务关系纳入其调整对象"。参见杨东:《论金融法的重构》,载《清华法学》2013年第4期。

② 金融消费者保护立法在金融消费者与提供金融商品和服务的金融机构之间就不能简单适用"权利义务相对应"的民事平等原则,而应明确对金融消费者权益的特别保护,并加重金融机构的各项义务。参见强力:《我国金融消费者权益保护立法的经济法定位》,载《清华金融评论》2014年第10期。

③ 《2016年度上海法院金融商事审判十大典型案例》,在甲公司诉乙公司证券纠纷案中,裁判法院在典型意义部分认为:债券交易的实质是发行人与债券持有人之间就该债券在一定期限内进行还本付息的约定,仍应受到合同法律规范的约束。

④ 冯果、段丙华:《债券违约处置的法治逻辑》,载《法律适用》2017年第7期。

易场所、多类债券品种及多层监管规范。一言以蔽之,中国的债券市场较为混乱。这与资产管理行业相似,①不过资管行业监管规范已经拨云见日,中国人民银行目前已就资管行业统一性监管规范面向社会征求意见,②由乱转治可期可待。在债券市场的上述背景下,金融监管法层面,关于“逃废债”的阐述如下:

1. 监管规范混乱

监管规范混乱成因复杂,暂且不论,其弊端显而易见。如企业债、公司债分属不同的监管机构的债券品种,其债券持有人保护制度也大为不同。如公司债市场近两年开始爆发式增长,在证监会、交易所及协会的多层级的管控下,逐步建立了严格的债券持有人权益保护制度。③ 但对于交易商协会注册的非金融企业债务融资工具、短期融资券、中期票据,发改委审批的企业债及下属子债券品种,中国人民银行审批的金融债,财政部审批的地方政府债等则缺少类似持有人权益保护规定。我国《证券法》层面对于可以提取公因式的此类基础性持有人保护制度之缺失,一定程度上消解了监管权威与法治权威。此外,发行人相关法定义务的缺失直接损害了债券持有人获取投资标的信息的权利。

2. 监管机构混乱

在当下中国的金融市场,多头监管之弊端异常明显,债券市场概莫能外。多头监管容易造成监管真空与监管套利,而且容易引发监管竞争。这种监管模式容易为“逃废债”敞开窗口。多头监管的思路不同导致债券市场基本处于割裂状态,导致违约事件发生或“逃废债”发生时,无论是处置思路还是适用规范上均显得无所适从。④

3. 受托管理人权责失衡、激励缺失

当下,证监会监管的公司债券已经基本建立了受托管理人制度,国家发改委监管的企业债也建立了债权代理人制度,较之公司债则不够细致完善,其他债券监管规范层面尚未建立类似制度,实际执行中,通常由债券发行时的主承销商履行类似职责。就公司债和企业债而言,监管规定对受托管理人课以较重

---

① 资管行业因监管套利衍生的金融产品,交易链条复杂冗长,资管产品通道化,甚至沦为套利工具,背离了资产管理之初衷。

② 2017年11月17日中国人民银行发布《关于规范金融机构资产管理业务的指导意见(征求意见稿)》并公开征求意见。

③ 如债券持有人会议制度、存续期管理制度、受托管理人制度、信息披露制度及募集资金监管制度。

④ 参见冯果、段丙华:《债券违约处置的法治逻辑》,载《法律适用》2017年第7期。

的法定义务,并以此为监管抓手来督促发行人履行相应义务。但实践中,存在以下问题:一是受托管理人履职积极性不高。受托管理人在债券存续期的履职更多的是为了满足监管要求,而非为持有人利益而主动监督发行人;二是履职资源配备不足,业内受托管理人存续期履职人员仅有少数几人,无论是时间、精力和能力,均难以完全承担起繁重的存续期管理工作,加之督促工作不因此而产生额外“业绩”,受托管理人管理层对此工作重视不够;三是受托管理人履职手段有限,仅负有形式上的督促义务,难以采取实质性监督措施,债券受托管理职责之实现取决于发行人的配合程度。综上,发行人及关联方实施“逃废债”违法行为,债券受托管理人实际上难以发挥应有的监督作用。

(三)债券市场“逃废债”的金融刑事法阐释

通常,我国的金融市场划分为正规金融和民间金融。就金融领域的刑事犯罪问题,公权力的介入并非学者认定的介入过早或“贸然”介入。① 笔者看来,不可一概而论。对于民间金融,依仗我国《刑法》的公权力表现为积极主动介入态势,而对正规金融市场尤其是债券市场的“逃废债”等涉嫌违法犯罪的行为,刑事公权力则表现出滞后性与消极性。其因有二:

一是以债券市场为代表的正规金融存在较强的行政监管。民间金融很难纳入行政监管渠道,存在监管真空,其金融风险难以及时识别,故刑事公权力表现出积极介入态势。但对于正规金融领域涉嫌的违法犯罪问题,因行政监管权力对正规金融基本上实现较好覆盖,刑事公权力对债券市场的“逃废债”行为介入消极,较为明显。体现在金融犯罪的罪名确定上,诸如民间金融容易触及的非法集资、集资诈骗、非法吸收公众存款罪、信用卡诈骗罪等较为常见,也体现出较为“便捷”的入罪通道(口袋条款)。而对于正规金融市场可能涉及的欺诈发行债券罪,不披露、违规披露信息罪,伪造企业债券罪,擅自发行企业债券罪等罪名则较少涉及,甚至个别罪名近年来首次适用。②

二是中国金融刑法的法益保护理念较为滞后。长期以来,我国金融政策奉

---

① 梅传强、张永强:《金融刑法的范式转换与立法实现——从“压制型法”到“回应型法”》,载《华东政法大学学报》2017 年第 5 期。

② 贵州省高级人民法院作出终审裁定,维持贵阳市中级人民法院对厦门圣达威服饰有限公司(以下简称圣达威)欺诈发行私募债券案的刑事判决,圣达威法定代表人章某、原财务总监胡某因犯欺诈发行债券罪,分别被判处有期徒刑三年和两年。该案是全国首起因欺诈发行私募债券被追究刑事责任的判例。《首例私募债券欺诈发行刑事判决落地》,载中国证券监督管理委员会官网:http://www.csrc.gov.cn/pub/newsite/zjhxwfb/xwdd/201711/t20171103_326429.html,最后访问日期:2017 年 11 月 16 日。

行金融抑制主义,金融制度供给不足导致民间金融异常活跃且在非法治化路径上扭曲发展。金融刑事法律在刑事治理层面重公共秩序管控而轻投资者权益保护。这从我国刑法分则的体例安排便可知晓。我国刑法分则按照刑法所保护的法益进行类型化安排,如金融诈骗犯罪、欺诈发行债券罪、违规披露不披露重要信息罪等均列于社会主义市场经济秩序章节。立法者所保护的法益为金融秩序安全。对于证券市场犯罪,公安机关习惯于依赖证券监管机构作出行政认定,跟金融刑事立法的法益保护可能不无关系。在现行刑事立法重点保护金融安全秩序的情况下,即使债券持有人因发行人"逃废债"导致权益受损,也认为并未损害金融安全秩序,故在制度层面缺乏打击"逃废债"的动力与积极性。

五、债券市场"逃废债"的金融法规制——以投资者权益保护为中心

(一)债券市场"逃废债"的金融交易法规制

1. 金融交易法规制主体之确立

通常,在二级市场存续期债券交易中,涉及三方主体,即债券持有人、受托管理人和债券发行人。当然,特殊情况还存在其他主体,如评级机构、第三方担保等。上述三方主体构成了债券交易市场的基本架构,无论是受托管理人还是债券发行人,均为债券市场的金融服务提供者,债券持有人为金融服务的接受者。虽然在"逃废债"问题上,违法违规主体表面上是发行人,但实际上往往可能涉及关联方、股东或实际控制人。当然,若受托管理人未尽受托管理义务则亦不例外。因此,就发行人"逃废债"之行为,在应然层面,涉及发行人及关联方或实际控制人、持有人、受托管理人等多个主体。

2. 金融交易法规制内容之构建

对于债券交易主体的规制,在法律层面表现为权利的享有、义务的承担与责任的归属。因一方权利之享有,即为对方义务之承担,违背义务即担责,因此,笔者重点论述各方义务,具体而言:一是发行人义务,凡是与持有人利益相关的重大事项,发行人均负有披露义务;按期还本付息义务;按照监管规定召集持有人召开会议;为持有人聘请受托管理人。二是发行人关联方或实际控制人义务,不得违法实施减损发行人资产等可能危及持有人债权的行为。三是持有人义务,主动了解持有人公开的相关信息,识别交易风险;就自己作出的交易决策承担相应后果。四是受托管理人义务,督促发行人披露涉及持有人利益的相关重大事项;披露自身履职报告及发行人的重大信息;根据持有人的授权委托为持有人利益而行动。总之,金融交易法规规制的核心原则是对投资者的倾斜保护,对发行人与受托管理人法定义务的加重。

3. 金融交易法规制之救济渠道

基于债券交易多方主体之确立,发行人的"逃废债"行为必然涉及多方义务之履行与责任之承担。如前文所述,债券持有人与发行人之间构成债权债务关系、金融服务关系,债券持有人与受托管理人之间构成委托代理关系、金融服务关系。若发行人及关联方或实际控制人实施逃废债行为,未披露相关重大事项,受托管理人未尽督促义务与监督义务,那么将很有可能危及持有人债权。此时,发行人、关联方或实际控制人与受托管理人对持有人应属构成侵权,理应承担连带赔偿责任。①

就举证责任分配,应坚持举证责任倒置,即发行人与受托管理人应举证其已经履行相应义务,否则,应推定未尽义务而应承担举证不利后果。遗憾的是,股票市场目前已经有投资者起诉发行人承担民事赔偿责任的案例,②而债券市场的相关规则构建与维权理念较之股票市场更为滞后。债券持有人维权途径仅是投诉与举报,或向发行人提起违约之诉,但因"逃废债"行为通常发生在违约之前,故难以有效保护持有人利益。侵权赔偿的渠道之建立,颇有必要。另,在中小投资者诉讼提起上,可以由《证券法》授权中证中小投资者服务中小代理中小投资者提起诉讼的法律定位,跨越目前由受托管理人提起诉讼的法律障碍与利益冲突。目前,我国台湾地区的"投资人服务与保护中心"已经拥有法定的代理投资者诉讼权利,积累了较为丰富的经营,可作借鉴。③

(二)债券市场"逃废债"的金融监管法规制

1. 构建投资者保护的基础制度框架

目前,债券市场割裂的投资者保护制度,难以有效保护持有人利益,也难以

---

① 宁波市中院在审判一起金融借款纠纷的案件中,参照我国《公司法》有关法人人格否认的规定,首次判决宁波市两个股权和法人关系完全与之独立的关联公司承担连带责任。若债券发行人的关联方或者股东实施类似行为,笔者认为,法院也应判决承担责任,只是此处应承担侵权责任,而非违约责任。参见浙江省宁波市中级人民法院民事判决书(2016)浙02民终322号。

如果存在控股股东滥用公司独立人格、恶意逃避债务的情形,可以主张否定公司独立人格,追究股东的连带责任。参见《国际债券违约应对处理机制及启示》,载中国贸易金融网:http://www.sinotf.com/GB/125/1251/2016-12-08/3MMDAwMDIxNTQ3MA.html,最后访问日期:2017年11月26日。

② 《内幕交易民事赔偿案首现"胜诉"投资者维权仍任重道远》,载搜狐财经:http://business.sohu.com/20151001/n422497750.shtml,最后访问日期:2017年11月26日。

③ 为扩大对我国台湾地区资本市场投资人的服务及保护,台湾地区证券暨期货市场发展基金会在1998年3月成立了投资人服务与保护中心。保护中心履行"限额赔偿""受理投诉""调解纠纷""提起证券仲裁""提起证券诉讼""监督短线交易收入归入权行使""投资者法律和信息咨询服务"七项功能。参见《台湾证券市场发展经验》,载中国证券监督管理委员会官网:http://www.csrc.gov.cn/pub/newsite/yjzx/sjdjt/zcyj/201505/t20150514_276912.html,最后访问日期:2017年11月26日。

有效构建投资者对债券市场法律制度与规范规则的真诚信仰与自觉遵守。此外,各债券品种与制度的不统一,债券违约处置中监管机构的思路不一致等,均在一定程度上解构公平、公正与公开的证券市场基础性法治理念。建议以我国《证券法》修改为契机,建立《证券法》统领的债券市场投资者权益保护制度,具体有:投资者适当性管理制度、持有人会议制度、信息披露制度、存续期管理制度、募集资金监管制度、债券违约与侵权救济制度。就该等制度的适用与遵守,具体如下:

一是适用于各债券品种;债券市场尤其是银行间市场品种较为丰富,无论是企业债、公司债、非定向债务融资工具、中期票据、短期融资券均应适用投资者权益保护的相关制度。当然,国债、地方政府债等政府债券因发行主体的特殊性,可另做适当安排。二是适用于各市场主体;债券市场主体包括机构投资者、自然人投资者、评级机构、主承销商、信息披露机构等各市场主体,均应贯彻落实投资者保护制度。对于违反该等制度的,监管机构不仅是给予行政监管措施或行政处罚,更应该建立失信惩戒制度,对于屡次失信的债券发行人,限制其融资资格。

2. 完善受托管理人的激励与监督措施

就受托管理人监督发行人不力的问题,重点是:一是建立受托管理人的履职激励措施。如对于履职合法合规的证券公司,可以考虑在以下方面给予激励:在证券公司年度分类评价中适当加分;在债券发行项目审核时给予优先审核,即报即审;由相关自律组织对受托管理人进行表彰等。笔者认为,只有在相关制度层面对受托管理人进行激励,受托管理人自身才有动力去配备足够的人员等资源、建立并执行管控制度、从被动合规转为主动合规,从满足监管要求转为维护持有人利益。否则,受托管理制度将在执行层面可能形式上满足监管要求,但实质上难以发挥维护债券持有人利益之初衷。二是完善受托管理人履职保障措施。为持有人之利益,可以授权受托管理人可以对发行人进行全面现场检查,可以要求发行人提供与持有人利益相关的事项、文件、资料等。如若发行人拒绝配合现场检查,受托管理人可以将相关情形报告监管机构,由监管机构采取监管措施或行政处罚,并将其违规行为记入不良发行人名单,根据情形不同,限制其1~3年内在债券市场(含所有债券品种)融资,由发行人承担不利后果。此外,对于控制发行人,侵害发行人权益的相关关联方或实际控制人,理应由监管机构予以惩戒。

3. 对发行人及关联方或实际控制人全面监管

发行人是监管的重点对象,"逃废债"之所以发生,主要是因为发行人或关联方及实际控制人实施的一系列违规行为。近年来,证监会将依法全面从严监管作为证券市场的基本监管理念与原则，意味着，发行人债券上市或挂牌转让后，其也必须受相关交易场所与监管机构的监管。长期以来，监管机构与自律机构对股票市场的上市公司之监管，已成常态化，但债券市场发行人上市后的监管较之上市公司较为滞后。实践中，囿于监管资源有限，对债券发行人的监管主要依赖于受托管理人，在某种程度上，形成了监管机构通过监督受托管理人监督发行人的路径依赖，故，这种线性监管降低了监管效率，使发行人处于几乎脱离监管“射程”的法律真空状态。因此，需要改变目前的线性监管模式，形成监管机构对发行人与受托管理人直接监管的三角监督模式。

（三）债券市场“逃废债”的金融刑事法规制

1. 金融刑法法益保护之转变

如前文所述，我国金融刑法在民间金融与正规金融市场的介入态势不同，导致债券市场的“逃废债”难以得到金融刑法的有效规制，究其缘由，笔者认为与金融刑法的法益保护观念滞后有关，纵观我国的金融刑事法律规范之变迁，其立法目的基本均以维护金融安全与秩序为首要目的，这种立法理念与价值追求已经越来越多地受到学术界的质疑与挑战。① 有观点认为，我国金融刑法保护的法益应当实现由“秩序法益”向“利益法益”的转变，金融刑法立法目的应从秩序维护转换到个人利益保护。② 除了刑法学界，金融法学领域的其他学者也将投资者利益保护提高到前所未有的高度，如有观点提出了金融法的“三足定理”，③其中，金融消费者权益保护与金融安全、金融效率并列为“一足”，足见学界对金融消费者权益保护之重视。笔者倾向于赞同利益法益观，即在“逃废债”问题上，投资者因发行人或实际控制人实施“逃废债”的因为导致投资者利益严重受损，公安机关理应依法进行打击相关违规行为。若以抽象的刑法秩序为法益保护，那么刑法秩序受到何种程度的侵犯则要追究责任，则缥缈虚幻，故

① 魏昌东教授认为：金融发展第三次浪潮中，中国金融刑法唯在实现由“秩序法益观”向“秩序导向下的利益法益观”转变的同时，确立金融交易利益的核心地位，以金融信用利益取代“金融秩序”，据以实现金融刑法体系的完善目标。参见魏昌东：《中国金融刑法法益之理论辨正与定位革新》，载《法学评论》2016 年第 2 期。

② 钱小平：《中国金融刑法立法的应然转向：从“秩序法益观”到“利益法益观”》，载《政治与法律》2017 年第 5 期；梅传强、张永强：《金融刑法的范式转换与立法实现——从“压制型法”到“回应型法”》，载《华东政法大学学报》2017 年第 5 期；魏昌东：《中国金融刑法法益之理论辨正与定位革新》，载《法学评论》2016 年第 2 期。

③ “三足定理”认为，金融安全、金融效率和消费者保护都很重要，金融法的立法，金融监管目标的设定，金融体制改革的指导原则，都应该在这“三足”之间求得平衡。参见邢会强：《金融危机治乱循环与金融法的改进路径——金融法中“三足定理”的提出》，载《法学评论》2010 年第 5 期。

实现金融刑法的法益保护之转变有利于公安机关积极介入相关债券市场犯罪,主动出击打击"逃废债"。

2. 刑事犯罪打击态势之转变

目前,就银行债权领域的"逃废债"问题,逐步形成了监管机构与公安机关联合打击的模式。[①] 债券市场"逃废债"的追讨无论是监管机构、公安机关尚未形成一定模式。我国金融法律规范中,有"有先刑后民"之规范,无"先行政后刑事"之规定。但实践中,公安机关形成了"先行政后刑事"的惯性依赖,导致如果行政监管跟进不到位,那么刑事打击亦缺失,最终的结果是"一荣俱荣,一损俱损",对于债券持有人利益的维护而言,陡增风险。故,"逃废债"乃至证券市场犯罪的刑事打击需要改变"先行政后刑事"的模式,应逐渐形成行政监管与刑事侦查相并列的关系,这有赖于公安机关认识之转变,更依赖于制度之保障。基于目前证券市场刑事打击依赖于监管机构的现实。随着未来立法理念之转变,确需初步形成监管机构与公安机关联合打击的态势,逐步形成执法机关与司法机关共同规制的模式。

---

① 2017年9月5日山东省人民政府办公厅印发《关于做好打击逃废金融债务工作的通知》,以建设"诚信山东"为统领,政、监、银、企联动,综合运用法治、市场、行政、舆论等手段,在全省范围内严厉打击企业假借市场出清悬空金融债务及担保圈内企业抱团赖账等各类恶意侵害金融债权行为,坚决遏制重点区域、重点领域逃废金融债务高发态势,努力营造良好金融法治环境。参见《省政府印发通知启动打击逃废金融债务工作》,载信用山东官网:http://www.creditsd.gov.cn/21/64277.html,最后访问日期:2017年11月22日。

城投债债项评级的法经济学分析

魏彦学[*]　王俊锋[**]

一、城投企业债券发行的现状

（一）城投企业债券的历史沿革

城投企业债券是指由各级政府设立的承担城市建设职能的市场主体以城市基础建设、大型产业园区建设或可市场化运作的项目为基础，向投资者发放的有利息并按约定条件偿还本金的有价债权债务凭证。

1992年7月22日上海市政府为拓宽城市建设融资渠道，专门成立了一家对城市建设和维护资金进行筹措和管理的上海市城市建设投资开发总公司。1993年4月15日该公司成功发行金额为5亿元、票面利率为10.5%的2年期城市建设债券，标志我国第一只城投债的诞生。自此，其他各地纷纷效仿上海，城投公司不断涌现，发行城投债的规模不断增加。2002年12月9日重庆市城市建设投资公司发行了15亿元的企业债券，用于城市基础设施建设项目，2003年上海轨道发行交通建设债券。2004年之后，随着我国资本市场的快速发展，城投债的发展也更加迅速，2005年上海世博（集团）有限公司发行世博建设债券。2005年以后，地方企业债的启动使得城投债发展步伐明显加快，其中，2005年7月上海城投率先发行金额为30亿元的地方

---

* 法学硕士，韩城韩元投资管理有限公司总经理。

** 韩城市城建投资发展有限责任公司总经理。

企业债,2006年发生了明显的变化,城投类债券在发行数量上呈现出较大幅度的增长,2006年城投类债券发行家数占当年方形的地方债总量的30%,2007年和2008年城投类债权家数分别占当年发行地方债总量的近40%和50%。2009年5月地方企业债发行家数和融资规模均已超过2008年全年,而城投类企业爆发性是其中的重要推动力量。到2009年5月底,全国发行企业债已经超过1400亿元。从发债家数看,2008年1~5月全国一共才发行企业债10只,而2009年已经达到了84只。从城投类企业债券的发展历程来看,其发展轨迹与我国宏观经济变化有着紧密联系。其中中国的发展成熟是由以下事件驱动完成的。

1. 分税制改革大幅削弱地方财政收入

1980~1993年,我国实行包干财政制度。改革开放后,中央财政收入的比重不断下降,大大弱化了中央政府宏观调控能力。为了弥补这一缺陷,在1993年党的十四届三中全会上,国务院决定从1994年1月1日起实行分税制财政管理体制[国务院《关于实行分税制财政管理体制的决定》(国发〔1993〕85号)]。

首先,中央与地方政府按照事权的划分确定各自财政支出;其次,根据事权与财权相结合的原则,按税收划分中央与地方的收入。分税制改革的重要影响在于将原本地方政府的主要税种(消费税和增值税)全部或大部分划拨给中央,而城市建设主要由各地方政府负责。分税制改革对财政收入分配的影响显而易见。在改革的元年(1994年),地方财政收入占比即从原本的77.98%大幅下降至44.30%,对应中央财政收入则大幅提升30%以上。

2. 城市化进程不断放大地方财政支出

分税制改革明确指出城市维护和建设经费属地方财政支出。1994年我国城市化率为28.62%,正好位于城市化初期阶段(10%~30%)向加速阶段(30%~70%)过渡的临界点。随后加速进行的城市化进程使得地方财政支出不断扩大。从相对比重来看,地方财政支出的比重从原本不足50%大幅提升至目前超过80%。2016年年底我国城市化率为51.6%,加速阶段仍未完成,我国未来20年依然将处于城市化的高速发展阶段,目前地方财政支出快速增加的情况仍将延续较长时间。

3. 地方政府收支缺口和法律约束催生城投债的产生和发展

在财政收入比重由于分税制改革不断降低,而城市化进程加速推进的情况下,地方政府财政收入入不敷出的情况不断加重。地方财政收支缺口年均复合增速超过20%。在收支失衡的情况下,地方政府的融资渠道又受到多重法律约束。其中包括我国《中国人民银行法》第 29 条“中国人民银行不得向地方政府、各级部门贷款”;《贷款通则》规定“借款人不包含地方政府及其部门”;我国《预算法》第 28 条规定,除法律和国务院另有规定外,地方政府不得发行债券,不能通过发行债券方式进行融资(见图 1)。

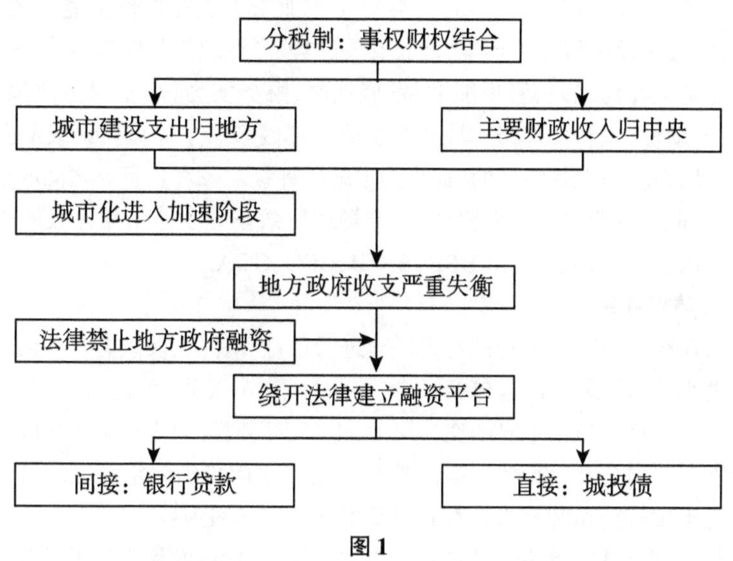

图 1

(二)城投企业债券的现状

城投债的年度发行规模从 1997 年的 5 亿元增加至 2016 年的 4. 8 万亿元,扩容速度惊人。目前,城投债的扩容势头仍在延续。从 2017 年的债券发行额度来看,全年地方政府债券发行总规模将在 5 万亿元左右。2017 年 9 月地方政府债券共发行 3556. 4 亿元,包括 1360. 7 亿元新增债券与 2195. 7 亿元置换债券,截至 2017 年 9 月底地方债共发行了 35,316. 6 亿元,第四季度预计发行量为 8569. 4 亿元(1914. 7 亿元新增债券与 6654. 7 亿元置换债券),与 2016 年第四季度相比供给减少 1049. 6 亿元。

城投债具有几个基本特征:所募集的资金都用于基础设施和公用事业建设,它们的产出是典型的公共产品。城投债是地方为进行城市基础设施建设而发行的融资工具。因此,城投债的发行的扩容历程也同样是地域扩展的一个过程。从 1993 年的上海市作为“第一个吃螃蟹的人”,到 2016 年城投债的覆盖范围已涉及我国所有的省、自治区及直辖市。当然,不同区域的城投债的发展情况存在很大的差异。如江苏省 2017 年 9 月发行的城投债规模已达到 450 亿元,而辽宁省额发行规模仅不足 10 亿元,差距明显。

二、城投债项评级概述

(一)发债主体评级

主体信用评级是基于“长期”基础上的,在进行企业主体信用评级,或信贷企业信用评级时所考察的因素是将会影响企业未来长短期偿债能力的因素。主要包括:宏观及区域经济环境、行业发展趋势、产业政策与监管措施等外部因素和企业基本经营风险、管理能力、发展战略、财务实力(包括财务政策、现金流情况、流动性、盈利性、财务弹性)等企业内部因素。主体信用评级所发挥的功能和作用在本质上是一样的,都是为了减少评级对象和投资者之间的信息不对称问题,促进资源的有效配置,增强市场运作效率。主体信用评级的等级分为三等九级,即:AAA、AA、A、BBB、BB、B、CCC、CC、C。

(二)债项评级

债项评级是对交易本身的特定风险进行计量和评价,反映客户违约后的债项损失大小。特定风险因素包括抵押、优先性、产品类别、地区、行业等。债项评级既可以只反映债项本身的交易风险,也可以同时反映客户信用风险和债项交易风险。公司公开发行债券通常需要由债券评信机构评定等级。债券的信用等级对于发行公司和购买人都有重要影响。这是因为:

1. 债券评级是度量违约风险的一个重要指标,债券的等级对于债务融资的利率以及公司债务成本有着直接的影响。一般来说,资信等级高的债券,能够以较低的利率发行;资信等级低的债券,风险较大,只能以较高的利率发行。另外,许多机构投资者将投资范围限制在特定等级的债券之内。

2. 债券评级方便投资者进行债券投资决策。对广大投资者尤其是中小投资者来说,由于受时间、知识和信息的限制,无法对众多债券进行分析和选择,因此需要专业机构对债券还本付息的可靠程度进行客观、公正和权威地评定,为投资者决策提供参考。

国际上流行的债券等级是三等九级。AAA级为最高级,AA级为高级,A级为上中级,BBB级为中级,BB级为中下级,B级为投机级,CCC级为完全投机级,CC级为最大投机级,C级为最低级。

(三)城投企业债券债项评级

城投企业债券债项评级是指城投公司作为发债主体发行债券的债项评级,包括主体评级与债权债项评级。经过20多年的发展,城投债在券种上已涵盖企业债、短融、中票、PPN、ABN;随着发债主体所在地从经济发达地区扩展到相对落后地区,从直辖市或省会城市扩展到较落后的县级市,城投债的资质也从原本仅限于高评级 AAA 一直扩展至低评级 A^{+}。

首先,从2017 年9 月城投债供给数据来看,省及省会(单列市)发行人占比达50%,地级市发行占比较上月小幅下降至35%;从地区分布看江苏省依然还是发行量最大的省份,当月总共发行 441.9 亿元,占全部发行量的 24.5%;其次,湖南省、广东省城投企业分别发行 176.5 亿元和 116 亿元;上月发行量靠前的四川省本月发行规模为 79.8 亿元,占比仅为 4%。江苏、湖南等发行规模相对较大的省份中,地级市及以下行政级别的发行主体占比更大,江苏和湖南两省此类主体的发行规模占比分别为 84%、55%;甘肃、内蒙古、宁夏等均以省级平台或者省会城市平台为唯一发行群体。从发行主体评级来看,AA 评级主体的发行规模锐减 34%,AAA、AA^{+} 评级主体的发行规模也有所下降,9 月 AAA、AA^{+}、AA 分别发行债券 560.2 亿元、579.9 亿元、597.1 亿元,规模相当。AA 及以下评级主体发行占比 37%,相比 7 月下降了 4%,低评级主体再融资能力持续削弱(见表 1)。

表1 2017 年9 月增信企业债发行利率上浮情况

债券简称	主体评级	利率上浮(%);按主体评级	债券评级	利率上浮(%);按债券评级
17 沅陵管廊 01	AA^{-}	0.7	AA^{+}	26.5
17 武隆专项债 01	AA^{-}	5.2	AA^{+}	32.2
17 高青债 01	AA^{-}	15.7	AA^{+}	45.6
17 燕城投债 01	AA^{-}	15.8	AA^{+}	45.6
17 当涂经开债	AA^{-}	-7.0	AAA	21.8
17 南陵债	AA^{-}	-3.9	AAA	25.9
17 彭山养老债 01	AA^{-}	8.5	AAA	42.1
17 江北新城债	AA	1.0	AA^{+}	8.4
17 高密专项债	AA	7.9	AA^{+}	15.9
17 资兴城投 02	AA	13.8	AA^{+}	22.2
17 吉首管廊 02	AA	16.8	AA^{+}	25.4
17 渝丰都债	AA	15.5	AA^{+}	24.0
17 淮安新城债	AA	-5.4	AAA	6.2
17 嘉兴秀洲债	AA	1.2	AAA	13.5
17 蒙城停车场债	AA	1.4	AAA	13.7
17 淮南城投债 01	AA	3.8	AAA	16.5
17 汇丰绿债	AA	4.8	AAA	17.6
17 马雨山债 02	AA	5.8	AAA	18.7

发行主体行政级别较为对应,地级市企业发行为主的省份,如江苏省、湖南省、浙江省等,其发行主体的信用评级也向 AA^{+} 及以下集中。以江苏省为例,其发行平台中地级市规模占比54.5%,县及县级市发行规模占比30%;其中南京、苏州、无锡和淮安为发行规模最大的4个城市,发行量分别占江苏省总发行规模的15.6%、10.4%、9.5%和9.3%;与发行主体行政级别较为对应,其发行主体评级集中在 AA^{+}(规模占比52%)和AA(规模占比35%)评级。

因此,城投企业债券AA及以上评级是目前发行成功的保证,低于该评级的城投债在市场中很难获得市场认可。

三、城投债项评级变量分析

(一)债项评级因素

债项评级主要通过计量违约损失率来实现,因此通过违约损失率的影响因素来体现债项评级。

1. 产品因素

这类因素直接与债项的具体设计相关,反映了违约损失率的合同规定的债权人所拥有债权的重要特性,产品因素是指在负债企业破产清算时,债权人从企业残余价值中获得清偿时相对于该企业其他债权人和股东的先后顺序。显然,贷款合同中要求借款企业提供特定的抵押品使得抵押贷款的清偿优先性得以提高,借款企业一旦破产清算时可以使商业银行提高回收率,降低违约损失率。当然,利用抵押有效降低违约损失率的前提是商业银行对抵押品要进行有效的管理。除了传统的抵押品,商业银行也不断通过金融创新来发展其他防范或转嫁企业违约损失的方法,如利用信用衍生产品对冲等,这些技术被《巴塞尔新资本协议》称为风险缓释技术,并通过予以不同的违约损失率数据而纳入新的资本监管框架。

2. 公司因素

公司因素是指与特定的借款企业相关的因素,但不包括其行业特征。影响违约损失率的公司因素主要是借款企业的资本结构:一方面,表现为企业的融资杠杆率,即总资产和总负债的比率;另一方面,表现为企业融资结构下的相对清偿优先性。在公司因素中,企业规模的大小对违约损失率的影响备受关注,但目前各界对企业规模如何影响违约损失率的认识并不统一。《巴塞尔新资本协议》也规定,仅反映债项交易风险和同时反映债项、客户风险的债项评级都是可以接受的。

3. 行业因素

许多研究表明,企业所处的行业对违约损失率有明显的影响,即在其他因素相同的情况下,不同的行业往往有不同的违约损失率。例如,有形资产较少的行业(如服务业)的违约损失率往往比有形资产密集型行业(如公用事业部门)的违约损失率高。

4. 地区因素

对于国内商业银行而言,由于不同地区经济发展水平、法律环境、社会诚信文化、分行管理水平等存在较大差异,因此,企业所处的地区对违约损失率也具有明显的影响。

5. 宏观经济周期因素

宏观经济的周期性变化是影响违约损失率的重要因素。根据对穆迪评级公司债券数据的研究,经济萧条时期的债务回收率要比经济扩张时期的回收率低1/3;而且,经济体系中的总体违约率(代表经济的周期性变化)与回收率呈负相关。

上述五个方面的因素共同决定了违约损失率的水平及其变化,但其对违约损失率的影响程度是有差异的。2002年穆迪公司在违约损失率预测模型LossCalc的技术文件中所披露的信息表明,首先是清偿优先性等产品因素对违约损失率的影响贡献度最高,为37%左右;其次是宏观经济环境因素,为26%左右;再次是行业性因素,为21%左右;最后是企业资本结构因素,为16%左右。

(二)2017年城投债债项评级调整情况

1. 评级情况

地方经济稳定增长、财政实力增强、财政补贴、资金注入、税收补贴、资产划拨等直接的资金和资产支持以及政策支持是引发评级调高的重要因素,地方政府对城投公司的影响依然举足轻重。2017年(截至11月26日)城投发行人主体评级调高的主要特点有:(1)评级公司在调高城投发行主体信用等级时,倾向于直接上调评级。(2)与2016年同期相比,2017年城投发行人上调数量增加。(3)位于浙江省、江苏省以及四川省三省的城投发行人评级上调的数量最多。

2017年(截至11月26日)城投发行人主体评级调低的主要特点有:(1)评级公司对城投发行主体评级下调较为谨慎,倾向于先调整评级展望至负面,再下调主体评级。(2)此前已经遇到过展望下调或评级下调的发行人,评级公司再次调低发行人主体信用等级时会直接或者继续下调评级。(3)与2016年相比,城投发行人下调主体数量增加。(4)辽宁省城投发行人下调主体占比最大。

2. 评级调整的原因分析

(1)城投债评级上调原因。

第一,地区经济财政因素:外部环境良好,公司所在的省市经济稳定发展,经济和财政实力增强。如扬州瘦西湖、沈阳地铁、三门国投、瀚瑞控股、洛阳新区建投等平台公司的评级报告中均有提及外部环境良好,经济和财政实力加强等有利因素。以沈阳地铁为例,受益于中央新一轮东北振兴战略推出的国企改革、对口合作、建立产业转型升级示范区等举措,区域经济产生新的发展机遇,有助于推动轨道交通项目的建设,使得沈阳地铁综合实力得以提升。

第二,地方政府支持力度:当地政府的支持,其中无偿划拨资产、直接注资支持或提供财政补贴是最直接的出发评级上调的因素。如三门国投持续获得地方政府大力支持,获得无偿划拨土地和专项财政拨款。安康国资公司有安康市政府给予的财政补贴和资金注入支持,公司未来的 PPP 项目有望继续获得政府支持并积累经验。以宏安集团为例,宏安集团在奉节市地位突出,2017 年奉节县国资中心先后将持有的重庆市奉节城市建设有限公司、重庆奉节水电开发有限公司、奉节县国有资产经营有限责任公司 3 家公司 100% 股权无偿划转给宏安集团,并将奉节县渝东辽宁大市场资产划给公司,除此之外,后续还会陆续将青龙磺厂土地及房屋以及部分确权相关国有资产注入公司,做强做优宏安集团,由此可见政府的注资支持和资产划拨是出发评级上调的直接因素。

第三,外部增信因素:外部支持如担保公司实力增强,担保能力加强,担保人评级的上调、提供土地使用权等作为抵押担保等举措是触发债项评级上调的直接原因。以安康国资公司为例,跟踪期内联合资信将三峡担保的主体长期信用等级由 AA⁺ 上调为 AAA,由三峡担保提供增信服务的“13 安康国资债”债项评级也因此由 AA⁺ 提升至 AAA,综合考虑后联合资信将安康国资的主体评级也由 AA⁻ 上调至 AA,担保公司提供的增信服务有效地降低了存续担保债券无法还本付息的风险。而三门国投则以土地使用权抵押担保,有效提升了公司存续债券信用水平,公司以 2013 年评估价值为 14.63 亿元、11.69 亿元的两块国有土地使用权为“14 三门债 01”“14 三门债 02”提供抵押担保,这两块土地的评估价值均为两只企业债本金和 1 年利息的 3 倍以上,有效提升了债券的信用水平,综合考虑后联合资信将三门国投的主体评级也由 AA⁻ 提升至 AA。

第四,发行人经营因素:公司自身经营原因,营收增长且具有持续性,公司自身实力增强,现金流等方面做得较好,合并带来的效益提高等。例如,安徽水利公司跟踪期内完成了对安徽建工集团有限公司的合并,合并后公司新增多项建筑施工类特级资质,业务范围扩大,资产和净资产规模大幅增长,整体实力增强。大明宫投资公司的营业收入持续增长,收入来源有配套设施销售收入、房地产收入和土地补偿收入,来源较为丰富,且公司在建 BT 项目规模较大,具有一定持续性。如珠海港集团,最新的评级报告中提及公司港口、贸易物流、燃气等主业发展态势较好,经营规模近年来持续扩大,公司主业经营活动能够持续形成一定规模的现金净流入,且公司外部融资渠道较为通畅,均为评级调整中考虑的有利因素。

(2)城投债评级下调原因。

第一,地区财政因素:所在地经济指标下滑,地方财力下滑明显,外部经营环境的恶化对城投发行人造成负面影响。调低评级的 16 家城投发行人中,有 8 家发行人受所在地区经济财政指标下滑影响,如铁岭新城、辽阳市城市资本经营、南湖科技开发集团、开原城投、黑山通和辽宁省城投公司以及禹州投总、海业公司、盱眙城投等,受所在地经济指标下滑、政府财政实力下降等因素影响,外部较差的经营环境对公司经营造成一定冲击。

第二,发行人经营因素:主营业务收入下滑、盈利能力减弱、负债规模扩大、偿债能力弱化、资金支出压力以及流动性紧张等都是评级公司考虑的因素,类城投平台更易受自身资质影响。其中北京云政、吉林交投、河南国控 3 家类城投平台,北京云政评级调低的直接因素是铁精粉价格下滑导致经营压力加大;吉林交投的主营业务盈利能力较差财务费用较高导致经营性业务亏损持续扩大是评级调低的主要因素;河南国控业务板块较多元,粮食板块毛利率处于较低水平且继续下降、公司煤机制造板块收入及毛利率均有所下降、地产板块未来面临较大的资金支出压力且投资资金回收不确定等因素是导致公司评级下调的主要原因。园投公司供热业务在 2016 年未实现盈利,公司在建项目较少且无拟建项目,未来基础设施建设业务收入的实现存在一定的不确定性。海业公司的城市基础设施代建业务量小,在评级公司的跟踪期内未实现收入,自身城建主体职能尚未得到较好体现。南湖科技开发集团在评级公司的跟踪期内未实现工程代建收入。黑山通和的在建项目较少且无拟建项目,未来基础设施建设业务收入的实现存在一定的不确定性。天津水务由于控股股东的变更,主要收入来源存在不确定性,当年盈利水平大幅下降,且存在核心资产划转风险。

第三,或有债务因素:公司对外担保造成或有债务风险,被担保企业发生信用风险事件导致公司面临较大的代偿风险。如河南国控,被担保企业普大煤业被列为人民法院失信被执行人,目前贷款已逾期,公司面临很大代偿风险。吉林交投,长春发展农商行要求公司子公司长吉图投资受让吉林省东北亚铁路股份有限公司5亿元债务,该事项后续进展值得关注。盱眙城投公司担保比率持续上升,截至2017年7月15日,公司合并口径对外担保余额总计37.38亿元,已发生代偿总计1.16亿元,公司担保企业多为民营企业,或有负债风险较大。丰南建设对海鑫国际钢铁6.87亿元融资租赁合同提供的土地抵押担保未来面临较大的代偿风险;公司欠付南京中山园林建设(集团)有限公司4.54亿元工程款,未决诉讼金额较大,且时间较长。开原城投的担保企业金吉号物资发生违约,公司发生代偿3708万元计入预计负债。

四、结论

(一)加快完善以城投为责任主体的债券发行体系

加快完善市场融资结构,大力发展公司债券市场,稳步提升债券融资在扩大直接融资中的功能和作用,是资本市场"十二五"期间的一项重点工作。作为地方政府城市建设的投融资平台,城投公司的基本定位是"城市国有资产"的总代表、城市基础设施融资的总平台、城建资金运作的总渠道、政府经营城市的有效载体。

发行城投债融资从而支持政府项目的建设,相较平台公司申请贷款和上市融资等融资方式而言,地方政府有更大的自主权和更多的便利。同时,与银行贷款等间接融资相比,企业债券融资成本较低,发行相对简单快捷,融资资金使用期限较长,且筹资较少受到外部约束。城投债同时还具有融资期限长、资金使用灵活等其他传统融资方式不具备的融资优势,城投债已逐步成为平台的最佳融资方式。

(二)探索建立地方政府直接发行一般责任债券制度

根据党的十八届三中全会"建立透明规范的城市设投融资机制,允许地方政府通过发债等多种方式拓宽城市建设融资渠道",以及《关于2014年深化经济体制改革重点任务的意见》"建立以政府债券为主体的地方政府举债融资机制,剥离融资平台公司政府融资职能"等改革纲领性文件的要求,未来地方政府直接发行一般责任债券将大势所趋。

但从我国《预算法》等法律规定来看,未来地方政府自主发债仍需"在国务院确定的限额内"进行,且需是"经国务院批准的省、自治区、直辖市",在债券发行额度和主体上都有较为严格的控制,未来地方政府自主发债仍将沿着"自发自还"地方政府债券设计的路径,在"限额控制"和"主体控制"下逐步放行,短期内不会大范围放开。

总之。受国家宏观金融政策的影响,加之国家对融资平台的清理整顿,国内大部分城投公司都面临资金匮乏、造血功能衰竭或被清理的情况。充分利用资源优势,发挥整体融资能力,逐步构建创新型、多元化的融资格局势在必行。城投债能够有效扩大平台的直接融资比例,改善企业融资结构,降低平台融资成本和风险,它已成为投融资平台规范发展的必然要求。

政府与社会资本合作(PPP)相关研究

王鸿羽[*]　王利军[**]

一、政府与社会资本合作(PPP)的概述及在国内外的发展现状

(一)政府与社会资本合作(PPP)的概述

政府与社会资本合作PPP模式的全称是"Public—Private—Partnership"模式,即政府为了提供公共产品或者服务,与社会资本以特许经营权模式或者其他方式形成一种合作关系,通过参与各方特别是政府和社会资本,从始至终参与项目的设计、建造和运营,在项目公司共同占有股权的方式,减少信息不对称,实现投资收益共享,风险和责任共担,达到共赢的目的。PPP模式的本质即政府提供政策方面的支撑和进行监督,社会资本提供资金和相关的专业技能,彼此相辅相成,发挥各自的优势,合作共赢。在PPP模式中,社会投资者一般持有项目公司多数股权,从而达到引进专业化管理,达到缓解政府资金压力、提高服务水平的目的。①PPP模式的核心在于政府的全程参与,采用招投标方式选择出最优社会投资者,既能避免虚增项目建设和运营等环节的成本,又能提高公共事业的服务质量,保障社会大众的利益。

PPP模式虽然在各国有不同的概念,但是PPP模

* 河北经贸大学2016级法律硕士。

** 河北经贸大学法学院院长,教授。

① 王一卒:《论政府与社会资本合作的问题与出路》,载《淮北职业技术学院学报》2017年第8期。

式也具有一些共同特征:一是公共部门与私营部门的合作,合作是前提,每个概念中都存在合作这个关键词。二是合作的目的是提供基础设施和其他的公共产品或服务。三是强调利益共享,私营部门与公共部门通过合作达到共赢。四是风险和责任共担。

由于我国的国情是国企占主导地位,PPP 模式需要符合我国国情,要与国情相适应,"Public"一般指政府部门,但是"Private"指社会资本,官方有两个版本的定义:一是财政部 2014 年 11 月 29 日颁布的《关于印发政府和社会资本合作模式操作指南(试行)的通知》中第 2 条规定,"本指南所称社会资本是指已建立现代企业制度的境内外企业法人,但不包括本级政府所属融资平台公司及其他控股国有企业",二是发改委 2014 年 12 月 2 日颁布的《关于开展政府和社会资本合作的指导意见》的附件二《政府和社会资本合作项目通用合同指南》中指出,"社会资本主体,应是符合条件的国有企业、民营企业、外商投资企业、混合所有制企业,或其他投资、经营主体"。①

同时,发改委颁布的《政府和社会资本合作项目通用合同指南》中,对 PPP 进行了定义,"政府和社会资本合作(PPP)模式是指政府为增强公共产品和服务供给能力、提高供给效率,通过特许经营、购买服务、股权合作等方式,与社会资本建立的利益共享、风险分担及长期合作关系"。②

(二)国内外研究和发展的现状

英国是较早使用、运行 PPP 模式的国家,其运用的 PPP 模式主要分为两大类:一类是特许经营;另一类是私人融资计划。PPP 项目中,凡是由使用者付费的称为特许经营;凡是由政府付费的就称为私人融资计划。③ 1992 年英国宣布实施"私人融资计划"(Private Financing Initiative),自此之后,PPP 在一些发达国家得到了快速的发展。20 世纪 90 年代中期,因为缺乏综合协调和优先排序,大量项目过快实现投资导致发展受到阻碍。英国政府专门为了避免这种问题成立了财政部特别工作小组,该工作小组使得 PPP 模式更加标准化并且出版了各项目的指南,提高了这些项目的实现效率。2011 年英国政府加强了有关部门的职责来完善政府部门的采购能力,增强了服务的灵活性和大大提高了

① 隋玉明:《政府和社会资本合作的问题研究》,载《纳税》2017 年第 9 期。

② 参见《政府和社会资本合作项目通用合同指南》,载中华人民共和国国家和改革委员会官网:http://www.ndrc.gov.cn/fzgggz/gdzctz/tzfg/201412/W020141204399522348561.pdf,最后访问日期:2017 年 11 月 2 日。

③ 参见《英国如何开展 PPP 业务》,载中国财经新闻网:http://www.prcfe.com/web/meyw/2014-03/04/content_1060588.htm,最后访问日期:2017 年 11 月 1 日。

透明度,为了更好地实现投资,公共部门承担了更多的管理风险,如因法律、场址污染、保险等不可预见的变化引发的费用增加的风险。

澳大利亚 PPP 的发展相对比较成熟。尽管该国是英联邦成员国,但其 PPP 一开始的发展和英国不一样,并不是由中央政府统领,而是各州各自管理。20 世纪 80 年代由于基础设施建设的加快,资金不足问题成为一个重要的问题,所以澳大利亚开始在基础设施建设领域采取了 PPP 模式。自 2000 年以来,澳大利亚汲取经验和教训,制定相关法律措施,充分发挥政府和私人资本的各自优势,达到共赢。

加拿大 PPP 的产生与发展经历了三个阶段:一是探索阶段(1980 ~ 1990 年),项目主要集中在桥梁、机场、公路等行业,后期开始建设中小学、医院、水处理、卫生防疫等项目。这些项目没有统一的规划,各自为运行管理。二是发展阶段(2000 ~ 2005 年),不仅项目数量增加,而且行业更加广泛,开始出现省级规划和一些公私合作的专业机构。三是成熟阶段(2006 年以后),经济基础设施和社会基础设施的 PPP 项目在全国普遍开展起来。

印度 PPP 的发展在发展中国家中处于相对领先的地位。印度在能源、公路、铁路、港口、机场、城市基础设施和旅游等行业实施了 PPP 项目,投资额也较大。除此之外,PPP 项目也在教育、卫生、通信等行业实施。在社会基础设施的合作方面,印度进行了开发性探索,例如,在卫生领域、农村医疗保险、农村合作医疗、偏远地区急诊、城市贫民医疗、远程医疗保健等方面都有成功的 PPP 项目。

党的十八届三中全会提出"允许社会资本通过特许经营等方式参与城市基础设施投资和运营"。随后,在财政部《关于 2014 年中央和地方预算草案的报告》中,中国官方首次使用了 PPP 的概念,明确要"推广运用 PPP 模式,支持建立多元可持续的城镇化建设资金保障机制"。[①] 自此,从中央到地方,各级政府都出台了政策。

PPP 背后隐含的公私合作理念在我国早已有之,最早是 1906 年 6 月开工的新宁铁路。新宁铁路是中国第一条民办铁路,它从筹备、设计、修建、经营到管理都是由新宁铁路公司完成,其建造经费完全从民众及华侨手中筹得,主要收入来源于客运。同时,它也得到了官方的支持,甚至被赐予"尚方宝剑"来宣示官与民、公与私之间的"合作"关系。由此可见,新宁铁路的修建已基本具备了 PPP 的四个要点,可以看作是 PPP 在中国的发端。

---

① 范瑞:《政府与社会资本合作财政风险监管问题研究》,载《神州》2017 年第 6 期。

李克强总理在达沃斯世界经济论坛上的特别致辞中,提出了“双引擎”概念——培育打造新引擎、改造升级传统引擎。他指出,在传统公共产品和公共服务供给领域,政府需要改造引擎,不再唱“独角戏”,而是采取和社会资本合作方式,缓解资金压力,放大投资效应。[①] 由此可以看到,PPP 模式具有重要意义。

在财政部和发改委分别就 PPP 发文之后,地方政府都在积极推出 PPP 项目。到目前为止,约有一半的省级政府公布了 PPP 项目,包括北京、重庆、江苏、福建、安徽、吉林、湖南、四川、河南、浙江、江西、辽宁、贵州等省市,而广东、山东等近半省份尚未公布 PPP 项目。中央层面中央政府在推行 PPP 方面,主要起到了两方面作用:一是统一思想,提供理论支持;二是出台政策,进行具体指导。[②]

我国各省市地区的 PPP 项目签约暨推介会开展得如火如荼。推介会一般都会邀请来自国际金融组织的官员和专家,意向投资企业代表、第三方咨询专家和各类金融机构代表等。在推介会上,各省、市、县政府代表,项目拟投资企业代表会在现场签署项目框架协议。主要涉及领域包括供水、供电、供暖、污水处理和垃圾处理、市政道路、轨道交通、医疗养老、文体场馆等与群众生产生活密切相关的领域。地方政府通过建立政府引导投资基金、加大相关财政专项资金补贴、鼓励金融机构参与、政府发债支持、做好财政预算支出和依法落实税收优惠政策 6 个举措,为地方全面推广运用 PPP 模式奠定坚实基础。

通过国内外的研究,我们可以看出国内外对于 PPP 这个模式都是乐于接受的,也具有更突出的优点,推广 PPP 创新对于加快新型城镇化、实现国家治理现代化、提升国家治理能力、构建现代财政制度具有重要意义。在基础设施及公共服务领域通过 PPP 机制引进民间资本、吸引社会资金参与供给。一方面,可以减轻政府财政压力,在更好发挥其作用的同时,使社会公众得到更高质量的公共工程和公共服务的有效供给;另一方面,将为日益壮大的民间资本、社会资金创造市场发展空间,使市场主体在市场体系中更好地发挥其优势和创造力。我国还需进一步的对 PPP 模式进行研究。[③]

① 参见《达沃斯世界经济论坛致辞》。

② 王明南:《政府和社会资本合作模式浅析》,载《现代经济信息》2017 年第 12 期。

③ 韩军:《政府和社会资本合作模式研究》,载《上海研究院》2016 年第 2 期。

二、PPP模式的风险

(一)法律变更风险

法律变更风险主要是指由于颁布、修订、重新诠释法律或规定而导致项目的合法性、市场需求、产品服务收费、合同协议的有效性等元素发生变化,从而对项目的正常建设和运营带来损害,甚至直接导致项目的中止和失败的风险。PPP项目涉及的法律法规比较多,加之我国PPP项目还处在起步阶段,相应的法律法规不够健全,很容易出现这方面的风险。[①] 如江苏某污水处理厂采用BOT融资模式,原先计划于2002年开工,但由于2002年9月国务院办公厅《关于妥善处理现有保证外方投资固定回报项目有关问题的通知》的颁布,项目公司需要与政府重新就投资回报率进行谈判。

(二)审批延误风险

审批延误风险主要指由于项目的审批程序过于复杂,花费时间过长和成本过高,且批准之后,对项目的性质和规模进行必要的商业调整非常困难,给项目正常运作带来威胁。如某些行业里一直存在成本价格倒挂现象,当市场化之后引入外资或民营资本后,都需要通过提价来实现预期收益。而根据我国《价格法》和《政府价格决策听证办法》的规定,公用事业价格等政府指导价、政府定价,应当建立听证会制度,征求消费者、经营者和有关方面的意见,论证其必要性、可行性,这一复杂的过程很容易造成审批延误的问题。以城市水业为例,水价低于成本的状况表明水价上涨势在必行,但是各地的水价改革均遭到不同程度的公众阻力和审批延误问题。例如,2003年的南京市水价上涨方案在听证会上未获通过;上海市人大代表也提出反对水价上涨的提案,造成上海市水价改革措施迟迟无法落实实施。因此出现了外国水务公司从中国市场撤出的现象。

(三)政治决策失误

政策决策失误是指由于政府的决策程序不规范、缺乏PPP的运作经验和能力、前期准备不足和信息不对称等造成项目决策失误和过程冗长。例如,青岛市威立雅污水处理项目由于当地政府对PPP的理解和认识有限,政府对项

---

① 郭媛媛:《政府与社会资本合作(PPP)项目的投资风险及其对策》,载《中国商论》2017年第15期。

目态度的频繁转变导致项目合同谈判时间很长。[①] 而且污水处理价格是在政府对市场价格和相关结构不了解的情况下签订的,价格较高,后来政府了解以后又重新要求谈判降低价格。此项目中项目公司利用政府知识缺陷和错误决策签订不平等协议,从而引起后续谈判拖延,面临政府决策冗长的困境。

(四)不可抗力风险

不可抗力风险是指合同一方无法控制,在签订合同前无法合理防范,情况发生时,又无法回避或克服的事件或情况,如自然灾害或事故、战争、禁运等。例如,湖南省某电厂于20世纪90年代中期由原国家计委批准立项,西方某跨国能源投资公司为中标人,项目所在地省政府与该公司签订了特许权协议,项目前期进展良好。但此时某些西方大国(包括中标公司所在国)轰炸我驻南斯拉夫大使馆,对中国主权形成了严重的实质上的侵犯。国际政治形势的突变,使得投标人在国际上或在中国的融资都变得不可能。项目公司因此最终没能在延长的融资期限内完成融资任务,省政府按照特许权协议规定收回了项目并没收了中标人的投标保函,之后也没有再重新招标,从而导致了外商在本项目的彻底失败。在江苏省某污水处理厂项目关于投资回报率的重新谈判中,也因遇到"非典"而中断了项目公司和政府的谈判。

(五)融资风险

融资风险是指由于融资结构不合理、金融市场不健全、融资的可及性等因素引起的风险,其中最主要的表现形式是资金筹措困难。PPP项目的一个特点就是在招标阶段选定中标者之后,政府与中标者先草签特许权协议,中标者要凭草签的特许权协议在规定的融资期限内完成融资,特许权协议才可正式生效。如果在给定的融资期内发展商未能完成融资,将会被取消资格并没收投标保证金。在湖南某电厂的项目中,发展商就因没能完成融资而被没收了投标保函。

(六)市场收益不足风险

市场收益不足风险是指项目运营后的收益不能满足收回投资或达到预定的收益。如天津双港垃圾焚烧发电厂项目中,天津市政府提供了许多激励措施,如果由于部分规定原因导致项目收益不足,天津市政府承诺提供补贴。但是政府所承诺补贴数量没有明确定义,项目公司就承担了市场收益不足的风险。另外,京通高速公路建成之初,由于相邻的辅路不收费,致使较长一段时间

① 郭媛媛:《政府与社会资本合作(PPP)项目的投资风险及其对策》,载《中国商论》2017年第15期。

京通高速车流量不足,也出现了项目收益不足的风险。① 在杭州湾跨海大桥和福建泉州刺桐大桥的项目中也有类似问题。

(七)项目唯一性风险

项目唯一性风险是指政府或其他投资人新建或改建其他项目,导致对该项目形成实质性的商业竞争而产生的风险。项目唯一性风险出现后往往会带来市场需求变化风险、市场收益风险、信用风险等一系列的后续风险,对项目的影响是非常大的。如杭州湾跨海大桥项目开工未满两年,在相隔仅50公里左右的绍兴市上虞沽渚的绍兴杭州湾大桥已在加紧准备之中,其中一个原因可能是因为当地政府对桥的高资金回报率不满,致使项目面临唯一性风险和收益不足风险。鑫远闽江四桥也有类似的遭遇,福州市政府曾承诺,保证在9年之内从南面进出福州市的车辆全部通过收费站,如果因特殊情况不能保证收费,政府出资偿还外商的投资,同时保证每年18%的补偿。但是,2004年5月16日福州市二环路三期正式通车,大批车辆绕过闽江四桥收费站,公司收入急剧下降,投资收回无望,而政府又不予兑现回购经营权的承诺,只得走上仲裁庭。该项目中,投资者遭遇了项目唯一性风险及其后续的市场收益不足风险和政府信用风险。福建泉州刺桐大桥项目和京通高速公路的情况也与此类似,都出现了项目唯一性风险,并导致了市场收益不足。

(八)市场需求变化风险

市场需求变化是指排除唯一性风险以外,由于宏观经济、社会环境、人口变化、法律法规调整等其他因素使市场需求变化,导致市场预测与实际需求之间出现差异而产生的风险。如山东省中华发电项目,项目公司于1997年成立,计划于2004年最终建成。建成后运营较为成功,然而山东省电力市场的变化,国内电力体制改革对运营购电协议产生了重大影响。第一是电价问题,1998年根据原国家计委曾签署的谅解备忘录,中华发电在已建成的石横一期、二期电厂获准了0.41元/度这一较高的上网电价;而在2002年10月,菏泽电厂新机组投入运营时,山东省物价局批复的价格是0.32元/度。这一电价不能满足项目的正常运营;第二是合同中规定的"最低购电量"也受到威胁,从2003年开始,山东省计委将以往中华发电与山东电力集团间的最低购电量5500小时减为5100小时。② 由于合同约束,山东电力集团仍须以"计划内电价"购买5500

① 郭媛媛:《政府与社会资本合作(PPP)项目的投资风险及其对策》,载《中国商论》2017年第15期。

② 方瑞:《政府与社会资本合作财政风险监管问题研究》,载《神州》2017年第5期。

小时的电量,价差由山东电力集团自己掏钱填补,这无疑打击了山东电力集团公司购电的积极性。在杭州湾跨海大桥、闽江四桥,刺桐大桥和京通高速等项目中也存在这一风险。

三、推进 PPP 项目的建议

(一)完善相应法律法规

PPP 项目需要相关法律法规的支撑,没有基本的法律支持,PPP 项目就不能顺利运行发展,存在的诸多法律风险就会让很多 PPP 项目的潜在投资者对项目望而却步。并且由于 PPP 的长期性、复杂性,参与方众多,利益关系复杂,也需要相关法律对各主体的权利义务关系进行明确,从而使得项目参与者都能各司其职,有法可依,依法办事,保证项目的顺利实施运行。① 因此,完善相应的法律法规非常重要。

(二)设立专门 PPP 协调机构

国内外经验表明,设立省级层面的 PPP 协调机构对于促进 PPP 的健康发展具有重要的作用。首先,对于跨区域的 PPP 项目,涉及投资者与不同地区的政府之间的沟通;其次,PPP 项目实施过程中也涉及在政府不同行业主管部门之间的沟通,若采取一事一议的形式设立临时工作小组,不能够给社会资本方提供信息,若由投资者自行与各部门进行沟通,则会增加协调成本和项目造价。②

目前,全国推广 PPP 组织结构基本上采用两种模式:一种模式以发改委部门作为 PPP 工作的牵头单位,全面负责项目的推进及落实;另一种模式是由财政部门牵头 PPP 相关工作,全面落实 PPP 模式的推广及政策制定,并负责财力评估和资金投入等涉及财政职责职能工作。

无论采用哪种组织机构模式,设立专一的协调机构,建立政府与社会资本方的沟通平台,承担协调和管理省级 PPP 项目立项、评估、筛选、招投标、监管、统计、经验总结、制定实施指南、和示范合同等功能。一是能快速而有效地推进我省 PPP 模式项目建设和运营;二是能节约政府成本和提高效率;三是便于项目监督、管理。

(三)完善 PPP 项目发起程序

一方面,对政府投资项目,首先进行 PPP 适宜性论证,论证通过的项目将

---

① 诸大建:《政府与资本合作模式的创新和超越》,载《中国中小企业》2017 年第 3 期。

② 王昔军:《推广政府与社会资本合作模式》,载《财会学习》2017 年第 5 期。

采取PPP模式实施,论证不通过的项目再由其他方式实施。另一方面,鼓励社会资本发起项目,给予发起单位优先参与权,对发起单位的前期投入给予适当补助。

(四)将PPP工作与简政放权相结合,简化项目审查流程

笔者建议,对拟采用PPP模式实施的项目简化审核程序,横向上,可多部门联合审查、与其他审核流程合并同类项;纵向上,对同一项内容不做重复性审查、减少审查环节。一是将项目立项与PPP发起两个审核程序进行合并,在项目建议书批复中即明确是否采用PPP模式实施,或在PPP项目发起审核中纳入立项功能,认为已发起的项目即为已获得立项的项目;二是将项目可行性评估与PPP实施方案可行性评估进行合并,将项目可行性研究与PPP实施方案编制进行合并,在可行性研究中纳入PPP实施方案内容;三是将项目规划条件审查、土地使用审查与PPP实施方案评估合并,在评估过程中邀请规划、国土部门参加并出具意见,PPP实施方案通过评估的项目即视同通过了规划、土地审查。①

(五)将PPP工作纳入供给侧改革范畴

从基础设施和公共服务供给角度看,PPP是一种供给模式。通过PPP模式,转变基础设施和公共服务单一由政府提供的模式,改为由社会资本提供,或政府与社会资本合作提供;提高公共服务质量和效率;转变政府职能,由公共服务的提供者变为监督者。我国正在推动供给侧改革,基础设施和公共服务供给侧改革是其中的重要方面,PPP就是其重要抓手。将PPP工作纳入供给侧改革范畴,有利于转变政府、实施机构对PPP模式的认识。

(六)将PPP工作与事业单位、国企改革相结合

基础设施建设长期由融资平台公司承担,公共服务长期由事业单位和国有企业提供。这种模式,在近期表现出一定的局限性,如国有企业形成行业垄断、事业单位财政负担重、效率低,尤其是平台公司高杠杆、高债务的运作模式使地方政府背负着较大的债务,近期查处的贪腐案件也多与城建系统有关。事业单位和国有企业改革已成为全面深化改革的重要内容。改革,就是调整利益关系,打破固化的利益格局。将基础设施、公共服务市场开放,允许各类投资主体进行投资、建设、运营。同时,具有经营收入的事业单位,可改制为企业,参与市场竞争,以提高效率、减轻财政负担。国有企业以股权结构调整为核心进行改

---

① 高建成:《政府和社会资本合作的现状及发展意见》,载《公共财政研究》2016年第10期。

革。[①] 平台公司剥离政府融资功能。运用PPP模式,通过各类型投资主体间持股、参股的方式组建项目公司参与基础设施和公共服务项目,在合营项目公司的基础上摸索国企股份制改革经验,逐步实现国企改革。

(七)引入具有运营优势的社会资本

单纯引入施工企业或资本投资,而缺少运营企业的参与,项目难以成功。不同公共产品和服务项目的投资运营成功的核心壁垒具有一定的差异,这也决定了引入具有关键性互补优势的社会资本对于项目整体运营风险的降低有着很重要的作用。比如,交通类基础设施固定资产投资规模大,资金实力和项目管理能力更为重要;机电类项目对于核心设备及其后期维护的要求更高,设备商的参与非常关键;教育、医院等服务类项目对于运营能力的要求比较高,引入运营能力较强的合作方比较关键。

(八)拓宽PPP项目融资渠道

随着融资平台剥离政府融资功能,在PPP模式下,政府资金作为小部分资本金投入,来源为政府专项转移资金和PPP融资支持资金。政府资金的支持主要体现在两个阶段,一是开发准备阶段,提供备用的垫付费用等资金支持;二是在项目融资过程中,对项目增信、从而降低融资成本。总体来说,政府对项目不具有偿债责任,但需要对收益不足弥补成本的项目进行财政补贴。而社会资本的作用主要体现在两个阶段,一是项目建设阶段,政府鼓励金融机构为示范项目提供融资、保险等金融业务;二是运营阶段,社会资金可通过优先股形式参股PPP项目公司,也可能通过发行企业债、资产证券化模式筹集资金。因此,政府加强金融机构信心,拓宽PPP融资渠道是PPP项目落地的关键步骤。

(九)建立公平合理的风险分担机制

在风险的分担方面,对于政治风险、法律变更和配套设施服务方面的风险,政府部门的控制力强于民营机构,应由政府部门提供担保。融资风险、市场风险等,项目公司更有控制力,而且与其收益相关,应由项目公司承担。不可抗力风险由于各方均没有控制能力,所以应由各利益相关方通过设计有关机制(如调价、可变特许期、缓冲基金等)共同共担。[②]

四、结论

从我国实践看,PPP不仅是一种融资模式的创新,更是一种新的管理模式

---

① 高山:《政府和社会资本合作模式的风险监管研究》,载《商业经济研究》2016年第2期。

② 郭蕊:《政府和社会资本合作中的政府信用建设》,载《辽宁行政学院学报》2017年第2期。

和社会治理机制。如果运用恰当,PPP 很可能是我国城镇化、老龄化等问题的重要解决机制,并通过以股份制为主的形式与我国大力推进的混合所有制改革创新形成天然的机制性内洽与联通。当然,PPP 作为一项制度供给上的创新,它的顺利运行和不断的发展,特别需要强调发展进程中的法治建设和契约精神建设的相辅相成,要不断规范 PPP 模式。我们可以看出国内外对于 PPP 这个模式都是乐于接受的,也具有更突出的优点,推广 PPP 创新对于加快新型城镇化、实现国家治理现代化、提升国家治理能力、构建现代财政制度具有重要意义。在基础设施及公共服务领域通过 PPP 机制引进民间资本、吸引社会资金参与供给。一方面,可以减轻政府财政压力,在更好发挥其作用的同时,使社会公众得到更高质量的公共工程和公共服务的有效供给;另一方面,将为日益壮大的民间资本、社会资金创造市场发展空间,使市场主体在市场体系中更好地发挥其优势和创造力。我国还需进一步对 PPP 模式进行研究。

地方债务置换问题研究及路径创新

宋劝劝*

地方政府债务问题一直是国家关注的重点。根据《关于加强地方政府性债务管理的意见》和《关于深化预算管理制度改革的决定》要求，给予地方政府债务融资以规范性管理，同时明确以地方政府置换债券来规范政府的举债融资行为。2015 年 1 月我国新修订的《预算法》在第 35 条规定，"经国务院批准的省、自治区、直辖市为公益性资本支出可在国务院确定的限额内通过发行地方政府债券举借债务的方式筹措，除此之外，地方政府及其所属部门不得以任何方式举借债务"。① 可见，地方政府只能通过发行债券的方式进行筹措资金，这意味着政府通过银行贷款等方式形成的债务只能以发行债券的方式进行偿还。目前，从我国地方政府债务置换情况而言，财政部在 2015 年下达了 3 批债务置换额度，其中 2015 年置换债券 3.2 万亿元，2016 年置换了 4.87 万亿元，2017 年前 3 季度已置换 2.15 万亿元。② 其所具有的规模性对地方债务的治理和金融市场的发展都具有重大的影响。首先，对于政府而言，地方债务置换缓解了政府的债务偿还压力，表

---

* 西北政法大学 2016 级经济法专业硕士研究生。

① 我国《预算法》(2014 年修正)，载北大法宝：http://www.pkulaw.cn/，最后访问日期：2017 年 10 月 22 日。

② 参见《财政部确认地方债置换额度 3.2 万亿》，载网易财经：http://money.163.com/15/1113/05/B89EH73S00253B0H.html，最后访问日期：2017 年 10 月 29 日。

现为两个方面:一是期限限制;二是利息支出。[①] 一定意义上说其改变了地方债务的模式,是对地方政府债务结构的优化。其次,地方政府债务多是以银行贷款方式而形成的,对于银行而言,一方面,地方债务置换提高了银行资金的流通性,使得银行贷款存量债务得以降低;另一方面,地方债务置换是将高风险、短期限的资产置换成低风险、长期险的地方政府债券,缓解了银行资金管理业务方面的压力。然而,地方债务在置换过程隐含了一定的金融风险,直接或者间接地导致了地方政府债务风险与金融风险的"交叉感染",不利于地方债务的治理和金融市场的良性发展。因此,本文首先分析了地方债务置换中存在的问题,并探讨了债务置换过程中所产生的经济效应,进而明确地方债务置换问题的现实解决对策,从而提出了地方债务置换的未来发展思路。

一、地方债务置换中存在的问题

《地方政府性存量债务清理处理办法》提出,将地方政府短期、高息的债务置换成中长期、低成本、信用更高的地方政府债券,以此降低政府融资成本和风险。然而,由于地方债务置换仅仅是作为地方债务问题解决的暂时性策略而实施的计划,故在资金利用、信息披露以及监督管理方面都存在一定的不足,同时地方债务置换在规制地方债务风险的同时也催生了一定的金融风险,加剧了地方债务管理的难度。

(一)地方债务置换主体结构不合理

1. 举债主体的限制性

地方债务置换主体包括举债主体和投资主体。目前,从各级政府负债上来看,地方债务主要集中在市级政府,这就意味着置换政府债券的主体也是市级政府。然而,根据国务院《关于加强地方政府性债务管理的意见》的规定:"赋予地方政府依法适度举债权限。经国务院批准,省、自治区、直辖市政府可以适度举借债务,市县级政府确需举借债务的由省、自治区、直辖市政府代为举借。明确划清政府与企业界限,政府债务只能通过政府及其部门举借,不得通过企事业单位等举借。"由此可见,市县级政府并不具有举债的资格,既不能独立发行地方政府债券,也不能独立完成地方债务的置换,这就很可能引发市县级政府为满足自身发展要求通过其他方式变相举债的可能。

---

① 欧阳能、赵哲:《我国地方政府债券发行及置换存在的问题》,载《财会学习》2017年第6期。

2. 投资主体的狭隘性

就投资主体而言,银行是政府置换债券的主要投资者。政府的存量债务主要来自银行、信托以及其他金融机构融资所形成的债务。而银行贷款是地方债务的主要来源,这就意味着地方政府债券大部分由银行进行认购。就现有政府债券持有情况而言,"股份制商业银行持有的地方政府债券余额70%,城市商业银行持有的地方政府债券余额约占9%,农村商业银行以及信用社持有的地方政府债券余额所占约4%"。[①] 由此,对政府置换债券的认购主要集中在大型商业银行。地方债务置换的规模相对来说比较大,因此,一旦出现政府不能偿还到期债券的风险,这些大型商业银行将面临资金流转不畅的压力。

(二)地方债务置换资金使用问题

1. 置换债券资金滞留问题

根据财政部《关于做好2017年地方政府债券发行工作的通知》的规定,地方政府存量债务置换债券资金只能用于偿还政府债务本金,以及回补按规定通过库款垫付的偿债资金,对于已入库的公开发行置换债券资金,原则上要在1个月内完成置换。[②] 由此可知,地方债务置换资金的使用和管理要遵循"使用限制"和"时间限定"的原则。然而,在实践中,地方政府偿债渠道的多变性则可能导致置换债务类型的转变,从而使得地方债务置换加速的同时造成资金的沉淀,甚至引发资金的闲置,表现为:置换债券资金滞留在国库中未使用、债务置换时间上的差错以及发行债券与存量债务置换债券的类型不匹配而导致的支出效率低下。

2. 置换债券资金使用不当问题

根据我国《预算法》及国务院《关于加强地方政府性债务管理的意见》的规定,举借的债务应当有偿还计划和稳定的偿还资金来源,只能用于公益性资本支出和适度归还存量债务,不得用于经常性支出。然而,在实践中,置换债券资金使用不合理的现象层出不穷。首先,置换债券资金的程序不规范。地方债务置换的债券包括两类:一类是一般政府债券;另一类是地方专项债券。对于一般政府债券,政府通过对以公开募集的方式获取资金来偿还一般债务,而地方专项债券,地方政府则以定向募集方式获取资金来偿还专项债务,同时对专项资金与一般资金进行"一对一"的管理使用。但是在具体操作中,债务置换并

---

① 马红兵:《关于地方债务置换相关问题的探讨》,载《经济研究参考》2016年第10期。

② 财政部《关于做好2017年地方政府债券发行工作的通知》,载中国政府网:http://www.gov.cn/xinwen/2017-02/22/content_5169938.htm,最后访问日期:2017年11月2日。

没有严格按照规定对资金的管理程序化,从而造成专项债务置换资金与一般债务置换资金的混同。其次,置换资金分配规则不明确。从立法规范上看,省级政府以及地市县级政府之间的置换资金额度分配仅仅是原则性的规定,并没有具体的分配规则,这就直接引发了置换资金使用的无序性,进而造成债务置换资金配置效率的低下。

(三)置换债券信息披露和定价机制不完善

1. 信息披露不明

信息披露问题在地方债务置换中主要表现为两个方面:一是债务管理方面信息公开不足。根据财政部公布的文件,地方政府债券的信息披露仅仅是其时间、形式、利率等方面原则性的规定,对于地方债务置换的详细内容,如置换债券资金的使用情况、政府存量债务置换债券的标准等都没有具体的规定。二是对置换债券信息披露监管力度不足。地方政府作为举债主体,其在地方债务置换过程中,虚增地方存量债务、违规使用置换资金以及债务私下偿还等行为都缺乏相应的监督体系。“信息公开方面的问题不仅严重损害债务投资人的利益,同时也侵害了民众的知情权”。①

2. 定价的非市场化

置换债券的定价问题主要体现在对债券价格的市场化定位。根据财政部《关于做好2017年地方政府债券发行工作的通知》规定,债券的发行遵循市场化的原则,这表明地方政府债务定价由市场决定。市场化因素通过地方债的利率属性和信用属性共同影响发行价格。其一般规律在于:在主体之间利益分配机制的基础上,保证收益的合理性以及风险的适当性,即收益的最大化以及风险的最低化。从实践中看,就利率而言,与国债相比,地方债券以公开发行的方式可能与国债利率相当,甚至低于国债,这样就可能导致市场定价激励效果难以实现。从信用评级来看,地方政府债券往往以政府信用为担保,投资者或者评级机构难以对其偿债能力予以客观性的评估,从而难以对债券进行准确评级,不能体现市场的发展规律。因此,债券价格的非市场化实质上是地方政府通过对市场资源的控制间接地干预地方债券的价格,这不利于债券发行定价机制的建立。

(四)地方债务风险与金融风险的联动

地方政府对其存量债务进行置换目的在于减轻地方债务压力,从置换的内

---

① 杨莎莎:《中国地方债治理法律制度研究》(第1版),经济学科出版社2015年版,第100页。

容上来看,其是将金融手段予以政策化,通过对债务形式、期限等的转换以实现风险的转移。然而,由于政府的存量债务主要来自银行贷款,因而地方债务置换以定向承销的方式将矛头指向了银行,银行不得不接受政府的“行政摊牌”对政府债券予以认购。① 最终使得地方债务风险与金融风险循环影响、交叉感染。② 表现为:第一,信贷风险,即政府履约能力风险;第二,利率风险,地方政府债券的利率相对来说比较低,银行的利息收入将会减少;第三,价格风险,由于债券价格具有不确定性,银行作为债券持有者可能遭受损失或者获取收益的可能性。此外,地方债务风险的金融化还表现在政府对银行的直接干预,即政府以政府信用作为支撑对金融资源实施控制。一方面,政府以政府信用作为担保,实际上是对银行利息的抵押。另一方面,政府通过对土地资源或者其他建设资源的控制,间接地向银行进行抵押贷款,这实质上是地方政府利用行政手段对银行资源的强制性干预。③ 一旦贷款的规模超出预期,地方政府债务就会出现偿付风险,进而引发“资产泡沫”,从而使得银行资金流动、信用评价等面临很大的威胁。

二、地方债务置换的法律本质分析

从法律意义上看,地方政府债务的形成是政府给付对待义务的体现。④ 根据不同的举债方式,政府负担债务的形式也有所不同,包括通过信用方式所获取的债务性收入、财政赤字以及社会性债务等。⑤ 随着地方政府债务的累积以及地方融资平台融资功能的剥离,地方政府在财政运行中面临的偿债风险、流动性风险以及成本风险等逐渐凸显出来。⑥ 针对这些风险,地方政府通过“借新还旧”的方式将政府存量债务转化为政府债券以优化债务结构,即地方政府债务置换。从地方债务的本质上说,地方债务置换是政府为实现地方债务风险

---

① 李安安:《财政风险金融化的法律控制——以地方债务置换为视角》,载《武汉科技大学学报》(社会科学版)2016 年第 4 期。

② 黎四奇:《后危机时代问题金融机构处置法律制度完善研究》,世界图书出版公司 2014 年版,第 42 页。

③ 魏遥、王姗姗:《地方政府债务风险与金融风险联动机制研究》,载《信阳师范学院学报》(哲学社会科学版)2015 年第 4 期。

④ 《财政总预算会计制度》第 26 条,载北大法宝:http://www.pkulaw.cn/,最后访问日期:2017 年 11 月 2 日。

⑤ 中国地方债务及地方债务管理研究课题组:《公共财政研究报告》,中国财政经济出版社 2011 年版,第 190 ~ 195 页。

⑥ 缪小林、伏润民:《地方政府债务风险的内涵与生成》,载《经济学家》2013 年第 8 期。

的转移通过转换债务的形式来满足资金需求的一种手段,其所体现的是地方政府债务"以时间换空间"的内在需求,即通过对地方债务偿还期限的延长来给予政府发行地方政府债券以充足的空间,同时将政府担保的隐性特征予以显性化表现,从而达到缓解地方政府债务压力和实现金融风险与债务风险隔离的目的。

目前,无论是理论上的辩证还是实践中的检视,对于地方债务置换的本质问题都存在诸多争议。概括来说,包括三个方面:

一是债务重组说。[①] 该观点认为,从债权债务的关系上看,政府通过政府债券置换存量债务改变了地方政府与融资平台之间的法律关系。具体来说,地方政府融资平台融资功能的剥离使得政府与融资平台之间债务得以划清界限,政府不再依赖融资平台吸引投资者,而是直接与投资者进行点对点的投融资;从债权债务的内容上看,地方政府债务置换包括债务形式的置换、风险和成本的置换以及偿债期限置换。因此,地方政府置换是对政府债务的重组。[②] 然而,债务重组的本质是对债权人与债务人之间原有债权债务关系的改变,是新的法律关系的产生,就地方政府债务置换而言,其改变的仅仅是债务的形式,对于债务的规模、存量并不构成实质的缩减,而且在这一过程中,债权人与债务人之间的债权债务关系并没有发生实质性的改变。因此,将地方债务置换认定为债务重组不具有合理性。

二是银行让利说。[③] 该观点认为,地方债置换对银行并不构成实质的利好,从银行的选择来看,商业银行在置换过程中可以选择购买地方自行发行的债券以促使地方政府归还银行贷款或者选择直接将银行贷款转换成地方债券。但是这两种选择都使得银行面临资金无法完全回笼的风险;从投资收益上看,银行贷款的利息远远高于地方政府债券,这就意味着地方债务置换将银行从贷款的高收益上转到了地方债的低收益上,其本质上是银行对政府作出的利息上的让步。然而,该观点也不具有完全的合理性,理由在于:地方债务置换将地方融资平台与贷款融资功能剥离,并增加地方政府债券的发行和置换,这就降低了银行不良资产的存量,提高了银行资产的质量和信贷能力。从这个意义上说,地方债务置换不仅有利于银行资管业务的发展和创新,还有利于增加银行的信用等级,增强社会对银行贷款的信任度。

---

① 汪涛:《解读:地方政府债务置换的意义》,载《凤凰财经》2015年4月8日。

② 宋昕:《地方债务置换必须解决的几个问题》,载《全球化》2017年第8期。

③ 余丰慧:《地方债务置换对银行恐难构成实质利好》,载《每日经济新闻》2015年3月13日。

三是地方债务信用增级说。该观点认为，将地方政府债务置换说成地方政府债务重组并不合适，地方政府债务置换只是将由融资平台形成的期限较短、风险较高的地方债务转变成期限较长、信用等级较高的政府债券，其仅仅是形式的改变并不涉及实质上改变，而且政府债券以政府的信用作为担保，体现了更高的信用等级。因此，地方债务置换是对地方政府债务信用的增级。相对于前两种观点，该观点具有一定的合理性。首先，其表明了地方债务置换仅仅是作为缓解地方政府债务压力的一种手段，并不会对当事人之间的法律关系产生实质性的影响；其次，政府债券作为置换的对象，具有良好的社会评价。因此，地方债务置换实质上仅仅是对地方政府债务信用等级的提高。

综上分析，地方债务置换并不是政府对其债务的重组，也不是银行对其所应得利息的让渡，其仅仅是政府通过提高地方政府债务信用的方式来将高风险、高成本、短期限的债置换成低风险、低成本、长期限的债以实现地方债务压力转变和风险控制的一种手段，换言之，地方债务置换仅仅是地方债务风险治理的开始，并不能实现对地方债务问题的根本性解决。

三、地方债务置换的经济效应分析

地方债务置换作为地方政府治理地方债务风险的一种手段，其对地方债务的组织、监督以及管理等方面都产生了一定的影响，这些影响通过地方债务的参与主体予以体现，具体表现为以下几个方面：

首先，债务结构合理化。从政府的角度来看，地方债务置换缓解了政府的偿债压力。自 2015 年 3 月地方债务置换启动以来，地方政府累积已经将 8 万亿元非债券存量债务置换成为政府债券，地方债务结构明显得到了改善。根据相关数据表明：截至 2015 年年底，地方政府负有偿还责任的债务 16 万亿元，或有债务 7 万多亿元。2016 年年末，我国地方政府债务余额 15. 32 万亿元。这两年的地方政府整体负债率均低于国际通行的警戒标准，债务的存量明显减少。[①] 2016 年地方政府债务置换的进程加速，根据财务部测算，由于地方政府债券具有低息的特点，一万亿元的置换额度，地方政府一年就可以节省四五百亿元的利息支出。[②] 由此看出，地方债务置换减少了地方政府的利息支出，降

① 《2017 各省市地方债务风险全景图》，载搜狐网：http://www. sohu. com/a/161373057_481734? qq-pf-to = pcqq. c2c，最后访问日期：2017 年 11 月 2 日。

② 《2016 年地方债市场回顾和 2017 年展望》，载和讯网：http://bond. hexun. com/2017 - 01 - 19/187782206. html，最后访问日期：2017 年 11 月 2 日。

低了地方政府的负债率,使得政府偿债风险得以弱化,是对债务成本结构的优化。此外,地方债务置换延长了政府还本付息的期限,通过年度债务的安排及置换的标准来防止政府偿债高峰期的形成。① 从银行角度来看,地方债务结构的变化使得银行更多地持有可以上市流通的政府债券,提高了银行资产的质量,从而降低了不良贷款率。

其次,融资机制规范化。从政府的角度看,地方债务置换将通过融资平台所形成的债务置换成公开发行的债券,其排除了地方政府融资平台的债务,进而消除了地方政府隐性担保的可能性。根据法律规定,地方政府只能通过发行政府债券的方式予以举债,不得为任何单位和个人的债务以任何方式提供担保。这就意味着政府通过融资平台进行融资或者提供担保不具有合法性,其不受法律保护。然而,在实践中,地方政府为融资平台附加了一定的隐性担保,从而导致了很多不确定性因素的产生,最终使得政府负债压力进一步加剧。② 地方债务置换的实施将政府与融资平台关系予以明确化,打破了政府与融资平台的连带关系,即政府不再负担融资平台的任何债务,政府债务与融资平台债务相互独立,使得地方政府融资行为和融资平台的经营运作都走向规范化治理。从银行角度来看,根据财政部、中国人民银行、银监会联合印发的《关于2015年采用定向承销方式发行地方政府债券有关事宜的通知》规定:"符合条件的地方政府债券,按中国人民银行规定,可纳入部分货币政策操作的抵(质)押品范围,纳入商业银行质押贷款的抵(质)押品范围,并可按规定开展回购交易。"可见,通过地方债务置换,银行将其所置换来的具有高信用、长期限的政府债券进行再投资,提高了银行的再融资能力。

最后,资金流通可持续化。从政府角度来看,地方政府通过地方债务置换,将高息、高风险的债务置换成低息、低风险的政府债券,其实际上是将政府不规范的融资行为予以规范化替换。③ 就资金需求而言,一方面,债务置换为地方政府获取资金提供了新的渠道,为基建投资注入了新活力;另一方面,其降低了政府的利息支出,并以反周期扩张的方式促使收益与成本之间的平衡。从银行角度来看,一方面,地方债务置换提高了银行的信贷能力,降低了银行的不良贷款率;另一方面,银行可将置换的债券用于抵押或者质押以获取资金,从而提高

① 温来成:《债务置换:现阶段中国地方债规范化、法制化的重要过渡》,载《财政监督》2015年第18期。

② 卢文鹏、尹晨:《隐性担保、补偿替代与政府债务——兼论我国的财政风险问题》,载《财贸经济》2004年第1期。

③ 徐高:《理解地方政府债务置换》,载《金融市场研究》2015年第7期。

了银行资金的流动性。

四、现实解决路径:地方债务置换中存在问题的完善建议

地方债务置换给地方债务问题的解决提供了一种新的模式。就其作用而言,无论是对政府还是对银行都产生了一定的积极影响。然而,事物的两面性也决定的地方债务置换所存在的不足。因此,应当重新审视地方债务置换所引发的问题,并针对这些问题采取相应的措施,从而从根源上对地方债务风险予以防范。

首先,完善地方债务置换的主体结构。就举债主体而言,我国市级政府举债需要由省级政府代发,这在一定程度上限制了市级政府的实际需求,因此,应当扩大举债主体,赋予地市级,甚至是经济比较发达的县级以独立的发债权利,同时借鉴美国的制度,建立政府破产支付和私人债券保险制度,明确政府责任制,以防出现变相举债的现象。就投资主体而言,不应集中于商业银行,应当加强地方债券的流动性以吸引非银行机构投资者和个人投资者在地方债置换中的参与度,防止地方债务风险向银行转移,从而实现地方债务风险与金融风险的隔离。

其次,加强对置换资金的管理,遵循"一对一"的原则,严格一般债务置换资金和专项债务置换资金的界限管理,即一般置换资金只能用于一般债务的偿还,专项资金只能用于专项债务的偿还,不得混同资金的用途,也不得挪作他用。在债务置换前,要明确地方债务的类型、发行方式以及资金使用情况等事项,引入证券市场中"先行赔付"制度,设立投资者保护基金,以防在地方政府出现不能偿债的情况下投资者的损失不能得到保障。在债务置换过程中,一方面,明确置换资金的属性,对资金予以甄别审查,对与存量债务偿还不匹配的债券及时清理收回,做到专款专用,专门管理。另一方面,发挥监督工作的联动性,建立政府、社会公众以及审计部门等其他机构联合监督管理体系。在债务置换后,根据财政部发布文件的规定,对置换资金进行风险识别,明确资金的类型及用途,设定一定的置换期限以及偿还期限以完成置换工作,从而实现融资需求。①

最后,完善信息披露制度,建立合理的风险定价机制。信息披露从本质上来说是对地方债务风险的一种监控。地方债务置换中的信息披露制度也应规范化运作:一是对置换债券的类型、置换债券的规模以及置换债券资金使用主

---

① 石峰:《对地方政府性债务和发行政府债券置换存量债务情况的调查与思考——以安徽省为例》,载《金融发展评论》2015 年第 8 期。

体等信息公开;二是对发债主体的负债信息予以公布;三是政府信用评级的完善。目前,政府信用评级一般是AAA级,其不能体现政府信用的差别化,不利于投资者对政府债券的识别。因此,应该对政府负债、经济发展状况等因素综合考虑予以客观、公正、有差别的评级。对于地方政府债券的定价,应遵循市场化原则,从利率方面给予投资者补偿:一是坚持平等、自愿、公平的原则,根据投资者需求以及风险爱好发行不同类型、不同期限的政府债券;二是实现政府与企业的完全隔离,减少政府的非市场化干预,同时加强与企业之间的合作,降低债券发行的利息,以调动投资者的积极性,从而保证置换的公平公正。

五、未来解决思路:实现政府融资与企业融资的对接

根据我国《预算法》和国务院《关于加强地方政府性债务管理的意见》的规定,地方政府只能以地方政府债券的方式进行举借债务,同时规定地方政府融资平台不再具有地方债务融资功能,地方政府与地方债务融资平台完全隔离。可见,地方政府债券将成为地方政府融资最重要的方式。2015年3月财政部下发了3批地方债务置换计划,明确将通过融资平台或者银行贷款等方式形成的债务置换成地方政府债券,为减轻地方政府债务压力提供了一种新的模式。然而,地方债置换仅仅是缓解地方债务压力的一种权宜之计,对于地方债务问题的真正解决还需要寻找新的路径。

联合资信评估有限公司工商企业评级总监刘小平表示:“地方政府债管理新规出台后,地方政府基础设施融资方式将发生重大变化。无收益的公益性项目将主要通过地方政府一般债券解决,有一定收益的公益性项目将通过地方政府专项债券、PPP、SPC项目收益债及永续债等方式解决,经营性项目主要通过普通企业债券、项目收益债、永续债、资产证券化产品等方式解决。”①由此,地方债务融资主要涉及政府和投资主体两类主体,对于政府无收益的公益性项目来说,政府融资的单一性使其只能依赖于地方政府债券的发行,而投资者往往具有多元化的融资渠道,因此,收益性的公益性项目则需要依托于投资主体以实现地方政府融资与企业融资的对接。

就政府融资需求而言,严格按照法律的规定,以地方政府债券为基础建立多层次融资渠道。如实施以基础建设未来收益为资产的资产证券化模式,从目前我国地方存量债务来源上看,其主要是通过银行贷款或者融资平台融资,而

---

① 《专家:地方政府基础设施融资方式将发生重大变化》,载和讯网:http://bond.hexun.com/2014-11-20/170575682.html,最后访问日期:2017年11月2日。

以这些方式所获取的资金，政府大多用于基础设施建设或者重大工程项目建设，由此可见，政府拥有这些项目的未来收益权。通过开展资产证券化可以将政府的未来收益权予以盘活，从而用以偿还地方政府债务，缓解地方债务压力。再如，以利益共享和风险共担为特征，以提高公共产品或服务的质量和供给效率为目的的PPP模式的推行，对于政府而言，有利于降低政府的投资成本，减轻政府的债务压力；对于投资者而言，其可以减少业务经营上限制，有助于企业的发展。因此，其是一种双赢的模式。此外，地方政府债券是以政府的信用为担保，在其举债的过程中往往存在一定的问题，这就需要完善相应的配套设施，为企业融资提供良好的发展空间。

就投资企业投资选择而言，应当多渠道、多方式地创新企业专项债券。从专项债券的内涵上看，其可以是项目收益债、一般企业债或者是永续债。而对于企业债券融资创新则需要优化融资结构，合理安排融资组合。首先，实现项目收益类债券与PPP项目对接。从项目收益类债券的特点来看，其基础资产以在建或拟建项目为主，且具有独立性，对于其所募集的资金只能用于项目的建设和运营。其与PPP项目融资需求具有一致性，故有人士指出："企业债能否重新焕发活力，或将取决于能否将项目收益债与PPP进行良好的对接。"①其次，实现永续债与地方政府基建项目的对接。由于永续债具有一定的权益属性，且对利率风险具有敏感性，因此具有股本的特点，这对于寻求长期性的投资需求不失为一种新的选择。而地方基建项目由于建设的周期较长，投资规模大，因此将企业永续债作为地方基建项目融资的一种方式，既为企业债券的发展创造了新模式，又满足了政府融资的需求。最后，引入产业投资基金参与政府融资项目，明确政府债务与社会资本的界限，从而实现地方融资模式的突破性发展。

六、结语

作为地方债务问题解决的一种手段，地方债务置换以"展期"的方式使得地方政府债务结构更加合理化，同时也为政府融资平台的转型以及金融机构的创新发展提供了机遇。然而，从长期来看，地方债务置换并没有彻底解决地方债务治理中存在的各种问题。因此，在地方债务未来发展中，应当积极创新政府融资新模式，建立有效的风险防范机制，通过政府与企业的合作来提高政府的偿债能力，从而实现地方债务的可持续性发展。

---

① 《企业债续命博弈：项目收益债对接PPP接盘城投债》，载网易财经：http://money.163.com/15/0530/08/AQRN3VPL00252G50.html，最后访问日期：2017年11月2日。

我国电影产业融资法律问题研究

——以《电影产业促进法》第 40 条为视角

刘　毅*

引言

我国“十三五”规划纲要明确提出要“繁荣发展广播影视事业,推动影视制作等传统产业转型升级”,通过政策有力助推中国由电影大国向电影强国迈进。电影作为文化产业中极具生机活力的一环,对于文化传播、历史传承、对外交流起到重要作用。近年来,我国电影产业蓬勃发展,电影票房持续激增,2015 年我国以高达 440 亿元的总票房抢占全球第二大电影市场。在电影快速发展的过程中,资本的作用至关重要。电影作为一部聚合众人智能劳动的作品,无论是前期拍摄制作,还是后期宣传发行都需要巨额的资本支持,缺乏资本支撑的电影犹如无源之水,无本之木。2016 年 11 月 7 日我国颁布了电影行业的第一部法律——《电影产业促进法》,其中第 40 条专门提及电影融资的鼓励政策。国家鼓励金融机构通过信贷等方式支持电影产业发展、鼓励开展知识产权质押融资业务、鼓励保险机构开发电影产业相关保险产品,分别对应为电影行业银行信贷、版权质押贷款、完片担保三种融资制度。一方面,融资帮助电影获得资金,助推其成功;另一方面,

---

* 北京理工大学法治研究中心主任。

电影融资具有很大的风险,大部分投资者并非电影行业专业人士,无法了解所投电影的真实情况,忽略其中法律风险并非鲜见。因此,客观分析各项电影融资方式及制度并结合我国国情予以改造适用,便是电影行业快速健康发展的重要保障。

一、我国电影产业融资概览

电影作为一个极为特殊的产业,既具有工业化的特点,影片的制作、发行、放映遵循流程化的固有模式;还保有文化产业的独有特色,注重创意和内容。电影作为技术、劳动、智慧复合密集型产业,需要耗费大量的人力、物力成本,无论是前期拍摄制作,还是后期宣传发行都需要巨额的资本支持。因此,能否顺利融资对于电影而言至关重要。

(一)我国电影产业融资现状

近年来,我国电影产业如火如荼繁荣发展,2015年中国电影总票房高达440亿元,成为继美国之后的全球第二大电影市场。根据行业最新数据显示,2016年我国银幕总数已高达40,917块,超越美国位居世界第一。①

伴随电影产业的快速发展,我国资本市场与传统电影行业结合地越发紧密,从而催生出许多新兴的电影融资手段。私募股权基金、P2P、保底发行、众筹等新兴金融产品被运用于电影融资后,大量金融资本涌入电影行业。电影《心花路放》《后会无期》成功采用保底发行模式,帮助片方顺利回笼资金。②而《叶问3》却因"票房注水"事件,牵连出其背后金融投资平台快鹿系公司恶意操纵票房的丑闻,最终因无法向投资者兑付事先承诺的利润而遭遇信用危机。③ 一方面,金融衍生融资工具确实成为电影成功的助推器,为电影产业提供了丰厚的资金支持,帮助创作出更多优秀的电影作品;另一方面,其也加剧了投资的风险性,大部分投资者并非电影行业专业人士,并不了解所投电影的真实情况,可能被电影炒作的噱头所迷惑,从而忽略其中包含的法律风险。

(二)国家法律政策扶植

我国电影产业的持续繁荣发展离不开国家出台的各项金融政策,目前取得

---

① 根据国家新闻出版广电总局电影局发布的数据显示,截至2016年12月20日,我国银幕数量已达40,917块,平均每天新增26块银幕,与2015年日均新增22块银幕相比再次提速,总数跃居世界第一。

② 参见《〈心花路放〉冲10亿影联传媒讲武生谈发行模式》,载网易娱乐:http://ent.163.com/14/1016/11/A8M2Q76G000300B1.html,最后访问日期:2016年12月15日。

③ 参见《〈叶问3〉玩得过火了?3天4.7亿票房被质疑造假》,载搜狐新闻:http://news.sohu.com/20160307/n439620767.shtml,最后访问日期:2016年12月15日。

的各项电影成就直接得益于国家颁布的各项法律政策。

2010年1月国务院办公厅下发了《关于促进电影产业繁荣发展的指导意见》,该文件是我国出台较早的专门针对金融支持电影产业发展的指导意见,由此奠定了国家振兴电影产业与金融支持文化产业的政策基调。2010年3月和2014年5月国家相继出台了《关于金融支持文化产业振兴和发展繁荣的指导意见》《关于支持电影发展若干经济政策的通知》。上述政策均倡导应多方面拓宽电影融资渠道,鼓励电影企业直接融资,推动开发适合电影产业需求特点的信贷产品,彰显出国家通过金融政策促进电影产业发展而做出的努力。①

2016年11月7日全国人大常委会通过《电影产业促进法》,其中第40条对国家鼓励金融机构从事电影产业投融资作出详尽规定,创造性地提出鼓励保险机构依法开发适应电影产业发展需要的保险产品,鼓励融资担保机构依法向电影产业提供融资担保,鼓励开展与电影有关的知识产权质押融资业务。这标志着我国首次从法律层面确立金融机构应为电影产业提供支持,具有重大意义。下文将着重讨论分析由第40条引出的3项电影融资方式。

二、传统信贷融资方式

信贷是最为传统的融资方式。我国《电影产业促进法》第40条第1款规定:国家鼓励金融机构为从事电影活动以及改善电影基础设施提供融资服务,通过信贷等方式支持电影产业发展。②

此处着重提到"信贷"融资。广义的"信贷"是指金融机构存款、贷款、结算的总称,狭义的"信贷"一般指银行或信用社的贷款。该法第40条中的"信贷"应作狭义解释,指的是在电影产业融资中银行提供的贷款。近年来,随着中国电影产业的繁荣发展及国际合作的日益频繁,银行信贷开始向中国电影行业敞开大门,并且得到政府的大力支持,银行信贷融资呈现逐年递增之势。③ 具体而言,信贷融资可分为三种类型:抵押贷款融资、质押贷款融资以及信用担保贷

---

① 参见2014年5月31日通过的财政部、国家发展改革委、国土资源部、住房城乡建设部、中国人民银行、国家税务总局、新闻出版广电总局《关于支持电影发展若干经济政策的通知》第7条;2010年1月21日通过的国务院办公厅《关于促进电影产业繁荣发展的指导意见》第2条;2010年3月19日通过的中央宣传部、中国人民银行、财政部、文化部、广电总局、新闻出版总署、银监会、证监会、保监会《关于金融支持文化产业振兴和发展繁荣的指导意见》第2条至第5条。

② 参见2016年通过的《电影产业促进法》第40条第1款。

③ 参见王伟、吴东兴、徐华:《中国电影业银行贷款难的成因与启示》,载《武汉金融》2013年第6期。

款融资。

(一)抵押贷款融资

抵押贷款是指债务人在贷款时不转移对财产的占有,将该财产作为债权的担保。当债务人不履行债务之时,债权人有权依法以该财产折价或者以拍卖、变卖该财产的价款优先受偿。债务人为抵押人,通常为影视公司;债权人为抵押权人,通常为银行;提供担保的财产为抵押物。① 影视公司在向银行贷款时,若以房屋等不动产设定抵押,应当为银行办理抵押登记,抵押权自登记时设立;若以车辆等动产设定抵押,则必须与银行订立抵押合同,抵押权自抵押合同生效时设立。② 由于房产经济价值高、不易贬值,便于转手变现,因此银行在为影视公司办理抵押贷款业务时,大多要求用房屋作抵押。例如,2010年著名导演张艺谋在筹拍电影《金陵十三钗》时,北京新画面影业公司董事长张伟平作为该片制片人以个人房产作抵押,从民生银行贷款1.5亿元,为影片的顺利拍摄提供了充足的资金后盾。

(二)质押贷款融资

质押贷款是指债务人在贷款时将其动产或权利移交给债权人占有,将该动产或权利作为债权的担保。当债务人不履行到期债务时,债权人有权依法以该动产或权利折价或者以拍卖、变卖该动产或权利的价款优先受偿。债务人为出质人,通常为影视公司;债权人为质权人,通常为银行。③ 质押财产既可以是动产也可以是权利。④ 由于电影是特殊的文化创意产业,其核心价值在于电影作品的内容,从法律层面而言,即作品的版权及伴随放映产生的票房收益权。因此,银行在为影视公司办理质押贷款业务时,逐步衍生出独具特色的版权质押贷款、票房收益权质押贷款。

版权质押贷款是指电影项目的制片方将电影版权质押给商业银行,银行通

---

① 参见我国《担保法》第33条:"本法所称抵押,是指债务人或者第三人不转移对本法第三十四条所列财产的占有,将该财产作为债权的担保。债务人不履行债务时,债权人有权依照本法规定以该财产折价或者以拍卖、变卖该财产的价款优先受偿。前款规定的债务人或者第三人为抵押人,债权人为抵押权人,提供担保的财产为抵押物。"

② 参见曹士兵:《中国担保制度与担保方法》,中国法制出版社2015年版,第197页。

③ 参见我国《担保法》第63条:"本法所称动产质押,是指债务人或者第三人将动产移交债权人占有,将该动产作为债权的担保。债务人不履行债务时,债权人有权依照本法规定以该动产折价或者以拍卖、变卖该动产的价款优先受偿。前款规定的债务人或者第三人为出质人,债权人为质权人,移交的动产为质物。"

④ 参见我国《物权法》第223条:"债务人或者第三人有权处分的下列权利可以出质:……(五)可以转让的注册商标专用权、专利权、著作权等知识产权中的财产权。"

过对电影版权未来可取得的商业价值进行评估,从而为制片方提供一定量的贷款的融资模式。票房收益权质押贷款是指制片方将票房收益权质押给银行,银行出于对电影未来票房的信心,从而将款项贷给制片方的一种融资模式。2004年华谊兄弟传媒股份有限公司以电影《夜宴》的版权作质押,从深圳发展银行申请到5000万元贷款,成为我国电影版权质押贷款的成功首例。随后,2006年华谊兄弟又以电影《集结号》的票房收益权作质押,成功从招商银行融得5000万元贷款,这是我国票房收益权质押贷款的首例。伴随我国电影市场的繁荣发展,电影版权含金量的不断提高,通过电影版权质押获得的贷款融资规模不断攀高,版权质押贷款逐渐成为电影融资的主要渠道之一。本文将在第三部分对版权质押贷款进行专门详述。

(三)信用担保贷款融资

我国《电影产业促进法》第40条第4款规定"国家鼓励融资担保机构依法向电影产业提供融资担保"。此处的"融资担保"指的是由专业机构提供的"信用担保贷款"。信用担保贷款是指影视公司在向银行融通资金的过程中,根据合同约定,由依法设立的融资担保机构为影视公司提供保证,在影视公司不能依约履行债务时,由担保机构承担合同约定的偿还责任,从而保障银行债权的实现。

经过银行业与电影业几年来的密切合作,部分银行开始逐步探索信用担保贷款。信用担保贷款相较于抵押贷款而言,是更为高级的形式。抵押贷款需要影视公司向银行提供房屋等财产作抵押,以防影视公司无法偿还贷款时,银行能通过资产处置的方式来降低风险,这是银行业初入电影行业的尝试探索。信用担保贷款则无须影视公司提供抵押财产,银行更加注重考察影视公司的综合能力,包括剧本、导演、演员、档期等因素。一方面,反映出银行对影视市场的逐步了解和信任,银行相信可以依托贷款企业的影视项目盈利来控制信贷风险;另一方面,也反映出银行相关部门在影视专业方面判断能力的提升。例如,2008年华谊兄弟为电影《功夫之王》贷款融资时采用的便是信用担保贷款模式,由中国出口信用保险公司作为第三方机构提供担保,成功从广东发展银行融得6500万元贷款。

(四)信贷融资的基本特点

总体而言,传统信贷融资呈现出如下特点:

(1)信贷融资发展情况不均,行业及地域均存在较大水平差异。就行业而言,银行业倾向于贷款给具备市场号召力的大型影视公司,中小电影企业很少能获得银行青睐。由于电影行业本身具备高度风险性,为规避风险,银行通常会选择财务状况好、透明度高的大型影视公司或具有市场号召力的著名导演。[①] 就地域而言,各地发展情况存在较大差异。目前,我国只有文化产业发达地区的少数几家银行介入电影业,如北京银行、工行北京分行、深圳发展银行和广东发展银行等。而文化产业欠发达地区则缺乏金融资本与文化创意产业对接的通道。[②]

(2)为减少风险,银行不断开发完善新型模式。在大多数情况下,即便影视公司已经提供了版权质押、票房收益权质押,银行依然会要求影视公司提供复合担保,一旦银行贷款无法收回,银行将依法享有就担保财产优先受偿的权利。除复合担保模式之外,银行还新增打包贷款模式,将一笔贷款同时用于几部影片,当其中一部影片无法完成或市场效益不好时,还可通过其他影片的盈利来弥补损失收回贷款,从而有效防范和分散单片贷款带来的项目风险。

(3)信贷融资起步时间早、发展速度快,但就整体而言较为传统稳妥。银行信贷作为我国电影行业起步较早的一种融资方式,发展速度快、信贷融资方式不断更新,除早期以动产、不动产作抵押贷款之外,又逐步发展出质押贷款融资和信用担保贷款融资。尽管信贷融资在不断完善发展,但就整体而言,其仍属较为传统稳妥的一种融资模式,因此亟待探索新兴的版权质押融资方式以及完片担保的保险融资方式。

三、电影版权质押融资方式

电影版权质押是基于电影产业自有资源的融资方式。我国《电影产业促进法》第40条第1款规定:国家鼓励金融机构为从事电影活动以及改善电影基础设施提供融资服务,依法开展与电影有关的知识产权质押融资业务。

此处着重提及应探索开展“知识产权质押融资”。知识产权质押融资主要指电影版权质押贷款融资,即影视公司在电影拍摄完成前,先行将电影的版权质押给商业银行,银行通过估计电影版权未来可取得的商业价值,进而为影视公司提供一定量的贷款融资。如果影视公司到期无法还本付息,银行可以将质押的电影版权折价或者拍卖、变卖,银行作为质权人对所得价款享有优先受偿的权利。版权包括人身权和财产权,[③]根据我国《物权法》《担保法》的相关规

---

① 参见王伟、吴东兴、徐华:《中国电影业银行贷款难的成因与启示》,载《武汉金融》2013年第6期。

② 同上。

③ 参见我国《著作权法》第10条。

定,人身权不能用于权利质押,只有财产权可设定质权。① 较之于传统的电影融资方式来说,电影版权质押融资是以电影本身的价值进行担保的一种融资方式,对只能依靠电影之外的资产担保融资的传统融资方式来说,一个较大的进步,是盘活电影资产的新型做法。

(一)我国版权质押贷款的现状

2004年由冯小刚导演,章子怡、葛优等出演的电影《夜宴》成为我国电影版权质押贷款的成功首例。随着我国电影市场的繁荣发展,电影版权的含金量不断提高,版权质押贷款逐渐成为电影融资的重要渠道之一(见表1)。

表1 国内电影版权质押贷款融资情况②

电影企业	贷款银行	贷款额度(贷款时间)	担保方式	贷款用途
华谊兄弟	深圳发展银行	5000万元(2004年)	版权质押+中国出口信用保险公司担保+董事长王中军个人无限连带责任保证	《夜宴》
	招商银行	5000万元(2006年)	版权质押、票房受益权质押+董事长王中军和执行总裁王中磊的个人无限连带责任保证+阿里巴巴董事局主席马云的个人名义担保	《集结号》

① 参见我国《物权法》第223条:"债务人或者第三人有权处分的下列权利可以出质:……(五)可以转让的注册商标专用权、专利权、著作权等知识产权中的财产权。"参见我国《担保法》第75条:"下列权利可以质押:……(三)依法可以转让的商标专用权,专利权、著作权中的财产权"。

② 参见王伟、吴东兴、徐华:《中国电影业银行贷款难的成因与启示》,载《武汉金融》2013年第6期;参见邱瑶溪:《我国电影产业融资模式的优化研究》,景德镇陶瓷学院2014年硕士学位论文,第19页。

续表

电影企业	贷款银行	贷款额度（贷款时间）	担保方式	贷款用途
华谊兄弟	工商银行北京分行	1.2亿元（2009年）	版权质押+董事长王中军的个人无限连带责任保证	《风声》《追影》《唐山大地震》《狄仁杰之通天帝国》
保利博纳	工商银行北京分行	5500万元（2009年）	版权质押+总裁于冬的个人无限连带责任保证	《十月围城》《大兵小将》《一路有你》
	北京银行	1亿元（2010年）	版权质押+总裁于冬的个人无限连带责任保证	《龙门飞甲》《抓猴》《美丽人生》《大话射雕英雄》
		5亿元意向性综合授信（2012年）	版权质押+总裁于冬的个人无限连带责任保证	3D《林海雪原》、3D《白发魔女传》等10部电影
北京世纪佳映	北京银行	1000万元（2008年）	版权质押+总经理肖凯的个人无限连带责任保证	《画皮》
光线传媒		2亿元意向性综合授信（2009年）	版权质押+总裁王长田的个人无限连带责任保证+北京首创投保有限责任公司部分担保	未来3年40部电影的制作和发行
北京新画面影业	民生银行	1.5亿元（2010年）	版权质押+总裁张伟平的个人房产抵押	《金陵十三钗》

从表1可以看出随着我国电影市场的繁荣发展,电影版权的含金量不断提升,通过电影版权质押获得的贷款融资规模不断攀高,从最初的几千万元一路攀升至数亿元。同时,银行为分散风险,也创造出许多复合担保模式,除要求影视企业提供版权质押外,还会要求影视企业提供房产等财物抵押或第三方机构提供保证,甚至要求企业实际控制人以个人资产提供无限连带担保责任。

(二)版权质押贷款面临的法律风险

1.完片风险:电影完片的不确定性加大版权质押风险

电影完片的不确定性加大了银行版权质押贷款的风险,集中表现为审查风险与完工风险。

2.审查风险:与西方电影审查机制不同,我国电影项目需经过广电部门的行政审查。尽管我国新出台的《电影产业促进法》在一定程度上简政放权,确立了一般题材电影剧本梗概备案制,但对于重大题材及特殊题材电影,国家并未放松管制,仍需将相关剧本送交电影主管部门审查。[①] 所有影片还需经过电影主管部门审查,获得《电影片公映许可证》才能上映。然而我国的成片审查标准模糊宽泛,仅具有导向性,对于具体的电影而言,标准可操作性并不强。[②] 这就使得电影在拍摄前后面临许多难以预测的风险,若成片无法通过广电部门的审查,那便意味着前期所有投资都面临付诸东流的危险。

3.完工风险:由于电影拍摄时间长、涉及人员众多、过程烦琐,经常面临资金链断裂、主创人员发生变化等重大意外事故而中止拍摄。[③] 如果电影无法按时完工则意味着还款期限的延长和市场机会的错过,必然会给银行资金回收带来风险。

---

① 参见我国《电影产业促进法》第13条:“拟摄制电影的法人、其他组织应当将电影剧本梗概向国务院电影主管部门或者省、自治区、直辖市人民政府电影主管部门备案;其中,涉及重大题材或者国家安全、外交、民族、宗教、军事等方面题材的,应当按照国家有关规定将电影剧本报送审查。”

② 我国《电影产业促进法》第16条:“电影不得含有下列内容:(一)违反宪法确定的基本原则,煽动抗拒或者破坏宪法、法律、行政法规实施;(二)危害国家统一、主权和领土完整,泄露国家秘密,危害国家安全,损害国家尊严、荣誉和利益,宣扬恐怖主义、极端主义;(三)诋毁民族优秀文化传统,煽动民族仇恨、民族歧视,侵害民族风俗习惯,歪曲民族历史或者民族历史人物,伤害民族感情,破坏民族团结;(四)煽动破坏国家宗教政策,宣扬邪教、迷信;(五)危害社会公德,扰乱社会秩序,破坏社会稳定,宣扬淫秽、赌博、吸毒,渲染暴力、恐怖,教唆犯罪或者传授犯罪方法;(六)侵害未成年人合法权益或者损害未成年人身心健康;(七)侮辱、诽谤他人或者散布他人隐私,侵害他人合法权益;(八)法律、行政法规禁止的其他内容。”由此可见,电影审查标准仅为导向性规定,并不具备实操指导性。

③ 参见万幸:《中国电影版权担保融资的现实处境与风险研究》,载《东南传播》2012年第8期。

4. 权属风险:电影版权归属争议影响版权质押的有效性

在实际操作中,我国各地版权登记中心并没有普遍实现数据库联网、信息共享,可能被投机者利用这一法律漏洞,用同一电影版权向多家银行机构申请版权质押融资,作品版权被"一女多嫁"。[①] 此外,电影版权本身就是权利束的集合,含有复制权、发行权、放映权、信息网络传播权等多项财产权利,在版权登记尚未公示的情况下,权利边界不明晰,极有可能发生电影制片方将电影版权的不同权属分别质押、转让给多方的情况。

5. 评估风险:版权价值评估缺乏统一标准,削弱银行风险控制能力

我国现阶段尚无权威的版权评估机构,现有版权评估机构出示的评估结果的客观性与公正性还有待商榷。[②] 再加之我国电影市场的盗版问题,使得版权价值评估更为困难。银行贷款给制片方之时,电影尚未投放市场,银行无法准确评估出电影版权的未来市场价值,直接导致银行无法为每一个电影项目提供符合该版权价值的贷款金额。若银行提供的贷款金额大于电影的版权价值可能导致银行提供的资金面临难以回收的风险。[③]

6. 变现风险:版权变现困难导致版权质押绑定多重担保,造成质权虚置

在银行通常的贷款业务中,若借款人到期无法还本付息,银行可将抵押物、质押物进行折价、拍卖、变卖,银行可就所得价款行使优先受偿权。但对于版权质押贷款,由于我国尚未形成系统化、标准化的版权评估体系与版权交易市场,造成银行在版权变现时遇到诸多障碍。[④] 因此银行在向影视公司贷款时往往要求提供多重担保,造成质权虚置,对影视公司而言过于严苛。

(三)完善版权质押贷款之对策

1. 建立健全完善的担保体系

我国现有的版权质押贷款体系过于依赖影视企业负责人以个人资产提供担保,我国应针对电影市场建立健全专业的第三方担保服务体系,对此可借鉴法国的做法,建立政府信用担保体系。所谓政府信用担保体系是指由政府为影视公司提供担保的信用体系,以政府信用为影视公司的贷款做担保,有利于增

---

① 参见邱瑶溪:《我国电影产业融资模式的优化研究》,景德镇陶瓷学院2014年硕士学位论文,第27页。

② 陈焱:《好莱坞模式:美国电影产业研究》,北京联合出版公司2014年版,第38页。

③ 参见王立武:《影视作品著作权担保融资的法律问题研究》,载《山东社会科学》2010年第8期。

④ 参见万幸:《中国电影版权担保融资的现实处境与风险研究》,载《东南传播》2012年第8期。

强银行贷款的信心,同时这也是电影行业国际通行的做法。例如,法国成立了电影与文化工业融资局(Institute for the Financing of Cinema and the Cutural Industries, IFCIC),专门负责为法国电影提供政府信用担保,仅2010年IFCIC的对外担保额就达到2亿欧元,共有100多部电影从中受益,为法国电影的复兴与繁荣立下了汗马功劳。①

我国可借鉴此种做法,政府可以每年从电影专项资金或财政部拨款的专项信用担保资金为担保资格,为电影公司的版权质押贷款提供信用担保。② 也可利用上述专项资金成立具备国有信用的担保公司,为影视企业与商业银行提供专业的第三方担保服务和跟踪监理服务。有了国有信用作担保,银行可放心将资金贷给影视企业,促进影视项目融资,当电影版权难以变现影视企业无力偿还贷款时,由国有信用担保公司在约定的担保金额范围内代替其向银行偿还资金。

2. 建立版权质押预告登记制度

我国现有质押登记针对的是既定版权,③而电影版权质押贷款基本采用的是期待版权,版权尚未形成,难以进行登记注册。为制止投机者将同一电影版权同时质押给多方的投机行为,应当建立一套完善的版权质押预告登记制度。所谓版权质押预告登记制度是指为了保障银行作为债权人将来取得电影版权的质权,制片方将电影期待版权预告质押给银行,并在著作权质押登记部门进行预告质押登记,待电影作品形成后再进行正式质押登记的一种制度。其目的在于阻止制片方在电影版权形成后对版权的不当处分行为,进而保证银行在版权形成后得以支配版权的交换价值。④

办理电影版权质押预告登记手续之后,将在出质人制片方与预告质押权人银行之间产生如下法律效果:第一,制片方应当按照既定拍摄计划按时完成电影作品,确保电影期待版权能够最终转化为既定版权,实现版权价值。第二,为保护在先的预告质押权人,一份电影作品的期待版权只能设定一次预告质押,制片方不能与第三人就同一电影版权重复设立质押预告登记。第三,版权质押预告登记设立之后,未经预告质押权人同意,制片方擅自处分版权的行为不发

---

① 汪勤:《法国电影融资局忙起来了》,载《中国文化报》2010年11月13日,第3版。

② 向晶:《新媒介语境下的电影营销——以电影〈小时代1〉为例》,载《电影评介》2014年第1期。

③ 我国《物权法》第227条规定:“以注册商标专用权、专利权、著作权等知识产权中的财产权出质的,当事人应当订立书面合同。质权自有关主管部门办理出质登记时设立。”此处的版权“出质登记”针对的是既定版权。

④ 郑万青、熊斌斌:《电影期待版权预告质押制度研究》,载《知识产权》2013年第9期。

生版权变动的效力。第四,电影完工后,版权质押预告登记效力存续期间制片方不得擅自与第三人设定版权质押或发生权利转让,只能与预告质押权人进行正式质押登记或解除预告质押登记。①

通过版权质押预告登记制度以国家机关的名义赋予公证的效力,告知相关利害关系人版权已被质押,参与交易需要谨慎,从而达到控制银行放贷风险的目的。

3. 建立版权评估体系

版权评估体系主要是评估电影版权在市场上的经济价值。在中国电影产业的既有体制之内,电影版权的经济价值主要围绕票房收入展开,并且只有当影片能够通过审核并最终得以公映,电影版权的经济价值才能实现。②

按照张辉峰教授的观点,电影版权经济价值的评估应当围绕现金流进行,即预测与收益相关的指标,目前大体可以将之分为三个方面,即基础指标、市场化调整指标和安全性指标。基础指标是电影版权最核心的评测指标,包含导演、主演、剧本、档期、院线排片、投资水平六大指标。市场化调整指标主要从宣传发行及同期竞争等市场因素考虑,包含营销发行能力、同档期竞争影片、发行窗口多样化程度、衍生产品的可行性四大指标。安全性指标主要涉及投资安全性,从版权持有人自身可靠性的角度切入,包含影片社会资源、制片公司财务状况、发行公司财务状况三大指标。③

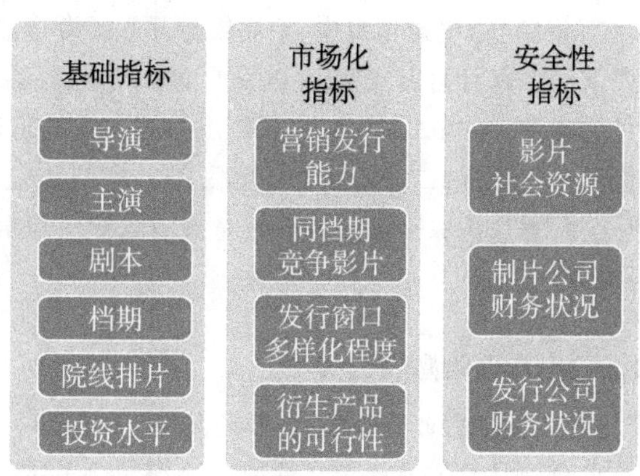

图1 电影版权价值评估体系④

① 参见郑万青、熊斌斌:《电影期待版权预告质押制度研究》,载《知识产权》2013年第9期。

② 参见张辉峰、宋颖颖:《电影版权评估指标体系新探》,载《青年记者》2011年第7期。

③ 同上。

④ 同上。

通过综合考虑上述三大方面、13个指标,可以初步建立我国电影版权的价值评估体系。但在考虑上述指标时,应当注意分清主次,不能完全平均分配,基础指标作为核心指标,在价值考虑时占比应当更重。

4. 健全版权交易市场

健全版权交易市场除依靠民间社会团体力量之外,还需要政府主管部门的通力合作,共同打造具备官方认可性的电影版权交易平台。应当由政府牵头,相关行业专家积极参与,共同制定版权交易的法律法规及行业标准,建立电影版权交易数据库,完善版权交易公示制度。他山之石,可以攻玉。英美等国版权交易市场发展多年,已形成较为完善系统的制度,我国应与国外先进的版权交易平台进行对接,学习借鉴其完善的版权评估制度与交易制度。此外还应充分利用各大电影节的国际交流功能,将电影节开发为海外版权交易的新平台。

5. 引入第三方监理机构

通常情况下,贷款资金使用流向的监督者为银行,但电影行业具备高度专业性,行业外人士难以对电影项目的资金流向进行准确监督,因此引入第三方监理机构具备必要性。第三方监理机构应当对电影行业高度了解,具备电影项目监理经验。监理的范围包括剧组资金流向、使用进度、风险管理等。第三方监理机构应当派人进入剧组,对资金使用情况进行监督,同时接受银行风控部门的指示,定期向银行报备。目前行业内已有影视公司开始第三方监管账户的有益探索,例如,在《集结号》电影项目中,招商银行开立了资金监管账户,以循环报账的方式,要求片方每月给出预算,并以发票的形式报销,结清了上月的账目后,再发放下月的贷款。[①] 域外的完片担保制度与第三方监理机构都立足于降低银行风险、帮助片方融资,二者职能具备重叠之处,第三方监理机构属起步阶段的良好过渡选择,完片担保则是更为高级完善的电影保险融资方式,下文将进行具体分析探讨。

四、完片担保的电影保险融资方式

完片担保是借鉴美国电影业先进经验、兼具保险和担保的一种新型融资方式。我国《电影产业促进法》第40条第2款规定:国家鼓励保险机构依法开发适应电影产业发展需要的保险产品。

目前就整体而言,我国影视产业的保险意识还相对薄弱,许多影视公司为降低成本便不考虑购买保险,并且我国也没有专门针对影视产业提供保险服务

---

① 苏龙飞:《集结号5000万融资图》,载《经理人》2010年第164期。

的公司,只有极少数传统保险公司在影视领域新开展了业务。① 尽管我国电影行业发展态势迅猛,但在快速发展的背后亦潜藏着危机。我国每年生产的600多部电影中有7成未能上映,无法完片成为其中最大的问题,无法完片意味着电影无法实现其市场价值,前期所有投资努力均付诸东流,直接影响银行等投资方的投资信心。美国先进的完片担保制度针对电影无法完片的难题创制了一系列保险措施,其经过60余年发展,依旧显示出蓬勃的生命力,为电影起到保驾护航的重要作用。② 我国电影行业若要长效健康发展、与国际接轨,必然需要完善保险制度,合理引入完片担保制度。

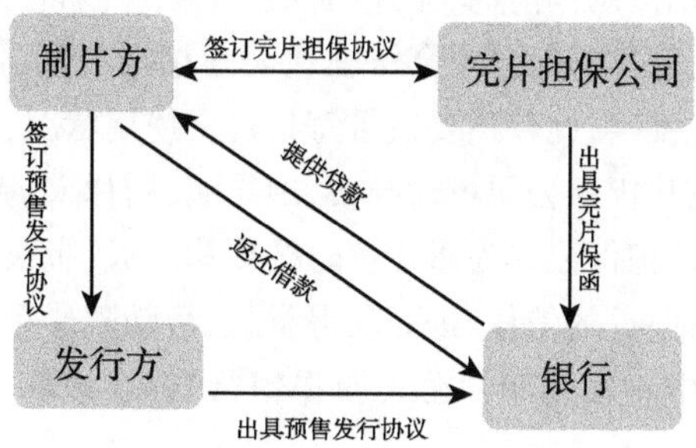

图2　完片担保运作流程

(一)完片担保的基本内涵

电影完片担保制度(Completion Guarantee, Completion Bond)起源于美国,是一种专门针对电影行业的担保制度。完片担保公司向银行保证一部电影能够按照预定时限及预算拍摄完成,并送交发行商,任何拖延或财务超支将由完片担保公司承担责任,从而使银行能够放心地贷款给制片方。

如果影片超支或超期完成,超支部分由完片担保公司支付,银行无须再投入新的资金;如果制片方中途无法完成影片拍摄,完片担保公司需要接手制片环节,重新完成影片拍摄制作;如果电影项目最终夭折,完片担保公司则需对银行进行全额退款。此外,电影制片方还会与电影发行公司签订预售发行协议,只要制片方按照双方商定的技术规格制作影片,并按时完成交付给发行方,发行方便必定会发行这部电影,届时向制片方支付发行款项。有了预售发行协议的资金后盾,加上完片担保公司担保影片将在预算内如期完成,好比给贷出的

① 目前只有中国人民财产保险股份有限公司、中国太平洋财产保险股份有限公司、中国出口信用保险公司三家试点公司开展影视领域相关业务。

② Jeffrey A. Helewitz, Leah K. Edwards, *Entertainment Law*, Thomson Delmar Learning, 2004, p. 151.

资金上了“双保险”,银行便可放心将款项贷给制片方,帮助电影拍摄顺利融资。[①] 经过半个多世纪的发展,“完片担保模式”在英美等影视发达国家已逐步成熟。目前国际著名的完片担保公司有 Film Finances Inc. 、Cinefinance Insurance Services, LLC. 、The Motion Picture Bond Company 等。[②]

完片担保公司在为电影承担担保责任之前,会结合剧本、制作班底既往拍摄成果等因素对该电影项目进行综合评估,成功立项后,由完片担保公司法务部门起草相关法律文件,双方签约,收取相应保费(费率大约在影片总预算的5% ~6%)。完片担保公司具备高度专业性,在影片摄制过程中,会深入参与到决策程序之中。拍摄制作前期,完片担保公司参与制订拍摄计划、确定拍摄人员。拍摄过程中,完片担保公司会派驻代表在拍摄现场,监管整个拍摄制作过程,以防突发状况发生,此外还要监督每日资金使用状况,进行财务监督。甚至在个别情况下,完片担保公司可对导演、副导演、制片人、摄影师、制片会计等进行人员更换。完片担保公司为影片按时按预算完成、版权顺利实现提供了有力保障,有利于赢得银行的信任,进而获得贷款,帮助影片顺利融资。完片担保已成为美国好莱坞中小独立制片公司获得银行贷款、政府补贴等融资的前提条件。[③]

(二)完片担保的益处

完片担保制度在美国电影行业经久不衰,目前仍显示出蓬勃的生命力,自有其长存的价值与裨益。总结起来主要有如下几点:

1. 投资安全性

完片担保,顾名思义,关键在于“保”。完片担保公司在电影融资中充当了一个保证人的角色,由其向投资方银行做出保证。[④] 若电影制片方无法继续拍摄电影、偿还银行资金时,完片担保公司要代为承担责任,偿还银行所有投资金额。“这种风险的承担和普通财产保险的消极承担完全不同,这需要完片担保公司即保险人渗入到整个影片的监制过程。”[⑤]由此加强了银行投资的安全系数,即便银行将钱投给名不见经传的小公司也能旱涝保收。

2. 帮助中小影视公司顺利融资

完片担保最直接的受益者是中小电影制片公司,他们拥有好的创意却囿于

---

① 郭晓芳:《“金融时代”背景下的中国完片担保体制》,载《青年文学家》2013 年第 4 期。

② 吴晓武:《为什么完片担保在中国举步维艰》,载《电影艺术》2011 年第 1 期。

③ Sherri Burr, *Entertainment Law*, Thomson Reuters, 2012, p. 12.

④ John J. Lee Jr, *The Producer's Business Handbook*, Focal Press, 2000, p. 15.

⑤ 朱怿秋、李莉:《浅谈我国电影完片担保的法律实践》,载《学理论》2014 年第 30 期。

资金问题无法拍摄。通过完片担保公司的帮助,中小电影公司能顺利筹得拍摄资金,将好的剧本创意呈现为精彩的电影,同时也为观众带来良好的视觉体验与艺术享受,优秀的小众文艺片便是其中的典型代表。①

3. 高度专业性

美国专业的完片担保公司多方位引进各类人才,各部门分工明确。除吸收专业的电影人才之外还会吸纳具备金融知识的人才。他们不仅具有电影知识素养还具备发掘项目的前瞻性目光。值得一提的是,美国有些完片担保公司的创始人本身就是非常优秀的电影制作人,因此对电影行规谙熟。

4. 保障电影的艺术性与完整性

完片担保制度对于制片人而言具有显著优势:完片担保公司不会干预影片的艺术性、政治性,只是从纯商业的视角评判影片拍摄过程,因此制片人、编剧仍能保留自己的原始创意,保障电影的艺术性。

(三)完片担保在我国适用之法律困境

我国目前尚无专营完片担保业务的独立公司,不能完片,一方面给投资方银行带来重大利益损失,借款无法收回,变成不良资产;另一方面也不利于扶植中小电影制作公司,观众无法与小众的优秀文艺作品见面,加剧电影行业大制作公司垄断的局面,不利于电影产业形成“百花齐放”的文化格局。具体而言,完片担保制度在我国落地面临如下问题:

1. 立法空白

尽管我国刚出台了《电影产业促进法》,但整体而言电影产业相关法律甚少,多以条例等行政法规为主,而关于电影制作的立法更是几乎空白。② 尽管2010年九部委在联合下发的《关于金融支持文化产业振兴和发展繁荣的指导意见》中提到“探索开展”“广播影视产品完片险”,但该指导意见法律位阶较低,且规定较为笼统模糊。③ 制片方在拍摄过程中没有强制性法律法规约束,出于节约成本考虑,很少投各类保险,一旦出现意外事件,缺乏纠纷解决机制、减损机制。因此,目前电影制作行业法律法规亟待完善,需要强有力的手段保证电影制作机制的良好运行。

---

① [美]巴里·利特曼(Barry R. Litman):《大电影产业》(*The Motion Picture Mega-Industry*),尹鸿、刘宏宇、肖洁译,清华大学出版社2005年版,第15页。

② 何圣捷:《中国电影完片保险现状初探》,载《福建论坛》2014年第2期。

③ 郭晓芳:《“金融时代”背景下的中国完片担保体制》,载《青年文学家》2013年第4期。

2. 行业发展限制

目前就整体而言,我国影视产业的保险意识还相对薄弱。就影视制作机构而言,并非所有机构都会购买保险,有些小制作的影视机构,为降低成本就不考虑购买保险,实践中存在大量的不购买保险的情况。就保险业务的范围而言,影视机构目前在人身保险方面的投保意识尚可,但对财产保险则重视程度较低,"除非是出现爆炸等危险性极高的大场面"和在保护性建筑群或著名景点拍摄时,剧组才考虑投保财产安全险。就保险专业机构而言,我国目前并无专门针对影视产业提供保险服务的公司,只有极少数传统保险公司在影视领域新开展了业务,直接导致保险业很难向影视产业提供完善的服务。① 电影基本险与完片保险目前在我国尚处于概念缺失状态,还有待保险行业与电影行业共同合作探索。

3. 电影行政审批限制

笔者在前文中已详述我国电影审查机制与西方不同,电影项目需经过广电部门的行政审查,一般题材的电影剧本需提交电影主管部门梗概备案,而重大题材及特殊题材电影,需将剧本送交审查。此外,所有影片还需经过电影主管部门审查,获得《电影片公映许可证》方可上映。然而我国的成片审查标准模糊宽泛,可操作性并不强。若成片无法通过广电部门的审查,制作方势必需要不断修改、剪辑,从而增加制作成本,不断延长制作期限。而国外没有这样的强制行政审批,因此在创制完片担保制度时自然也未考虑过这样的问题。

4. 制度差异限制

英美国家在电影拍摄过程中是"制片人中心制",由制片人选任导演、演员等主创班底、筹集资金、管控财务,整体把控拍摄流程。而我国是"导演中心制",导演拥有极大话语权,导演的个人名气会影响电影的卖座程度,因此投资方都愿意与大导演合作,小导演缺乏财力支持。② 而完片担保制度开始运行主要依靠制片方的作用,且完片担保公司需要派驻代表在拍摄现场予以监督,必要时甚至可以撤换导演、副导演,这一点无疑与我国目前"导演中心制"相背离,难以想象在摄制过程中第三人一直干涉导演的拍摄权利。

5. 缺乏专业的完片担保公司

完片担保公司需要具备高度的专业性,对电影业、金融业都极度熟悉。国

---

① 张辉峰:《期待版权担保融资模式中投资方的风险及控制分析——以中国电影产业为例》,载《新闻大学》2011年第4期。

② 郭晓芳:《"金融时代"背景下的中国完片担保体制》,载《青年文学家》2013年第4期。

外的完片担保业务已经发展了几十年,积累了丰厚的经验,许多完片担保公司的创始人本身就是非常优秀的电影制作人。完片担保公司需要根据制片人的需求进行审核:剧本、预算、授权文件、拍摄日程、劳务、设备、场地等,堪称事无巨细。而完片担保在我国尚处于起步阶段,各方面经验都非常匮乏,缺乏专业的完片担保公司,只能逐步在摸索中前进。

(四)完善完片担保制度之建议

尽管完片担保制度在我国实践过程中尚面临一些困惑,但由于其给电影产业带来诸多益处,起到行业秩序的规范保障作用,我国官方机构与民间公司均着手引进该制度,逐步探索完片担保的实践之路。

2010年中国人民银行会同中宣部等九部委联合发布了《关于金融支持文化产业振兴和发展繁荣的指导意见》,其中特别提出了"探索开展知识产权侵权险,演艺、会展、动漫、游戏、各类出版物的印刷、复制、发行和广播影视产品完工险、损失险"。此处的"完工险"落实到电影行业就是完片担保制度。尽管指导意见没有对完工险做细致规定,但至少可以看到完片担保制度已被我国部门规章正式承认,具有实践发展的可能性,今后可做进一步细化规定。①

2015年1月全球业务量最大的完片担保公司——美国电影金融公司(Film Finances Inc.)在中国上海开设了分公司。《长城》《卧虎藏龙2》这两部中美合拍片,均与其签订了"完片担保"服务协议。由张艺谋、袁和平这样的大导演领头实践完片担保制度无疑是一个良好的信号,吸引了广大本土电影从业者的注意。此外,目前国内已有文化产业融资担保公司开设完片担保业务,北京国华文创融资担保有限公司以及上海盛万投资有限公司便是其中典型代表。

上述实践活动让我们看到新兴的完片担保电影制度正在中国悄然酝酿,随着行业制度不断透明化、规范化,在国内本土广泛运用完片担保制度指日可待。具体而言,我国可以通过以下措施来发展完片担保制度,从而促进电影产业发展:

1. 完善立法

目前我国电影产业缺乏相关单行法律,导致制片方在拍摄过程中没有强制性法律法规约束,其出于节约成本考虑,很少投各类保险。为了督促制片方积极履行完片义务,避免拍摄过程中出现意外状况,应通过立法的强制手段规范制片方的责任。可以先通过制定条例等行政法规、部门规章的方式试行,初步规范电影制作。在立法中可以借鉴有关国外的成熟经验,例如,英国法规定,所

① 朱怿秋、李莉:《浅谈我国电影完片担保的法律实践》,载《学理论》2014年第30期。

有的制作单位必须投保限额不低于1000万英镑的雇主责任险。为了减少拍摄造成的环境损害赔偿责任,美国法律要求,影视相关制作单位在利用机场等市政设施进行拍摄时,要保500万~1000万美元的责任保险。① 我国在制定影视制作规范条例时,也可以规定影片预算高于一定数额时,必须强制投保,且投保费用不低于总预算一定的百分比。为避免电影摄制过程中对环境造成严重污染损害,可以强制制片方另行投保。在申请电影摄制许可与公映许可时,须向审查部门提交上述保险合同证明,结合我国电影审查制度确保上述制度得以实施。

2. 设立完片险险种

应当完善保险体系,开设完片险险种。如果将保险险种比喻成一座金字塔,一般保险(General Standard Insurance)位于底层,保证最基础的人身意外伤亡、财产损失。电影基本要素保险(Essential Elements Insurance)位于中间,是专门针对电影拍摄创制的一种保险,范围覆盖演员、道具等。而位于顶层的完片保险(Completion Guarantees)则是最顶尖的保险,保证影片在预算内按期完成(见图3)。我国尚未形成由完片担保公司专营完片担保业务的行业定局,可以尝试由保险金融公司下设一个部门专营完片担保业务,配合保险公司的完片险提供一条龙服务。我国保险金融行业多以国有资源作支撑,拥有雄厚的资金实力,较之民营私有的完片担保公司,更易赢得制片方的信任。

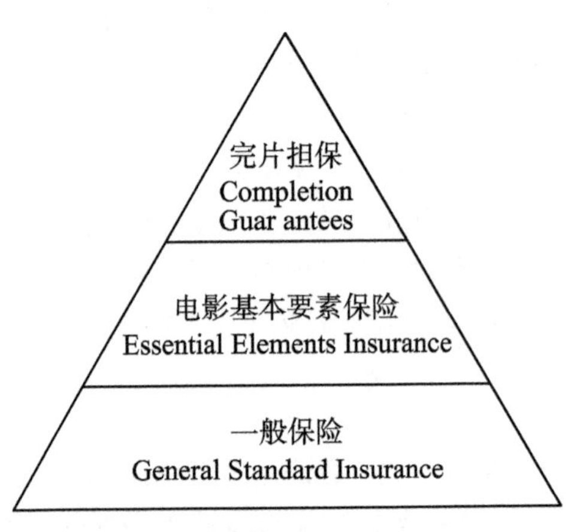

图3 电影保险体系综合解析

3. 设立"融资+完片"双担保模式

完片担保制度在美国运行时银行需要"完片保函"和"预售发行协议"。而

① 何圣捷:《中国电影完片保险现状初探》,载《福建论坛》2014年第2期。

目前我国电影行业在发行时按行规几乎不可能取得预售协议,除了几大制片公司的个别影片能够获得一些"保底"承诺外,一般发行公司都不会对电影进行买断式发行,这对银行而言缺乏资金回笼保证。因此,我国完片担保公司除提供完片担保服务外,还需提供融资担保服务,即充当银行贷款担保中保证人这一角色,这也意味着完片担保公司责任更为重大。完片担保公司可以相应调整自己的策略,加强监管,如在电影第一次题材送审通过之后才介入,以规避"题材风险"。此外,还可以借鉴已有的一些创新做法,例如,规定一旦影片面临流产风险,制片方也要承担相应的工作责任,制片方投入的自有资金完片担保公司不必赔付,只赔付该影片向其他机构融资的资金部分,同时设立IP(知识产权)出现风险流产时的版权转让机制。

4. 完善电影行政审批制度

我国广电部门可建立信用体系,对于按时、按期、按预算公映的影片予以奖励并累计至信用记录,使该制片方在下次申请公映许可时增加通过的可能性。该信用记录将进行数据公开,完片担保公司可以通过数据判断该制片方是否具有良好的信用记录、是否值得合作,在一定程度上降低完片担保公司的风险。①

5. 合资、入股方式设立本国完片担保公司

国外已有许多经验丰富、运作成熟的完片担保公司,本土公司可以通过合资、入股等方式与其共同设立完片担保公司。一方面可以汲取成熟的完片担保经验,另一方面本土公司可以结合我国电影行业制度作出改善调整,发展一条适合中国本土的完片担保道路。

五、结语

电影产业属于科技含量高、附加值高、资源消耗少、环境污染小的文化产业。大力繁荣发展电影产业,对于加强社会主义文化建设、满足人民群众精神文化需求、促进经济社会协调发展,对于扩大中华文化国际竞争力和影响力,增强国家文化软实力具有重要意义。我国《电影产业促进法》的出台势必会为我国蓬勃发展的电影事业起到积极助推作用,帮助中国电影在关键时期迈上一个新的台阶。电影产业要持续繁荣健康发展,必须有多样化的融资渠道保驾护航,提供源源不断的资金保障。传统信贷融资、电影版权质押融资、完片担保保险融资3种融资方式是欧美等电影产业发达国家发展多年探索出来的先进经

---

① 吴晓武:《为什么完片担保在中国举步维艰》,载《电影艺术》2011年第1期。

验和有益成果。值得我国电影产业学习和借鉴,并根据我国实际情况合理探索、不断改良以为我所用。相信中国电影市场有了这些多样化融资渠道的政策支撑,定会更加健康而繁荣。

互联网金融犯罪的性质、特点与罪名分析

傅　瑜*

2018年8月28日第四届互联网安全领袖峰会(CSS2018)"金融安全"论坛在北京召开。来自中国人民银行科技司、中国银行保险监督管理委员会处置非法集资办公室、中国支付清算协会等机构齐聚一堂,共同探讨如何通过科技手段提升风险控制能力,防范化解金融安全风险,为普惠金融发展保驾护航。在该次论坛上,腾讯安全联合实验室联合第一财经发布了《2018上半年互联网金融安全报告》,首次对外披露非法集资平台、金融理财类传销、P2P网贷违约、互联网外汇交易、不正规荐股机构五大金融安全风险及其大数据。结合互联网金融风险专项整治工作领导小组办公室(以下简称互金整治办)、中国人民银行等部门相继出台了监管文件,互联网金融活动将面临怎样的刑事风险,互联网金融从业者又应如何合规开展业务、避免触碰犯罪红线?本文将就此展开讨论。

一、互联网金融犯罪的性质与特点

所谓互联网金融犯罪,是指在互联网金融业务活动中发生各类侵害金融秩序的犯罪行为。究其性质而言,互联网金融犯罪是在互联网通信技术与金融活动出现融合以后,在金融活动运行的新的条件下出现的

---

* 西北政法大学信托法研究中心主任、副教授。

新类型犯罪活动。较传统的金融犯罪而言,互联网金融犯罪不是简单的“互联网+金融犯罪”的叠加概念。因为在互联网条件下,从事金融活动的个人、机构以及受金融活动影响的个人和机构,在行为模式、利益形态乃至思想观念上都出现了很大的变化,而具有否定性质的犯罪行为会针对各种条件和因素无孔不入。

譬如,传统的洗钱犯罪虽然具有隐蔽性,但是银行柜台业务要求洗钱者亲自提供资料,以及资金转账明细清晰可查,都是查找犯罪的蛛丝马迹。但是,在互联网第三方支付平台和P2P网络借贷平台上,洗钱者充分利用网络这个虚拟空间和方便快捷的特点,虚构交易主体和交易内容,使交易过程变得更加快速复杂,洗钱犯罪更难以查找。较传统的洗钱犯罪,后者不仅使手段发生变化,而且网络虚拟空间改变了整个犯罪行为赖以存在的基础,包括互联网提供的交易主体的广泛性、交易种类的多样性、交易财产的虚拟化、交易时间的快捷化,犯罪行为成了各种因素综合作用的产物。

据上,过往总结犯罪现象的习惯做法对于互联网金融领域的犯罪问题并不能简单套用。在性质上,传统金融犯罪是相对单一的犯罪形态,互联网金融犯罪因为依托于互联网空间,已经演化为一种综合性犯罪形态。在保护的法益上,规制传统金融犯罪是为了保护国家金融秩序的安全,而规制互联网金融犯罪是为了保护国家金融秩序的安全和互联网安全。这两方面的利益都是需要保护的,因为互联网安全是金融秩序安全的前提和基础。

多数观点认为,互联网金融的本质仍属于金融,没有改变金融经营风险的本质属性;笔者认为从犯罪的角度来分析,这一观点过于简单化。根据前面的分析,互联网金融犯罪是一种综合性犯罪,而传统金融犯罪相对单一,性质上仍是有差别的。

一般来讲,金融犯罪风险的特点主要是隐蔽性、广泛性。隐蔽性主要是由它的工作流程复杂性决定的,而广泛性决定于它的内在制度的系统性和金融活动受众的不确定性。对于互联网金融犯罪而言,互联网虚拟空间的性质和互联网通信技术的特点,决定了整体上互联网金融犯罪的隐蔽性和广泛性将呈几何式增加。与此同时,互联网所具有的使资源配置去中心化的特征,在理论上无限扩大了一般社会主体参与金融业务经营的可能性。

金融大众化必然带来犯罪行为发生的不确定性和造成影响的系统性。这一点相比较传统金融犯罪而言,更加突出和明显。目前,在互联网金融涉及的银行、证券、保险、信托等领域,无一例外都有一个市场准入门槛的问题,未取得相应经营资质的机构和个人都涉嫌构成非法经营罪。国务院颁布的《非法金融机构和非法金融业务活动取缔办法》对于互联网金融行业的监管将有更大的针对性和适用性。

二、互联网金融犯罪的《刑法》适用

互联网金融犯罪,如果按照主体大致可以分为两类:一类是从事互联网金融经营活动的机构及个人实施的犯罪;另一类是针对互联网金融机构实施的犯罪。前者是犯罪主体,后者是犯罪被害人。如果按照"互联网+"的概念,我国《刑法》分则第三章第四节"破坏金融管理秩序罪"、第五节"金融诈骗罪"、第七节"侵犯知识产权罪"以及第六章第一节的计算机信息系统方面的犯罪,或多或少与互联网金融犯罪相关。在具体刑法条文的适用过程中,有以下要点需要着重加以梳理和分析:

(一)行政资格犯问题

所谓行政资格犯,是指因不具备行政法律法规规定的从业资格而被刑罚处罚的行为。这在互联网金融犯罪中是比较突出的。因为在"互联网+"的条件下,金融从业问题首先需要解决从业资质和门槛问题,这是最为重要的风险屏障之一。

与传统金融犯罪不同的是,由于互联网空间的虚拟性,金融从业者与活动对象之间并非面对面,所以金融经营活动带有更大的隐蔽性和迷惑性。在行政法律法规对各种网上金融服务的底线尚不明确的情况下,各类机构和个人就很容易披着合法面纱从事金融活动。

非金融机构擅自从事互联网贷款、股票投资、期货交易、出售保险产品等服务,就涉嫌构成我国《刑法》第174条的擅自设立金融机构罪;又如未经银行监管部门的批准,擅自开展P2P业务或者众筹业务,就涉嫌构成我国《刑法》第225条的非法经营罪;如果在经营P2P业务和众筹业务中违规吸收并积累公众资金,就涉嫌构成我国《刑法》第176条非法吸收公众存款罪;如果非金融机构未经批准擅自发行股票、公司、企业债券的,就涉嫌构成擅自发行股票、公司、企业债券罪。以上几个罪名在互联网金融犯罪中都具有行政资格犯的意义,在某个具体案件中还可能出现适用上的法条竞合问题,应按从一重罪原则处理。

(二)非法吸收公众存款罪的认定问题

在近年来处理的互联网金融犯罪案件中,以非法集资类案件最为突出。这类案件的定性处理大致结果是:一是不构成犯罪;二是按非法吸收公众存款罪和集资诈骗罪处理。根据最高人民法院《关于审理非法集资刑事案件具体应用若干问题的解释》(以下简称《解释》),非法吸收公众存款或者变相吸收公众存款犯罪的四个构成要件是:未经有关部门依法批准或者借用合法经营的形式吸收资金;通过媒体、推介会、传单、手机短信等途径向社会公开宣传;承诺在一定期限内以货币、实物、股权等方式还本付息或者给付回报;向社会公众即社会不特定对象吸收资金。当前互联网金融业务中,以P2P业务和众筹业务为主要代表的互联网金融商业模式,是否构成犯罪是案件定性遇到的主要问题。笔者认为,其中的关键判断标准是这些互联网金融平台是否形成了自有资金池。

所谓资金池(Cash Pooling),也称现金总库。最早是由跨国公司的财务公司与国际银行联手开发的资金管理模式,以统一调拨集团的全球资金,最大限度地降低集团持有的净头寸。现金池业务主要包括的事项有:成员单位账户余额上划、成员企业日间透支、主动拨付与收款、成员企业之间委托借贷以及成员企业向集团总部的上存、下借分别计息等。而花旗银行对"资金池"的定义是:资金池结构是用于企业间资金管理的自动调拨工具,其主要功能是实现资金的集中控制。

正是由于资金池的建立者对于资金可以集中控制并自动调拨,如果面向公众的互联网金融平台建立了这样的资金池,将会直接干扰甚至破坏正常的银行经营秩序,这是我国《刑法》要关注和规制的对象。自2013年以来,中国人民银行和银监会关于P2P网络借贷设置了一系列红线,其中"不能形成资金池"是不能逾越的红线之一。究其根源,就是P2P平台自己不能碰钱,一旦碰钱就涉嫌构罪。虽然对P2P平台也明确了其信息中介的角色,但事实上无法阻止违规越界者以假冒的名义逃避行业监管,最终对其有效的甄别还是判断是否形成自有资金池,对资金是否集中管理并自动调拨。

如某公司是一家提供银行理财产品的代理购买服务的网上平台,其从事该业务已经获得银行监管部门的批准。该公司承诺客户通过该平台购买理财产品,可以得到高额回报。在经营过程中,客户购买理财产品的资金不直接进入公司账户,而是进入公司委托的第三方银行的账户。这种情况下,按照法定的非法吸收公众存款罪构成要件,虽然该公司向不特定公众承诺高额回报,但是从整个业务操作流程看,客户购买理财产品的资金并没有进入该公司账户,而是进入其委托的第三方银行账户,公司对于客户资金并没有控制和管理的权力,无法通过自主调拨资金进出以获得非法利益,行为并不具有刑事的违法性,而只是一种违反不正当竞争的金融违规操作行为,对客户而言则涉嫌构成民事欺诈。这里,如果假设另外一种情形,客户投入的资金并不是由合法的第三方银行托管,而是进入公司自己的账户或者公司控制的员工个人账户,那么即便是这种情况下公司没有对公众承诺高额回报,同样也涉嫌构成非法吸收公众存款罪。

(三)非法占有目的的认定

在传统金融犯罪的司法认定中,非法占有目的这一主观上故意要素,经常发挥的是去罪化功能,比如贷款诈骗罪和贷款纠纷、信用卡诈骗罪和信用卡纠纷、信用证诈骗罪和信用证纠纷,在这些案件的刑事追究过程中,认定非法占有目的直接关系罪与非罪的问题。

但是,对于互联网金融犯罪而言,非法占有目的的认定更多发生于此罪与彼罪的认定过程中,特别是在非法吸收公众存款罪和集资诈骗罪之间。从现实发生的案例来看,较为突出的 P2P 业务和众筹业务中,涉案金融从业机构负责人员往往在案发后有“携款逃跑”问题,这种情况下行为人极有可能以涉嫌集资诈骗罪被控诉。但是,根据司法实践,行为人获取资金后逃跑的情况,必须建立在这样一个前提条件下,即行为人采取诈骗手段非法获取资金。

在互联网金融业务活动中,行为人不具备资质并不意味着它的融资行为就具有欺诈性,如果仅仅是未经行业主管部门批准,而在融资过程中交易项目是完全真实的,即使案发后有逃跑行为,也不能一概定性为集资诈骗罪。要避免前述非法集资的犯罪风险,只能借助最高人民法院《解释》规定的例外情形,即《解释》第 3 条所规定的,非法吸收或者变相吸收公众存款,主要用于正常的生产经营活动,能够及时清退所吸收资金,可以免予刑事处罚;情节显著轻微的,不作为犯罪处理。从这一条文来看,能够避免受到刑事追究的,只能通过行为人维持偿债能力,达到情节显著轻微的标准,这里难免给人过分强调结果的归罪倾向。

在互联网金融犯罪中,如果我们简单按照这一标准来定性,估计无一例外都会处以集资诈骗罪,因为互联网的虚拟性会加大欺诈嫌疑,但这种认识仍然属于先入为主,关键标准还是要认定互联网金融平台的从业机构和人员是否具有非法占有目的,主要标准是平台是否提供了真实的交易内容和金融服务项目,以及对于不特定的投资者是否具有实际的偿债能力。

三、互联网金融犯罪的罪名分析

2017 年 6 月最高人民检察院发布《关于办理涉互联网金融犯罪案件有关问题座谈会纪要》强调:“对各种类型互联网金融活动,要深入剖析行为实质并据此判断其性质,不能机械地被所谓‘互联网金融创新’表象所迷惑。”

(一)非法集资

实践中,部分网络融资平台以提供信息中介服务为名,实际直接或间接归集资金,甚至自融或变相自融。这种情况下如果同时存在向社会公开宣传、承诺还本付息、向不特定公众吸收资金的情形,则可能涉嫌构成非法吸收公众存款罪(我国《刑法》第176条)。其常见表现形式通常有如下几类:

融资平台与借款人合谋或者明知借款人存在违规情形,仍为其提供吸收公众存款服务;融资平台自身或者与借款人合谋,通过拆分融资项目期限、实行债权转让等方式,变相吸收资金;融资平台将借款需求设计成理财产品出售给投资人,或者先归集资金、再寻找借款对象,使投资人资金进入平台的中间账户以期错配,产生资金池;融资平台未经许可,向社会公众发行销售各类资产管理产品,包括但不限于"定向委托计划""定向融资计划""理财计划""资产管理计划""收益权转让"等。

除非法吸收公众存款行为之外,融资平台还有可能涉及集资诈骗行为(我国《刑法》第192条)。二者在客观上均表现为向社会公众非法募集资金,认定集资诈骗罪的关键在于行为人是否具有非法占有的目的。以非法占有为目的的非法集资,或者在非法集资过程中产生了非法占有他人资金的故意,均可能构成集资诈骗罪。根据最高人民检察院《关于办理涉互联网金融犯罪案件有关问题座谈会纪要》,犯罪嫌疑人存在以下情形之一的,原则上可以认定具有非法占有目的:

大部分资金未用于生产经营活动,或名义上投入生产经营但又通过各种方式抽逃转移资金的;资金使用成本过高,生产经营活动的盈利能力不具有支付全部本息的现实可能性的;对资金使用的决策极度不负责任或肆意挥霍造成资金缺口较大的;归还本息主要通过借新还旧来实现的;其他依照有关司法解释可以认定为非法占有目的的情形。

(二)非法经营

现实中,部分网络平台擅自从事支付结算、传统金融业务发行或代销、信用卡套现等服务,具体形式可能体现为:

未取得支付业务许可经营,为客户非法开立支付账户,提供第三方支付服务。非银行机构从事支付结算业务,应当经中国人民银行批准取得《支付业务许可证》,否则将违反《非法金融机构和非法金融业务活动取缔办法》的有关规定,情节严重的,有可能涉嫌构成非法经营罪(我国《刑法》第225条)。

未取得资产管理业务牌照或资产管理产品代销牌照,依托互联网发行、销售资产管理产品。互金整治办 29 号文[①]以及中国人民银行等四部门“资管新规”[②]一致强调，“资产管理业务作为金融业务，属于特许经营行业，必须纳入金融监管。非金融机构不得发行、销售资产管理产品，国家另有规定的除外”。据此，依托互联网销售资产管理产品，须取得中央金融管理部门颁发的资产管理业务牌照或资产管理产品代销牌照。否则，笔者理解，不排除根据我国《刑法》第 225 条第 3 项或第 4 项将此类行为认定为非法经营罪的可能性。（当然，如果同时存在向社会公开宣传、承诺还本付息、向不特定公众吸收资金的情形，则可能涉及非法集资类犯罪）

部分信用卡代还平台刷取客户信用卡，收取手续费后将刷卡金返还用户。笔者理解，此类行为与最高人民法院和最高人民检察院《关于办理妨害信用卡管理刑事案件具体应用法律若干问题的解释》第 7 条规定的 POS 机刷卡套现行为[③]存在一定的同质性，以该种手段向信用卡持卡人直接支付现金，情节严重的，亦不排除被认定为非法经营罪的可能性。

（三）背信运用受托财产

对于涉及资管产品业务的互联网平台，即便取得相应金融牌照，也不等于万事大吉。笔者理解，中国人民银行等四部门发布的“资管新规”彻底落实后，对于挪用托管资金、多层嵌套等违规违法行为，“背信运用受托财产罪”（我国《刑法》第 185 条之 1）[④]在司法实践中可能存在进一步适用的空间：

其一，持金融牌照的互联网平台如果在资管业务活动中擅自将托管资金挪用、拆借，或者借助平台自身便利与托管资金与关联方进行不正当交易、利益输送等行为，将有可能被认定为“违背受托义务，擅自运用客户资金或者其他委

---

① 国家互联网金融风险专项整治工作领导小组办公室 2018 年 3 月 28 日发布的《关于加大通过互联网开展资产管理业务整治力度及开展验收工作的通知》（整治办函〔2018〕29 号）。

② 中国人民银行、中国银行保险监督管理委员会、中国证券监督管理委员会、国家外汇管理局 2018 年 4 月 28 日发布的《关于规范金融机构资产管理业务的指导意见》（银发〔2018〕106 号）。

③ 《关于办理妨害信用卡管理刑事案件具体应用法律若干问题的解释》第 7 条：违反国家规定，使用销售点终端机具（POS 机）等方法，以虚构交易、虚开价格、现金退货等方式向信用卡持卡人直接支付现金，情节严重的，应当依据刑法第二百二十五条的规定，以非法经营罪定罪处罚。

④ 我国《刑法》第 185 条第 1 款：商业银行、证券交易所、期货交易所、证券公司、期货经纪公司、保险公司或者其他金融机构，违背受托义务，擅自运用客户资金或者其他委托、信托的财产，情节严重的，对单位判处罚金，并对其直接负责的主管人员和其他直接责任人员，处三年以下有期徒刑或者拘役，并处三万元以上三十万元以下罚金；情节特别严重的，处三年以上十年以下有期徒刑，并处五万元以上五十万元以下罚金。第 2 款：社会保障基金管理机构、住房公积金管理机构等公众资金管理机构，以及保险公司、保险资产管理公司、证券投资基金管理公司，违反国家规定运用资金的，对其直接负责的主管人员和其他直接责任人员，依照前款的规定处罚。

托、信托的财产”,进而存在构成本罪的风险。

其二,根据“资管新规”的规定,资管产品可以再投资一层资管产品,但所投资的资管产品不得再投资公募基金以外的资管产品。据此初步分析,属于保险公司类、保险资管公司类或基金公司类的互联网平台,将自身资管产品投资于其他机构的资管产品,或者以自身资管产品接受其他机构资管产品的投资后,如果再投资公募基金以外的资管产品,则不排除被认定为“违反国家规定运用资金”(我国《刑法》第185条第1款、第2款),进而构成本罪的可能性。

(四)非法传销

一些网络平台以普惠金融的名义,通过消费返利、股权激励、资金盘、投资分红等形式发展会员,引诱社会人员在其平台参与违法传销活动,例如,借助网络购物的形式,以“消费返利”“动态收益”为诱饵,要求会员(加盟商)缴纳入门费并“拉人头”发展人员加入,并靠发展下线获取提成;借助产品直销名义,以各种资本项目运作、投资返利分红、股票或者期权等为载体,以资金盘的形式运营,以发展人员的数量作为计酬或者返利依据,引诱相关人员参与并发展下线。

如果相关活动组织者将参加人员按照一定顺序组成层级,直接或者间接以发展人员的数量作为计酬或者返利依据,引诱、胁迫参加者继续发展他人参加,则可能涉嫌构成组织、领导传销活动罪(我国《刑法》第224条第1项)。

(五)洗钱

互联网支付日益成为现代生活不可或缺的行为方式。其高效率、全天候、身份识别手续简易等特点大大提高了交易便捷性,同时其也因数据量庞大、账户注册资料审核存在一定漏洞等因素给司法机关的追查取证带来一定难度。这些特点也恰恰被资金掮客所看中,如果第三方支付平台、网游平台、电商平台不加注意,则容易被犯罪分子利用而沦为其洗钱工具。实践中,交易者从事洗钱活动的形式可能表现为:

通过第三方支付平台,将资金在银行账户和第三方支付平台之间多次转账切换(通常利用多个银行账户或第三方支付账户);通过网络店铺,利用虚构交易等方式,将其他资金转换为经营收入,或者与经营收入相混合;通过网络游戏平台(甚至部分为非法赌博游戏),使用资金在线购买游戏点数、道具等物品后转卖套现等。

倘若有证据证明网络平台经营者知道转入资金可能系犯罪所得及其收益,仍然有意帮助或者放纵,为他人提供资金账户,或者通过转账等结算方式协助资金转移,甚至协助将资金汇往境外,则平台自身可能涉嫌构成洗钱罪(我国

《刑法》第191条)或掩饰隐瞒犯罪所得、犯罪所得收益罪(我国《刑法》第312条)。

"互联网金融的本质仍然是金融,其潜在的风险与传统金融没有区别,甚至还可能因互联网的作用而被放大。"[①]在"穿透式监管"的透视下,当前各类违法违规活动大部分仍可视为传统违规行为的网络化。

在此背景下,经营者应认真排查现有业务中可能涉及的法律风险,及时采取应对措施。例如,网贷平台应始终坚持中介身份,投资人资金由第三方机构托管,避免形成资金池。再如,各类平台如果希望从事或维持资管类业务,应先取得相应的业务牌照或代销牌照,否则应及时清理存量业务;倘若只是将资管业务剥离、分立为不同实体的平台,仍然有可能被监管方视为原有平台的组成部分,因而难以成为有效的合规措施。

总而言之,互联网金融从业者应保持对国家政策法规的敏感度,把握金融创新和金融违法犯罪的界限,用"合规"为"经营"保驾护航。

① 2017年6月2日最高人民检察院《关于办理涉互联网金融犯罪案件有关问题座谈会纪要》(高检诉〔2017〕14号)。

我国纳税人税务信息保护存在问题与完善思考

魏明英*

21世纪是信息化的时代,信息传播速度的加快,信息泄露的风险也随之增加。纳税人的税务信息如果泄露和滥用,会给纳税人权利造成威胁与损害,因此迫切需要加强对纳税人权利的重视,加强对纳税人税务信息的保护。

纳税人税务信息是指纳税人涉及税收方面各种信息总和。即纳税人在缴纳税款的过程中,自身主动提供给征税机关和第三方,或者税务机关和第三方强制掌握的有关纳税人身份、财产、经营状态等信息。纳税人税务信息保护是指依据法律、法规的规定,在税务机关税收征收、管理、检查、公开的过程中,纳税人可以依法要求税务机关做出某种行为或抑制某种行为来保障和尊重纳税人权利,以及上述合法权益受到侵害时,纳税人有权获得救助与补偿①。但我国现行纳税人税务信息保护存在纳税人税务信息保护法律体系不完善、税务机关违反保密义务的法律责任较轻、纳税人税务信息保护救济乏力等问题,有必要改革完善。

---

* 西北政法大学副教授。

① 陈品:《纳税人权益保护》,载《安徽省国家税务纳税服务处》2012年第10期。

一、纳税人税务信息保护法律体系存在的问题与完善思考

(一)纳税人税务信息保护税收基本法空缺且法律层次较低

目前,我国纳税人税务信息保护的法律法规主要有全国大会常委会颁布的《税收征收管理法》、国务院颁布的《税收征收管理法实施细则》、国家税务总局的《纳税人涉税保密信息暂行办法》和《关于纳税人权利和义务的公告》;此外还有国家税务总局《关于加强年所得12万元以上个人自行纳税申报信息保密管理的通知》等零散规定也对纳税人信息保护做出了简要说明。这些规范为我国纳税人税务信息保护提供了有力的保障,但也存在很多不足。

这些法律位阶层次偏低,纳税人税务信息保护法律体系的执行力和保障范围有一定的缺陷。例如,《税收征收管理法》对纳税人税务信息保护只是进行原则性规定,缺乏实际可操作性;我国《纳税人涉税保密暂行办法》作为税务信息保护的制度性规章在税务信息的获取以及信息披露规则的设计上也只是做了粗略设计,可操作性不强;而《关于纳税人权利和义务的公告》虽将纳税人信息隐私权确认为一项独立的权利,但它只具有"宣示"意义,执行力仍有待加强。而且,这些规范性文件大多是行政机关制定的,也就意味着行政机关既当裁判员又当运动员,极有可能导致纳税人的税务信息得不到有效的保障。①

我国目前涉及对纳税人税务信息保护的法律只有《税收征收管理法》这部程序法,缺少基本法。这种起主导和统领作用法律的缺失会使得相关法律规范之间缺乏关联性和系统性。如《税收征收管理法》对纳税人税务信息保护的规定很笼统,《权利义务公告》和《涉税保密暂行办法》的规定只关注于某些方面,极其片面;由于纳税人税务信息保护的法律规定不完善,纳税人在行使自己税务信息权利时难以选择,遭受到的损失很难得到救济。

(二)完善纳税人税务信息保护的法律体系

1. 提高税务信息保护法律层级。目前,我国税法体系法律偏少,行政法规及规章、规范性文件大量存在。要提升税务信息保护规范层级,就应对税收行政法规、规章和其他规范性文件进行全面的清理,废止与法律规定相左的税收规范性法律文件;还要对税收授权立法加以严格的限制,减少授权的数量。即严格贯彻授权明确性原则,禁止一般性和概括性授权,只能一事一授权,不得类推,不得转授;加强立法机关对授权立法的监督,对税收行政法规实行批准生效制度,以增强税法的稳定和权威,推进税法体系的统一协调,保障法律体系的科

---

① 张怡、王婷婷:《中美纳税人信息隐私权保护制度的比较及借鉴》,载《国际税收》2014年第5期。

学、合理。

2. 制定税收基本法。税收基本法对规范税收权利、保障纳税人利益,实现良法之治具有长远的意义。为完善纳税人税务信息的保护体系,应加速制定税收基本法,在该法中确认税收是一种债权债务关系。税收债权债务关系说的基本理论就是国家作为税收法律关系的一方与纳税人是对等的,应该将纳税人与税务机关在法律上平等地对待,重视对纳税人权利的救济。在税收基本法中设“纳税人权利与义务”一章,以专章的形式规定纳税人权利的内容。如将《权利义务公告》中纳税人的14项权利在基本法里明确规定,以便突出纳税人权利的重要地位。并赋予纳税人新的权利,如在税收立法阶段赋予纳税人纳税立法参与权,在税收使用阶段赋予纳税人用税监督权,这样可以更好地维护纳税人的权利。

二、税务机关违反保密义务法律责任存在的问题与完善思考

(一)税务机关违反保密义务的法律责任较轻

根据我国《税收征收管理法》第87条[①]对行政机关违反保密义务法律责任的规定,可以看出,目前我国税务机关因违反纳税人税务信息保密义务所承担的法律责任较轻,仅仅是所在单位或者有关单位依法给予行政处分,其他的处罚规定只字没提。从当前社会的发展来看,纳税人税务信息要么涉及商业机密、要么涉及个人隐私,一旦泄露,对纳税人会造成较大的经济损失、对社会造成严重的不良影响。依据我国《税收征收管理法》第87条的规定,可以对纳税人税务信息的主管人员和其他直接责任人员处以行政处分,但这样的行政处分仅仅是对主管人员和其他直接责任人员达到一定的惩罚效果,对纳税人税务信息泄露给纳税人造成的财产损失、人身损失,却无法得到法律的救济和补偿。相比于国外纳税人税务信息保护制度而言,许多国家都为纳税人税务信息保护构建起了一套成熟的司法救济程序,其中涉及民事赔偿、行政复议和刑事处罚,根据损害后果的不同来明确税务机关的法律责任并提供不同的法律救济程序,例如,主管人员和其他直接责任人员承担相应的民事赔偿责任;对造成巨大经济损失、后果极其严重的,要考虑由主管人员和其他直接责任人员承担相应的刑事责任。借此加重税务机关违反纳税人税务信息保护义务的法律责任。

---

① 参见我国《税收征收管理法》第87条:“未按照本法规定为纳税人、扣缴义务人、检举人保密的,对直接负责的主管人员和其他直接责任人员,由所在单位或者有关单位依法给予行政处分。”

（二）加强税务机关的法律责任

目前，我国《税收征收管理法》对未履行保密义务的税务机关的直接负责人员规定的仅仅是行政处分，且该处分也是由侵权人工作单位或其他有权机关做出，随意性很大，对违反纳税人税务信息保护行为无法产生足够的惩处和威慑作用；同时，这种处分属于行政单位内部行政行为，对其处罚得当与否，作为相对人的纳税人也没有提出异议或诉讼的权利。[①] 而且，只有情节轻微、社会危害性不大的行为才适用行政处分。换言之，如果税务机关人员故意泄露纳税人税务信息，给纳税人的人身或财产造成严重损害的、社会危害性较大的，行政处分便太过轻微。

因此，我们有必要对违法责任形式做出具体规定，设置具体的处罚制度、处罚措施、处罚金额。除对税务机关违法责任人员处以行政处分之外，对于税务机关工作人员故意利用税务信息严重侵害纳税人合法权益的行为，还应增设民事责任、刑事责任以加深处罚程度。行政责任、民事责任、刑事责任并行的局面，既可以对税务机关及其工作人员起到威慑的作用，实现对纳税人权利的保护，也使我国《税收征收管理法》与我国《刑法》及《民法》衔接起来，实现法律制度的融合与贯通。针对过失损害纳税人税务信息的行为，情节轻微、社会危害性不大的，可以由违法人员所在单位对其处以内部行政处分；针对过失损害或故意利用纳税人税务信息的行为，造成了一定的经济损失和一定程度的社会危害，除行政处分外，还应对违法人员提起民事诉讼，通过民事损害赔偿的方式，来赔偿纳税人的经济利益损失；针对故意损害以及违法人员故意将纳税人的税务信息向第三人或其他人员传播为自己谋取不正当利益的，给社会造成严重的危害、给纳税人造成严重的经济损失甚至人身损害的，应当对相关的税务机关相关人员处以刑事责任。

三、纳税人税务信息保护范围规定存在的问题与完善思考

（一）纳税人税务信息保护范围较窄

我国《税收征收管理法》《税收征收管理法实施细则》规定了纳税人税务信息保护的范围。根据我国《税收征收管理法实施细则》第5条[②]规定，我国将纳

---

① 李建人：《税务公开语境下的纳税人信息保护》，载《南开学报》（哲学社会科学版）2014年第4期。

② 参见我国《税收征收管理法实施细则》第5条："税收征管法第八条所称为纳税人、扣缴义务人保密的情况，是指纳税人、扣缴义务人的商业秘密及个人隐私。纳税人、扣缴义务人的税收违法行为不属于保密范围。"

税人税务信息保护范围主要限定于商业秘密和个人隐私这两方面。我国《涉税保密暂行办法》第2条[①]和2011年税务总局发布的《〈纳税人权利与义务公告〉解读》中,进一步细化个人隐私和商业秘密的范围。纳税人税务信息保护范围主要包括纳税人的个人隐私和商业秘密和纳税人、投资人和经营者不愿公开的个人事项;同时,《涉税保密暂行办法》第2条规定纳税人税务信息保护的商业秘密和个人隐私,包括纳税人的技术信息、经营信息,纳税人的税收违法行为信息不属于保密信息范围。但上述技术信息和经营信息还必须属于纳税人的商业秘密或个人隐私范围内。这样的规定无疑缩小了纳税人税务信息的保护范围,将不属于纳税人的个人隐私和商业秘密的信息排除在税务机关的保护义务之外。但实践之中,仍存在一些信息不被税务机关保护,但却能够经推算而获取纳税人其他的经济利益信息。例如,某地税局公开某公司的"缴纳税费记录"和"收缴凭证"等信息,表面上来看不属于保密义务的涉及范围,但通过应纳税额的计算公式可以推算出纳税人收入、成本、盈利等经营状况和经营信息等。

由于纳税人税务信息保护范围过于狭窄,使得纳税人之外第三方主体的税务信息不在保护范围之内,这样会导致税务机关在收集纳税人的税务信息,无意间获取了第三方的个人信息,这些信息则不受纳税人税务信息保护的约束,即使是把涉及第三方的个人隐私或商业秘密泄露了,导致了第三方的经济损失,也没有相应的法律能够进行追责和管理,这显然与纳税人税务信息保护立法的初衷相违背。[②]

(二)明晰纳税人税务信息保护的客体范围

税务机关掌握大量的纳税人税务信息,但并不是所有的纳税人信息都有保护的价值和必要。在我国现行的法律法规中明确规定的主要就是纳税人的商业秘密和个人隐私,很明显将纳税人税务信息保护的客体范围限定于这两类太过狭窄;概括来说,商业秘密主要是指纳税人经营信息和技术信息,个人隐私主要是指纳税人不愿公开的个人合法信息及相关个人隐私,但在实际税务活动中,除上述两类外,还有很多私人数据、财产流向、经营状况等信息也密切关系

---

① 参见我国《纳税人涉税保密信息暂行办法》第2条:"本办法所称纳税人涉税保密信息,是指税务机关在税收征收管理工作中依法制作或者采集的,以一定形式记录、保存的涉及纳税人商业秘密和个人隐私的信息。主要包括纳税人的技术信息、经营信息和纳税人、主要投资人以及经营者不愿公开的个人事项。"

② 徐珊、黄明俊:《共享第三方涉税信息破解税收征管信息不对称难题》,载《江西理工大学学报》2011年第6期。

着纳税人的利益。如“缴纳税费记录”和“收缴凭证”等内容,单独看这些信息本身并不具有直接的、显而易见的价值,但是这些信息一旦被他人所掌握或利用,间接地推算纳税人的商业秘密等纳税人信息,就有可能影响纳税人的正常生产经营,降低市场竞争力,导致资产价值下降等。这些信息目前并不在纳税人税务信息保护的客体范围之内。因此,纳税人税务信息保护的客体范围必须进行扩大化和具体化,可以创立一个“纳税人税务信息目录册”,从积极方面和消极方面两个部分对纳税人税务信息保护范围进行界定:从积极方面上,它需要规定纳税人税务信息保护的对象,进行概括式规定和分类式枚举,以促进对纳税人税务信息的保护;而从消极方面上,它又规定了纳税人税务信息的非保护范围,让税务机关的收集、保护工作更具针对性,从而提高税务机关的工作效率,并且这些信息要随着社会的不断发展而不断修改完善。

纳税人税务信息保护的客体范围也不能再局限于纳税人,还应当对与税收存在利害关系的第三人信息予以保护。例如,研究机构、专业律师或金融机构等基于学术探讨、专业分析等目的对纳税人的税务信息进行的收集、统计、研究,倘若无意取得了第三方的商业信息,甚至泄露了涉及第三方的个人隐私或商业秘密,也没有法律能够追责并惩罚,显然我们需要把这类信息纳入纳税人税务信息保护范围之内。

综上,结合目前我国法律对于纳税人税务信息保护范围的规定和学术界对于纳税人税务信息保护范围的探究,笔者粗略认为纳税人税务信息保护的客体范围包含:“1. 纳税人的基本身份信息,如姓名、身份证类型及号码、境内有效联系地址及邮编、联系电话、任职单位等;2. 纳税人的财产状况,如纳税人的收入、所得、开支、资产净值等;3. 纳税人的营业状况,如纳税人的贸易、经营、工业、商业、专业秘密或贸易过程等信息;4. 纳税人履行纳税义务的状况;5. 纳税人不愿公开的其他个人事项。”①

四、纳税人税务信息保护救济存在的问题与完善思考

(一)纳税人税务信息保护救济乏力

由于我国《税收征收管理法》缺乏对纳税人信息权进行规范,因此纳税人的税务信息权仅仅在理论上得以存在,而在具体的制度上并没有规定,这是一项尚不法定的“权利”,因此想通过法律救济本身就很吃力。

---

① 汤洁茵、胡静:《税务机关保密义务与纳税人的隐私权保护》,载《涉外税务》2012 年第 11 期。

其他法律规范也没有对纳税人税务信息遭到侵害时的救济问题进行细化,而是零零散散地对税务机关及其工作人员对纳税人信息保护的义务与责任进行了规定。如我国《涉税保密暂行办法》在责任追究中就强调:要加强各级税务机关的保密意识教育,提高税务人员的保密意识;各单位都要加强各种措施以防泄密、失密,即单方面要求税务机关及其工作人员提高保密意识,防止纳税人税务信息泄密或失密。这种仅从纳税机关的义务和责任层面,而不是从纳税人权利角度来保护纳税人信息,纳税人也就缺乏因权利受到损害而采取相应的救济措施。从应然的角度来看,纳税人税务信息保护是纳税人应该享有的一项权利,也是税务机关及其工作人员负担的一项义务,如果纳税人税务信息泄密和失密,则纳税人应该可以通过权利救济的途径要求消除损害、赔偿损失并且防止损害的扩大化,但是这一基本的权利救济在现行的法律、法规以及部门规章中都无法得到反映,可以认为纳税人税务信息保护的权利救济在当前的法律体系中处于空缺状态。

(二)建立健全纳税人税务信息保护的司法救济机制

1. 建立纳税人公益诉讼制度。一旦纳税人税务信息泄露,不仅会给纳税人造成经济损失、人身损害,而且我国整个社会的信息安全遭到威胁,可能造成社会的恐慌和混乱。基于纳税人人数众多,每个人因为其权利遭到侵害而提起诉讼是不现实的。所以我们应该设立纳税人公益诉讼制度,并且规定由和税务行政机关相抗衡的纳税人协会作为原告,代表遭到侵害的纳税人提起公益诉讼,因此,一方面可以维护纳税人的税务信息权利,另一方面可以维护我国的信息安全。

2. 设立专门性税务司法机构。司法机关独立行使职权,原则强调法院的整体独立性①。在处理税务案件时,审判人员不可避免会涉及专业性很强的领域,如税法的基本原则、税务报表、数据分析、数据计算等方面;要想让税务案件得到快速妥当的处理,就要求审判人员掌握很专业的法律税务方面的综合知识,以保证税务案件的专业化处理。我们可以借鉴西方国家的经验:设立专门性税务司法机构,以便促进税法的准确适用和税务疑难案件的解决。当然为了更进一步的适应趋势,税务法院可以不按照行政区域来设定,在党的十八届四中全会就提出了可以设置跨区域的法院与检察院。目的就是让跨区域的税务

① 陈卫东:《司法机关依法独立行使职权研究》,载《中国法学》2014年第2期。

法院目标回归到依法独立公正审判①。这便于减少不利因素对审判工作的破坏,以保证正确实施法律。设置跨区域的专门性税务司法机构、加强审判人员的专业税务知识学习,一方面可以顺应涉税案件专业性的要求,另一方面也可保障税收司法的独立地位。

3. 建立高效的纳税人投诉机制。把纳税服务热线、税务网站和公共媒体有机地结合起来,建立受理纳税人诉求、分析纳税人诉求、解决纳税人诉求、反馈纳税人诉求机制、拓宽维权服务空间、保障纳税人合法权益。一是建立健全纳税人投诉受理机制。畅通多种纳税服务投诉渠道,充分利用办税厅、互联网、QQ 服务群、微信公众号等多种渠道公开办税流程,做到阳光办税、公开办税,严防各种涉税争议,健全投诉处理机制,为纳税人提供全方位的权益保护服务。二是强化纳税人投诉反馈机制。对纳税人投诉事项要逐笔登记、逐项核实、妥善处理、记录完整流程;建立专项台账,对于在处理中发现的税务人员违规事项严格按相关规定予以追责。

五、结语

纳税人税务信息保护是税收征收管理法律领域中的非常重要的一个区域,尤其是在今天的信息化时代里,纳税人税务信息保护愈加的重要。随着我国税收法治理念的不断改变,纳税人不再是只承担缴税义务,扮演"义务人"的角色;随着纳税人权利观念的建立,我们更要强调纳税人的权利,纳税人也更多地扮演"权利主体"的角色。因此,我们需要更好地保护纳税人所享有的各项权利,从立法上、行政上、司法上完善对纳税人税务信息权利的保护;这是时代的进步,是人民的要求,是社会发展交给我们的重要任务。只有在法律制度的层面规定纳税人税务信息权利的地位以及内容,还有权利的救济手段,才能在根本上,对纳税人"权利人"的地位进行保障。

① 郭建男:《独立而公正:行政案件跨区域审理改革的价值追求与制度设计》,载《法律适用》2015 年第 8 期。

跨国集团企业人民币资金池法益设计

杨为乔*

在人民币国际化背景下,对跨国公司人民币资金实行集中管理运用在经济利益角度考虑,或许是一种“双赢”的选择。但正是这种“双赢”的制度安排,却蕴含着法律上的某些潜在风险:一方面,虽然可以提高跨国公司资金利用效率,减少资金运行的管理成本;另一方面,则平添了更多的监管环节,增加了监管成本。更为要害的是,这一做法实质上存在监管机关替代市场主体作出某种市场判断的风险。诸多干预和监管措施交织在一起,不仅与人民币国际化的本质——“货币资金市场化配置”背道而驰,而且在一定程度上加剧了市场原力与政府公权力之间的又一轮冲突与博弈。

一、问题的提出

目前,推动人民币国际化的主要力量包括两个方面:一是市场规律的作用,即随着中国宏观经济体量的不断增加,与世界经济的融合度不断提升,人民币的国际化存在客观的市场需求,当然,目前这种需求具有地域性特点,即主要集中在中国周边国家以及缺乏美元储备的少数发展中国家;二是中国政府近年来的大力推动,尤其是随着“一带一路”倡议的推进,中国政府似乎正沿着“一带一路”沿线国家逐步推进人民币的国际化。形成这种态势的原因是多方面的,但基本上与美

---

* 西北政法大学经济法学院副教授、硕士研究生导师。

元、欧元、日元等发达国家货币不愿与中国分享货币国际化流通利益密切相关。谁也不愿意将自己手中的国际货币话语权，以及与之相关的多重利益拱手相让于中国。

正是在这样的背景下，中国人民银行推出了跨国公司人民币资金池业务，作为助力人民币国际化的重要举措。跨国公司人民币资金池运作管理中的重点问题包括两个方面：第一，人民币国际化的背景对跨国公司资金池管理运作的影响？当然主要是指制度层面的影响；第二，跨国公司人民币资金池本身运作管理中的法律问题，主要是适法行为判断和风险防范问题。显然，这两方面的问题既属于两个不同范畴，但同时也有着紧密的相连关系。而链接这两个层面的，就是所谓的“法益”设计选择问题。

“法益”这一概念在学界存有不同理解，但基本上都认可德国《民法》上的大致概括：即“法益”是指由法律所保护的某种利益或者价值，这些利益或者价值并不直接表现为民事或者商事权利，或者可以看作是生成中的、潜在的应当由法律所保护的某种利益。一般认为，“法益”的外延大于“权利”。国内学者通常将“法益”区分为“广义的法益”和“狭义的法益”，前者泛指一切受法律保护的利益；而后者则仅指权利之外而为法律所保护的利益，是一个与权利相平行的对应概念，二者之间并不交叉融合，可以看作一种没有权利名分的权利。当然，也有学者对于这种传统的分类方式提出了质疑，认为仅有“一部分重要且具备逻辑可能性的法益作相同的类型化处理，主要以规则加以保护，这部分法益就是权利；权利之外的法益，则主要通过解释原则对之加以保护”，简言之“权利是类型化的法益”。① 本文中使用“法益”一词，并未刻意区分广义或者狭义法益的差异，而仅仅试图用这一概念来描绘人民币国际化的过程，无时不在的某种利益选择态势：一种建立在本国货币主权基础上的，因货币发行、流通而带来的为本国法律所保护的一种利益存在。显然，这种“法益”的价值不仅存在于占有使用人民币的自然人、公司企业等市场主体，更在于可以发行人民币、调控人民币货币供应量的中国人民银行，乃至其背后的中国政府。

根据中国人民银行发布的《2017 人民币国际化报告》显示，我国跨境双向人民币资金池业务截至 2016 年年末，全国共设立跨境双向人民币资金池 1716 个。其中，1052 个资金池发生了资金跨境收付，收款总额为 8766.6 亿元，付款总额为 8758.9 亿元，净流入 7.7 亿元。② 可见，发生资金跨境收付的资金池占

---

① 孙山：《寻找被遗忘的法益》，载《法律科学》（西北政法大学学报）2011 年第 1 期。

② 参见中国人民银行《2017 人民币国际化报告》，第 7 页。

比约为61.3%;这说明跨国企业集团对人民币跨境资金池的利用率相对较高,资金池相对活跃;同时,对比收付款额发现:收付款基本持平,其中收款总额略高于付款总额,仅相差7.7亿元(净流入)。这一现象基本体现了我国设立资金池制度的最初目的,反映出在资本项目项下人民币国际化的进一步推进和发展;但同时,也需要清醒地认识到,这一完美均衡的出现并不完全是人民币市场规律作用的结果,实际上是在宏观调控以及监管当局的严密审慎监管下实现的,反映出较强的政策导向性。

二、跨国企业集团人民币资金池运作的基本制度架构

(一)背景

资金池(Cash Pool)是跨国公司进行资金集中管理的重要方式之一。其中包括实体资金池(Physical Sweeping Cash Pool)和虚拟资金池。鉴于风险管控的政策考量,我国监管当局曾严格限制实体资金池的资金归集与资金管理行为,即只可进行境内资金归集,而无法将境内资金运用于境外资金管理。

在我国,曾经严格限制资金的跨境流动,只有经常项目项下的贸易往来才能实现资金的跨境支付和汇兑;而资本项下的跨境流动必须经过国家外汇管理机构的严格审批,在核准的额度内才可以跨境收支。但想要推进人民币国际化,鼓励人民币走出去,就必须在微观上提高跨国公司境内外关联企业自有资金集中调度和统一使用的便利性,使跨国公司的人民币资金首先走出去实现国际化。常见的促进境外资金流入做法有:境内企业直接借入外债、内保直贷、外币NRA存款、进口信用证及海外代付等。

而跨境双向人民币资金池则是资本项目项下,跨国企业集团之境内外成员企业之间开展的资金调剂和归集业务。即跨国企业集团资本项目项下的资金池,不需要贸易背景,就可以实现人民币资金的跨境双向划转流动。

(二)基本规则体系

2014年年初,中国人民银行在上海自贸区试点推行跨境人民币资金池。同年,中国人民银行上海总部印发《关于支持中国(上海)自由贸易实验区扩大人民币跨境使用的通知》(银发〔2014〕22号)文,该文件规定了在上海自贸区内的人民币资金池的相关问题,但具有宣示、指导意义。

2014年11月中国人民银行印发《关于跨国企业集团开展跨境人民币资金集中运营业务有关事宜的通知》(银发〔2014〕324号)(以下简称324号文),该法律文件被称为全国版跨境人民币资金池运作操作细则。

2015年9月中国人民银行发布《关于进一步便利跨国企业集团开展跨境

双向人民币资金池业务的通知》(银发〔2015〕279号文)(以下简称279号文)。上述两份文件,构成了我国跨国企业集团跨境人民币资金池的基本制度框架。

(三)跨国公司资金池运作的基本运作机制

跨境人民币资金池的运作机制可以概括为:一个资金池,两个"管道"和一个"单向阀门"。具体来讲,一个资金池,就是人民币专用存款账户,该账户由主办企业在其注册所在地选择一家具备国际结算业务能力或经验丰富的银行开立。① 两个"管道"就是所谓"双向归集",代表跨境人民币资金池内的资金可以流入境内和流出境外。包括:资金池境内主账户归集境内资金池成员资金对外放款,以及归集境外资金池成员资金对内借入外债。对外放款和借入外债都是跨国公司企业集团之间的借款行为(见图1)。②

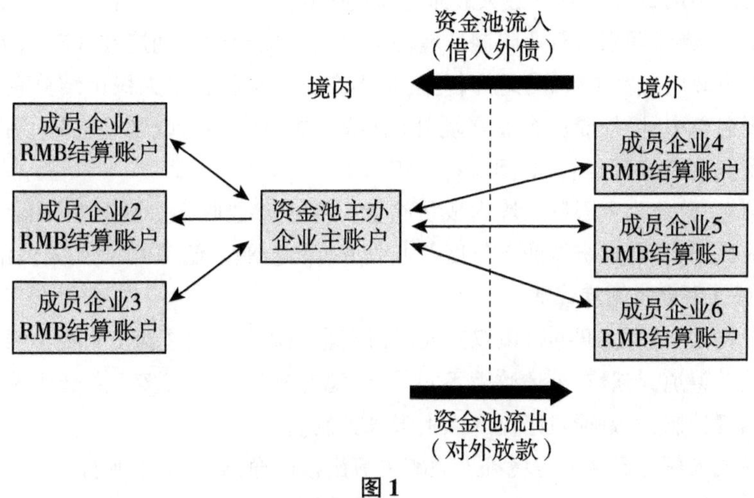

图1

三、资金池的定位、范围与额度管理

(一)资金池的定位与性质

跨境双向人民币资金池是跨国企业集团根据自身经营和管理需要,在境内外非金融成员企业之间开展的跨境人民币资金余缺调剂和归集业务,属于企业集团内部的经营性融资活动。

---

① 资金池人民币专用存款账户内的资金按单位存款利率执行,且不得投资有价证券、金融衍生品、非自用房地产,不得用于购买理财产品和向非成员企业发放委托贷款。

② 目前,该资金池的净流出额暂不设限,净流入额受上限管理,即针对净流入设有"单向阀门"。

原则上,跨国企业集团在境内只可设立一个跨境双向人民币资金池。如果因业务发展需要,确需设立多个资金池,应向中国人民银行总行备案。

(二)资金池成员主体范围与限制

资金池成员范围包括跨国企业集团及其成员企业。其中最主要的就是主办企业。跨国企业集团总部可以指定在中华人民共和国境内依法注册成立并实际经营或投资、具有独立法人资格的成员企业(包括财务公司),作为开展跨境双向人民币资金池的主办企业。但要受到以下限制:

第一,持股比例限制。跨国企业集团以资本为联结纽带,由境内外母公司、子公司、参股公司及其他成员企业共同组成。包括:(1)母公司及其控股51%以上的子公司;(2)由(1)中两类公司单独或者共同持股20%以上的公司,或者虽持股不足20%但处于最大股东地位的公司。

第二,经营期限及行业限制。境内成员企业的经营时间应在3年以上,不属于地方政府融资平台、房地产行业,且不在出口货物贸易人民币结算企业重点监督名单中;境外成员企业在境外(含我国香港特别行政区、澳门特别行政区和我国台湾地区)经营时间应在3年以上。

第三,营业收入限制。境内成员企业上年度营业收入合计金额不低于50亿元人民币;境外成员企业上年度营业收入合计金额不低于10亿元人民币。

(三)资金池额度管理

根据324号文,开办跨境双向人民币资金池业务打通了跨境人民币回流的一个重要渠道,与股东外债政策不同,资金池能从境外归集多少资金不是通过外债额度控制,而是通过净流入额上限来控制。

净流入额是资金池跨境流入额减去流出额的净额,净流出额暂不设限。跨境人民币资金净流入额上限=资金池应计所有者权益×宏观审慎政策系数。其中的宏观审慎政策系数初始值为0.1,中国人民银行将根据宏观经济形势和信贷调控等需要进行动态调整。

资金池应计所有者权益=∑(境内成员企业的所有者权益×跨国企业集团的持股比例)

可见,净流入上限还受跨国集团对境内成员企业的持股比例影响。

举例来说,如果某集团准备开办跨境双向人民币资金池,集团子公司A和B是资金池的境内成员企业,根据上一年度审计报告,A公司所有者权益为30亿元,B的所有者权益为20亿元,A被集团直接控股50%,间接控股20%,B被集团直接控股30%。

则资金池应计所有者权益=30亿元×70%+20亿元×30%=27亿元

净流入额上限 = 27 亿元 × 0.1 = 2.7 亿元

324 号文规定，资金池任一时点净流入额都不能超过上限。对于境内成员企业在前海、昆山、苏州工业园区和天津生态城等试点区域内，且从境外已借入人民币资金的，根据其借款额对净流入额上限作相应扣减。

成员企业所有者权益变动超过 20% 的，可以向中国人民银行申请调整净流入额。

（四）资金使用规定

被资金池归集的现金流应来自于生产经营活动和实业投资活动，而不是融资活动。资金池内资金不得投资有价证券、金融衍生品以及非自用房地产，不能用于购买理财产品和向非成员企业发放委托贷款。

四、跨国公司资金池运作中存在的问题

（一）企业侧可能存在的问题

1. 制度套利行为

资金池业务的主要功能是实现资金的集中控制，包括成员企业账户余额上划，成员企业间主动拨付与收款等。但在现行政策缺乏对资金在本外币资金池之间流动转换的相关规定，集团企业可利用人民币资金池与外币资金池的对接功能，在境内、境外、本币、外币间自由寻找套利空间。[①] 尤其是跨国公司可能利用资金池进行无交易背景的单纯套利行为，而脱离了贸易本身。

2. 境内境外账户安排问题

跨境人民币双向资金池业务是指企业通过设立资金池主账户，从境内外资金池归集或下拨人民币资金，实现人民币资金自由跨境流动，从而提高资金使用效率，降低融资成本。境内成员企业在境内主办企业的主账户下设立一系列的子账户实现境内人民币资金归集。类似地，境外成员公司在境外主办企业的CNH 账户下设立境外人民币资金池。通过跨境资金池在境内主办企业和境外主办企业各自的主账户之间实现额度内的自动资金调拨。然而，在实践当中很少有公司采用以上理论化的架构。如果要实现双向自动划拨，必然要求在境内主账户和境外主账户之间明确主从关系。即将境内资金池主账户被设定为境外资金池的一个参与子账户，所有资金向境外归集；或者是把境外资金池的主账户设

① 外币资金池中的人民币币种业务显然与人民币资金池业务在主体适用范围、额度核定、资金运营等方面规定不相一致，易造成企业避重就轻，寻求有利可图的方式进行操作，客观上放宽了人民币资金池业务条件，进一步便利了跨国企业集团通过一个资金池交叉币种进行套利。

定为境内资金池的子账户,由境外往境内归集。通常企业通常会采用前一架构。

3. 银行业务竞争问题

通过公众渠道了解到,可以申请多个资金池的政策处理,主要是针对有些外资集团在国内分区域设立总部,分别对应境外的母公司,区域总部之间是并行关系,如果强制捏合在一起设立资金池,操作上有一定难度。跨境双向人民币资金池业务对于银企合作来说往往具有排他性,一旦一家银行与资金池绑定合作,那么其他银行就很难进入了。

(二)监管侧可能存在的问题

1. 本外币资金池政策分立、监管漏洞大

本外币资金池间资金流动为监管留下隐患。当前,本外币资金池政策分别由中国人民银行和外汇局制定,平行管理。值得注意的是,当前外币资金池业务中并未明确不得覆盖人民币币种,原则上人民币可作为其多币种框架下的一个币种进行操作,集团企业完全可以通过外币资金池变相办理人民币资金集中运营业务;在资金运用上,外币资金池框架下的人民币资金或可能用于人民币资金池所不允许的理财等方面。因此,当企业集团同时拥有本、外币两个资金池时,往往会产生资金放大效应,造成同一集团企业流入流出资金额度增大,变相弱化了监管政策的有效性,削弱了监管当局对风险的可控性。①

2. 监管分工问题

目前在资金池监管上,也存在中国人民银行与外管局的监管分工冲突问题。一般来讲,中国人民银行是根据宏观经济热度、国际收支状况和宏观金融调控需要对跨境融资杠杆率、风险转换因子、宏观审慎调节参数等进行调整,并对27家银行类金融机构跨境融资进行宏观审慎管理。而国家外汇管理局则对企业和除27家银行类金融机构以外的其他金融机构跨境融资进行管理,并对企业和金融机构进行全口径跨境融资统计监测。这基本上解决了两家机构监管对象的大体划分,但在具体业务层面,这种划分实际上还是远远不够。

此外,从具体监管内容来看,2017年3月14日中国人民银行发布《关于全口径跨境融资宏观审慎管理有关事宜的通知》(银发〔2017〕9号)(以下简称

---

① 吴烨:《进一步提升本外币资金池监管职能的思考》,载《河北金融》2016年第6期。

《通知》),《通知》旨在“进一步扩大企业和金融机构跨境融资①空间,便利境内机构充分利用境外低成本资金,②降低实体经济融资成本”。

3. 税收监管问题

在主办企业为境内外成员企业集中代理人民币资金池收支和管理的过程中,如果税务机关将这种行为视为主办企业向成员企业提供财务服务,那么有可能产生相应的企业所得税和流转税影响。跨境人民币资金池在中国是新兴事物,目前还没有专门的税收法规规范这一情况。有意向开展跨境人民币资金集中运营业务的跨国企业需要留意相关政策的发布,并积极与相关主管税务机关进行沟通。

(三)调控侧

2015 年 9 月中国人民银行发布《关于进一步便利跨国企业集团开展跨境双向人民币资金池业务的通知》(银发〔2015〕279 号文)(以下简称 279 号文),279 号文删去了 324 号文中对入池资金需“协议或证明材料须保证归集的现金流来自于生产经营活动和实业投资活动”的限制性规定,允许股权融资和债权融资资金入池,同时进一步放宽了跨境人民币双向资金池业务准入门槛及资金净流入额上限,从而大幅放宽了境内和境外资金流动的渠道。

然而,自 2016 年开始,中国人民银行考虑到人民币汇率和金融市场的稳定等因素,开始明确严控资金池业务的净流出上限,任意时点净流出余额不得大于零,防止资本外流。中国人民银行在全国范围内限制跨境人民币资金池净流出,对于资金富裕急需为境外母公司或者关联公司提供资金支持的企业来说,就意味着跨境资金池业务即时停顿,这也必然会影响其企业的资金运用筹划。突如其来的政策转向也为公司企业如何保留境内资金池的架构造成了困惑。

---

① 作者注:《通知》将跨境融资限定为境内机构从非居民融入本、外币资金的行为。所谓境内机构包括依法在中国境内成立的法人企业和法人金融机构。前者仅限非金融企业,且不包括政府融资平台和房地产企业;而后者——金融机构则是指经中国人民银行、中国银行业监督管理委员会,中国证券监督管理委员会和中国保险监督管理委员会批准设立的各类法人金融机构。需要注意的是:一方面,将政府融资平台和房企排除在相关规定的适用范围之外,实际上也是一种无奈的选择;另一方面,这类平台以及房企可能会私下寻求其他途径获取海外低成本资金,从而形成某种新的制度空档。

② 作者注:不过,由于人民币相对于美元存在中长期贬值预期,因此何谓“低成本资金”,不仅标准、范围难以明确,更在实践中徒增适用范围争议。笔者认为,何谓“低成本资金”得交由资金使用机构、企业自行判断,而不必由监管当局作出明确规定。

五、结语

目前,国内跨境人民币资金池的运作远比国外复杂得多。造成这种现象的原因在于:过多的行政干预与管制限制了人民币的真正国际化——市场化进程,试图通过对国内跨国企业集团人民币资金进行干预管控,不仅不利于公司企业资金管理水平的提升,也无助于人民币国际化的健康开展,实为一种揠苗助长的行为。加之,这一制度设计中存在的巨大制度孔隙,更为企业寻找、利用制度漏洞提供可能,也从另一角度证明了这些政策制度的不完善与低效。

有效金融监管框架内网络银行多层次信息披露法律机制

杜　坤*

根据《2012—2013 年中国网上银行年度监测报告》中的数据显示，2012 年中国网络银行交易高达 896.2 亿元，网上银行替代率上升至 72.3%；交易规模高达 820 万亿元，增长率高达 17%。① 从以上数据可以看出我国网上银行飞速发展。网络银行也称为银行业务的网络化，即传统银行在已有实体银行和业务的基础上，将业务通过网络开展和实现，我国绝大多数商业银行开展了网上银行业务。网上银行是对传统银行业务的渠道补充，拓宽了传统银行的业务范围、经营时间和服务领域。② 这种线上线下相结合的模式对传统银行和网上银行具有正外部性。

对网上银行业务经营的监管法规主要有中国人民银行、银监会出台的政策法规，如《关于落实〈网上银行

---

* 西北政法大学经济法学院讲师。

① 网上银行交易额是指过去一年中个人或者企业通过网上银行进行转账、收付、投资理财等业务所产生的交易金额；网上银行用户规模是指截止到某一时间点，开通网上银行功能的个人或者企业用户，包括普通版和专业版个人网上银行的个人或者企业用户；电子银行的替代率是指基于交易笔数的代替率，即通过电子渠道完成的交易笔数占和个体银行交易笔数（包括柜面和电子渠道）的比例。载 MBA 智库：http://doc.mbalib.com/view/-993aadb2a-199-2509fdbdfb-1a6866-0795.html，最后访问日期：2014 年 3 月 17 日。

② 芮晓武：《中国互联网金融发展报告（2013）》，社会科学文献出版社 2013 年版，第 9～13 页。

业务管理暂行办法〉有关规定的通知》《电子支付指引》《电子银行业务管理办法》《电子银行安全评估指引》以及《关于做好网上银行风险管理和服务的通知》。相比对网上银行业务以及风险防范的法律法规,网络银行信息披露的法律规范缺失。在金融实践中往往参照的是中国人民银行颁布的《商业银行信息披露办法》以及《商业银行信息披露特别规定》。随着网络银行规模的不断壮大,简单套用商业银行信息披露的规定已经无法满足金融体系安全性、金融消费者合法权益保护的现实需求,甚至会阻碍网络银行进一步发展。因此,有必要在明晰网络银行信息披露所应考虑基本因素的基础上,构建网络银行信息披露机制存在现实必要性。

一、金融监管有效性与网上银行信息披露关系之厘定

回溯人类金融危机史,每一次银行危机、金融危机的发生都会贴上监管失灵的标签。现有金融监管体制的脆弱性,金融监管措施的失当,鞭策人们不断寻找行之有效的监管手段、方式。总而言之,银行危机、金融危机的爆发强有力地证明了金融监管的必要性。"大乱之后有大治",后危机时代为人们提供了全面省思当代金融金融监管法律制度的绝佳机会。①

就金融监管本质而言,正如日本经济学家植草益所言:"依据一定的规则对构成特定社会的个人和构成特定经济的经济主体的活动进行限制。"②但是如何评判金融监管的有效性,理论界对此尚未达成共识。从现有的文献看,评估的金融监管的有效性途径或方法包括金融监管成本收益法、金融监管绩效、监管质量评估法以及有效金融监管指标体系等。③ 虽然上述观点存在值得商榷之处④,但是共通点在于强调金融体系的安全性、公司治理结构的完善以及

---

① 盛学军:《后危机时代下对金融监管法价值的省思》,载《重庆大学学报》(社会科学版)2011年第1期。

② 植草益:《微观规制经济学》,中国发展出版社1992年版,第125~165页。

③ 沈联涛:《避免更大损失》,载《黑龙江金融》2008年第6期;秦宛顺、靳云汇、刘志明:《金融监管的收益成本分析》,载《金融研究》1999年第6期;张鹏、解玉平:《美国金融监管有效性的衡量》,载《金融理论与实践》2012年第2期。金融监管成本收益法指金融监管的目的在于以最小的监管成本投入获得最大的监管收益,通过监管成本收益之间的数值对比来界定和评价金融监管的有效性;金融监管绩效、监管质量借用目标的完成程度取而代之,并计算出该收益与付出成本之间的比例。通过此种比例的计算可以优化方案的选择,如果能够同样有效地完成目标,成本较小的方案要优于成本较高的方案。另外,有效金融监管指标体系以金融体系的安全程度指标和金融体系的效率程度指标来衡量金融监管的有效性。

④ 大卫·G.梅斯等:《改进银行监管》,方文等译,中国人民大学出版社2003年版,第56页。

消费者权益的保护,事实上这些共通点的实现都依赖于金融机构信息披露的完善。

针对银行业监管有效性而言,梅斯在《改进银行监管》中提出的有效银行监管三要素论:"一是对银行设立权的审慎控制;二是一个市场纪律发挥巨大补充作用的监管体制,其中市场纪律来自公共信息的披露;三是处理问题银行和管理危机的有效机制。"①其中特别强调银行有效信息披露成为市场纪律的巩固和完善以及银行监管水平的提高所应当考虑的重要因素。此外,巴塞尔银行监管委员会发布的《有效银行监管核心原则(2012)》中,阐述了有效银行监管的前提条件包括稳健且可持续的宏观经济政策、健全的金融稳定政策体系、完善的公共基础设施、清晰的危机管理、恢复和处置框架、适度的系统性保护机制(或公共安全网)以及有效的市场约束。② 以上论述充分说明了网上银行的信息披露对于市场参与者信心的树立、金融监管机构监管效率的提升以及银行自身治理机构的完善方面的推动作用。

从金融危机国际实践经验看,信息披露对于金融监管是否有效尤为重要。金融监管的有效性与信息披露存在正相关的关系,即信息披露充分、详尽、真实、及时,则金融监管收益也会有所提高,效率也得以提升;无论是在金融监管机构选择或采取适当监管措施抑或是市场约束机制效能的发挥都依赖于能否得到充分、准确、及时的信息;另外,强化信息披露,矫正信息传递、运用过程的违法违规行为对于金融消费者合法权益的保护以及市场信心的树立也是不可或缺的。

二、有效性金融监管框架内网络银行信息披露考量因素

金融监管的目标在于维护金融体系的安全稳定、保护全体消费者的合法利益以及实现金融有序竞争和提高经济效率。③ 网络银行进行有效的信息披露是解决信息不对称的有效途径。相对于网络银行而言,存款人、投资者所享有的金融机构的信息明显偏少,处于信息劣势地位,有效的信息披露机制有助于存款人、投资者及时获取商业银行风险信息,提高经济判断能力以及相关决策能力;金融市场瞬息万变,存在极强的不确定性,有效的信息披露通过对网络银

① 巴塞尔银行监管委员会:《有效银行监管核心原则(2012)》,中国银行业监督管理委员会译,中国金融出版社2012年版,第16~18页。

② 李成:《金融监管学北京》,高等教育出版社2007年版,第5页。

③ 杨震:《法价值哲学导论》,中国社会科学出版社2004年版,第219页。

行风险的定量以及定性的估算方式将商业银行的经营、管理风险暴露于存款人、投资者以及金融监管机构面前,从而降低市场的不确定性。影响有效金融监管的要素具有多样性的特征,有效金融市场约束是不可或缺的一项,而有效金融市场约束是否能发挥应有作用又与市场参与者能否及时地得到充分、真实的市场信息有关。无论是从金融监管的目标、银行透明度的国际标准还是从有效金融监管理论,都要求网络银行进行及时、准确、真实的信息披露。然而网络银行信息披露应该考虑哪些因素?笔者认为,金融体系安全性因素、完善网络银行公司治理结构因素以及金融消费者合法权益保护因素是基础的考量维度。

(一)金融体系安全性因素:政府监管发生的场域

安全是法律所追求的一项基础性价值目标,有学者认为,“安全是主体对现有利益所存的能够持久、稳定、完整存在的心理期盼。法律具有满足人、社会、国家的这种心理期盼,所以法律具有安全价值”。① 主体不同,安全的范围随之发生变化,个人更注重人身安全和财产安全,而社会更注重交易安全、生产安全以及体系安全。财产安全是金融领域重点保护的对象,但是此种财产安全又依赖于金融体系的安全与稳定,“现代市场经济条件下金融监管法,其首要关注的是主权国家范围内的宏观金融安全,一国具有抗御来自国内外金融危机的侵扰、保持金融体系稳定运行以促进国民经济健康发展的能力”。② 由此可见,金融体系的安全性是金融监管法律的核心,更是网上银行信息披露机制的基本要求。

网络银行所依附的商业银行本质上是特殊形态的公司,追求自身利益最大化无可厚非。然而,信息不对称现象始终伴随在网络银行经营的左右,信息不对称所带来的负面效应会波及金融体系的稳定、伤害国家金融体系的安全,例如,由于商业银行在资本充足率不足或者存贷比过高的情况下会引发挤兑现象危及国家金融体系的安全。诚如联合国贸易和发展局在《会计披露在东南亚金融危机中所扮演的角色:应吸取的教训》中所言,“银行信息披露不充分、不透明对亚洲金融危机的爆发的深度和广度产生了相当程度的负面影响”。③

信息披露的失败和政府监管的缺失更是金融危机爆发的根源。由于信息披露具有公共物品的属性。银行在没有获得超额利润的诱致情形下不愿意对

---

① 杨震:《法价值哲学导论》,中国社会科学出版社2004年版,第219页。

② 盛学军:《后危机时代下对金融监管法价值的省思》,载《重庆大学学报》(社会科学版)2011年第1期。

③ Rahman M. Z. ,*The role of accounting disclosure in the East Asian financial crisis*, lessons learned Transnational Corporation 7,1998.

金融体系的安全性负责,“如果银行能从披露受益者处获得相应的成本补偿,他们才有动力披露更多一些,然而他们无法从他人处获得这种补偿”。① 市场参与者中存在鲜明的层次划分,占据市场比例很高的中小市场参与者更倾向于“搭便车”而不是积极寻求商业银行进行信息披露以确保金融体系的稳定。最后对于商业银行信息披露监管的责任就落到政府的头上,成为政府监管发生的场域。政府在一定程度可以成为公共利益的代言人,政府加强对商业银行信息披露的监管,可以降低或者减少信息的公共物品属性所产生的“公共悲地”效应。政府监管是政府对公众要求纠正某些社会个体或社会组织的不公正、不公平和无效率的一种回应。② 此外,政府监管并非考虑某个主体的成本与效益而将目光投向社会总收益与社会总成本。金融体系的安全性是社会收益增加的基石,关乎金融体系健康发展的命脉,理所应当成为政府对网络银行信息披露监管的核心地带。

(二)完善网络银行治理结构因素:银行自律机制功能发挥

一般公司治理结构设计的最终目标就是要消除股东与经营者的信息不对称,并通过性质有效的约束与激励机制,降低代理成本,保护股东及其利害者的利益不受经营者的机会主义行为和道德风险的侵害。有学者认为,“最优化的公司治理结构要求剩余控制权和剩余索取权之间达到最大可能的对称,从而使每个决策者承担其决策的后果,不产生外部效应”。③ 网络银行信息披露的范围、程度能够在一定程度上匹配银行的公司治理水平。

从金融实践经验来看,巴塞尔银行监管委员会 2006 年 2 月公布的《加强银行治理准则》中规定了“银行应保持公司治理的透明度”原则,适当的公开信息有助于市场约束,并由此促进稳健的公司治理。要求商业银行向监管机构提交关于董事会结构、基本股权结构、组织结构、银行激励机构的信息、银行经营行为和职业道德的准则或政策等重大信息。另外,中国人民银行发布的《股份制商业银行治理指引》第 3 条第 4 款规定:“商业银行公司治理应当遵循以下基本准则:……(四)建立完善的信息报告和信息披露制度。”从上述规定,我们可以看出网络银行信息披露与其所依附的商业银行公司治理结构之间存在密切的关系,因此从网络银行信息披露出发,信息披露时应当坚持完善治理结构的标准。

---

① 齐斌:《证券市场信息披露法律监管》,法律出版社 2000 年版,第 76 页。

② 赵锡军:《论证券监管》,中国人民大学出版社 2000 年版,第 25 ~ 40 页。

③ 费方域:《控制内部人控制》,载《经济研究》1996 年第 6 期。

公司治理是网络银行自律监管的有机组成部分。[①] 良好的公司治理不仅能规范信息披露的执行标准和具体内容,还有助于提高信息披露质量。在一个公司治理有序的公司中,信息披露系统运作良好,提高信息披露的质量。董事会中独立董事的比重越大,董事会独立性越能得到提高,对公司管理当局的监督进一步强化,促使管理当局更好地遵循法律法规和强制性信息披露准则,提高信息披露的质量;另外,信息披露质量的高低直接影响公司治理机制的运行效率,关系到公司治理的成败。

(三)金融消费者合法权益保护因素:市场约束机制的要求

《中国金融监管报告(2012)》中论及中国金融监管的改革和发展时将保护消费者利益作为监管的目标之一,提出"对消费者金融产品和服务市场实行严格监管,促进这些产品透明、公平、合理,使消费者获得充分的有关金融产品与服务的信息"。金融消费者可以理解为基于非营业目的而购买或使用金融产品或服务的自然人。[②] 网络银行信息披露有助于金融消费者合法权益的保护。网络银行与为数众多的金融消费者之间的契约关系具有分散性和暂时性,金融消费者作为理性的"经济人"更注重金融利益的获得而并不过分关注管理利益。而契约给金融消费者所带来的金融利益与商业银行的经营状况、财务状况等信息有着直接的关系。在金融市场上往往是哪些财务状况良好、经营业绩优秀、有发展潜力的商业银行能为金融消费者带来超额的利润。在信息不充分的情况下,有效的信息对于金融消费者进行投资、选择至关重要。事实上,在信息的获得、甄别的能力与地位方面,相比商业银行而言,金融消费者处于被动的劣势地位,很难获得进行选择所依赖的充分的信息而且金融消费者的决策依据受到其他因素左右,极有可能出现违背金融消费者意思自治,使其不能做出适当的决策而导致无辜的经济损失;网络银行却始终占据着主动的优势地位,更容易对网络银行的财务状况、经营业绩、风险管理等重大信息实施垄断或者操控。金融消费者与网络银行进行交易时,需要掌握对方一定的信息,如财务状况、经营业绩、潜在损益、风险管理等。事实上,由于信息不对称的存在,金融消费发生交易时并未完全获取上述信息,因缺乏有效信息而错误判断形势产生了非公平的交易。从金融消费者权益保护的角度看,有效的信息披露有助于降低因信

---

① 商业银行自律监管是商业银行自行制定规则,约束自己的行为,实现自我监督,保护自己的利益。

② 廖凡:《金融消费者的概念和范围:一个比较法的视角》,载《环球法律评论》2012年第4期。

息持有不均衡造成非公平交易的概率，消除了网络银行在信息偏在和信息垄断甚至是信息封锁，使金融消费者能够公平的获得有关网络银行的信息，[①]信息披露制度要求网络银行充分、及时、准确地公开有关信息，使金融消费者在平等条件下获得有效信息，增强金融消费者对金融市场的信心。

另外，加强对金融消费者合法权益保护对于推进网上银行信息披露的改善大有裨益。市场监管是市场参与者发出市场信号使得银行的经营活动与银行的偿付能力相一致。[②] 在信息披露的“发送者——接受者”的分析框架中，金融消费者、监管机构以作为信息的接受者通过信号甄别机制和声誉约束机制对信息发送者即网上银行产生一种反向激励效应。[③] 信息接收者的反向激励效应往往与网上银行的经营状况、经营风险等重大信息相联系，利用风险敏感性债务工具对商业的业务经营、业务决策施加影响和控制。具体到金融消费者，会根据网络银行的经营状况的好坏、业务风险的高低的不同，采取与之相适应的反应或者行动，迫使网络银行的经营目标与消费者相一致，金融消费者的连续监督行为使得银行得以安全、稳健的经营。市场参与者提供资金给银行，孕育了监督银行经营活动的动机，同时从影响银行经营行为中获得好处。市场参与者通过对市场行为、对银行的经营管理活动进行监督和影响的过程，同时这个过程也会影响银行未来的经营决策。

三、在金融监管有效性框架下我国网络银行信息披露效果的检视

我国网络银行信息披露中存在的问题，信息披露质量不高以及信息结构性缺失、市场对披露信息的反应不足、金融消费者权益保护不足、自愿性信息披露不足、信息披露的及时性欠缺，其距离有效金融监管的标准相距甚远。本文以上文述及的有效性金融监管框架商业银行信息披露考量因素为依据检视我国网络银行在信息披露方面所存在的问题。

(一)金融体系安全性准则项下的检视

对网络银行信息披露的金融体系安全性考虑成为政府监管功能场域。然而政府监管不能脱离法治轨道，否则将会成为脱缰的野马而损害网络银行的金融自由，因此有必要在金融体系安全性的维度下检视我国网络银行信息披露的

---

① 李东方：《上市公司监管法论》，中国政法大学出版社2013年版，第144～146页。

② Lane，T. D.，“Market discipline”，*IMF Staff papers*. 1993(2)，40，pp. 53－88.

③ 淮建军、雷红梅、赵誉谦：《信息披露：近40年国外研究综述》，载《经济评论》2010年第2期。

相关法规。首先,我国《商业银行法》《银行监督管理法》中没有关于网络银行信息披露的相关规定,形成法律规制的空白状态,使政府监管功能无法有效发挥,更与网络银行的发展状况不匹配;其次,银监会发布的《商业银行信息披露特别规定》以及证监会发布《商业银行信息披露特别规定(2014年修订)》①中的相关规定并不能完全适应网络银行虚拟性、跨国性以及混业经营等特征,面临传统信息披露机制失灵的困境;此外,中国人民银行发布的《网上银行管理办法》以及《关于落实〈网上银行业务管理暂行办法〉有关规定的通知》中仅对网络银行风险监管做了初步规定,网络银行经营状况、安全状态、操作风险等详细信息处于"真空"状态,坚持"类推型监管"而并非"网络导向型监管"如对网络银行的风险管理适用传统银行的风险管理。总体上,我国网络银行的信息披露立法现状与其发展状况不匹配,信息偏载、信息垄断现象仍然存在对网络银行的发展不利,甚至危及金融体系的稳健与安全。

根据我国现行的金融法律法规相关规定②,我国金融行业采取了分业经营、分业监管的模式。分业监管的优势在于专业性强、分工细化,然而也存在不可避免的弊端,如监管效率低、监管成本高昂。事实上,随着金融创新的不断深化,金融机构的组织形式也从单一机构朝着集团化的方向发展,单一的金融服务朝着混业的发展③,如大量的金融控股公司的涌现,④"银证合作"以及"银保合作"也不断加强与深化。网络银行事实上已经成为混业经营的桥梁与中介的全能银行,其可以接受存款和发放贷款,交易各种金融工具,证券承销和股票经纪业务以及投资管理,保险业务、信息咨询等一系列金融综合服务。分业监管与网络银行混业经营之间产生了巨大的张力,由于不同部门对交叉业务的风险控制和管理意向存在差异,表现为分业监管体系造成监管信息系统分割,不能实现监管信息共享。⑤ 网络银行跨市场、跨行业的混业经营会扩大风险。然而我国分业监管的手段、工具相对滞后,很难满足网络银行信息披露的要求,影响金融体系安全与稳定。

---

① 参见中国证券监督管理委员会:《公开发行证券的公司信息披露编报规则第26号——商业银行信息披露特别规定(2014年修订)》(中国证券监督管理委员会公告〔2014〕3号)。

② 参见我国《金融体制改革的决定》《中国人民银行法》《商业银行法》《保险法》《证券法》的相关规定。

③ 伍巧芳:《美国金融监管改革及其借鉴》,北京大学出版社2013年版,第217页。

④ 中国建设银行通过与美国著名投资银行摩根斯坦利合作,建立了中国国际金融有限公司;中国工商银行收购了香港的东亚证券,建立了工银东亚;中国国际信托投资公司、中信集团、平安保险公司和光大集团等目前也已经发展成为金融控股公司。

⑤ 尹婵娟、张洋、宋学军:《金融混业监管——大势所趋》,载《当代经济管理》2009年第3期。

（二）网络银行治理结构完善准则项下的检视

网络信息披露程度、范围是网络银行治理结构优化的表现。虽然我国商业银行建立起较为规范的公司治理结构，董事会和监事会组织构架基本健全，内部控制也逐步规范，但是仍然存在网络银行公司治理信息披露不规范的问题。尽管金融监管机构认识到信息披露对于网络银行进一步发展的重要性，但未通过行政规章、法规的形式要求网络银行进行信息披露，现实中，有些网络银行以涉及商业秘密为借口拖延信息公开、甚至拒绝相关信息的披露。就网络银行信息披露的性质而言，绝大多数网络银行以强制性信息披露为主，自愿性信息披露相对较少，造成了网络银行信息披露报告是为了达到银监会、证监会信息披露强制性要求的一种流于形式的信息公开。针对非公开信息，网络银行一般不会进行充分、及时地信息披露，即便是在金融消费者的强烈要求下，也会找出各种理由予以搪塞。

笔者收集了具有代表性的招商银行、中国工商银行近 5 年的公司年报中关于网络银行的信息，发现仅在分销渠道中对该行的电子银行业务的交易额、增长比例做出说明，并未对其经营状况、风险管理具体信息做出具体、详尽地披露。总体上，网络银行信息披露可以概括为定性分析多、定量分析少，简单粗暴且质量低劣的信息披露无疑会影响金融监管机构的信息收集，金融消费者的理性投资、消费，波及金融市场的健康、稳健发展。

（三）金融消费者合法权益保护准则项下的检视

金融消费者保护是网络银行信息披露的目标之一，由于网络银行存在信息不对称的问题，有效的网络银行信息披露有利于缓解由于信息不对称带来的“逆向选择”和“道德风险”。相对来说，我国网络银行信息披露对于金融消费者倾斜性保护不足，主要表现在信息披露时效性不强、信息披露准确性不足等问题；另外，我国金融消费者对网络银行披露信息的反应不灵敏也使信息披露机制效用降低。

网络银行信息披露不及时是金融消费者权益保护不足的罪魁祸首。传统银行信息披露机制无法有效地对网络银行无纸化、非柜台式、虚拟化程度较高的经营模式进行有效的制度回应，导致网络银行信息披露及时性、准确性欠佳现实困境，进而影响金融消费者理性投资、消费，甚至酿成无辜的经济损失。从中国工商银行、招商银行的年报中看，传统银行是依照中国人民银行颁布《商业银行信息披露办法》第 25 条以及《商业银行信息披露特别规定》第 3 条进行信息披露，然而上述文件中规定“以会计年度为单位”的信息披露周期应对频繁的网络银行交易以及瞬息万变金融局势显得捉襟见肘。事实上，当网络银行信息不能及时传递而侵犯了金融消费者的知情权。另外,从中国工商银行、招商银行对网络银行所披露的定性信息具有抽象性、模糊性也是对金融消费者知情权的敷衍,造成网络银行信息披露处于一种低效的状态。

网络银行信息披露准确性欠缺是导致金融消费者倾斜性保护不足的动因。首先,网络银行的义务依托于电子数据技术手段,通过数据传输交易信息,交易信息、数据的掌控主体是网络银行而非金融消费者,作为信息劣势地位的金融消费者无法知晓相关交易信息的真实用途;此外,交易电子记录具有容易修改的特性,网络银行可以通过技术手段人为修改交易信息,尤其是在交易纠纷发生时,网络银行有修改交易信息的冲动与可能。其次,虚拟金融服务市场中信息不对称的存在,消费者无法辨识网络银行的服务质量容易引发市场信号风险。网络银行为了拉拢客户进行名不副实的虚假宣传,被蒙蔽的消费者选择服务质量低劣的网络导致利益损失,甚至会出现"柠檬市场"影响网络银行市场的稳定发展。最后,流于形式的网络银行信息披露内部审查造成披露信息不准确,网络银行的信息具有数字化、专业化、信息更新速度快的特性而网络银行内部审查人员的知识储备、专业化程度却难以应对。

网络银行信息披露水平的提高并不能与市场约束效力的提高画等号。从国外金融监管机构的监管实践来看,过多的信息披露会引发市场的动荡,如过激反应、不当反应等。然而我国网络银行信息披露实践却与此相反,主要表现为市场反应不足,网络银行信息披露成为一种华而不实的"花瓶",金融消费者往往对网络银行所披露信息无法进行有效的整合、甄别、选择。金融消费者对网络银行信息披露机制的改进缺乏有效的激励,以网络银行内部人员的违规操作为例,实际上这一信息所反映的是网络银行内部控制效率的低下,潜在风险的聚集,但是金融消费者对此种信息却漠不关心。造成这种情况的根本原因在于我国网络银行信息披露是银监会为配合巴塞尔新资本协议的推行,加强银行监管而形成强制性的制度变迁。表面上看,我国网络银行信息披露有所改善,实质上市场约束效用还没有完全形成。

四、构建多层次功能互补网络银行信息披露法律机制

过度的网络银行信息屏蔽可能会造成其所依托的商业银行的积累性风险加剧,甚至会引发银行危机。因此,增强和提高网络银行经营、财务状况透明度,强化网络银行信息披露成为急需解决的重大问题。事实上,在有效金融监管框架内网络银行信息披露是一个复杂的系统工程,更是市场力量、网络银行以及政府权力三股力量配合与博弈的结果。构建多层次网络银行信息披露法

律机制试图对有效金融监管框架内的网络银行信息披露效果检视中的现实问题进行有效的理论回应。

(一)多层次网络银行信息共享系统的建立

现有网络银行信息披露机制是在商业银行信息披露机制基础上的"类推监管"范式,并未充分考虑到网络银行的虚拟性、混业性等特性,是造成网络银行信息披露监管失灵的根源。简单套用现有商业银行信息披露的法律规范无法实现网络银行有效信息在监管机构与市场参与者尤其是金融消费者之间的有效传递,甚至会出现侵害金融消费者合法权益的极端案例。因此有必要打破网络银行披露信息的线性传递流程,建立一个监管机构与市场参与者共同的信息共享系统。

具体而言,多层次网络银行信息披露共享系统是将信息"发送者——接收者"模型进行改造。网络银行所依附的商业银行作为基础的信息发送者;而信息收受者又按照主体类型的不同分为监管机构信息接收者以及市场参与主体接收者且这两个接收主体之间存在功能互补的关系。监管机构信息接收者根据自己所接收的信息对市场参与者所接收的信息进行校对、验证,过滤非真实信息,确保市场参与者获得及时、充分、准确的信息,维护金融消费者的合法权益;除此之外,市场参与者也可以针对网络银行发布的非真实信息进行举报,遏制不端行为。

按照信息发送与接收是否涉及网络银行以外的主体,可将信息共享机制划分为内部层次和外部层次,内部层次即网络银行内部披露,由网络银行的营业机构向其内部监管主体和股东披露相关信息;外部层次是网络银行向中国人民银行、银监会、证监会按照法律规定进行披露,代表了监管方、投资者掌握了相关信息,可以解决网络银行信息披露的监管真空问题。另外,注重中国人民银行、证监会、银监会之间信息的交流沟通,构建横向信息传递机制,此种制度安排是顾及到网络银行混业经营桥梁与中介全能银行的特性。最后一项重要环节是网络银行向市场主体进行信息披露。

(二)网络银行披露信息的风险成本层次化

"虽然风险控制技术存在,但不安全感普遍蔓延。风险的发生、分配与预防,而非财富的生产和分配,已经成为风险社会的主要关注的问题。"①事实上,网络银行信息披露对于其自身而言有利有弊,也有可能引发潜在风险。网络银行主动披露相关信息可以收获市场参与者手中一定的资金或者借信息披露获

---

① 珍妮·斯蒂尔:《风险与法律理论》,韩永强译,中国政法大学出版社2012年版,第53页。

得市场参与者的认可以赢得商业信誉。然而福祸相依,信息披露会传递一定负面信息而导致银行利润的流失,伴生出现市场参与者不满情绪的高涨,有限的客户资源逃离,甚至引发银行挤兑的恶性事件。风险成本的层次化是网络银行信息披露边界划分的理论基石。①

根据信息披露引发潜在风险程度的轻重不同,可以依次划分轻、中、重三个层次。此种划分是针对网络银行治理信息披露不规范的有效回应,提供了信息披露边界指南。轻度风险成本信息是网络银行所依附的商业银行披露中具有共通性的部分且要体现网络银行发展情况,如资产负债表、损益表以及财务报表等信息;中度风险成本信息是相对容易引发风险的信息,主要表现为风险类信息,如信用风险、与关联方的交易、银行账户利率风险、操作风险等,也包括银行治理结构及其重大信息,如股东大会、董事会、监事会召开情况等。在竞争日趋激烈的金融环境中,中度风险成本信息成为网络银行信息披露重点领域,然而我国网络银行此处的信息披露良莠不齐,往往以涉及商业秘密为由拒绝公开。笔者认为,总体上对中度风险成本信息重视强制性披露而弱化自愿性披露,如信用风险、银行账户利率风险等关涉金融消费者利益甚至危及金融安全体系的信息强制公开,对于银行内部的操作风险应当向金融机构及时上报也可纳入自愿披露部分;重度风险成本信息实际上可以理解为网络银行内部管理层掌握专有信息或者商业秘密或者容易引发与监管当局共谋的信息②。重度风险成本信息是网络银行信息披露的边界,对于内部管理层专有信息以及商业秘密应该免于披露,为网络银行保留一定的经营自由。

(三)多层次网络银行信息披露监管机制

网络银行信息披露监管包括了政府监管、市场监管和自律监管三个有机组成部分,这三个部分构成一个统一的整体且有一定的层次性。依据监管力量大小的不同可以分为:政府监管、市场监管、自律监管。

市场失灵是市场不能有效地配置资源的情况。③ 市场机制在缓解信息不对称及市场无效性过程中产生市场失灵,为了弥补这些市场缺陷,政府管制是必不可少的。斯通认为,“政府监管是国家凭借政治权利对经济个体的自由决

---

① 王立、向天雁:《解析商业银行信息披露的边界》,载《上海金融》2003年第4期。

② 容易引发与监管当局共谋的信息是指在金融机构资产质量极度恶化时,监管当局在没有足够补偿社会风险能力与缺乏纠正机制时,将不得不掩盖这一信息,而在正常情况下,资产质量信息是可以较容易地通过资产负债表获取。

③ 曼昆:《经济学原理》,北京大学出版社1999年版,第260~280页。

策实施的强制性限制"。[①] 网络银行信息披露监管中,政府监管具有无法比拟的优越性,节约交易费用,维护社会公共利益,增强消费者信心,应该将其位于整个监管框架最顶端;另外,按照斯蒂格利茨所言:"管制是产业所需要的并为其利益所设计和操作的一种法规。"[②]政府监管推动网络银行信息披露机制从私人安排走向正式的契约安排,政府监管具备立法和执法双重功能,通过立法规范网络银行信息披露中各利益相关者的地位与行为,确定一个国家信息披露监管的基本框架,规定市场监管与自律监管的行为、权限与作为也是对法院和立法机关对网络银行信息披露反应迟缓的有效回应。

充分调动市场的作用的发挥,市场监管也是网络银行信息披露监管的有机组成部分。强调市场监管在网络银行信息披露中的功能是对上文金融消费者合法权益中市场对网络银行信息反应不足的有效回应。市场监管是参与市场的各利益相关主体通过密切关注网络银行的经营活动,根据银行的经营状况好坏对网络银行有利或者不利的行动,以影响网络银行的资产价格,甚至生存环境,从而通过金融市场对网络银行的经营产生约束作用。市场监管是除政府监管部门之外的市场参与者,包括存款人、股东和中介机构等相关利益者对网络银行的信息披露的行为和内容进行监督和管理。过度的政府监管会引发利率的下降以及市场对信息敏感性的下降,而市场监管能够有效弥补政府监管的弊端,有效地促进网络银行降低业务运营风险。市场监管作用主要是监督和影响,市场参与者提供资金给网络银行,有监督网络银行的动机,同时也能够影响其未来的经营决策。

政府监管的力量无论如何强大,监管程度无论如何细致周密,如果没有网络银行自律相配合,监管效果都会大打折扣。网络银行自律监管主要体现在网络银行内部监管和银行之间的监管。在内部监管中公司治理监管是核心和关键,强化股东和董事会对网络银行管理层的监管,建立起覆盖所有分支机构和员工的行之有效的内部控制体系;外部监管主要是同业监管,同业监管是政府监管的必要补充,建立和加强规范有效的银行同业监管机制是网络银行业务正常开展的需要。网络银行自律监管的有效运行离不开政府监管和市场监管的配合和支持,健全的政府监管制度和法律体系是自律监管的前提和基础,市场监管中市场机制发挥的声誉约束作用是自律监管的重要条件。同时,健全的产权制度,也是自律监管的要件之一。

---

① A. Stone, *Regulation and Its Alternatives*, Congressional Quarter Press, 1982, pp. 320 – 350。

② 李宏:《金融管制理论的发展》,载《经济学动态》2004 年第 7 期。

五、结语

有效金融监管的实现依赖信息的获取,而信息披露是获取信息最经济的途径,对社会福利的增进,会减少银行机构内在的不稳定性。只有加强网络银行信息披露的监管,克服和纠正信息披露、传递和运用中不合法、不合理行为和现象,才能有效保护投资者的合法权益,树立金融消费者对市场的信心。从金融体系安全性、网络银行公司治理结构完善、金融消费者权益的保护三个层面检视我国网络银行信息披露的现状,以构建主义理论为指导提出构建有效金融监管框架内网络银行信息披露机制。不得不承认,所构建的网络银行信息披露机制仍有理论和实践探讨的余地。

特色小镇资产证券化基础资产法律问题探析

吴睿赟*

一、特色小镇是否需要进行资产证券化

(一)法律政策背景

2016年7月1日住房和城乡建设部等部门联合发布了《关于开展特色小镇培育工作的通知》,提出全国力争到2020年培育1000个左右特色小镇。特色小镇一般集中在休闲旅游、商贸物流、现代制造、教育科技、传统文化、美丽宜居等领域。特色小镇培育进入实施阶段,尤其是基础设施建设,必然会产生巨大的融资需求。同时,特色小镇不仅涉及基础设施建设,也需要专业的管理、运营,这些能力往往是当地政府所不具备的。

资产证券化指的是一个或一组能够预计产生稳定现金流的资产,其具有较差的流动性,通过一系列的结构重组和安排,对其所存在的收益和风险实行重组和分割,并进行一定的信用增级,使资产的预计资金流转变成为流通性和信用等级更高的金融产品的整个过程。2016年12月发改委与证监会联合发布《关于推进传统基础设施领域政府和社会资本合作(PPP)项目资产证券化相关工作的通知》。2017年2月国内首单PPP资产证券化项目(以下简称PPP-ABS)正式发行。

---

* 西北政法大学2016级经济法专业硕士研究生。

资产证券化可以盘活存量资产、拓宽融资渠道、提供资本退出路径有效减少因信息不对称所带来的交易损失,这对于目前我国实际落地率偏低的PPP项目而言,具有重要的推动作用。

特色小镇建设是我国新型城镇化建设探索的一种新兴路径,意在结合"产、城、人、文"四个发展要素。我国特色小镇目前发展模式主要采取PPP模式,近日,发改委发布《关于深化价格机制改革的意见》,提出到2020年,市场决定价格机制基本完善,以"准许成本+合理收益"为核心的政府定价制度基本建立,促进绿色发展的价格政策体系基本确立,低收入群体价格保障机制更加健全,市场价格监管和反垄断执法体系更加完善,要素自由流动、价格反应灵活、竞争公平有序、企业优胜劣汰的市场价格环境基本形成。[①] 该意见第4条第7点中提到"完善政府和社会资本合作(PPP)项目价格调整机制,促进政府和社会资本合作模式推广"。

(二)PPP项目资产证券化基本运营模式

确定证券化资产目标,构建资产池。作为资产池的目标资产需满足一系列特征:能够带来稳定、可靠、低风险和可观的现金收入;各种资产之间性质趋同;资产信用评级高;应收、利润等统计数据容易获得。满足以上特征的资产,则可考虑打包构建资产池。同时,将这些资产的主要负责机构确定为原始权益人。

设立特殊目的公司。特殊目的公司是一个专门为实现项目资产证券化融资而设立的公司,是资产证券化运作的名义主体。这家公司可以是信托投资公司、信用担保公司、投资保险公司或其他独立法人机构等,但必须能够获得国际权威资信评估机构授予较高的信用等级,如标准普尔公司或穆迪公司评估的AAA级(债券发行者还本付息能力极强)或从级(债券发行者还本付息能力很强)。[②]

基础资产的"真实出售"。特殊目的公司与发起人(原始权益人)签订合同,将拟证券化的资产转移到特殊目的公司名下。此外,合同中明确规定,一旦原始权益人发生破产清算,这些资产不列入清算范围。具体操作中,由特殊目的公司成立专项资产管理计划,由专项资产管理计划与原始权益人签订《基础

---

① 国家发展改革委《关于全面深化价格机制改革的意见》,载中国政府网:http://www.gov.cn/xinwen/2017-11/11/content_5238855.htm,最后访问日期:2017年10月12日。

② 管辉寰:《PPP项目资产证券化"基础资产"中特许经营权的法律问题研究——以"云南水务水费收费权资产支持专项计划"为例》,载《当代经济》2017年第2期。

资产买卖协议》,购买基础资产,从而实现被证券化资产与发起人其他资产间的风险隔离。

基础资产及其权益托管。SPV 作为 ABS 融资的交易中介,基本上是一个“空壳公司”,并不参与实际的业务操作;因此,原始权益人和 SPV 一般还要再一起确定一家托管银行,并签订托管合同。由专项资产管理计划、发起人(原始权益人)与第三方托管人、托管银行分别签署《监管协议》和《托管协议》,将基础资产及其权益托管给第三方托管机构。通过这种方式,可以实现由管理人管理、由托管人托管的相互监督与合作的模式,最大限度地保护资产支持证券持有人的利益。①

信用增级。根据信用评级理论,企业或机构发行的债券或通过它们信用担保的债券,自动具有该企业或机构的等级。大部分企业往往利用结构化手段进行增信并确定评级,确保专项资产管理计划发行的资产支持证券可以在信用质量、偿付的时间性和确定性等方面更好地满足不同投资者的需要。

发行资产支持证券并支付基础资产购买价款。在发行计划通过中国证监会批准之后,与受益凭证持有人签署《认购协议》,将经过信用评级的资产支持证券出售给投资者,然后将获得的募集收入按照事先约定的价格,向原始权益人支付购买基础资产。同时,专项计划与交易所签署《上市协议》,使优先级受益凭证可以在交易所二级市场买卖。

管理资产,清偿本息。在专项计划的存续期间,由管理人(一般为证券公司)为资产支持证券投资者的利益持续管理专项计划资产;同时与中证登深圳公司签署《证券登记服务协议》,按照约定,定期通过中证登深圳公司将基础资产的收益定期向资产支持证券投资者分配,用以偿还本金。在有关证券到期后,还要向资产证券化融资过程中提供过服务的各机构支付服务费用,最后如还有剩余,则全部返还给原始权益人(见图 1)。

2016 年 12 月发改委联合证监会印发《关于推进传统基础设施领域政府和社会资本合作(PPP)项目资产证券化相关工作的通知》,鼓励 PPP 项目进行资产证券化,这是政府首次以通知的形式推动资产证券化产品落地。PPP 项目资产证券化是国家目前鼓励推行的项目融资模式。特色小镇 PPP 项目与传统 PPP 项目的不同之处在于特色小镇 PPP 项目一般时间跨度大,投资经营内容复杂,加上特色小镇和 PPP 在国内尚属于新鲜事物,法律法规不够完善,因此,社会资本方不仅要关心项目经济市场、成本收益风险,还要关注项目过程中存在

---

① 程清:《PPP 项目资产证券化亟待解决的法律问题研究》,载《上海金融》2017 年第 9 期。

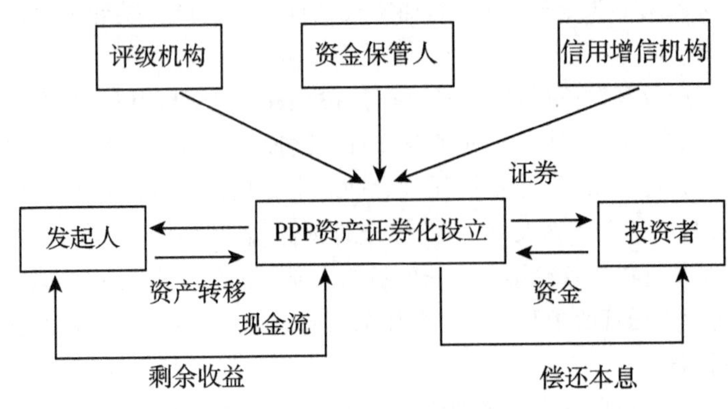

图1

的法律风险。但与传统PPP项目相同之处在于,特色小镇项目社会资本方在参与项目建设时也会考虑到未来退出机制的选择,这是大多数PPP项目都面临的问题,PPP项目不可只进不出,而资产证券化(PPP-ABS)作为国际市场上运用较广泛的一类资本退出方式,相比于我国目前出台的"特色小镇产业基金"有较多可借鉴的国内外经验,在特色小镇建设的增信及资本退出机制方面有可借鉴之处。故笔者认为,特色小镇建设若继续采用政企合作模式,则实行资产证券化的社会资本退出机制是有可行性的。

二、特色小镇资产证券化中基础资产的法律定性

(一)特色小镇基础资产是否符合资产证券化基础资产要求

传统资产证券化的基础资产大致分为3种类型:收益权资产、债权资产和股权资产。特色小镇作为以"产、城、人、文"为核心的新型城镇,以产业要素为区分,以华夏幸福观工业园区新型城镇化PPP项目为例,该项目所依据的底层资产为"使用者付费收入的收益权"。① 文旅小镇若要进行资产证券化,其所依据的基础资产可为:

门票类产品包括门票、索道、缆车以及相应交通体系所产生的应收账款,这类产品作为最能产生现金流的产品是未来实现资产证券化或者IPO的重要资产包。

销售类产品指部分房地产或者前店后坊、下商上住的销售类产品,运营类

① 吴国基:《不动产收益权难当资产证券化基础资产》,载《上海证券报》2015年第6期。

产品主要包括主题酒店、特色民宿、大型旅游商品展销中心等经营类物业为主，可作为自有资产并证券化或者后期抵押贷款，但此类产品对小镇区位及发展基础要求较高。

租赁类产品，文旅特色小镇的商业街物业可以在只租不售的情况下，将产权掌握在发展商手中，采取与商家连营，以物业为股本，成立专业经营公司，合作和合伙经营，同时享有租赁收入、合伙经营收益、物业经营三部分利益。此类基础资产也可作为资产证券化的相应指标。

我国目前较成功的特色小镇建设项目大多采用政府搭建平台，强调市场化参与模式，目前我国中西部地区特色小镇发展陷入困境的原因多在于发展思路的未转变，强调模仿大于创新。我国特色小镇的盈利模式如图 2 所示：

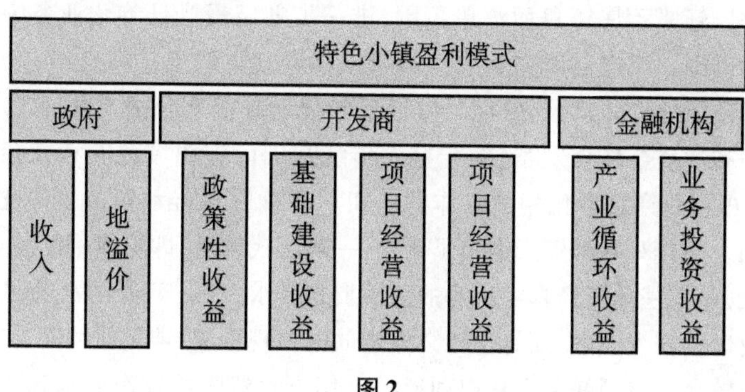

图 2

由此可见，特色小镇与传统 PPP 项目资产证券化项目不同的是，在具备传统资产证券化项目所要求的基础资产要素的同时，以产业要素为相应划分标准可有不同的基础资产。再者，特色小镇项目的资产证券化往往是以项目中的一部分子项目或产品进行整合，引入相应投资方与计划管理人进行资产整合而非以特色小镇整体项目进行打包进行后期的证券化活动。

无论是哪种资产进行证券化，首先要考虑的是证券化的基础资产，PPP 项目也不例外，目前我国特色小镇资产证券化业务实务操作中以华夏幸福收费收益权资产证券化项目的推进较为突出，“华夏幸福 ABS”项目基础资产为“提供供热等公用事业服务而取得使用者付费收入的收益权”，并依托固安工业园区新型城镇化项目，从而能够有效保证基础资产在未来拥有持续稳定的现金流。[①] 文旅小镇的基础资产进行资产证券化项目操作具体落地实施的项目并

① 唐得淼：《“特色小镇”定位与产业融合发展研究》，载《中国商论》2017 年第 27 期。

不多见,故此处主要讨论用户付费模式下收费收益权的相关问题。

(二)收费收益权作为基础资产的合法性问题

1.形式要件

2014年11月我国《证券公司及基金管理公司子公司资产证券化业务管理规定》第3条对资产证券化业务中基础资产的含义、类型提出要求,明确基础设施等不动产收益权可作为基础资产予以证券化。透过此规定,我们看出作为基础资产所应具备的三个法律特征:权属明确;资产特定,可转让;具有独立、可预测现金流。该项对基础资产含义及类型的规定构成了评判后续各类资产证券化基础资产适格性的基本准则。[①] 2014年12月《资产证券化业务基础资产负面清单指引》公布。该文件要求能够实现证券化的基础资产除符合《管理规定》要求外,还需不属于负面清单范围,进一步划定资产证券化业务中基础资产合法的范围。该规定所列负面清单第一项即地方政府债权,但在PPP模式下财政补贴除外,为之后PPP项目资产证券化业务留有合法空间。2016年12月发改委和证监会联合发布《关于推进传统基础设施领域政府和社会资本合作(PPP)项目资产证券化相关工作的通知》,明确重点推动资产证券化的PPP项目范围。同样对基础资产做出了要求:一是形式合法,即法律手续健全、合同真实有效,存在基础资产真实出售的法律形式要求;二是实质合法,即要求基础资产建设运营相当成熟,须具备持续稳定的回报现金流,项目履约能力较强,且信用评级较高。该通知并未从权利形式上禁止收费收益权作为基础资产实施融资,其能否作为基础资产主要取决于是否满足实质条件。综上,PPP项目"收费收益权"处于基础资产负面清单之外,满足证券化基础资产形式合法性要件。

2.实质要件

相对独立于特许经营权。在我国现行体制下,特许经营权作为一种资格门槛,其转让受到严格限制。该权利具有经济法权利的一般特征,即包含民事和行政双重属性,具体而言,行政权利属性更多体现在PPP项目的建设和经营中,而民事权利属性则表现于收费收益权上。[②] 也正因如此,笔者认为,收费收益权具有相对独立性。一方面,虽然收费收益权需要通过行政许可获得,但一旦获得资格且进入运营阶段后,收费收益权本质上只关系到财产权利而与行政

---

① 杜明鸣:《PPP项目资产证券化基础资产法律问题研究——以华夏幸福ABS为例》,载《区域金融研究》2017年第6期。

② 星焱:《我国PPP项目资产证券化中的问题与对策》,载《证券市场导报》2017年第5期。

权无关,民事权利与行政权就此相对分离,具有独立转让可能;另一方面,收费收益权指向的义务主体为基础设施和公共服务的使用者,其与财政补贴来源彼此独立,在会计制度中完全能够实现独立核算,符合"能够产生独立现金流"这一要求。因此,收费收益权应相对独立。

在此概念中,用益物权的前提是使用,而基础设施和公共服务的使用者并非PPP项目公司而是社会群体,故不能说明项目公司对此具有用益物权;同时,既承认收费收益权的相对独立性,故不宜再将其视为权能或虚拟权利看待。对于财产权利权能的拥有和转移,实质上能够将其归入物权与债权体系,根据物权法定原则,收费收益权最应被视为一种将来债权。将来债权的未来性体现在成立上的未来性与生效上的未来性,前者指处于缔约阶段具有极大缔约可能性而成立的债权,如收费收益权;后者指已经成立但尚未生效的债权,如附条件、期限生效的债权。① PPP项目下,公共产品使用者作为单个债务人,在使用前并不确定,可以说作为基础资产的收费收益权在转移至SPV时,具体债权债务关系尚未成立;但是,收费收益权建立在公共产品和服务基础上,是社会公众生活的必需品,具有极大的缔约可能性条件,因而其符合可预测的将要发生特征,性质可归属于将来债权。综上,已经经历一段相当长的运营期,并根据历史数据能够判断其具有持续稳定收入的收费收益权,符合作为基础资产的实质要件。

三、特色小镇资产证券化所面临的法律风险

特色小镇建设资产证券化的应用所面临的区别于普通项目资产证券化的最大难题除去上述小镇资产中可以作为基础资产的法律性质定性问题外,还可能涉及以下几类问题。

(一)基础资产的定价问题

关于基础资产的合法性问题,实务界认为通常须满足形式与实质"双标准"。理论上,基础资产必须能够保证未来一段时间内拥有持续稳定的现金流,即具有收入的可预期性,该条件为判断基础资产合法性的实质标准。而实践中,因各国政治经济体制和资产证券化发展程度不同,其往往依靠国内法对基础资产合法性标准进行调整,该类规定通常构成基础资产合法性的形式标准。

基础资产定价影响着原始权益人和特殊目的机构(SPV)间关于资产转移

① 陈阵香、陈乃馨:《PPP特许经营权协议的法律性质》,载《法学》2015年第11期。

法律关系的稳定,并决定着资产证券化相关潜在风险的承担。国内外实践中,证券化基础资产的现金流量与违约率均有较为稳定的历史数据,以实现在此基础上的公平定价。但实务操作中仍存在控股公司间关联定价、为逃避纳税责任协议低价以及发起人故意隐瞒重大事项导致定价显失公平等情形。根据"实质重于形式"的判断标准,以上情形中资产转移是否仍然有效的判断将引起一系列法律问题。

(二)资产转移的真实有效性

在资产证券化整体流程中,"真实出售"是实现风险隔离的关键,因此要求资产转移须发生所有权的实质移转。所谓转移的"实质真实性",美国法院综合追索权、剩余索取权、赎回权、管控账户、定价机制以及其他各种影响因素,针对个案分别予以判断。此外,资产转移的动态过程已对转移真实性有所要求。[①] 虽然,PPP在实践操作中存在多种具体的模式,但是最主要的模式还是特许经营权模式以及由此模式衍生出来的一些模式,根据世界银行的报告,特许经营权模式占全球PPP模式的比重超过60%。在中国,这一比重更高。这就意味着,很大比重的PPP项目的资产证券化基础资产与特许经营权密切相关。但是,特许经营权的受让主体有严格的准入要求,在PPP的资产证券化实务中,很难将运营管理权进行转移,而更多的是将运营管理权与收益权相分离,以收益权作为基础资产进行证券化。特色小镇项目建设周期长,运营模式多样,投资回报率不高,故相较于传统的资产证券化,特色小镇模式下的资产转移的真实性更应该被强调。

我国《合同法》明确规定,资产证券化中,限制债务的可转让性,其中包括法律法规不可转让、资产证券化当事人约定不可转让以及合同规定不可转让三个方面。另外,流程一定按照法律法规严格执行。但是,我国关于资产证券化的资产转移有效性没有明文界定。想要保障资产证券化资产转移的有效性,资产证券化发起人应该将证券化资产能够在法律上被允许转移,并且按照法律法规实行。所以,资产证券化发起人要具备三个行为:其一是向特殊目的机构进行资产证券化转让时,执行主债权的从权利。比如,在转移资产的过程中,需要将保证、抵押等担保权利进行同时转移;其二是在资产转移的过程中,要告知债务人关于债务转移的相关事项;其三是在转移资产的过程中,资产证券化发起人要将与债券有关的所有文件一并提交特殊目的机构,将与债务有关的所有事

① 林诚二:《将来债权让与通知之时点》,载《台湾法学杂志》2009年第1期。

宜阐述。①

（三）因财产混同导致收费权抵质押与证券化之间存在法律风险

一般情况下，原始权益人将基础资产转移后，即由管理人设立的SPV对资产进行管理，然而，英美国家实践中为减少原始权益人通知债权转让的成本，采用原始权益人担任债权管理人的方式。该模式虽然能有效降低资产证券化过程中发生的费用，但同时也面临资产混同的风险，即发起人担任次级投资人和债权管理人双重身份时，存在将投资所得与基础资产现金流合并管理，从而无法实现基础资产的真实转移。②

基础资产及其收费权是否处于抵质押状态，是证券化时需要考虑的重要因素。如果处于抵质押状态，将会使SPV（特殊目的实体）承担较大的法律风险。因此，SPV会在《基础资产买卖协议》中明文约定，ABS上市交易时必须解除基础资产及其收费权的抵质押，以缓释风险。③ 但PPP项目公司通常将收费权抵质押给商业银行，获得初始建设贷款。若想开展资产证券化，则需要足额资金或等值财产解除抵质押，这对PPP项目公司的难度较大。从而无法实现资产证券化所追求的初衷之一，即实现资产的破产隔离。

（四）未形成统一的监管主体

就资产证券化而言，我国没有明确认定专门的审批机构和监督管理机构。我国资产证券化处于发展阶段，很多领域都处于匮乏状态，尤其是我国证券行业的相关事宜。目前，我国企业债券的审批工作是由国家发展与改革委员会实行，金融债券的审批工作由中国人民银行实行，次级债的审批工作由银监会实行，但是关于资产支撑证券的审批和监督管理工作，并没有明确的认定和归责，没有确认其审批机构和监督管理机构。审批和监督管理机构的缺位，使资产证券化的相关问题找不到处理机构，会限制我国资产证券化的发展。

四、特色小镇资产证券化基础资产风险控制的建议

（一）选择适合证券化的基础资产

伴随第一批“PPP + ABS”项目审批发行，确定PPP项目下可证券化的基础资产范围刻不容缓。该范围不仅应涵盖法律层面所确定的合法基础资产，也应

---

① 吴开琴：《浅谈资产证券化中债权资产转让的法律标准》，载《法治博览》2017年第17期。

② 王经绫：《PPP项目资产证券化政府债务性风险问题研究》，载《证券市场导报》2017年第9期。

③ 王元中：《浅析资产证券化中SPV模式的法律问题》，载《法制博览》2017年第14期。

具体指明何种资产更适合采用证券化方式盘活增值。因此,前者需要通过立法明确“收费收益权”作为基础资产的合法性,而后者则更多依靠实务工作者通过比照首批成功上市发行的范例,总结PPP项目中基础资产的“最优选择”。在“收费收益权”立法上可采用“概括+列举”模式,即首先明确规定PPP项目收费收益权定义,指明其性质属于民法权利体系中的债权性质;再通过举例说明收费收益权在实践中的具体表现形式,确定部分常见收益权类型,使实务操作者有所参照。

同时,因特色小镇是我国产业升级调整战略部署的一部分,因各小镇主导产业不同,例如,上文所述文旅类小镇可作为基础资产的资产种类较丰富,故可由有关机构组织出台列明“特色小镇资产清单”概括各类别小镇资产大致类型,并对不可作为基础资产进行资产证券化操作的资产列明负面清单。

(二)重视内外部增信手段组合应用

基础资产信用质量是PPP项目资产证券化信用评级首先关注的要点,如何通过内外部信用加强手段,提高基础资产信用质量是提高证券信用评级、广泛吸引投资者的关键。在内部增信环节,交易结构设计尤为重要。优先级、次级结构化分层设计中,按证券信用优先顺序分配现金流,优先级投资者能率先获得本息偿付。[①] 证券发行时,优先级证券用于上市发行,而次级证券一般由发起人或能承担较大风险的机构认购,故能较好地加强优先级证券信用。同时,因该种增信方式成本较低,对发起人而言也更易在ABS实践中广泛应用。但是,仅凭借内部增信方式以期提高信用等级,对于PPP项目资产证券化产品而言几乎不可能实现。因该类基础资产往往是收益收费权类资产,不同于信贷资产价值的相对确定性,其价值构成取决于项目持续运营与盈利能力,基础资产与原始权益人破产风险完全隔离的可能性不大,因此需要采用担保或差额支付承诺等外部增信措施。

具体到特色小镇项目中,由于预期回报不高,信用风险较大,以“华夏幸福ABS”为例由主体长期信用等级很高的华夏幸福提供担保和差额支付承诺等外部信用支持,极大提高了证券信用等级。故外部增信机构考虑采用由发起人或与之关联度很强的母子公司、姐妹公司担任,并由其提供增信担保或承诺。此外,仍需注意到政府在增信环节所扮演的角色。在特色小镇项目中资金回笼时间长,预期回报亦不高,因此往往需要通过政府提供补贴或付费的方式增强证

① 陈马克:《我国地方政府债务信用增级方法的改进策略》,中国社会科学院2014年硕士学位论文,第16~18页。

券信用、提高投资回报率；但问题在于，我国相关法律法规明确禁止政府作为增信担保主体，[①]因 PPP 模式本是缓解财政压力的手段，通过资产证券化方式亦旨在引导社会资本有序退出并重新投入实体经济建设，若政府在证券化过程中投入太多增信成本，反而会本末倒置，因超过其财政承受能力而最终引发新一轮信用风险，扩大政府所应承受的地方债务风险。

（三）明确“真实销售”认定条件

真实销售最本质的中心地位是基础资产和资产发起人的破产和信用等多方面的风险相隔离，明确保证所有投资人和特殊目的机构关于基础资产的合法权利和收益。所以，能否真实地将资产销售，其规则规定，需要将法律作为重要依据和支撑。目前，世界范围内的真实销售形式有两种：[②]其一，依据形式进行判定。如果证券发行者愿意销售，并和特殊目的机构签约，法律即确认其具有出售的权利，这种做法在英国和加拿大适用较为广泛；其二，判断是否发生了实质性的交易行为。证券发行人的真实销售行为是判定根据，这种做法主要以美国作为代表国家。如果确认资产转移方式真实销售，那么应该具有诸多条件：当事人的真实意愿和资产转移的形式均为真实销售；基础资产和收益进行了比较顺利的过渡；资产的转移行为，不能够撤销并且不可以逆转；资产转让的价格，必须在当前市场价格的合理范围之内。对于证券交易行为是否真实销售，也是领域内的专家学者们关注的话题。所以，利用资产证券化专项立法，能够将证券发起人的转让意愿、转让价格、资产权益转移后回赎权和义务等，进行较为明晰的认定，令证券发起者具有比较明晰的资产转让执行依据，规避真实销售被确认为担保融资，进而减少投资人的合法权益风险。

（四）进行专项立法完善，统一规则监管

目前，我国相关条例的颁布和实施，已经为我国资产证券化提供了良好的发展路径，但是这并不能从本源上解决我国资产证券化发展的现存问题，并且相关条例与我国其他法律条文如存在冲突，受到我国法律位阶层级的限制，条例的法律效力经不住推敲。实质上，从全局来看，对于资产证券化而言，我国的法律大环境还存在诸多障碍，具体表现形式为资产证券化法律的缺失以及资产证券化与我国法律的冲突。

通常而言，资产证券化立法模式可以分成两种：一种是统一立法模式；另一

① 黄珍华：《PPP 项目资产证券化退出机制的法律分析》，载《研究与探讨》2015 年第 11 期。

② 朱东阳：《特色小镇 PPP 项目主要法律风险识别和防范——以社会资本方为视角》，载《改革与开放》2017 年第 15 期。

种是分散立法模式。美国是分散立法模式的主要代表国,统一立法模式的主要代表国则是除美国以外的大多数国家。[①] 大多数国家已经相继颁布和实施了关于资产证券化的单行法。我国应该依据我国资产证券化的实际情况,选择适合我国国情和市场现状的立法模式,借鉴其他较为发达国家的做法。目前我国金融业市场监管存在严重的"争权委责"现象,故提高相关法律法规的立法层级,明确统一的监管主体,对资产证券化在我国金融行业的可持续发展中也会起到重要作用。

五、结语

"特色小镇""PPP""资产证券化"是现下国家商业资本运作领域的热词。通过"PPP + ABS"模式,能够在开辟新型融资途径、盘活存量资产的同时,引导PPP项目社会资本有序退出,缓解项目公司资金流动压力。但我国"PPP + ABS"模式尚处于起步探索阶段,其需面对和解决的法律与实务问题不仅体现在基础资产方面,更贯穿资产证券化流程始终。因此,需要理论与实务界进一步探索研究,以期形成相对成熟的PPP项目资产证券化操作路径。在特色小镇领域,PPP模式发展仍不规范,与传统PPP项目的发展模式的界限模糊,但特色小镇建设规模大,地方政府不仅需要大规模的社会资本来补充,对于产业、人才、技术、运营、管理等方面的需求都很强烈。因此,笔者认为,"特色小镇 + PPP + ABS"是一种值得期待的发展模式。

---

① 苏海红:《特色小镇PPP项目运作模式研究》,载《项目管理技术》2017年第6期。

PPP产业基金的法律问题研究与风险防控

姜 超*

一、PPP产业基金典型模式比较

(一)典型模式

1. 案例一

图1代表案例是PPP产业基金的典型操作方式,突出显示了PPP项目与其他项目的不同之处。首先,案例在大结构上采用有限合伙企业,设置了普通合伙人(以下简称GP),优先级有限合伙人(以下简称优先级LP),劣后级有限合伙人(以下简称劣后级LP)。我国《合伙企业法》规定,普通合伙人对合伙企业债务承担无限连带责任,普通合伙人执行合伙企业事务,此结构引入专业的资产管理公司管理合伙企业财产与事务,并承担无限连带责任,有利于发挥资产管理公司的专业优势,同时对其有较好的约束。PPP项目的主要特点是引入大量的社会资本参与建设国家提倡的产业项目,这里的社会资本作为优先级LP,一般由银行理财资金、信托资金、保险资金等构成,这类资金一般有较低的固定收益,但通常要求资金安全,所以政府平台出资作为劣后级LP,与资产管理公司共认购20%的合伙企业份额,在分配上劣后于优先级LP,使优先级LP

---

* 西北政法大学经济法学院、法治陕西建设协同创新中心2016级经济法专业硕士研究生。

有大约20%的安全垫。有限合伙企业用各方实缴的出资额直接投入符合规定的政府产业项目,投资方式为资本性投入或债权投入。这种结构既缓解了政府的资金压力,也在一定程度上保障了社会资本的安全,有利于政府与社会资本合作,加快基础设施等产业项目的建设,充分改善城市的面貌与人民的生活质量。

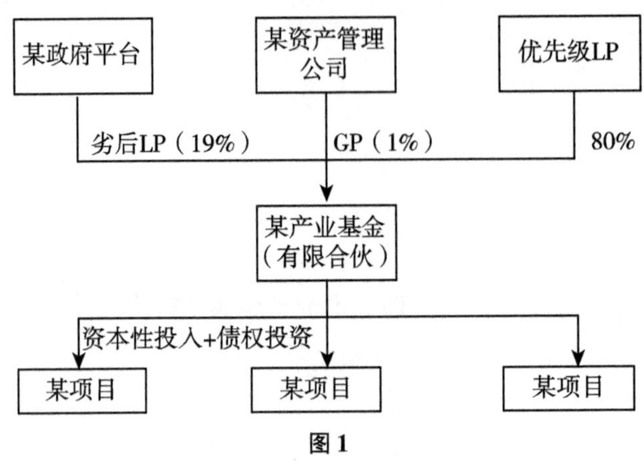

图1

2. 案例二

图2、图3代表案例是由某市政府牵头,由政府出资代表、中铁、中建等央企、金融机构共同出资成立有限合伙形式的基金管理公司(某城市地下空间产业基金),专门用于投向该城市地下空间建设,主要面向地铁线路与相关配套设施的建设。图3主要为基金与项目公司的设立,基金由基金管理公司作为GP,由政府出资代表、相关央企、相关金融机构联合成立,此结构不但体现了政府的信用,而且符合我国《合伙企业法》国有企业不能成为普通合伙人的规定。政府出资代表、相关央企、相关金融机构共同作为劣后级LP大约认购20%的基金份额,其余80%由银行资金、信托资金、保险资金认购,并作为优先级LP,与上个案例相似,优先级LP大约有20%的安全垫,优先分配本金与收益,体现了政府、相关央企、相关金融机构的信用。基金成立后,作为股东与相关央企共同成立项目公司(SPV),负责地下空间项目的投资、建设、运营等,同时向银行申请一定金额的项目贷款,以项目收益权和相关固定资产做抵质押。

图3项目公司成立后,委托中铁某局进行地下空间的建设施工,建成后,项目公司负责运营,运营期限15年,运营收益用来偿还项目贷款,偿还合伙人的本金与收益。考虑到运营期限较长与运营收益的不确定性,由市财政与人大出具资金纳入财政预算的承诺函,用预算资金归还借款,按顺序归还各合伙人的本金与收益。

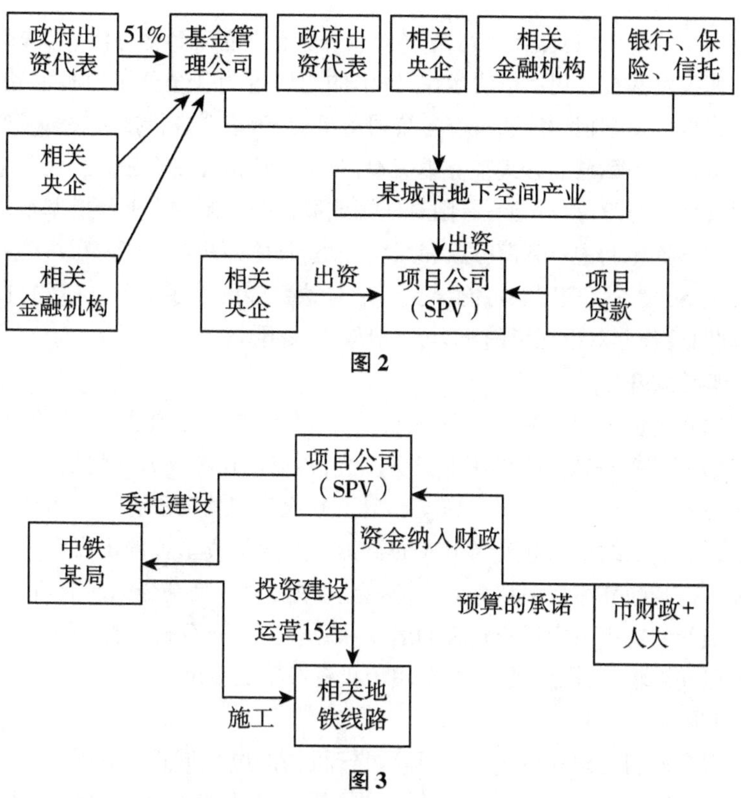

图 2

图 3

此案例有三层股权投资法律关系，分别为基金管理公司、有限合伙基金、项目公司，核心是成立有限合伙基金，体现了政府与社会资本的充分合作。这种项目之前一般是财政出资，各地政府压力较大，PPP 产业基金模式通过引入社会资本，同时项目公司还可以申请项目贷款，这大大缓解了政府的压力，实际出资不到 20% 即可进行重点产业建设，一方面加速促进城市发展，另一方面提高了社会资本的流动性。由相关央企负责项目的建设，既可以发挥他们的专业能力，也可以促进就业，同时，相关央企作为基金的劣后级 LP 与基金管理公司（普通合伙人）的股东，责任的承担也促使他们全力投入项目的建设，降低了施工质量不合格的风险。这里体现了委托受托的法律关系、建设施工的法律关系、运营取得收益的法律关系与运用财政资金支付的债权债务法律关系。

（二）PPP 产业基金的组织模式比较

产业基金主要分为三种组织形式，分别为公司制、契约式、有限合伙制。实务中，PPP 产业基金多采用有限合伙形式。

1. 公司制基金

公司制基金依照我国《公司法》《创业投资企业管理暂行办法》等法律法规组建产业投资基金公司并依法运作,资本的出资者为基金公司的股东,按其持股份额或按公司章程约定选举产生公司董事会,董事会进行投资决策。产业投资公司可以采用私募的方式来筹集资本,股东只承担有限责任。公司制基金分为有限责任制与股份公司制,有限责任制或股份公司制的产业投资基金均按照投资者的出资比例进行利润分成和风险分担,具体办法在投资协议中列明。公司制模式下,投资管理团队可能会受到来自董事会的较多监督与制约,自主性较小,同时面临着双重征税的压力,一般较少采用。

2. 契约式基金

契约式基金不成立独立的法人机构,如产业投资信托基金,是依据我国《信托法》等相关法律设立的主业投资基金,再以信托契约方式将投资者(持有人)、产业投资基金管理公司(管理人)和受托金融机构(托管人)三者的关系书面化、法律化,以约束和规范当事人的行为。产业投资基金的出资者只承担有限责任。基金的募集采用私募方式,基金管理公司不是基金的所有者,只是按照基金契约的规定负责投资资金的运作和管理。由于不成立独立的法人机构,基金一般期限较短,操作灵活,主要用于投资股票二级市场。

3. 有限合伙制基金

有限合伙制是国外最主要的风险投资机构的组织形式。有限合伙企业依照我国《合伙企业法》,由普通合伙人和有限合伙人依照合伙协议组建而成。普通合伙人通常是PPP产业基金的专业管理人员,管理合伙企业事务,提供大约1%的出资额,分享20%左右的投资收益和相当于风险资本总额1%~3%的管理费,并承担无限责任。有限合伙人则负责提供风险资本的绝大部分资金(大约是99%),不负责具体经营,分享80%左右的投资收益,承担有限责任,这种形式具有明确的专业分工,利于管理与责任的承担,并且克服了公司制双重征税的缺点,在多数私募基金中采用。目前,我国PPP产业基金多采用有限合伙形式。

二、PPP产业基金风险类型

(一)政府风险

政府风险主要分为违规举债担保与项目主体不适合,这两种风险不仅会直接导致具体负责人受到行政处分,而且还会造成不良的社会影响。

1. 违规举债担保风险

2015 年 11 月 12 日财政部颁布《政府投资基金暂行管理办法》(以下简称《办法》),《办法》共 35 条,对政府投资基金的设立、运作和风险控制、终止和退出、预算管理、资产管理以及监督管理进行了规范。《办法》颁布之前,为了吸引投资者,PPP 产业基金多为政府承担担保、回购等最终责任,现实案例由政府方面承诺到期回购项目公司股权,或者由政府的另一平台提供担保。虽然《办法》明确规定政府不得向其他出资人承诺投资本金不受损失,不得承诺最低收益,但在《办法》颁布之后,仍然有一些政府对投资人承诺回购与提供担保。2017 年 2 月 20 日财政部"史上最严"问责处理:地方政府违规举债担保一律问责到人,这不但会导致政府相关人员受到严厉处罚,而且政府一旦到期无法履行回购与担保义务,可能会造成广泛的社会影响,甚至会导致当地的系统性风险。政府在发起 PPP 项目时,需要规范合作行为,不得以借贷资金出资设立各类投资基金,不得以任何方式承诺回购社会资本方的投资本金,不得以任何方式承担社会资本方的投资本金损失,不得以任何方式向社会资本方承诺最低收益,不得对有限合伙制基金等任何股权投资方式额外附加条款变相举债,不得以政府购买服务方式承诺对 PPP 项目投资或其产出的公共产品和服务进行回购和要约收购,如做到以上几点,可以防范此类风险。

2. 主体不适合风险

PPP 的主体是政府与社会资本,这里的社会资本指央企、地方国企、民企、外资企业。如果主体不符合要求,可能会受到监管部门的处罚。某城市地铁线路由市政府与某金融机构合作完成,由于金融机构不属于法定的社会资本方,合作主体不符合 PPP 的主体规定,政府负责人受到了严厉的行政处分。在发起 PPP 项目时,首先要做好基本功,准确掌握 PPP 相关概念,确保实际操作时符合法律规定。

(二)市场投资方风险

目前,市场上金融产品呈现多样化,例如,银行、信托公司、保险公司等正规金融机构推出的产品与一些中介机构(如 P2P 平台)推出的理财产品,他们的风险与收益各不相同。在 PPP 项目被广泛熟知以前,像 P2P、股权众筹这样的理财产品规模巨大,也引起了社会公众的广泛参与。自 2014 年开始,越来越多的理财平台出现经营不善、资金流断裂、无力偿还出资人的本金利息甚至跑路,在全国范围内导致了许多风险事件,在某些城市甚至导致了群体性事件。由于 PPP 产业基金的投资方多为银行理财资金、信托资金、保险资金,这类资金最注重本金安全、收益稳健,广大储户、委托人、保险人通过购买以上产品参与 PPP

产业基金的投资,这些产品多数为刚性兑付,这就要求基金投资的产业项目能够创造稳健,并能够覆盖投资方本金收益的现金流,在《办法》颁布之前,PPP产业基金多为政府担保、承诺回购,投资方的资金相对安全。但是随着《办法》的颁布,使PPP项目不再有政府担保和回购,这导致本金与收益回收的不确定性加强,这是投资方面临的主要风险。各级地方政府也相继出台了一些规定,如四川省人民政府《关于进一步加强政府债务和融资管理的通知》规定:中国人民银行、银监会等金融监管部门对要求地方政府违法违规提供担保或违法违规提供融资的金融机构依法依规实施处罚。这表明地方政府违规行为如果与银行等金融机构有关,银行等金融机构作为投资主体也会受到处罚。市场投资方风险不是单一的风险,该风险一旦发生,不仅会导致广大投资者无法按时兑付,还可能会导致以上金融机构的系统风险,并且导致一系列的连锁反应。所以,对以上两类风险的防控成为PPP产业基金的重要工作。

三、PPP产业基金政府风险防控

要在PPP产业基金设立、运营、退出的全过程做好风险防控措施,其中,风险前置措施显得尤为重要,基金设立之前,首先,要做财政承受能力论证,并进行行业和领域均衡性评估;其次,在PPP产业基金设立时,涉及非货币资产出资的,进行资产评估,并审核PPP产业基金的各要素是否适合;再次,在实际运营时,通过协议约定各个主体的权、责、利,并做到资金专款专用,严格进行资金监管;最后,为广大社会资本方落实较安全的增信措施,将不能到期兑付的风险降到最低。

(一)PPP财政承受能力论证

《政府和社会资本合作项目财政承受能力论证指引》(以下简称《指引》)规定:开展PPP项目财政承受能力论证,是政府履行合同义务的重要保障,有利于规范PPP项目财政支出管理,有序推进项目实施,有效防范和控制财政风险,实现PPP可持续发展。财政承受能力论证是指识别、测算政府和社会资本合作项目的各项财政支出责任,科学评估项目实施对当前及今后年度财政支出的影响,为PPP项目财政管理提供依据。因此,该环节所识别和测算的,是PPP项目中的各项财政支出责任,主要包括股权投资、运营补贴、风险承担、配套投入等。《指引》规定:股权投资支出责任是指在政府与社会资本共同组建项目公司的情况下,政府承担的股权投资支出责任;运营补贴支出责任是指在项目运营期间,政府承担的直接付费责任;风险承担支出责任是指项目实施方案中政府承担风险带来的财政或有支出责任。通常由政府承担的法律风险、政策风险、最低需求风险以及因政府方原因导致项目合同终止等突发情况，会产生财政或有支出责任；配套投入支出责任是指政府提供的项目配套工程等其他投入责任，通常包括土地征收和整理、建设部分项目配套措施、完成项目与现有相关基础设施和公用事业的对接、投资补助、贷款贴息等。各项财政支出责任可以定量求得(见表1)：

表1

PPP各项财政支出	支出责任的定量计算
股权投资支出	项目资本金×政府占项目公司股权比例
运营补贴支出	—
风险承担支出	风险承担支出数额=基本情景下财政支出数额×基本情景出现的概率+不利情景下财政支出数额×不利情景出现的概率+最坏情景下财政支出数额×最坏情景出现的概率
配套投入支出	政府拟提供的其他投入总成本-社会资本方支付的费用

《指引》规定：在进行财政支出能力评估时，未来年度一般公共预算支出数额可参照前5年相关数额的平均值及平均增长率计算，并根据实际情况进行适当调整。每一年度全部PPP项目需要从预算中安排支出责任，占一般公共预算支出比例应当不超过10%。在按照表1公式计算出年度总支出后，可以对比一般公共预算的数额，确定比例是否在10%以内。

(二)行业和领域均衡性评估

在进行财政承受能力论证的同时，需要进行行业和领域均衡性评估。PPP项目与其他投资项目一样，遵循风险分散的原则，行业和领域均衡性评估是为了防止某一行业和领域的PPP项目过于集中，有利于防范系统性风险。论证与评估通过后，纳入PPP项目开发管理目录。如果论证结论为财政承受能力不足，可以对实施方案进行修改(如修改合作期限、风险分配方案、运营补贴计算方法等)，修改后重新进行论证，如果还不能通过，建议不采用PPP模式。以上是风险控制的首要措施。

四、市场风险防控

(一)PPP产业基金成立时的资产评估

在PPP产业基金成立时，涉及非货币资产出资的，应根据我国《公司法》第27条的规定，对非货币财产的价值进行评估。《指引》也规定："股权投资支出责任中的土地等实物投入或无形资产投入,应依法进行评估,合理确定价值。”《关于在公共领域深入推进政府和社会资本合作工作的通知》规定:“对于使用者付费项目,涉及特许经营权的要依法定程序评估价值,合理折价入股或授予转让,切实防止国有资产流失。”如果资产已经用于抵质押,通常需要进行资产评估,以维护金融机构合法权益,有效防范贷款风险。由于PPP项目涉及国有资产,资产评估不仅需要依据我国《资产评估法》,还需要依据我国《企业国有资产法》《企业国有资产交易监督管理办法》。

资产评估需要根据资产的类型、预计用途运用不同的评估方法,法定评估方法主要包括:市场法、收益法、成本法。有时,运用不同的评估方法评估的资产价值可能会有较大不同,这就要求评估人员严格按照《资产评估法》《资产评估准则》的规定执行评估业务,确保资产价值公允、客观,防止国有资产低估,损害国家的权益;同时也要防止国有资产高估,损害社会资本方的合法权益。

(二)PPP产业基金各主体的权责利

PPP产业基金的主体主要包括投资方、建设方、运营方。其中,投资方主要包括政府、社会资本方、金融机构;建设方主要包括设计方、施工方、监理方;运营方分为聘请专业运营公司与项目公司自行运营。各方主要权、责、利(见表2):

表2

主体		权责
投资方	政府	项目的发起人,承担部分出资义务,承担财政资金支付义务,一般拥有项目所有权
	社会资本	承担项目主体建设义务,保证项目符合各项标准,收取工程费用的权利
	金融机构	项目主要出资人,承担大部分出资义务,按时收取本金收益的权利
建设方	设计方	对勘察、设计质量负责的义务,收取设计费用的权利
	施工方	保证安全生产的义务,对施工质量负责,收取工程费用的权利
	监理方	取得监理收入的权利,保守技术秘密、商业秘密的义务,独立执行工程监理的义务
运营方	委托运营	收取管理费的权利,按照规定安全运营的义务
	自行运营	按财政规定收取补贴的权利,收取项目收入的权利,按照规定安全运营的义务,按照合同约定转交项目本金收益的义务

PPP 项目从 PPP 产业基金成立到项目建成投入运营,涉及主体较多,交易结构及法律关系比较复杂,本文按照 PPP 项目进展顺序将其分为三大步骤:第一步,由各投资方成立 PPP 产业基金,这是 PPP 项目的首要步骤,也是 PPP 项目的基础,是最关键的一步,政府作为发起人,与各类社会资本、金融机构签订有限合伙协议(以有限合伙基金为例),根据我国《合伙企业法》的规定,明确各合伙人的权利义务及合伙企业的主要经营范围与期限等要素。第二步,PPP 产业基金与其他股东以股东投入的方式投入到项目公司(SPV)中,项目公司主要负责产业项目的建设,以委托方的身份与设计单位签订设计合同、与施工单位签订施工合同、与监理方签订监理合同,负责全面建设的工作。第三步,项目建设完成后,委托专业运营公司运营或自行运营,在一定期限内享有收取项目收益的权利,享有收取政府财政资金补贴的权利,并将收益分配给 PPP 产业基金及其他股东单位,PPP 产业基金用获取的收益支付给基金的各个出资方,最终社会资本实现 PPP 产业基金的安全退出。整个过程不但涉及许多主体,还涉及比较复杂的资金往来,对这些主体需要用合同事先约定好各方的权、责、利,对资金往来需要做到专款专用,严格做好资金监管。

(三)增信措施

政府运用少量资金即可撬动大规模的 PPP 产业基金进行 PPP 项目的建设,充分发挥了杠杆的作用,在加速城市发展、加速为人民谋福利的同时,杠杆的风险也不容忽视,一旦 PPP 项目某些过程出现差错或不可预料的风险发生,大量社会资本的安全将会受到严重威胁,很可能会对经济,甚至社会安定造成不利影响。为了防止以上风险的发生,为社会资本方提供有效的增信措施便显得非常重要,实务中,增信措施主要分为两方面:一是提供充足的担保措施;二是约定稳定足额的回款来源。

1. 担保措施的落实

我国《基础设施和公用事业特许经营管理办法》规定:“探索利用特许经营项目预期收益质押贷款,支持利用相关收益作为还款来源。”《政府和社会资本合作项目财政管理暂行办法》规定:“对于归属项目公司的资产及权益的所有权和收益权,经行业主管部门和财政部门同意,可以依法设置抵押、质押等担保权益,或进行结构化融资,但应及时在财政部 PPP 综合信息平台上公示。”我国《公司法》也有股权质押的相关规定,实务中,可以按照相关法律法规的规定,用项目公司的收益权作为质押,同时,对项目公司的剩余股权也可以设定质押,并设立质押登记,作为有效的融资路径,降低社会资本方的风险。

2. 回款来源的落实

PPP项目一般期限很长,收益预测可能不够精准,这就要求除了传统的经营收益以外,还需要落实其他收益,才能更好保证社会资本的安全回收。实务中要做好如下安排:(1)取得市财政局对资金安排纳入财政预算出具的函件;(2)取得市人大常委会决议件:可用性服务费和运营绩效服务费纳入跨年度的财政预算;(3)做好资金监管、资金沉淀的比例和期限要求;(4)根据项目公司每年收取的政府付费,逐年支付本息或收取项目公司每年分红;(5)运用资产证券化(PPP专项债、项目收益债、项目收益票据)所形成的现金流;(6)可根据项目的实际盈利情况,做1~2次的减资安排,减资的资金可以用于偿还提前到期的社会资本;(7)其他金融机构或牵头金融机构的流动资金支持,用于偿还提前到期的社会资本;(8)PPP合作期限届满,到期退出(清算、评估价转让、约定价转让等),退出价款用于清偿社会资本。每个PPP项目会安排以上多种做法,并且以上做法符合最新法规的规定,没有政府担保或承诺回购股权,不增加政府的债务,同时有利于社会资本的安全回收。

五、结语

PPP产业基金不仅是一种融资手段,而且是一次体制机制变革,涉及行政体制变革、财政体制变革、投融资体制变革。在政府公共部门与社会资本合作过程中,政府发起并少量出资,根据社会资本所掌握的资源参与提供公共产品和服务,有利于实现双方的互惠互利。但从实际情况来看,社会资本的参与程度并不高,更多的是在等待观望,这就要求政府作为发起人,一方面,遵守最新的法律法规的规定,严禁增加政府的负债,严禁兜底、担保,严禁明股实债;另一方面,又要拿出发起人的诚意,在成立PPP产业基金之前,让社会资本看到足够安全的风险防控措施,吸引社会资本参与到公共产品和服务的建设中来,让人民群众真正掌握城市发展的步伐,真正享受到自己创造的福利。

地方政府或有债务的法律性质

王永红*

伴随着2014年我国新《预算法》的颁布实施,我国地方政府债务问题备受社会公众的高度关注。值得一提的是,我国地方政府债务管理框架不断完善,地方政府债务改革已成效初现,地方债务增长在一定程度上得到控制,违约率有所下降。自2017年以来,地方政府融资监管措施不断落地,财政部等各部委多次强调防范地方政府债务和风险,要求进一步规范地方政府举债融资机制。我国新《预算法》第35条明确规定,地方政府除以发行地方政府证券的方式举债外,不允许其他任何方式举债,并对发行主体、发行额度、资金用途、债务规模等均作了明确规定。但是,实际上政府或有债务问题一直存在,地方政府或有债务是否完全属于地方政府债务,其含义、特征,以及是否是法律意义上的债等仍属值得探究的问题。

一、地方政府或有债务基本问题

(一)地方政府或有债务的定义

对于政府或有债务的定义问题,学界有诸多观点。在会计学领域,根据国际会计师联合会公布的政府国际会计准则将或有债务(负债)定义为,政府由于获得某种经济利益而承担的、产生于过去某种事项并且在将来会导致政府资源流失的现有责任。还有学者认

* 西北政法大学2016级经济法专业硕士研究生。

为,政府或有债务是指政府所承担的直接债务以外的债务,这种观点是基于对政府债务区分为直接债务和或有债务后给出的结论;另有观点认为,政府或有债务是指政府在未来不确定的某项事件发生时,才进行支付的债务。综合上述观点,有学者总结或有债务有狭义和广义之分。狭义或有债务是指在某一或某些不确定性的事件发生的前提下才会实现的责任;广义或有负债是指在现行财政体制下没有被纳入正常的政府预算内,但一旦出现支付缺口,必然由政府承担一部分最后的偿还责任,从而可能对政府财政构成压力和风险的预算外债务。① 在法学领域,我国2000年7月1日起开始实施的《会计法》有关或有事项准则认为,或有债务是指"过去的交易或事项形成的潜在义务,其存在必须通过未来不确定事项的发生或不发生予以证实;或过去的交易或事项形成的现时义务,履行该义务不是很可能导致经济利益流出企业或该义务的金额不能可靠的计量";因此,可以认为,地方政府或有债务是指当事人(一方是地方政府)以未来某一事项的成就为条件,当条件成就时债务人(地方政府)负有的向债权人为或不为一定行为的义务,政府在该种民事法律关系中是债务人,另一方当事人是债权人。或有债务的发生是以不确定事项的出现为前提的,该种债务的承担因不确定事项是否客观显现也具有不确定性,只有条件成熟时,或有债务才得以确定,转为现时债务。其能否发生要视未来特殊事项是否发生以及政府是否会最终承担予以确认,在未确认之前,其所表现出的仅仅是一种财政减收增支的可能性,有可能发生,也有可能不发生。

(二)地方政府或有债务的特征

基于对政府或有债务的定义,从已有的文献看,理论界对政府或有债务的特征有着比较普遍的认识:(1)不确定性。首先,政府或有债务以将来不确定的事项的发生与否为前提,该事项的发生具有不确定性;其次,由于前提条件的不确定性,导致债务承担也具有不确定性,包括债务承担的时间和债务承担的金额等;最后,该事项的发生具有客观性,不由政府控制,政府或有债务主要受外生因素和内生因素的影响,尤其是对外生因素,如自然灾害等,完全没有可控性。(2)时效性,即随着影响或有债务结果的因素的变化,政府或有债务最终会成为现时债务或者使双方的债权债务关系消灭。(3)政府或有债务总是与社会道德风险(政府或有债务中的道德风险就是指政府或有债务形成过程中,由于代理人的投机败德行为,而使委托人资产遭受损失的可能性)②相关联。

① 张海星:《政府或有债务问题研究》,东北财经大学2006年博士学位论文,第38~42页。

② 李桂平:《政府或有债务的道德风险及法律防范》,载《法学》2004年第9期。

如在财政运行中,不免会出现因政府越权干预经济或过度保护市场等政府失灵现象,政府工作人员谋求私利等道德风险。

(三)地方政府或有债务的种类

地方政府或有债务的来源较多,也比较复杂。但根据学界共识,地方政府的或有债务主要可以分为以下两种,即显性或有债务和隐性或有债务。之所以区分显性或有债务和隐性或有债务,主要是基于其外在表现形式的考虑,显性或有债务,即地方政府作为债务人和债权人在合同或双方约定的条件发生时,承担给付义务的债务,履行其作出的承诺。这是实践中最为常见的显性或有债务的表现形式。相反地,当地方政府与相关当事人没有以书面或者其他方式明确约定,而在特定事项出现时就承担债务的,为隐性或有债务。

所谓地方政府显性或有债务,主要是指地方政府负有担保责任的债务,是指因地方政府提供直接或间接担保,当债务人无法清偿债务时,政府承担连带清偿责任的债务,又被称为“二类债务”。一是政府融资平台、经费补助事业单位、公用事业单位和其他单位举借,确定以债务单位事业收入、经营收入等非财政资金偿还,且由地方政府提供直接或间接担保的债务;二是地方政府举债,以非财政资金偿还的债务,视同政府担保债务。所谓地方政府隐性或有债务,是指地方政府可能承担一定社会救助责任的债务,主要是由政府平台公司、经费补助事业单位和公用事业单位为公益性项目举借,由非财政资金偿还,且地方政府未提供担保的债务,被称为“三类债务”,该债务地方政府承担的仅仅是救助责任。上述显性和隐性或有债务构成地方政府或有债务,但是它完全不同于地方政府债务,有学者将这两种债务视为“地方政府性债务”。因此可见,有必要对地方政府或有债务与地方政府债务作以甄别,除此之外,或有债务并非是政府专有,企业也存在或有债务,因此,为了更好地理解地方政府或有债务,对其进行区分比较还是有一定价值的。

二、地方政府或有债务与相关债务的比较

(一)地方政府或有债务和地方政府确定债务

所谓地方政府债务,也被称为“一类债务”,是指地方政府作为债务人按约定的条件向债权人承担的为或不为一定行为的义务。在我国当前的法律规定中,对地方政府举债方式进行了严格限定,即地方政府以其政府信用为担保,通过发行地方政府债券融资,人们之所以相信地方政府信用,是因为其背后有法定税收来源。这是当前我国地方政府债务中最主要也是最重要,且被法律明确支持和认可的。我国在2014 年颁布的《预算法》第35 条第3 款明确规定“除前

款规定之外,地方政府及其所属部门不得以任何方式举借债务"。对于地方政府债务和地方政府或有债务,其二者的不同之处主要表现在以下几点:首先,地方政府债务确定的,当债务履行期限届至时承担给付义务,其一般不受其他因素的影响;而地方政府或有债务时不确定的,是政府存在的潜在义务。其次,地方政府债务有明确的期限,如地方政府发行一般债券,期限有1年、3年、5年、7年和10年之分;而政府或有债务则没有固定的期限,因其发生的可能性是不确定的。再次,地方政府债务一般列入本级政府财政预算,由财政资金偿还,而现实中政府或有债务多以非财政资金偿还。最后,有无法律依据不同,地方政府债务多是依据法律或者合同的明确规定,2016年财政部制定了《地方政府一般债务预算管理办法》,对一般债券和外债转贷做了明确规定。而地方政府或有债务,虽有所谓的直接担保或间接担保,但是该担保的效力还值得商榷,对于承担救助义务的债务,政府实际承担的是道义上的责任,没有法律依据。

因此,在当前地方政府性债务规模不断扩增,国家对其法律规范治理中,严格区分地方政府债务和或有债务,对于明确债务管理,规范财政预算的执行都有重要的意义。

(二)地方政府或有债务和企业或有债务

会计学上的"企业或有负债"是指企业在将来可能承担的潜在的债务,一般是由于某种约定的条件或允诺的责任,在将来可能成为企业的负债。这种负债的特点为:不是过去发生的事项而引起的负债,而是尚未正式发生的某种事项潜在的可能发生的负债;发生这种负债的可能性很小。根据发生可能性的大小,或记入企业财务会计报表中的"或有负债"一栏,或者在会计报表下加注。在法律角度,"或有债务"不仅包括已经约定的条件或允诺的责任,待条件成就时,就可能发生的或有债务,如担保债务,而且包括双方不能预见的,具有偶发性的,几乎不可能在会计报表上有所记载的或有债务,如产品质量债务。① 根据以上定义分析可以看出,企业或有债务与地方政府或有债务有共同之处,第一,都具有不确定性,债务的发生取决于特定事项是否出现;第二,都是立足于谨慎性原则,旨在更完整地反映企业财务状况或政府财政状况。两者的不同之处表现在:第一,企业和政府追求的目标不同。企业是投资者按照法定组织形式设立的,将各种生产要素有机地结合起来,以营利为目的从事生产或经营活动,具有法律主体资格的经济组织。因此,企业的最大目标就是在法律未禁止的范围内追求利润最大化,当然也要承担一定的企业社会责任。而政府是公共

① 范黎红:《企业并购活动中或有债务的可追偿性》,载《证券市场导报》2009年第9期。

利益最大的提供者和守护者,这就决定了其所追求的目标,即公共风险最小化。第二,企业或有债务是由企业自身经营行为引起的,并且有法律依据,主要是企业产权制度和契约制度。而政府或有债务并非均由政府行为引起,除政府担保外,还存有大量前述隐性或有债务,这部分债务的发生与政府行为毫无关系。第三,企业或有债务一般是显性的,企业作为营利组织,其经营活动的发生多伴有大量交易合同,如产品质量保证等。而政府或有债务则有许多隐性债务,其作为国家公权力的行使者,参与的社会关系复杂,承担的公益性责任多,此处暂且无论其责任的承担是否合法。

在对地方政府或有债务有了以上两部分基本的认识以后,我们有必要进一步去发现和探索其存在是否具有法律适当性,是否是法律规定的债。

三、地方政府或有债务的法律性质分析

地方政府或有债务虽然冠名曰"或有债务",与"债"一词直接挂钩,但是在法律上它是否属于债法所规定的债,还值得进一步商榷。下文将针对地方政府或有债务的特点和种类对其进行法律分析,探明地方政府或有债务,主要包括两个方面的内容:一是探究其是否是债,如果是,是何种债;二是从其显性和隐性入手,研究地方政府直接或间接担保和该种担保的效力问题,以及地方政府的救助义务是否具有法律正当性。

(一)地方政府或有债务并非法律意义之债

债法中所称的债,是因其法律效果的同质性被整合在一起的几类法律关系的总称,是指特定人可以请求特定人为或不为一定行为的民事法律关系。其中,一方享有的请求他方为一定行为或不为一定行为的权利,称为债权;他方负有的满足该项请求而为一定行为或不为一定行为的拘束,称为债务。享有债权者为债权人,负有债务者为债务人。债作为一种相对民事法律关系,与其他民事法律关系相比,具有以下特征:(1)债属于财产法律关系。所有的债都是财产法律关系,以债务人的给付行为所体现的财产利益为客体。(2)债的主体特定。即债权人和债务人都是特定的一人或特定的数人。从而,债具有相对性,除非法律另有规定,债权人只能请求债务人履行债务,而无权请求债务人以外的第三人履行债务。(3)债的客体为给付。给付,即有目的地增加对方财产的特定行为,包括作为和不作为。(4)债具有平等性。债权人有权请求债务人为给付行为,但无权直接支配债务人的人身、财产和行为。从而,同一客体上可以并立数个相同内容的债权,如"一物数卖"。但也有例外,如"动产多重买卖"和"一房数租"。(5)债具有期限性。债权是实现债权人特定目的之手段,具有死

亡的基因,[①]目的达到,债权归于消灭。根据我国债法规定,以债的发生原因为依据,可将债分为法定之债和意定之债。所谓法定之债,是指依据法律规定而发生的债,包括侵权行为之债、不当得利之债、无因管理之债、缔约过失债和拾得遗失物之债。所谓意定之债,是指依据法律行为而发生的债,包括合同之债、单方行为所生之债(悬赏广告、捐助行为)以及多方行为所生之债。

地方政府或有债务被分为显性(担保债务)和隐性(救助债务)。首先,就显性或有债务,即地方政府担保债务而言,属于地方政府与作为债权人的其他企业之间通过书面或者口头的形式签订担保合同,为融资平台或企业的债务提供担保。从形式上看,因有地方政府直接或间接的担保,债权人在作为债务人的融资平台、企业债务期限届满不能清偿债务时,地方政府基于担保行为应对该债务承担清偿责任,该担保合同的债权人有权请求地方政府为给付义务。表面上看,债权人与担保人之间存在的担保合同,是双方当事人为特定目的而基于意思自治所为的法律行为,貌似合法合规,不损害其他民事主体的利益。但实质而言,地方政府为其他企业进行担保,即使退一万步将其确定为意定之债,签订担保合同的效力还值得进一步考虑。2015 年实施的我国新《预算法》是禁止地方政府及其政府部门为其他单位和个人提供担保的。其次,就地方政府的救助债务而言,实际上,它根本不属于债法规定之债。救助债务中,融资平台、企业都不具有债权人主体资格,与地方政府在法律上无任何关系,不符合债的构成。地方政府承担救助责任,其实是对作为债务人的企业、融资平台等的法外照顾,没有法律或行政法规乃至法律文件明确规定地方政府对上述债务人承担救助义务;同时,地方政府与这些债务人之间一无书面合同,二无口头承诺。因此,地方政府救助债务既没有法律规定,又没有合同依据,其既不属于法定之债,也不属于意定之债。故而,其根本不属于法律规定的债。

(二)地方政府担保债务法律效力分析

对政府担保行为,我国 1995 年出台的《担保法》对国家机关提供保证担保作了禁止性规定,我国新《预算法》也规定地方政府及其政府部门不得以任何方式为任何单位和个人的债务以任何方式提供担保。显然,政府担保行为是明令禁止的,但现实中却很多,对地方债尤为重要。就地方政府的担保行为而言,应将《预算法》的规定作为大前提予以研讨。首先,就其主体而言,包括地方政府和政府部门。其次,该禁止规定需构成法律意义上的担保。法律意义上的担保一般是指,债务人不能履行债务或者发生约定情形时,由第三人以其责任财

① 钟秀勇:《钟秀勇讲民法之理论卷》,中国政法大学出版社 2015 年版,第 232 ~241 页。

产代替债务人承担履行债务的责任,或者以债务人、第三人的特定财产优先受偿所得履行债务。就担保形式而言,我国《预算法》规定"任何方式提供的担保",覆盖范围较广,但未列举具体方式。财政部等四部门《关于贯彻〈国务院关于加强地方政府融资平台公司管理有关问题的通知〉相关事项的通知》(财预〔2010〕412号)规定,任何以直接、间接形式为融资平台公司提供的担保都构成财政担保,主要包括:(1)为融资平台出具担保函;(2)承诺当融资平台不能偿还债务时,承担部分偿付责任;(3)承诺在融资平台出现偿债困难时,提供临时性偿债资金;(4)承诺融资平台的偿债资金安排纳入政府预算等。仅第一、二项构成法律意义上的担保。第(3)类不构成法律上的担保,因为承诺给予债务人流动性支持,仅是对债务人实际履约能力的增强,而非替代债务人履行责任,债权人并未因此获得要求地方政府偿债的权利,债权未取得额外的法律保障;第(4)类也存在第(3)类同样的问题,在有的情形下,政府融资平台的偿债资金本身就来源财政预算,政府承诺将融资平台公司的偿债资金安排纳入政府预算,不过是对借款人第一还款来源的确认,未对债权给予额外的法律保障,也不符合保证担保的法律属性。[①] 实际上,它们就是地方或有债务当中的救助债务,所以再一次证明了它并非法律意义上的债务。而第(1)类和第(2)类,结合上一部分的论述,表面上构成合同之债,属于《预算法》禁止的法律意义上的担保。此外,我国《预算法》禁止任何形式的担保,实际上就明确了政府不得以保证、抵押、质押等方式直接或间接提供担保,完全将这些担保方式排除在外。

根据我国《预算法》第35条第4款"除法律另有规定外,地方政府及其所属部门不得为任何单位和个人的债务以任何方式提供担保",地方政府的显性或有债务(担保债务)明显是对该款的违反。同时,我国《合同法》第52条第5款规定,违反法律、行政法规的强制性规定的,合同无效。因此,地方政府在实际中提供的直接或间接的担保行为是无效的,不具有法律效力。

综上,无论是从债的构成和债的种类看,还是从担保债务的效力看,地方政府或有债务仅仅是事实上的债务,而非法律意义上的债务,不属于我国债法规制的债。但是,"存在即有合理性",地方或有债的存在,也有其存在的原因,诸如经济体制和制度的缺陷等。既然地方或有债务并非法律规定之债,那么该如何处理现实中存在的或有债,就显得尤为重要。

---

① 秦福川:《财政担保效力刍论》,载《社会科学研究》2016年第1期。

四、目前国家对事实地方政府或有债的实际处置

第一,由于地方政府为融资平台、企业等债务人提供的担保无效,并不构成法律上债之关系,那么之前的"债权人""债务人""担保人"的债权债务关系该如何处理,是当务之急。地方政府作为担保人,与债权人之间的担保合同,从属于债权人与债务人之间的主合同法律关系,因而作为从合同的担保合同无效,并不影响主合同的法律效力,只要主合同不违反其他法定无效事由,主合同就有效。同时,地方政府也并不会因担保合同无效而免除其责任。根据最高人民法院《关于适用〈中华人民共和国担保法〉若干问题的解释》第7条的规定,主合同有效而担保合同无效,债权人无过错的,担保人与债务人对主合同债权人的经济损失,承担连带赔偿责任;债权人、担保人有过错的,担保人承担民事责任的部分,不应超过债务人不能清偿部分的1/2。因此,地方政府作为担保人还是要承担责任的,至于承担责任的多少,取决于债权人有无过错。

第二,根据国务院办公厅印发《地方政府性债务风险应急处置预案》(以下简称《预案》)规定,对于存量担保债务,《预案》的规定与上述担保法解释一致的基础上,又多了一层保障,即担保额小于债务人不能清偿部分1/2的,以担保额为限。对于存量救助债务,《预案》规定地方政府可以根据具体情况实施救助,但保留对债务人的追偿权。此外,按照新《预算法》以及财政部下发的《关于对地方政府债务实行限额管理的实施意见》,对地方政府债务实行限额管理,"对确需依法代偿的或有债务,地方政府要将代偿部分的资金纳入预算管理,并依法对原债务单位及有关责任方保留追索权;对因预算管理方式变化导致原偿债资金性质变化为财政资金、相应确需转化为政府债务的或有债务,在不突破限额的前提下,报经省级政府批准后转化为政府债务"。也就是说,当地方政府需要对存量担保债务和存量救助债务承担代偿时,需要将代偿部分纳入地方政府预算管理,占用相应的地方政府限额,在限额内安排发行地方政府债券置换。鉴于2015年我国《预算法》正式实施,因而对于2015年以后发生的或有债务,也是参照上述规定进行,严格界定政府"担保"行为。

总之,对于现实中存在的大量地方政府或有债务,已经有了应对方案。因而,为了维护法律的尊严和权威性,应严格限制地方或有债的发生,防范地方债的风险。

五、结语

地方债被誉为九大"灰犀牛"之一,可见地方债所带来的压力之大。在地

方政府或有债务中,无论是显性或有债,还是隐性或有债,在目前我国的法律体系中,都无法得到法律的支持。就显性或有债(担保债务)而言,其虽然在表面上符合合同之债的构成,但因违反《预算法》的强制性规定而无效;就隐性或有债(救助债务)而言,无法从我国当前的法律法规中找到依据,也不符合债的构成。因此,地方政府或有债从根本上不能称为“债”,也不属于地方政府的债务组成部分。但由于其存在一定的原因,我国新《预算法》颁布后就着力寻求解决办法,对存量地方或有债有条件地与地方政府债券置换,保留承担救助责任后对债务人的追偿权。在当前地方债压力巨大这种情形下,有效防范地方政府违法违规担保,防范或有债所带来的风险,是重中之重。

地方政府融资平台的转型与发展

——以西安城投集团为例

侯姝玥*

一、地方政府融资平台概述

(一)地方政府融资平台的界定

1. 地方政府融资平台的含义

通过总结国务院《关于加强地方政府融资平台公司管理有关问题的通知》(国发〔2010〕19号)以及国家财政部、发展改革委、人民银行、银监会联合下发《关于贯彻国务院关于加强地方政府融资平台公司管理有关问题的通知相关事项的通知》(财预〔2010〕412号)中关于地方政府融资平台的定义,笔者认为,地方政府融资平台是指由各级地方政府出资设立的,依赖政府或相关政府部门划拨的土地及不动产、财政拨款、股权、收费权、税费返还等资产设立,以政府信用、土地增值收益作为担保,以银行贷款、城投债作为主要融资方式,以城市基础设施建设、公用事业等为主要投资对象的具有独立法人资格的企业实体。主要包括城建开发公司、城建投资公司、国有资产经营公司以及各行业投资公司等类型。

2. 地方政府融资平台的类型

按照投资建设项目的收益能力划分,地方政府融资平台可划分为公益性融资平台、准公益性融资平台及

---

* 西北政法大学2017级经济法硕士研究生。

经营性融资平台三种类型。① 公益性融资平台指主要投资基础设施建设及地方公益项目的公司,其自身无法产生收益,严重依赖于地方财政资金的支持。经营性融资平台自身可以获得一定收益,政府只需投入融资公司设立的资本金,相关贷款亦可通过项目投入运营后产生的收益偿还。准公益性融资平台介于公益性与经营性融资平台之间,自身可以获得一定收益,但并不稳定,仍需政府提供财政支持方可正常运营。

按照行政级别划分,地方政府融资平台可分为省级政府融资平台、地市级政府融资平台以及区县级政府融资平台三类。② 省级政府融资平台通常由省级政府绝对控股,是省级基础设施建设与公益性项目的投融资主体,资金相对雄厚,抗风险能力较强。地市级政府融资平台是由市政府将土地使用权、财政性资金等注入到融资公司中,为市域内基础设施建设与公益性项目的投融资主体。区县级政府融资平台主要对区县级基础设施及公益性项目进行投资,数量庞大,规模较小,抗风险能力弱。

(二)地方政府融资平台的主要融资方式

1. 银行贷款

银行贷款是指根据国家政策以一定利率将资金借贷给需求者,到期还本付息的一种经济行为。由于我国融资结构一直以间接融资为主,且政策变化之前一直有政府信用作为担保,故银行贷款是我国地方融资平台最主要的融资方式。③

2. 城投债

城投债又称作“准市政债”,是指地方政府间接通过融资平台发行债券,并以政府信用作为担保进行市场化融资。城投债多以市级融资平台作为发行主体,通过股权及土地抵押等方式增加其信用。城投债市场化程度高,有利于募集长期资金,因此成为地方政府融资平台的第二大融资渠道。

3. 股权融资

股权融资是指企业通过出让部分所有权,引进新股东实现增资的一种融资方式。地方政府融资平台通过股权融资取得的资金无须还本付息,新股东与老股东对融资平台的经营共享收益,共担风险。但我国目前只有少数城投公司成

---

① 王兵兵:《地方政府驰资平台的发展与转型:深圳经验》,载《南方金融》2013 年第 2 期。

② 文照明:《完善地方政府投融资平台建设的思考》,载《宏观经济管理》2013 年第 1 期。

③ 李经绅:《新预算法及其配套政策法规实施背景下的地方融资平台转型与发展》,载《中央财经大学学报》2015 年第 2 期。

功采用这一融资方式,如宁波城投就通过引进宁波富达公司的资金成功实现转型。在地方融资平台与政府信用全面脱钩的政策环境下,股权融资是其实现转型发展的新型融资渠道之一。

4. PPP项目融资

PPP项目融资,是指政府与私人发挥各自优势,在提供公共服务上达成协议,对建设项目风险共担、利益共享的一种合作关系。PPP项目融资有两大优势:一是拓宽融资渠道,缓解政府财政压力,节约基建成本;二是政府可借助私人部门的生产经营和管理技术,实现利润最大化,增加财政收入。笔者认为,地方政府融资平台可采用PPP项目融资等方式实现转型发展。

二、国内外地方政府融资平台的转型经验及启示

(一)国内外地方政府融资平台的转型经验

1. 日本地方政府融资平台的转型经验

第二次世界大战以后,在新的地方自治体制下,日本地方政府融资平台得到长足发展,但也逐渐显现出一些问题,如企业缺乏自主性、经营效率低下以及普遍亏损、政府补贴巨大等问题。在20世纪80年代中期日本朝野达成共识,认为此种结果是经营体制造成的,于是对其进行混合所有制改革。

日本地方政府对融资平台进行混合所有制改革后,对其之前承担的地方政府建设及运营项目采取购买服务和特许经营的方式与其进行合作。在此基础上,日本政府积极推动混合所有制企业上市,严格按照市场规则将经营管理权与人事任免权移交给公司董事会,并对混合所有制企业进行严格检验和定期监察,建立和完善相关信息披露制度,①为地方政府融资平台的转型发展扫清障碍。

通过混合所有制改革,日本地方政府融资平台实现了成功转型与长足发展。一方面减轻了政府的财政负担,另一方面改制后的企业实现了业务的多元化,利润大幅度提高,成为独立的市场竞争主体。

2. 国内地方政府融资平台转型成功的案例

上海张江集团有限公司(以下简称张江集团)是国内地方政府融资平台成功转型的一个案例。张江集团是上海浦东新区的重点投融资平台公司,主要负责张江高科技园区的基础设施建设、公共事业项目的投融资活动。

张江集团在发展的过程中,并不像其他政府融资平台单纯依靠政府资金投

① 薛光明:《新常态下地方政府性债务问题探讨》,载《北方经济》2015年第2期。

入与信用担保，而是坚持独立自主的开发原则，对土地进行滚动开发，所得收益完全归于公司自身，并在此基础上努力开展多元化经营，积极投资酒店经营、物业管理以及广告传媒等产业，逐渐成为实力雄厚的投融资控股集团。目前，张江集团有二级子公司29家，是10余家上市公司(含创业板)的重要股东，也是我国地方政府融资平台成功转型的典型案例。

江东控股集团有限责任公司(以下简称江东控股)是我国地方政府融资平台成功转型的又一个典型案例，其前身马鞍山市城投集团有限公司是马鞍山市唯一的政府融资平台公司，是马鞍山市基础设施建设与公共事业发展的投融资主体。

2013年马鞍山市决定实现城投公司的转型，使其更加市场化与企业化。马鞍山城投集团更名为江东控股，意味着与原有的政府投融资平台职能一刀两断。市政府通过向江东控股注入财政资金，土地使用权等方式提升集团及其子公司的融资能力与运营能力，充分利用可利用的资产化资源，如土地、国有林权、各类特许经营权等资源，以市场运营方式扩大集团运营规模，使江东集团的融资能力大幅提升，目前江东控股的资产已达600多亿元，成为全国首家城投公司成功转型成普通国企的案例。

(二)对我国地方政府融资平台转型的启示

1.混合所有制发展方向

政府融资平台的混合所有制发展方向是指在国有企业中注入民营资本、外来资本，以增强改制企业的管理能力与经营活力，实现不同所有制的取长补短、优势互补。国内外地方政府融资平台的转型经验证明对国有融资平台进行混合所有制改革是成熟可行的方法。在基础设施建设及公共服务领域，混合所有制改革可以使国家获得更大的行业主导力，减轻政府财政负担；在市场竞争领域，混合所有制改革可以实现国有资本的有序退出，实现融资公司的“去行政化”，倒逼地方政府融资平台建立健全现代企业制度，成为具备自身造血能力的市场主体。

对政府融资平台混合所有制改革的具体措施可以参考张江集团及江东控股等实现成功转型企业的做法，通过参股高新企业，对集团内部分企业开展上市融资等方式实现融资平台的混合所有制改革。

2.多元化发展战略

随着政策环境和经济环境的变化，地方政府融资平台将失去行政“靠山”，故而需要积极进行多元化的战略转型。新的形势也要求地方政府融资平台在享受其所在城市的发展红利，继续开拓基础设施建设和公共项目投资等主营业务的同时，要凭借其特有的资源信息优势以及地理位置优势对经营项目进行多元化拓展,加入市场竞争的大环境中,实现融资平台的市场化转型。

以张江集团和江东控股为例,其在基础设施建设、房地产开发等主业上越做越强的同时,积极进军酒店经营、物业管理以及广告传媒等产业,逐渐将传统的政府融资平台转型为集团型企业,获得了较高的市场认可度并实现企业长足发展。

三、西安城投集团简介及转型发展分析

(一)西安城投概述

1. 西安城投集团概况

西安市城市基础设施建设投资集团有限公司(以下简称西安城投集团)是西安市人民政府于2000年7月批准成立的国有独资公司,具有独立法人资格,注册资本金85亿元,总资产360亿元,公司在职员工超过1000人,隶属西安市人民政府。

西安城投集团是隶属西安市人民政府的投融资平台,负责城市基础设施建设项目的资金筹措与相关债务的清偿。西安城投集团下设13个子公司,分别为西安市天然气总公司、西安秦华天然气有限公司、西安市热力公司、西安市公共交通总公司、西安市出租汽车公司、西安市市政建设开发公司、西安市交通燃气有限公司、西安城市一卡通有限责任公司、西安亚辉汽车客运有限责任公司、西安至诚客运有限责任公司、西安铁路北客站广场建设运营有限公司、西安市三环路土地储备中心以及西安城投置业有限公司。集团先后向西安市二环路二期工程、一环路6座平改立工程、40多条城市道路拓宽改造工程、城市地铁线路以及高架快速干道工程等120多个项目投资,累计投资额近200亿元。

在西安市委、市政府的领导下,西安城投集团全面贯彻落实科学发展观,充分发挥政府投融资的平台作用,对西安市的城市发展与基础设施建设做出重要贡献。但随着国务院《关于加强地方政府性债务管理的意见》(国发〔2014〕43号)(以下简称国发43号文)与新《预算法》的实施,地方政府融资平台的转型发展已成为行业共识,西安城投集团与政府全面脱钩的环境下,如何利用西部大开发的政策支持与陕西省自贸区建设的商业契机实现转型与发展,成为西安城投集团面临的重大战略性问题。

2. 西安城投集团的主要融资方式

西安城投集团在成立之初承接专项贷款的基础上,依托子公司进行多项商业贷款,并在此基础上开发新的融资方式,形成直接融资与间接融资相结合的融资方式,其主要融资方式如下。

西安城投集团最主要的融资方式为银行贷款,主要包括政策性银行贷款和

商业银行贷款。在西安城投集团的发展初期,银行贷款主要以政策性银行授信为主,随着政府性融资平台的增多和商业环境的不断开放,商业银行贷款在西安城投集团投融资款项的所占比重逐步增高,成为西安城投集团的主要融资方式。

西安城投集团的另一种融资渠道为债券融资,债券发行的融资成本固定且较低,融资数额较大,期限明确。与银行贷款不同,债券融资并非所有政府性融资平台均可适用,因为债券融资对政府融资平台的要求较高,只有财务状况良好、内部治理结构完善、资产质量较高的融资平台才可发行债券。① 西安城投集团规模较大,运营良好,故而发行城投债也是西安城投集团融资的一种重要方式。

特许经营权融资也是西安城投集团采用的一种融资方式。所谓特许经营权融资,是指政府将一个基础设施项目的经营特许权和建设权授予承包商,在特许经营时限内,承包商负责项目的设计、筹资、建设与运营,并在此过程中收回成本,赚取利润,特许经营权时限到期时将项目交还给政府部门的一种融资模式。西安城投集团采用特许经营权与市政府合作完成了西安市的多项基础设施建设工程,同时也大大充裕了集团资金,达到融资目的。

(二)西安城投集团转型发展的机遇与挑战

1. 西安城投转型发展的机遇

(1)政府的大力支持。西安城投集团自 2000 年成立以来,就一直受到西安市政府的多项政策支持,如市政资源及财政资金的支持、税费的减免以及特许经营权许可等。在政府的大力支持下,西安城投集团并不完善的造血机制逐步得到完善,资金自筹能力获得一定提升。

随着国发 43 号文与我国新《预算法》的实施,西安市政府对西安城投集团的转型与持续发展高度重视,对集团资产盘活及债务风险防范方面给予了有力的政策支持。

(2)专业技术领先,具有区域垄断优势。西安市城投集团是西安市基础设施建设的龙头企业,集团业务经验丰富,专业技术领先,投资建设项目涉及城市快速路网、高速、地铁、平改立以及城市绿化等多个方面。集团内诸多下属企业均为该行业的垄断型企业,实力相对雄厚,如西安市天然气总公司、西安市公共交通总公司、西安市市政建设开发公司以及西安城投置业有限公司等子公司均在相关行业具有一定的控制力与垄断力,逐步形成其专业化、领先化的管理团队,这是西安城投集团具备的其他中小型政府融资平台无法比拟的竞争优势。

---

① 杨艳、刘慧婷:《从地方政府融资平台看财政风险向金融风险的转化》,载《经济学家》2013 年第 4 期。

(3)陕西省自由贸易区的设立。2016年8月31日中共中央决定成立陕西省自由贸易试验区,旨在更好地促进"一带一路"与西部大开发的建设。陕西省自贸区的建立,会吸引一批国内外资金投资,这意味着更多的私营资本、民间资本甚至国外资本涌入西安市进行大规模投资。此外,自由贸易区可以享受更多的政策支持,有利于降低生产与交易成本、提高集团利润,进一步促进市场的充分发展,这将为西安城投集团的投融资发展以及经营管理水平的提高提供优异条件。

2. 西安城投集团转型发展的挑战

一方面,西安城投集团行政色彩浓厚,企业管理体制不健全。西安城投集团虽为有限责任公司,具有独立法人地位,但其完全隶属于西安市政府,服务于西安市政府的政治需要。西安城投集团董事长由相关行政机关任命,兼任集团党委书记,管理方面具有浓厚的行政色彩。集团内人力、物力和财力很大程度上都来自西安市政府,对投融资项目缺乏掌控力,其战略定位、项目建设更是完全遵从政府意志,尚未真正实现自主经营管理的独立经营模式。其资金来源在很大程度上来自地方政府的信用支持,市场化直接融资手段相对羸弱。

另一方面,银行授信缩水、资产质量欠佳也是西安城投集团面临的巨大挑战。[①] 按照国发43号文精神,政府投融资平台从2016年起必须剥离政府职能,城投债存量债务也会相应分化。没有了政府信用作为担保,银行授信将会大幅缩水。加之西安城投集团之前完全隶属于政府,资产中很大一部分均为城市路桥与基础设施等公益类项目,这类项目投资巨大,但盈利缓慢、往往不能完全覆盖项目成本。集团在缺乏优质资产的情况下,脱离政府自筹资金往往具有较大难度。

四、西安城投集团转型发展的必要性与可行性分析

(一)西安城投集团转型发展的必要性

1. 政策环境的变化

近年来,国家对地方政府融资平台的政策态度发生了重大变化。我国新《预算法》第35条规定:经国务院批准的省、自治区、直辖市的预算中必需的建设投资的部分资金,可在国务院确定的限额内,通过发行地方政府债券举借债务的方式筹措。但债务只能用于公益性资本支出,不得用于经常性支出。这意味着陕西省政府可以依法举借债务来发展公益类项目建设,并按一定指标将资金下派给西安市政府。西安城投集团中完全没有收益的公益类项目被剥离出

① 马可:《地方政府融资平台存在的问题及转型发展的建议》,载《经济研究导刊》2015年第12期。

去，其经营性功能得以提升。

2014 年 9 月国务院国发 43 号文，为地方融资平台确立了“疏堵结合、分清责任、规范管理、防范风险、稳步推进”的发展原则，旨在尽快建立规范的地方政府举债融资机制。在新的政策环境下，尽快实现西安城投集团的转型发展显得尤为必要。

2. 经济环境的变化

近年来，我国经济发展形势进入新常态。一方面，政府大力简政放权，真正发挥市场基础性作用；另一方面，经济结构要不断优化升级，从要素驱动、投资驱动转向创新驱动。在新常态下我国整体经济放弃高速发展，进入中高速发展阶段。但中高速发展是就全国经济而言的，在此背景下，东部发达地区可以适当放缓发展速度，更加注重发展质量与人民幸福指数等指标的提升。但这不意味着西部地区也要放缓发展速度。相反，西部地区要继续保持高速发展，利用好西部大开发的政策优势，依托陕西省自由贸易区这一优质平台实现西部的振兴与发展，将西安市建设成为连接国内市场与广大中亚地区的国际化大都市，切实推进西部经济发展。

在此背景下，西安城投集团作为西安市地方投融资龙头企业应当着重经营性与民生类的投资项目，转变以往“大拆大建”的粗放型融资方式，增强自身造血能力，尽快成为独立经营的投融资集团，积极投身市场竞争实现集团的转型与发展。

（二）西安城投转型发展的可行性

1. 自由贸易区资本充实，缺少融资渠道

在陕西省自由贸易区的设立与相关优惠政策出台的背景下，将吸引更多的私营资本、民间资本、甚至国外资本大量涌入，相关市场会得到进一步解放。随着资本的充实与聚集，防止大量涌入资本成为游资，需要专业性的融资平台提供资本与投资项目的对接服务，使资本都能够找到合适的投资项目。[①] 恰逢西安城投集团的公益性政府投融资项目被剥离，处在转型发展的重要节点。因此，西安城投集团应尽快从“政府的融资平台”转为“民间资本的融资平台”，利用自由贸易区充裕的资金与优惠的政策为外来资本提供更好的对接投资项目，为本地发展势头良好的创业型企业提供融资渠道，在为陕西省自由贸易区良好运行保驾护航的同时实现自身的转型与发展。

---

① 张少婿、林立：《解决地方债务重在改革》，载《国际金融》2015 年第 3 期。

2. 西安市市场化程度发展较高,公司化管理方式探索趋于完善

西安市作为我国的战略性发展城市,是"一带一路"与西部大开发的核心城市,经济水平发展较好,市场化程度较高,各项市场化改革已经或正在逐步完成,资本市场方面也正在进一步完善。企业债券、中期票据、短期融资券、理财产品等渠道已日渐成熟,将西安城投集团全面推向市场的背景环境已然具备。同时,我国正在推进新一轮国有企业改革,建立国有资本、集体资本、非公有资本交叉持股、相互融合的混合所有制经济成为大势所趋,也成为西安城投集团的转型发展方向。① 在此背景下,西安城投集团应当逐步完善公司治理机制,真正建立现代企业制度,稳步实现集团的转型与发展。

3. 国内外诸多政府融资平台的转型经验可供遵循

主要资本主义国家公共基础设施建设历史比较久远,经验丰富。在第二部分中笔者主要介绍了日本融资平台的转型与发展,其主要靠政府税收、市政债券、政策性银行的低利息贷款投资以及通过税收优惠政策吸引民间投资者等方式实现转型;美国的基础设施与公共事业的建设以市场竞争为主,完全放手给社会资本运营;法国、德国则采取分类模式,对于纯公益类项目由政府投资,对于收益类项目完全放开让社会资本运作,政府只负责监管,不会参与其股权、事权与具体的经营管理事务。②

国内上海张江集团则坚持独立自主的运营原则,对土地进行滚动开发,所得收益完全归于公司自身,并在此基础上努力开展多元化经营,成果显著;马鞍山城投集团与原有的政府融资平台职能一刀两断,充分利用资源型资产以市场化运营方式扩大公司规模,实现成功转型。国内外众多政府融资平台的成功转型经验可供西安城投集团参考借鉴,但在借鉴时要根据陕西省实际情况适当调整,借力于自由贸易区建设实现集团的转型发展。

五、西安城投集团转型发展面临的问题及对策建议

(一)西安城投集团转型发展面临的问题

1. 杠杆作用被放大,债务风险大

在过去,西安城投集团凭借着西安市政府的信用担保,以土地等资产作为抵押,可以获得银行源源不断的贷款,资产负债率较高,风险较为集中,而且西安城投集团的经营项目多为城市路桥、公共交通等基础设施建设以及公益类项

① 周晓玲:《警惕存量平台贷款风险》,载《中国金融》2015年第1期。

② 程远:《地方政府融资平台进退》,载《观察家》2015年第3期。

目,这些项目资产收益率低、资金回收期长,过于依赖银行贷款会给集团带来沉重的负担,还可能陷入以新债还旧债的恶性循环中。随着我国新《预算法》的实施和国发43号文的出台,在失去政府这一后台的情况下很可能造成集团资金链断裂,给政府及社会经济造成严重影响。因此,巨大的存量债务如何消化是西安城投集团乃至全国地方政府融资平台需要慎重解决的一个难题。

2.政企不分,缺乏有效的约束机制

西安城投集团作为西安市基础设施建设与公共事业建设投融资的龙头企业,直接隶属于西安市政府。在我国,政企不分是地方政府融资平台面临的共性问题,也是其转型发展过程中面临的重要难题。以西安城投集团为例,其依靠政府划拨的人员、物资和资产而成立,人事权和公司重大决策权很大程度上掌控在地方政府手中,这种资产组成及人事安排就决定了西安城投集团难以像其他普通公司一样自主经营、充分参与市场竞争。相反,其往往代替政府出面进行投融资活动,具有浓厚的行政色彩,集团的布局与管理也必须服务于政府意志和政治需要。[①] 所以在如今政策环境急剧转变的情况下,如何改变西安城投集团中政企不分的弊端,建立有效的监督机制是其转型发展面临的一大问题。

3.信息披露不透明,缺乏有效监督

西安城投集团缺乏规范的信息披露制度。一方面,是因为西安城投集团并非像陕国投一样的上市公司,不具有对外公布财务状况的义务;另一方面,这也是地方政府追求政绩和预算账面平衡的结果。所以外界无法全面充分了解西安城投集团的实际经营情况。不仅外部公众不能充分了解西安城投集团的实际财务经营情况,就连省级与市级融资平台之间、市级与县级融资平台之间往往因相互的独立性与分割性都不了解对方真实的财务状况。[②] 这种缺乏透明度的地方融资体制与地方财政体制为地方融资平台乃至地方经济发展埋下不良隐患,加大西安市面临的金融风险,成为西安城投集团转型发展面临的又一重大问题。

(二)西安城投转型发展的措施建议

1.剥离纯公益类项目,实现"去行政化"

西安城投集团既然为独立的集团法人,就应当"去行政化",脱离西安市政

① 焦继军:《地方政府投融资平台规范发展探析机》,载《经济问题》2014年第8期。

② 蔡书凯、倪鹏飞:《经济新常态触发的地方政府融资转型与匹配》,载《经济体制改革》2015年第2期。

府的行政管理,充分参与到公平的市场竞争中去。国发43号文明确指出,建立以地方债券为主体的地方政府举债融资机制,剥离融资平台的政府融资职能。这对西安城投集团等融资平台的转型发展提出以下三点要求:第一,加大收益性的经营项目在集团项目中所占的比重,且西安市政府应当放手西安城投集团自主经营此类项目,避免行政权力的盲目插手与过度干预;第二,对于有一定收益的公益项目,资金由西安城投集团筹措与偿还,西安市政府应当给予一定的财政补贴和特许经营权,对于此类项目可以采用PPP模式,在厘清政府与市场关系的情况下发挥二者各自的优势;第三,对于没有收益的纯公益类项目,应当从西安城投集团等地方融资平台的职能中剥离,完全由地方政府进行债券融资,如集团下属的西安市市政开发建设公司、西安铁路北客站广场建设运营有限公司以及西安市三环路土地储备中心就应当从西安城投集团中剥离出去,由政府部门运营管理。由于在新的政策环境下,只有省、自治区、直辖市的政府才能发行债券,故对于此类项目应由陕西省政府发行债券融资,然后将一部分资金下放到西安市政府,专门用于公益类项目的建设运营。只有全面厘清政府与市场的关系,西安城投集团才能获得长足发展。

2. 明确集团职能定位,健全公司管理机制

西安城投集团是西安市人民政府授权的城市基础设施投融资平台,在过去其职能定位为负责城市基础设施建设项目的资金筹措与相关债务的清偿,但随着政策环境的变化以及公益性建设项目的剥离,西安城投集团必须对其集团职能重新定位。笔者认为,西安城投集团在转型中的定位应当为建成陕西省最大的资金与创业项目的对接服务平台,更好地促进陕西省自由贸易区的资本运营,促进外来资金尽快找到投资项目,促进自由贸易区创业项目快速融资投入运营。

西安城投集团在转型发展的过程中还应当完善独立的公司管理机制,去除集团内的政府行政管理部门,从组织机构上实现"去行政化",健全董事会组成机制,在实现混合所有制运营后应当设立股东会并负责作出集团重大战略决策以及人事任免决定,逐渐过渡为独立经营的市场竞争主体。

3. 建立信息披露制度,完善风险预警机制

在厘清政府与市场关系的基础上,应当建立健全西安城投集团的财务信息披露制度,及时公开集团的财务信息以及内部经营管理信息,将大量的"内幕信息"公开化,提高西安城投集团投融资的透明度,使之接受有关监管部门与社会公众的监督,从而使集团经营管理走向市场化轨道。

西安城投集团的转型与发展还需要完善内部的风险预警机制,加强投融资

风险防控，保证集团的抗风险能力与社会信誉。集团可以采取相关措施如加强自身项目管理、资产负债管理，确保参与市场竞争过程中现金流的持续与稳定。此外，西安城投集团还应当对各个子公司的风险防控水平进行评估并进行实时监控与管理，降低集团投融资风险。①

4. 创新融资手段、拓宽融资渠道

国发 43 号文明确要求政府融资平台要剥离政府融资职能，因此，西安城投集团将与政府划清界限，成为自主经营、自负盈亏的市场主体。这些规定在一定程度上削弱了西安城投集团等政府融资平台在银行的信贷能力，很难再利用政府信用和政策优势进行融资。在新形势下，西安城投集团既要消化存量债务又要保证新建项目的资金供应，必要摒弃传统的以银行贷款为主的融资渠道，创新融资手段、拓宽融资渠道，综合采用各种措施如发行股票、企业债以及 PPP 模式综合融资，在管理自身资产的同时盘活存量资产，提高资源利用率，推动集团在投融资方面的转型发展。②

5. 借力自贸区建设，充分参与市场竞争

陕西省自由贸易区的建立为西安城投集团的转型发展提供重要契机，也是其在转型发展过程中必须利用好的一大优势。自由贸易区优惠的税收政策以及宽松的投资环境会吸引大量的私营资本、民间资本与国外资本大量投资，为了防止大量外来资金成为游资，保证投资资金可以充分带动陕西省经济的发展，西安城投公司应当充分发挥投融资平台作用，为外来资金介绍合适的投资项目，为新上马的创新性企业提供融资支持，尽快从“政府的融资平台”转为“民间资本的融资平台”，利用自由贸易区充裕的资金与优惠的政策为外来资本提供更好的对接投资对象，为本地发展势头良好的创业型企业提供融资渠道，在为陕西省自由贸易区良好运行保驾护航的同时实现自身的转型与发展。在借力自由贸易区充分参与市场竞争，力争成为政府融资平台转型发展的成功典范。

6. 进行混合所有制改革，实现多元化经营

西安城投集团是国有独资公司，资产组成结构较为单一，与政府存在隶属关系。在政府融资平台“去行政化”的政策环境下，西安城投集团可通过参股高新企业，对集团内部分企业开展上市融资等方式实现融资平台的混合所有制改革，实现国有资本的有序退出，倒逼西安城投集团建立健全现代企业制度，成

---

① 周阿利：《新型城镇化建设的投融资困境及其破解路径》，载《经济大视野》2015 年第 4 期。

② 赵剑锋：《新型城镇化政府与市场融资关系再思考》，载《改革与战略》2015 年第 1 期。

为具备自身造血能力的市场竞争主体。

西安城投集团规模较大,旗下子公司运营能力较好,已经形成在一些领域的经营优势。在转型发展的新时期中,对于集团擅长的经营领域要做强做专,充分发挥集团特长形成主要竞争力。在此基础上,集团应当多元化经营,寻找新的利润增长点,积极进军酒店经营、物业管理以及广告传媒等产业,逐渐将传统的政府融资平台转型为独立的集团型企业,实现新时代下西安城投集团的转型与发展。

高频交易法律问题的思考

陈美宽*

说到程序化交易，人们总会想到美国1987年股灾。[①] 总结1987年美国股灾，在分析当年基本情况后，总会提到"罪魁祸首"——程序化交易的一致性，程序化交易起到的助涨助跌作用。关于程序化交易，我国在《证券期货市场程序化交易管理办法(征求意见稿)》(以下简称《征求意见稿》)中将其定义为通过既定程序或特定软件，自动生成或执行交易指令的交易行为。在国内，人们因光大证券"8·16乌龙事件"而了解到高频交易。在笔者看来，程序化交易是一个较高频交易的上位概念，《征求意见稿》虽全文未提高频交易，但其内容或者说实际上就是针对高频交易而言的。

证券期货市场中的高频交易(High-Frequency Trading)诞生于美国，并随后蔓延至全球，给证券交易方式带来了深刻变革，并对证券市场产生了巨大影响。

---

* 西北政法大学民商法学院2016级民商法学硕士研究生。

① 1987年10月19日，星期一。纽约股票交易所开市伊始，道琼斯工业平均指数开盘，就跌去67个点。转眼间，卖盘涌起。交易所内一片恐慌，期货市场也处于一片混乱之中。从上午9:30到11:00，道琼斯工业平均指数一直下泻，没有人知道应该如何遏制继续恶化的局势。有人提议休市，但无人敢作决定。当天收盘时，道琼斯工业平均指数下降了508.32点，由2246.72点狂跌到1738.470点，跌幅达22.6%创下了一天下跌的最高纪录。而股市的其他指数如NYSE综合价格指数下跌19.2%，AMEX综合指数下跌12.7%，NASDAQ综合指数下跌11.35%。相当于法国全年国民生产总值的5030亿美元的股票面值在一天之内化为乌有。由于全球金融一体化的发展，当某个股市发生暴跌时，其他股票市场也难以幸免。

高频交易以高速、高频、自动化而著称。高频交易主要包括执行策略、做市商策略、投机策略和试探性策略。执行策略用来执行大单,寻找最优价格成交。做市商策略即通过赚取买卖价差来获取利润。投机策略和试探性策略在国内都有团队在运作。

高频交易在不断发展之中,关于其仍然没有一个明确和权威的概念加以总结。美国商品期货交易委员会(Commodity Futures Trading Commission,CFTC)认为,高频交易有如下四个方面的特征:一是通过算法程序进行决策、生成委托单、执行成交程序等;二是延时很短,目的在于最小化反应时间;三是指令进入系统的速度快、高速连接市场;四是信息量大,即不断有报单和撤单的交易行为。上海交通大学上海高级金融学院教授严弘从高频交易的目的性将其表述为:对于高频交易的判定并不能一概而论。高频交易有两类:一类是为了抓住市场转瞬即逝的定价误差,让定价趋于合理。另一类则是通过快速的下单和撤单,试探市场流动性。朱伟一教授则从现象表述为高频交易是毫秒之中便能够完成的交易。算法是金融机构设计的编码交易规则,投资人据此发出指令。

从对以上高频交易的表述中可知,高频交易是经过算法设计,借助计算机技术,按照设计高速、频繁的自动完成买卖的行为。从以上表述中可知高频交易是一种特殊的算法交易,与程序化交易相比,程序化交易则是上位概念,其外延比高频交易广。快速的资金流动性,极短的持仓时间,计算机根据行情的变化做出极快的反应。

大部分的高频交易收益不高,但从整体而言由于其频繁的交易收益很稳定,在市场中赚到一部分利润,这在某种程度上减少了市场普通的利润。正常的高频交易策略可以给市场提供流动性,但交易者所采取的“邪恶策略”则是给市场抽水。当然很多程序化交易并不是用来操纵市场的。伴随着高频交易所引发的消极影响的增加美国、欧盟以及我国香港特别行政区,相继出台有关程序化交易和高频交易的法律规则,对高频交易予以规制。我国在2015年10月,中国证监会起草了《征求意见稿》,虽未明确使用“高频交易”,但其很多内容都是针对高频交易的,即它以程序化交易监管为名,行高频交易监管之实。

一、证券期货市场高频交易易出现的问题

学术界的部分实证研究表明,高频交易提高了市场流动性,降低了交易成本,使市场中的价格更加有效。而且高频交易提供的流动性也有利于降低企业在股权融资时的成本,体现了其对实体经济的有益之处。但其盈利能力过强会

消灭市场的流动性,加大市场波动并可能带来价格操纵,影响市场公平性、增加技术系统压力等消极影响,境外监管机构对程序化交易的监管力度也在不断加大。

在中国内地股票市场,由于“T+1”交易制度以及高昂的印花税与交易手续费成本,高频交易商不易施展拳脚。但在商品期货、金融期货、ETF(交易型开放式指数基金)等允许“T+0”交易方式且交易税费成本比较低的领域,高频交易已经初露端倪。伊世顿贸易公司操纵期货案、东海恒信操纵市场案、江泉操纵市场案等都可以找到高频交易的踪迹。程序化交易是一把“双刃剑”,其能够为成熟市场提供流动性,提高价格发现效率,有利于克服交易中人为因素的影响,但是在不成熟的市场则会引发一些问题。

(一)高频交易可能会导致市场动荡

高频交易是以事先的算法预定好交易策略,以批量的形式进行的买卖。这就容易导致这种高度程序化的系统有可能形成抛售的恶性循环。在美国,20世纪80年代出现了电子交易系统,程序化交易开始逐渐被采用。1987年10月19日的“黑色星期一”股市暴跌,很多人认为是由程序化交易引起的。这是因为程序化交易用计算机实时计算股价变动,并依据事先制定的买卖策略来进行自动操作。当大批的机构投资者在电脑上看到股价下跌,按照事先设定的买卖策略启动抛售行为的时候,却没有意识到其他投资者也纷纷效仿。

(二)高频交易存在潜在的巨大风险

高频交易自动、高速、量大的特点,导致高频交易若出现失误,将会造成严重的后果。在人工模式下,发现错误后可以及时纠正。即使造成了损失,也没有高频交易造成的严重。2013年8月16日在我国证券市场上发生的“光大乌龙指”事件就是因为高频交易软件系统出现了重大错误,导致错误地向市场抛出了价值234亿元人民币的巨额订单,导致上证指数在短短两分钟内被拉升了117.27点,涨幅达5.65%。“光大乌龙指”事件信息公开的有限,大涨的利好消息触发了大批买单,进而带动股指、期指和其他股票的进一步上扬,上证综指在11点30分收盘时达2149点。

(三)普通投资者与高频交易者利益失衡

高频交易者依靠先进的设备和专业技术人才,捕捉市场上转瞬即逝的获利机会。尽管时间的间隔很短,但这也使在证券市场上原本就处于劣势的广大普通投资者而言,更为不利。信息不对称问题进一步加剧,降低市场运行质量。高频交易竞争者依靠掌握的资源已经提高了准入门槛,创造了自然垄断。尽管大量的数据表明电子交易能够使市场受益,但由于存活下来的少数高频交易商能够利用其市场优势地位,该等利益可以说已经被侵蚀和抵销了。[①] 很多投资者由于不能进行有效的竞争已经离开了市场。高频交易速度之快是普通投资者所不能及的,具有先发优势。同时,之前持续一段时间的获利机会现在转瞬即逝。

(四)高频交易为市场操纵提供新的工具

内幕交易、操纵市场是证券市场上"顽疾",而高频交易若不加以引导将加剧操纵市场。高频交易的信息处理能力已经达到微秒级别,与非高频交易者相比,这种近乎光速的强大计算程序能够通过付费的方式,第一时间接触并理解海量的潜在影响市场的各种资讯,尤其是非政府组织、智库、学术机构等分析数据、报告、咨询意见等涉及市场动向的资讯,从而形成一种实质意义上的"临时性信息优势"。[②] 而利用这种技术进行的幌骗、塞单、试单等在美国和其他很多国家被认定为市场操纵。在伊世顿操纵期货案中据高燕等人交代,安东及其境外技术团队利用设计研发的高频程序化交易软件,远程植入伊世顿公司托管在中国金融期货交易所的服务器,以此操控、管理伊世顿账户组的交易行为。伊世顿账户组通过高频程序化交易软件自动批量下单、快速下单,申报价格明显偏离市场最新价格,实现包括自买自卖(成交量达8110手、113亿元人民币)在内的大量交易,利用保证金杠杆比例等交易规则,以较小的资金投入反复开仓、平仓,使盈利在短期内快速放大。2015年6月初至7月初,证券期货市场大幅波动,伊世顿公司在交易沪深300、中证500、上证50等股指期货合约过程中,卖出开仓、买入开仓量在全市场中位居前列,该公司账户组平均下单速度达每0.03秒一笔,1秒内最多下单31笔,且成交价格与市场行情的偏离度显著高于其他程序化交易者。据统计,仅2015年6月初至7月初,该公司账户组净盈利就达5亿余元人民币。监管机构认为,伊世顿公司的期货交易行为扩大了日内交易价格波幅,与市场价格走势存在关联性,影响了当时的市场交易价格和正常交易秩序。公安机关认为,伊世顿公司异常交易行为符合操纵股指期货市场的特征,涉嫌操纵期货市场犯罪。[③]

(五)高频交易使得证券市场偏离应有的价值定位

证券市场的存在是为企业融资提供途径,有学者批评到,在实际生活中广

---

① Larry Harris, *Trading and Electronic Markets: What Investment Professionals Need to Know*, Social Science Electronic Publishing, Accessed Feb 11, 2016. http://ssrn.com/abstract=2692539.

② 肖凯:《高频交易与操纵市场》,载《交大法学》2016年第2期。

③ 参见《伊世顿操纵期货案背后:高频交易系统违规直连交易所》,载腾讯证券:http://stock.qq.com/a/20151102/065548.htm,最后访问日期:2018年9月1日。

大中小企业是资金的需求者,但是他们却不能通过证券市场得到有效的资金。这是因为一方面,企业要想在证券市场上融资,需要具备一定的条件,履行一定的手续,这些条件的限制使得广大的中小企业被证券融资的方式拒之门外;另一方面,资本具有逐利性,资本往往流向最优质的资产。高频交易使得投资者更倾向于利用投机手段而获利,增加高频交易技术的开发,增加待遇成本吸引高技术人才投入到高频交易中去。金融市场要回归服务本位,要服务于实体经济。否则,证券市场或者说是金融市场就会越来越偏离应有的价值本位。在日常监管实践中发现,正常的程序化交易体现出避免流动性冲击,甚至提供市场流动性的特点;但也发现一些偏离理性投资可解释的范畴,涉嫌故意加大流动性冲击的程序化交易行为。

二、境外对高频交易的风险监管启示与我国不足

(一)美国应对高频交易风险的做法

美国作为资本市场最为发达的国家,在实践中逐步建立起了比较完备的高频交易监管体系。

第一,建立了获取高频交易数据的信息管理体系。2011 年 8 月 3 日美国证券交易委员会(the U. S. Securities and Exchange Commission,SEC)采取了大型交易商报告制度。一方面,大型交易商需向 SEC 进行注册,SEC 会对大型交易商分配“大型交易商识别号码”,来监测大型交易商的交易活动;另一方面,SEC 要求达到一定规模的交易商要向其报告交易数据,以便其掌握市场主要的参与者。经纪商必须保持大型交易商的交易记录。此外,一旦 SEC 查询这些信息,经纪商应立即报送。新规则还赋予了经纪商一定程度的监管交易者的权利。

第二,在美国一些交易所采取了熔断机制,包括全市场熔断机制和单一股票的熔断机制以防止程序化交易和高频交易的风险。美国、法国、芬兰、澳大利亚等国都设有熔断机制。在程序化市场中,在订单下达但没有流动性时,价格也将发生极端变化,此时,这些规则将阻止这一极端变化。① 全市场熔断机制主要是当道琼斯指数下跌幅度超过一定幅度而实施暂停交易或者提前收市的措施。单一股票的熔断机制则要求,当某一只股票涨跌达到 10% 时暂停交易 5 分钟。这 5 分钟的时间停顿给市场提供了一个机会去“建立一个合理的市场

---

① Larry Harris, *Trading and Electronic Markets: What Investment Professionals Need to Know*, Social Science Electronic Publishing, Accessed Feb 11, 2016. http://ssrn.com/abstract=2692539.

价格”，以及“以一个公平有序的方式重新开始交易”。①

第三，无成交意向的报单之禁止。无成交意向的报单，其是由做市商挂出，其买卖价格与现实价格相去甚远——如以几分钱买若干股或几万元卖若干股，为的是在买卖盘短缺时履行其做市义务。② 无意成交的买卖单一般情况下不会成交，但是在市场极度震荡之际，有些无意成交的买卖单竟然成交了。

第四，规定撤销错误交易。这是指“证券交易所依职权或者依申请，根据一定标准并按照一定程序取消明显错误交易或者宣告该错误交易无效。”③

第五，禁止闪电指令。2009年9月基于市场公平性的考虑，美国证监会提议禁止使用能使高频交易商比其他市场参与者提前数毫秒看到交易指令的闪电指令。

第六，禁止无审核通路。美国要求经纪商必须审核其客户的订单，以确保它们的交易是合适的；经纪商不能允许客户直接将订单送入交易所的交易系统，即不允许“无审核接入”。

此外还建立了托管制度，并对幌骗、塞单、高速试探等行为进行定性以明确法律适用。

（二）日本应对高频交易风险的做法

首先，日本2017年5月的《金融商品交易法》第2条第41款对“高频交易行为”进行了列举性的界定，将高频交易行为列举为：(1)有价证券买卖或者市场衍生品买卖；(2)有价证券或者市场衍生品的买卖委托；(3)政令规定的不适用委托的涉及有价证券或者市场衍生品买卖的行为，当时的判断是基于电子信息处理系统自动进行，并且基于该判断为了买卖有价证券或市场衍生品的必要信息是利用信息通信技术向《金融商品交易法》及行政法规规定的主体传递，且该传递利用了能缩短通常所需时间而为内阁府令所规定的方法的交易行为（考虑其内容，无碍投资者保护而为政令规定的行为除外）3类，第2条第42款对高频交易主体进行了界定，高频交易行为人是指基于《金融商品交易法》第66条之50的规定取得内阁总理大臣登记的主体。其次，对高频交易行为人实施强制登记制度，即高频交易行为人应当向内阁总理大臣履行登记手续，并规定了未登记的高频交易人的法律后果。与此同时，基于该法第66条之50的规

① 邢会强：《证券期货市场高频交易的法律监管框架研究》，载《中国法学》2016年第5期。

② 同上。

③ 吴伟央：《证券错误交易撤销制度的比较分析：法理、标准和程序》，载《证券法苑》2012年第7卷。

定,金融商品交易业者以及获许可的交易所交易业者以外的主体从事高频交易行为时,应当获得内阁总理大臣的登记。这就将应履行登记义务的高频交易行为人限定为证券公司和交易所之外的投资者。再次,强化对高频交易行为人的监管,包括要求高频交易人账簿制作和提交事故报告书的义务规定监管机构对高频交易人的处罚干预措施。最后,对高频交易行为人从业务管理体制到业务运行规制等方面作出了强制要求。①

从美国和日本的做法来看,两国对高频交易监管的侧重点不同:美国是以其丰富的实践经验而发展出一套经验性强的管理体系,而日本则从高频交易的定义入手,规定主体范围,规范行为等。但两者都实行高频交易者登记制以便监管者掌握高频交易主要运行者的信息,都实行有关提供交易记录的机制以便监管者了解市场动态,为分析和预防风险打下基础。不可否认的是,我国在证券、期货市场上的技术、设备和人才和美国尚有一些距离。美国和日本的资本市场比我国发展充分,我国可以选择适合自己的经验加以改进、调整我国高频交易存在的问题。

三、高频交易在我国发展与监管的启示

我国在借鉴国外先进经验的同时,应充分考虑到我国资本市场的现实情况,不可照搬照抄,使得高频交易无发展空间。交易制度和数据刷新频率的限制,使中国股市做不了美国经典意义上的、能在一秒内完成行情获取、逻辑判断、交易执行和成交情况反馈的高频,只能实现"频率很高"的程序化交易。此前,融资融券根据规则勉强可以实现"T+0"回转,但在中国股市中此类交易量极少,可忽略不计。在中国,高频交易的主战场不是股市,而主要是应用于期货市场,但与美国相比也要慢好几个数量级。关于期货市场的高频交易情况,根据中国期货市场监控中心2010年6月的数据现实:使用高频交易的投资者约为3%,日均成交量约占总成交量的8%~10%。在建立我国高频交易监管制度时,可以运用主体管理、行为管理、信息管理三个方面对高频交易进行监管。

(一)规定经纪人的审核指令的义务

《征求意见稿》迟迟未能正式出台,业内人士认为其中的有些条款规定的过于苛刻,使高频交易在我国难有发展空间。《征求意见稿》第14条规定了证券公司、期货公司应当建立程序化交易指令计算机审核系统,对异常的指令自动阻断以防直接进入证券期货交易所主机。并规定了证券公司、期货公司对异

① 参见樊纪伟:《日本应对高频交易的规制及启示》,载《证券市场导报》2018年第7期。

常指令的人工复核。这借鉴了美国的做法,值得肯定。但有人提出,对程序化交易指令审核要求证券公司的经纪业务柜台具有相应的风控功能。但目前券商所用的经纪业务柜台,都只具备简单的验资、验券功能,并不具备风控功能。

在笔者看来,证券、期货公司作为资本市场的参与者,本身就应掌握先进的技术和设备。法律不强人所难,但是规定经纪人的审核指令的义务不是一件太难的事,既然参与资本市场,就应该审慎经营。资本市场的稳定、有序发展是一国金融的重要内容。证券、期货公司都设有自营部门、技术部门,这些部门中的人才的能力足以承担审核指令的义务。

(二)对高频交易者适度的备案核查

《征求意见稿》第4条要求证券期货公司对程序化交易者的信息进行申报、备案核查。这里出现的一个问题是程序化交易者使用的软件具有知识产权保护,证券期货公司并没有权利要求其公开源代码。而且软件的升级变更备案,也难以真正施行。上海证券交易所出台的细则要求的申报程序,要提前3个交易日向证券或期货公司申报,需申报内容包括八大类:交易者的身份信息、账户信息、策略类型及简要说明、资金来源类型、系统技术配置参数、系统服务器所在地址、系统的开发主体、联络人及联系方式等,期货交易还要提交资产规模。策略类型、系统配置参数等都是较为敏感的信息,并不会轻易透露。程序化交易客户对自身策略保护意识较强,期货公司想要全面、深入地进行调查核实也比较困难,这会大大增加公司在营销、技术、内控以及运营上的压力,该项业务的固定成本和人力成本支出也会上升。

在这样的现实条件下,策略类型、系统配置参数敏感的信息可以在出现异常情况时再让高频交易者提供,尤其是对有异常和利用高频交易进行违法活动者进行强制提供的义务。《征求意见稿》第4条规定了证监会根据监管执法需要,可以要求程序化交易者提供交易程序源代码、交易策略详细说明等相关材料,尽管这些都属于核心内容,但却是在履行监管的需要。监管部门在履行职责的过程中该公开的公开,不应公开则要注意保密,否则就要承担责任,以防止高频交易经营者的权利受损。

(三)规定撤销交易制度

《征求意见稿》第7条规定了程序化交易系统异常情况的处理机制,但与美国现有的对程序化交易的监管规则相比,《征求意见稿》只是提及程序化交易者出现异常情况时的及时报告义务,证券期货交易所也应及时公告,并可以视情况采取限制账户、限制交易单元或席位等措施,并未涉及取消交易。根据美国金融市场规定,当交易执行结果存在价格、数量、交易单位等明显错误时,在交易双方均申请或交易所裁定下,可以撤销相关交易。

笔者认为,不妨赋予双方均申请或者交易所裁定下的强制撤销权,这样既可以减轻市场出现追涨杀跌而引发的"羊群效应",也可以矫正市场上的异常交易行为。

(四)推行涨停板机制与熔断机制相结合

在我国,1996 年创立了涨跌停板制度。这个政策旨在保护投资者利益,保护市场稳定,以防市场过度暴涨暴跌。但我国还未建立起针对整个市场的干预措施。我们可借鉴美国的针对整个市场的熔断机制,所谓熔断机制是指当市场波动异常时,特别是降幅达到特定的比例时,冻结市场上所有股票的交易。

在实施熔断机制的过程中应注意熔断值、熔断档次数、熔断值之间间隔的合理设置。熔断值设置过小、各层级熔断值之间频间隔过小就会引起频繁熔断,这只能加剧市场的不稳定性,而熔断值过高、各层级熔断值之间间隔过大则失去熔断值机制的价值。

(五)监管部门加强对信息收集与分析

美国、日本等国规定的高频交易者的登记制度、交易信息报告制度为监管者履行监管职能提供一定的基础。SEC 建立的综合审计追踪规则要求证券业自律组织设计一套可以捕捉所有交易从订单生成到执行或取消的完整记录的系统。金融市场是瞬息万变的市场,同时也是充满风险的市场。我国证监会等履行监管职能的部门要建立自己关于高频交易数据和信息搜集的来源渠道,作为决策的重要依据。而且必要时要通过自己的职能部门收集数据,仅仅依靠交易者本身提供的数据存在失真的可能性,有可能误导监管部门。对高频交易者进行登记、要求各类高频交易系统在报单时标注其对应的识别代码、交易信息报告都值得我国考虑借鉴。

近几年,我国金融衍生品创新推新速度较快,金融监管涉及多个行业和部门,要充分考虑高频交易可能带来的联动效应,对于其涉及的交易机制方面问题也要重点关注。

(六)引导交易者服务实体经济

我国资本市场的一个价值定位是为实体经济提供服务,以供实业获得充足的资金来扩大生产、提高生产技术从而使得实体经济为社会提供更优质的产品和服务。投资机构应该以长期投资为主,避免过度投机。在高频交易的浪潮下,各投资交易者更倾向于利用先进的技术和设备进行短期投机,在资本市场上利用投机获利容易导致高频交易的"技术军备竞赛",增加本无实际意义的开支。要对影响价格预期、有操纵市场嫌疑的行为零容忍,对扰乱市场秩序的行为予以严格监管,禁止进一步破坏市场有效性的行为出现。

图书在版编目(CIP)数据

长安金融法学研究. 第9卷 / 强力主编. -- 北京 : 法律出版社, 2018
ISBN 978-7-5197-2879-3

Ⅰ. ①长… Ⅱ. ①强… Ⅲ. ①金融法-法学-文集 Ⅳ. ①D912.280.1-53

中国版本图书馆 CIP 数据核字(2018)第249610号

长安金融法学研究(第9卷)
CHANGAN JINRONG FAXUE YANJIU(DI 9 JUAN)

强 力 主编

策划编辑 沈小英
责任编辑 沈小英 毛镜澄
装帧设计 汪奇峰

出版 法律出版社
总发行 中国法律图书有限公司
经销 新华书店
印刷 北京虎彩文化传播有限公司
责任校对 马 丽
责任印制 吕亚莉

编辑统筹 财经法治出版分社
开本 720毫米×960毫米 1/16
印张 21
字数 401千
版本 2018年11月第1版
印次 2018年11月第1次印刷

法律出版社/北京市丰台区莲花池西里7号(100073)
网址/www. lawpress. com. cn
投稿邮箱/info@ lawpress. com. cn
举报维权邮箱/jbwq@ lawpress. com. cn
销售热线/010-83938336
咨询电话/010-63939796

中国法律图书有限公司/北京市丰台区莲花池西里7号(100073)
全国各地中法图分、子公司销售电话:
统一销售客服/400-660-6393
第一法律书店/010-83938334/8335
西安分公司/029-85330678
重庆分公司/023-67453036
上海分公司/021-62071639/1636
深圳分公司/0755-83072995

书号:ISBN 978-7-5197-2879-3
定价:88.00元